Andrea und Andreas Strauß

Tessin

mit Lago Maggiore, Luganer See und Comer See

52 ausgewählte Touren

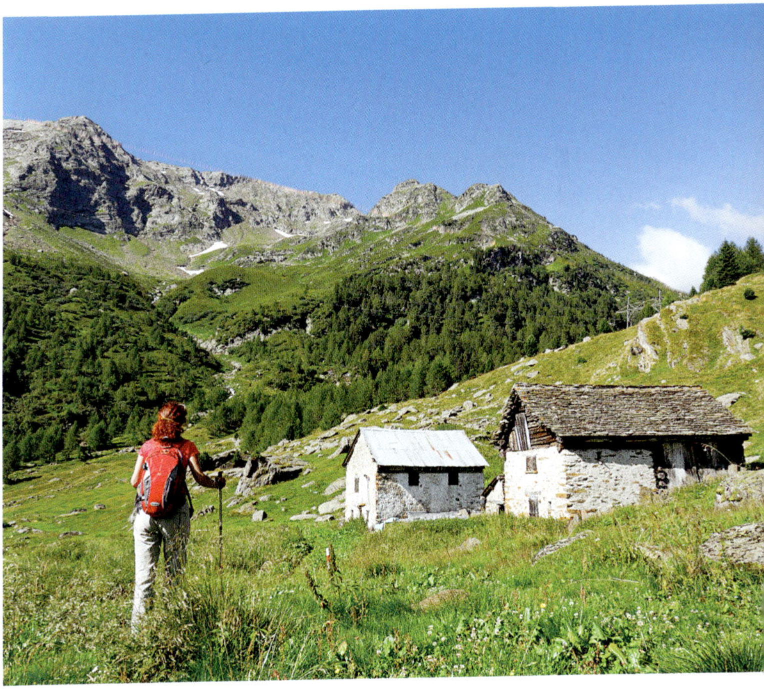

ROTHER
BERGVERLAG

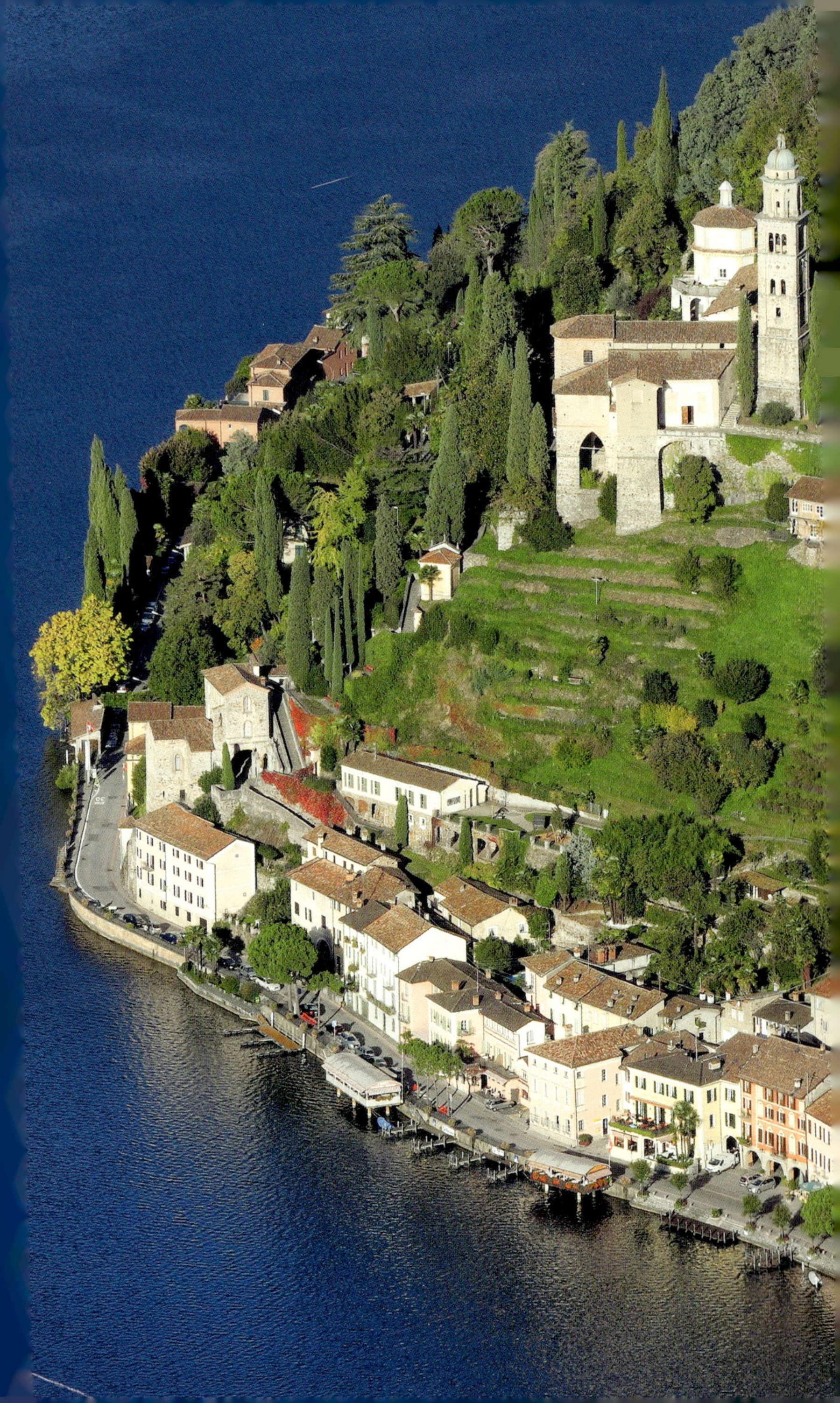

Vorwort

Palmen und Gletscherberge, Blumenpracht und wilde Flusslandschaften – das Tessin steht für Urlaubsgenüsse der besonderen Art. Als südlichster Kanton der Schweiz ist die Region klimatisch begünstigt. Wenn anderswo Winter ist, genießt man am Lago Maggiore und am Comer See wärmende Sonnenstrahlen. Großen Abwechslungsreichtum verspricht die Landschaft, zumal sich die Tourenauswahl nicht auf die Kantonsgrenzen beschränkt, sondern das Gebiet der Tessiner Alpen und die Berge um den Comer See mit einbezieht.
Das Wanderbuch enthält 50 Tagestouren und zwei mehrtägige Höhenwege in den Tessiner Alpen, der Gotthardgruppe, den Adulaalpen, im südlichen Bergell und den Bergamasker Alpen. Bequeme Wanderrunden über dem Blau von Lago Maggiore und Luganer See mit Abstechern zu alten Klöstern, aussichtsreichen Wallfahrtskirchen und prächtigen Villen lassen in mediterranes Flair eintauchen. Die Landschaften entlang der Flussläufe von Maggia, Verzasca und Ticino laden zu teilweise ausgedehnten Wanderungen ein, die das ganze Jahr unternommen werden können. Sie führen vorbei an ursprünglichen Dörfern, geschwungenen Steinbrücken und uralten Kastanienriesen. Bei den »hohen« Zielen schließlich hat man die Wahl zwischen beliebten Wanderbergen, die mit der entsprechenden Infrastruktur leicht zugänglich sind, und einsamen, wilden Gegenden. Stille Bergseen und ehemalige Almsiedlungen, abenteuerliche Passübergänge, schön gelegene Hütten (im Tessin teilweise auf Selbstversorgerbasis) und Aussichtsgipfel sind hier unsere Ziele.
Von der einfachen, kurzen Wanderung über einem der großen Seen bis zur hochalpinen Bergtour sind alle Schwierigkeitsgrade vertreten, wenn auch nicht jedes Gebiet die ganze Bandbreite bietet. Dass die Gipfel die Dreitausender-Marke hier nicht überschreiten, darf darüber nicht hinwegtäuschen. Bizarre Felstürme und wunderbare Ausblicke bis zum Monte Rosa und den anderen Viertausendern in den Walliser und Berner Alpen und zur Bernina sind gewiss.
Kein Tessin- und Comer-See-Urlaub ohne Städte, Landzungen, Inseln! Besuche in Como, Lugano, Locarno und Bellinzona bereichern jeden Aufenthalt, in den kleineren Städten und Dörfern gibt es vieles zu entdecken. Die Inseln Brissago und die Borromäischen Inseln sind ein Muss.
Wir wünschen Ihnen ausreichend Zeit für die »Sonnenstube der Schweiz« und die Berge um Lago Maggiore, Luganer See und Comer See, erlebnisreiche Touren und immer eine gesunde Heimkehr.

Andrea und Andreas Strauß

Liebe Leserinnen und Leser,

infolge der Corona-Krise können sich Änderungen ergeben haben, die bei Redaktionsschluss noch nicht absehbar waren. Soweit möglich, werden wir aktuelle Hinweise unter www.rother.de (beim Buch) zur Verfügung stellen.
Sollten Sie geänderte Gegebenheiten vor Ort feststellen, freuen wir uns über Korrekturhinweise per E-Mail an leserzuschrift@rother.de.

Blick auf Morcote am Luganer See mit der Kirche Santa Maria del Sasso (Tour 39).

Inhalt

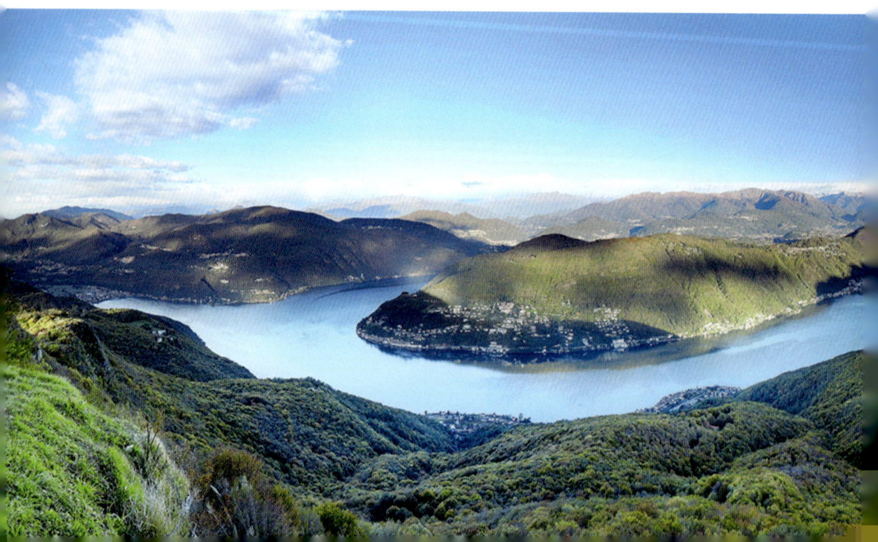

Ausblick über den Luganer See vom Monte San Giorgio (Tour 38).

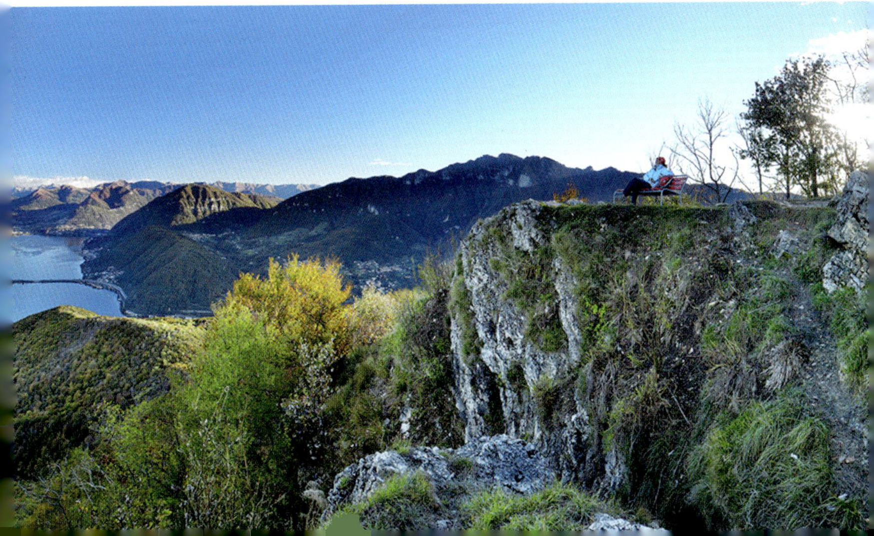

Allgemeine Hinweise

Tourenplanung

Eine gelungene Wanderung fängt mit der Planung an. Dieses Buch fasst in der Umschlagklappe alle Routen in einer Kurzübersicht zusammen und erlaubt so eine schnelle Auswahl der geeigneten Tour. Ob mit öffentlichen Verkehrsmitteln erreichbar, ob lang oder kurz, leicht oder schwierig, für Kinder geeignet oder nicht, entnimmt man dieser Übersicht. In der Kurzinfo der einzelnen Touren folgen dann detailliertere Angaben.

Anforderungen

Die Touren sind in drei Kategorien eingeteilt: leicht, mittel und schwierig. Alle drei Schwierigkeitsgrade sind in diesem Wanderbuch vertreten, wenn auch nicht alle in jedem Gebiet. In den zentralen Tessiner Alpen zwischen dem Val Leventina und Locarno sind steilere Passagen meist durch Steintreppen entschärft – wie steil diese dann auch immer sein mögen. »Schwarze« Touren, die für Bergwanderer aber trotzdem machbar sind, gibt es hier wenige. In den italienischen Gebieten um die drei großen Seen existieren diese Hilfen meist nicht. In der Felsenwelt der Grigne und am Westufer des Comer Sees in den Monti Lariani finden sich daher kaum einfache Wanderungen und umso mehr schwierige. Die Schwierigkeitsbewertung ist grundsätzlich unabhängig von der Tourenlänge, sodass bei längeren Touren schwierige Passagen besonders beachtet werden müssen, damit man noch genügend Konzentration aufbringen kann. Eine entsprechende Kondition und am besten eine kurze Rast vor schwierigen Stellen sind von Vorteil.

Über Blockwerk geht es auf den Pizzo Centrale (Tour 25).

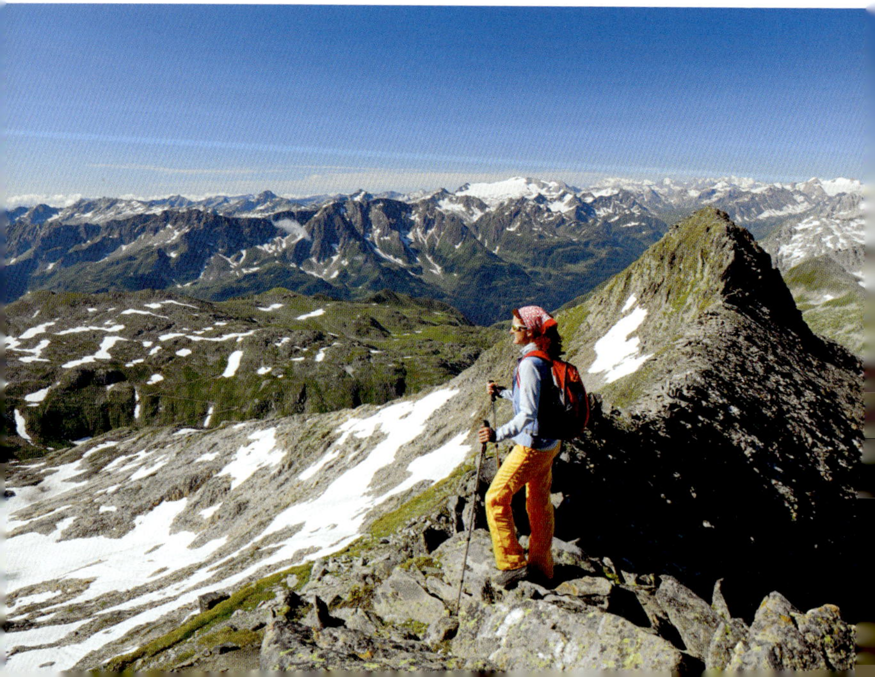

GPS-Tracks und Koordinaten der Ausgangspunkte

Zu diesem Wandbuch stehen auf www.rother.de GPS-Tracks und Koordinaten der Ausgangspunkte zum kostenlosen Download bereit.
3. Auflage, Passwort: **305203uym**
Die GPS-Daten wurden von den Autoren teils im Gelände, teils auf einer digitalen Karte erfasst. Verlag und Autoren haben die Tracks und Wegpunkte nach bestem Wissen und Gewissen überprüft. Dennoch können wir Fehler oder Abweichungen nicht ausschließen, außerdem können sich die Gegebenheiten vor Ort zwischenzeitlich verändert haben. GPS-Daten sind zwar eine hervorragende Planungs- und Navigationshilfe, erfordern aber nach wie vor sorgfältige Vorbereitung, eigene Orientierungsfähigkeit sowie Sachverstand in der Beurteilung der jeweiligen (Gelände-)Situation. Man sollte sich für die Orientierung auch niemals ausschließlich auf GPS-Gerät und -Daten verlassen.

Die drei Bewertungskategorien auf einen Blick:

■ Leicht

Diese Wanderungen verlaufen auf Alm- und Forststraßen, auf einfach zu begehenden breiten Wanderwegen oder auf alten Verbindungswegen und Nebensträßchen im Tal. Sie sind für die gesamte Familie geeignet. Auch bergungewohnte Wanderer werden hier auf keine Probleme stoßen, sofern sie den konditionellen Anforderungen gewachsen sind (siehe Gehzeiten). Leichte Wanderungen lassen sich bei Schlechtwetter, mit Schirm oder Anorak entsprechend ausgerüstet, noch problemlos begehen. Die leichten Touren sind zudem gut markiert und stellen keine besonderen Anforderungen an den Orientierungssinn.

Auch wenn man sich keinesfalls dazu verleiten lassen sollte, Touren auszuwählen, die das eigene Können oder das der anderen Gruppenmitglieder übersteigen, kann man doch bei einigen schwierigen Touren auch als weniger erfahrener Wanderer bis zu einem bestimmten Punkt aufsteigen, etwa bis zu einer Hütte, und so den Reiz der Tour doch zum Teil ebenfalls genießen.

■ Mittel

In diese Kategorie fallen mittelsteile, schmale Fußwege, die über felsigen Untergrund, über steile Treppen oder auch durch steiles Gelände führen. Ein gewisses Maß an Trittsicherheit ist also gefordert. Kurze Passagen können mit einem Seilgeländer versichert sein. Festes Schuhwerk und etwas Bergerfahrung werden vorausgesetzt. Die Wege sind immer ausreichend markiert oder beschildert, allerdings sollte man der Wegführung durchaus eine gewisse Aufmerksamkeit widmen. Stellen, an denen der Weg nicht eindeutig ist, werden exakt beschrieben und diese zusätzliche Schwierigkeit wird in der Kurzinfo ausdrücklich angesprochen.

■ Schwierig

Als schwierig eingestufte Wege führen durch Steilgelände, können mit einem Drahtseil versichert sein und verlangen Trittsicherheit und Schwindelfreiheit. Die Wege sind schmal und können auch über Passagen leiten, an denen Absturzgefahr besteht. Stellenweise können kurze schrofige Abschnitte den Gebrauch der Hände notwendig machen (Stellen bis I). Manche Touren führen auf

Klettersteigen zum Gipfel, hier sind dann aber auch einfachere Anstiege möglich, die in der Regel als Abstieg beschrieben werden. In den höheren Lagen ist teilweise mit Altschneefeldern zu rechnen, für die entsprechende Ausrüstung mitgenommen werden muss (Grödel oder leichte Steigeisen) und deren Querung Erfahrung voraussetzt. Für die schwierigeren Touren müssen sicheres Wetter und passende Bedingungen abgewartet werden, alpine Erfahrung und festes Schuhwerk sind unbedingte Voraussetzung.

Die Durchquerungen am Comer See und im Bergell (Via dei Monti Lariani und Sentiero Roma) verlaufen in alpinem Gelände, die Wege sind wenig ausgebaut. Wer nicht auch auf steinigem, unebenem Untergrund mit viel kurzem Auf und Ab (das nicht im Höhenprofil sichtbar ist) sein Gehtempo beibehalten kann, wird mit den ohnehin langen Tagesetappen Schwierigkeiten bekommen. Auch Orientierungssinn ist hier selbst bei guter Sicht ein Muss. Aufgrund ihrer Länge orientiert sich bei diesen Touren die Beschreibung an den markanten Geländestrukturen und Verzweigungen.

Gefahren

Eine der gefährlichsten Situationen stellt für Wanderer das Queren steiler, gefrorener Altschneefelder dar. Selbst wenn eine alte Spur vorhanden ist, gleitet man schneller aus, als dies allgemein angenommen wird, und ein Bremsen ist angesichts der enormen Beschleunigung oft nicht mehr rechtzeitig möglich. Die »Liegestütztechnik« sollte man daher immer wieder einmal üben, am besten in einem Alpinkurs. Grödel oder Leichtsteigeisen können bei der Querung von Altschneefeldern helfen. Der richtige Einsatz von Stöcken oder einem Pickel kann zusätzlich einem Sturz vorbeugen.

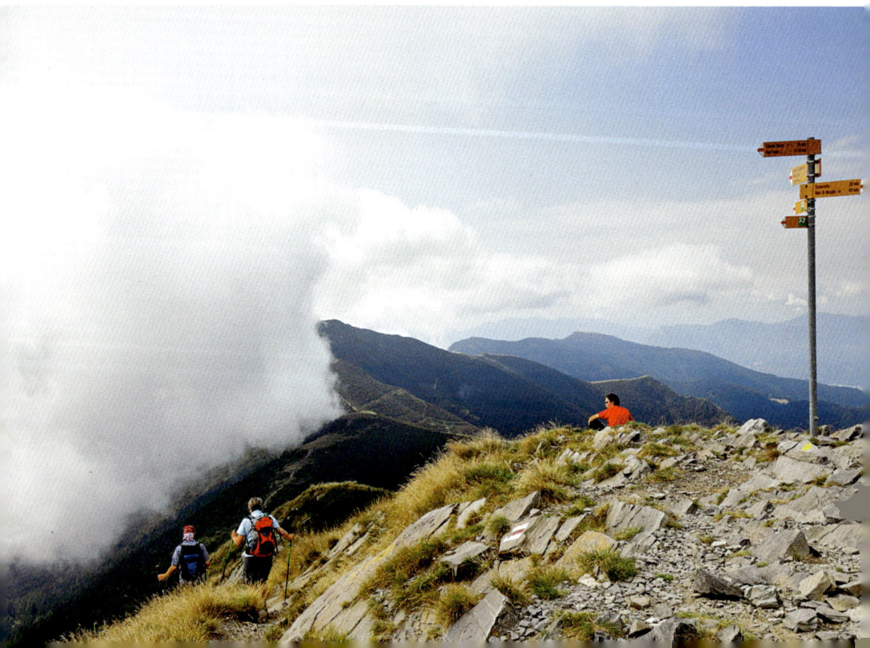

Das Wetter sollte man immer im Auge behalten. Hier am Monte Tamaro (Tour 36).

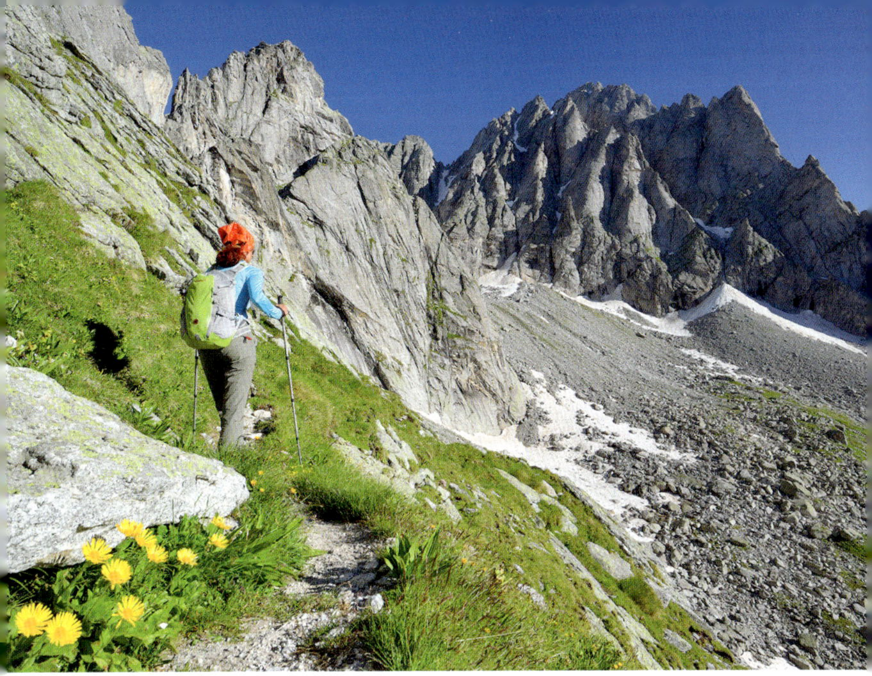

Steter Wechsel zwischen Wanderweg und Blockwerk am Sentiero Roma (Tour 50).

Im Frühjahr sind die Gefahrenstellen durch Altschnee in den Hochlagen natürlich besonders häufig, aber auch im Sommer kann es bei Schlechtwettereinbrüchen immer wieder zu Schneefall kommen und dann können Schneefelder im Steilgelände zum Gefahrenpotenzial werden.

Nicht unterschätzen darf man die Einflüsse des Wetters. Dass Gewitter am Berg besonders gefährlich sind, weiß man. Man sollte weder am Gipfel noch an einem ausgesetzten Grat und natürlich auch nicht am versicherten Steig vom Blitz überrascht werden. Ein rechtzeitiger Aufbruch frühmorgens und die Verkürzung der Gipfelrast sind bei vorhergesagter oder erkennbarer Quellwolkenbildung mit Gewitterneigung dringend ratsam.

Oft reicht ein stark angeschwollener Bach, um auf unvorhergesehene Probleme zu stoßen, oder der vom Regen nasse Untergrund erlaubt nur noch ein langsames Vorwärtskommen. In den höheren Regionen fällt selbst im Juli und August manchmal Schnee, dann sind Markierungen binnen Minuten zugedeckt und die Sicht kann so schlecht werden, dass man tatsächlich in Gefahr ist – vom rutschigen Untergrund ganz abgesehen. Gerade in der Schweiz wird der Alpenwetterbericht mehrmals täglich aktualisiert, wer auf längere oder schwierigere Touren geht, sollte sich vorher über die Wetterverhältnisse informieren, eventuell auch beim Hüttenwirt über die Verhältnisse vor Ort.

Im steileren Gelände kann stellenweise Steinschlaggefahr herrschen. Man sollte eine gewisse Sensibilität für mögliche Gefahren entwickeln und an diesen zügig weitergehen (und nicht zum Beispiel den Auslauf einer Steinschlagrinne als Brotzeitplatz nutzen).

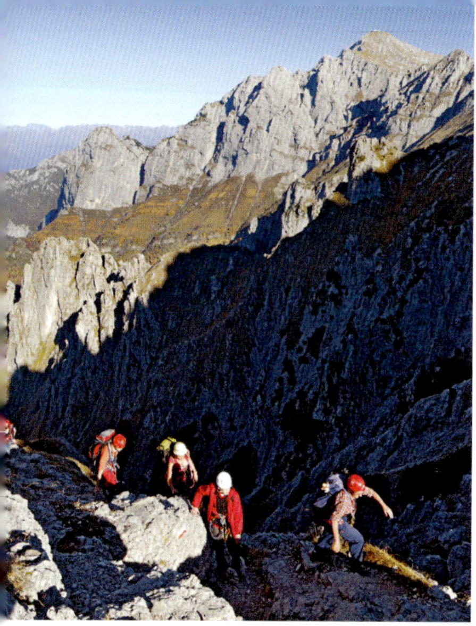

Vorsorglich tragen die Bergsteiger beim Aufstieg zur Grignetta einen Helm (Tour 46).

Neben objektiven Gefahren wie Blitz, Steinschlag oder Nebel muss man auch die subjektiven nennen: Die erwähnte Sturzgefahr auf Altschneefeldern zählt dazu genauso wie Unfälle durch Ermüdung oder Erschöpfung. Stimmen Sie Ihre Routenwahl auf Ihr Können, die Kondition und die Tagesform ab. Planen Sie nicht zu ehrgeizig, überprüfen Sie Ihren Zeitbedarf für Etappenabschnitte und seien Sie ehrlich zu sich selbst. Bedenken Sie, dass manche Touren in großer Höhe verlaufen und der Körper einige Tage benötigt, um sich auf die schlechtere Sauerstoffversorgung einzustellen.

Ausrüstung

Auch die Ausrüstung muss zur Tour passen. Ohne die geeigneten Schuhe in die Grigne gehen zu wollen, ist Leichtsinn. Andererseits macht die beste Ausrüstung fehlendes Können oder mangelnde Kondition auch nicht wett. Wer nicht über die nötige Trittsicherheit verfügt, dem nützen im schwierigen Gelände auch die besten Bergschuhe nichts.

Für die leichten Touren reichen bei schönem Wetter normale Freizeitkleidung und Joggingschuhe. Je nach Tourenlänge ist ein kleiner Rucksack nützlich, um noch ein warmes Kleidungsstück oder einen leichten Anorak sowie Zwischenverpflegung und eine Trinkflasche mitnehmen zu können. Denken Sie bei schönem Wetter auch an Sonnencreme, Sonnenbrille und Kopfbedeckung!

Für die mittleren und noch viel mehr für die schwierigen Touren sind feste Wanderschuhe oder Bergstiefel unerlässlich und entsprechende Wanderbekleidung aus Funktionsmaterialien zweckmäßig. Dabei kleidet man sich am besten nach dem Zwiebelprinzip mit einigen dünnen Schichten, die sich kombinieren lassen. Ab mittellangen Touren darf zweckmäßiger Wetterschutz nicht fehlen: ein Anorak und eventuell auch eine Regenhose. Auch dünne Handschuhe und eine Mütze oder ein Stirnband werden die meiste Zeit des Jahres im Rucksack sein. Da in der Regel die Aufstiegsmeter auch wieder abgestiegen werden müssen (teils über steile Wege), können zur Entlastung der Gelenke Ski- oder Wanderstöcke sinnvoll sein.

Schließlich sollten eine kleine Notapotheke, ein Biwaksack (zumindest aber eine Rettungsdecke) und ein Handy wenigstens von einer Person aus der Gruppe mitgenommen werden. In manchen der tief eingeschnittenen und einsamen Täler des Tessins kommt allerdings keine Netzverbindung zustande. Wer auf eine Zwei- oder Mehrtagestour geht, wird auch einen Hüttenschlafsack benötigen, wie er auf allen Hütten vorgeschrieben ist.

Gehzeiten

Bei den angegebenen Gehzeiten wird eine durchschnittliche Kondition vorausgesetzt. Als Aufstiegsleistung wurden 400 Höhenmeter in der Stunde angenommen, im Abstieg 600 Höhenmeter, wobei jedoch zusätzlich die Streckenlänge mit in die Berechnung eingeht. Hier werden vier Kilometer pro Stunde angesetzt (um auf das Gesamtergebnis zu kommen, wird der kleinere Wert halbiert und das Ergebnis zum größeren hinzuaddiert). Planen Sie zusätzliche Zeit ein für Pausen und natürlich auch zum Schauen und Genießen oder für Kinder zum Spielen.

Zeiten für die Auffahrt mit einer Bergbahn oder bei Streckentouren für die Rückfahrt mit öffentlichen Verkehrsmitteln sind in die Gehzeit nicht mit eingerechnet und kommen noch zur Gesamtlänge hinzu. Andererseits lassen sich manche Wanderungen problemlos etwas abkürzen, indem man entweder Gipfeloptionen auslässt oder bei Streckenwanderungen früher ins Tal absteigt und so zum Beispiel einige Bahn- oder Bushaltestellen vorher schon die Rückfahrt antritt.

Manche Wege im Tessin sind speziell für Wanderer angelegt und markiert worden. Sie haben eher einen für Touristen interessanten Verlauf und sind nicht kräftesparend an die Geländeform angepasst. Kleine Auf- und Abstiege zwischendurch machen sie daher anstrengender als die Wege in manch anderer Alpenregion.

Einkehr und Übernachtung

In der Kurzinfo werden bei der jeweiligen Tour die Einkehr- und Übernachtungsmöglichkeiten aufgelistet. Da sich die Öffnungszeiten auch ändern können, ist es empfehlenswert, sich vorher zu erkundigen. Die Hütten im Gebiet sind diesbezüglich immer für Überraschungen gut. Zuweilen hängt selbst an der verschlos-

Eine angenehme Überraschung ist das Rifugio Bosio im Tal des Torreggio (Tour 50).

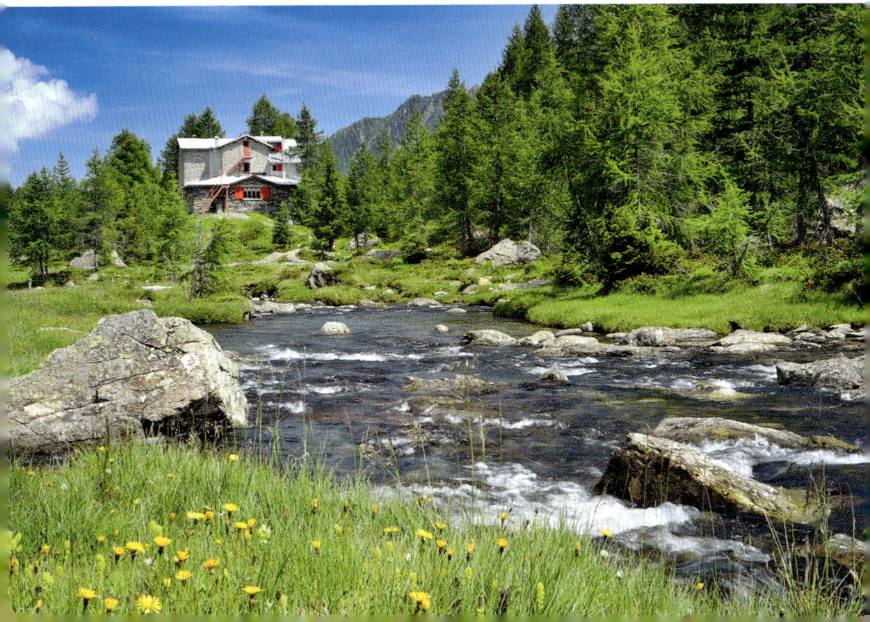

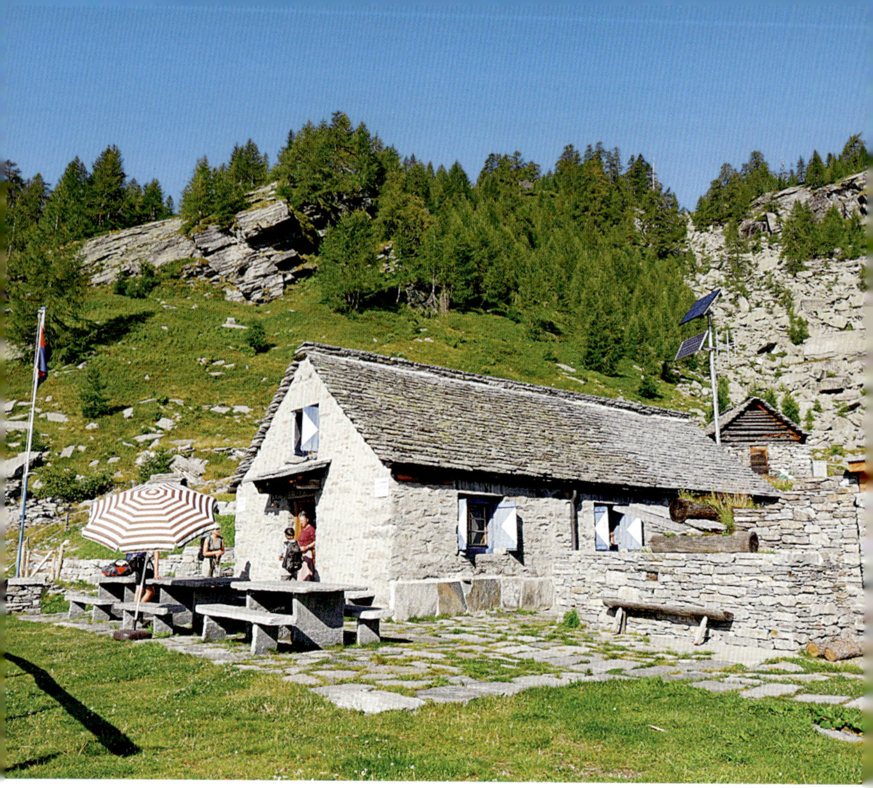

Die gemütliche Capanna d'Alzasca zählt zu den bewarteten Hütten (Tour 9).

senen und winterfest gemachten Hütte ein Schild »Aperto«. Ein zeitnahes Telefonat kann da Klarheit bringen.

Wer eine Hüttenübernachtung plant, sollte vorher reservieren. Eine Besonderheit in den zentralen Tessiner Alpen sind die Selbstversorgerhütten. Lesen Sie in der Kurzinfo genau nach, ob es sich beim angesteuerten Ziel um eine klassische bewirtschaftete Hütte handelt oder um eine nur kurzzeitig oder gar nicht bewartete Hütte. Letztere sind in der Regel offen zugänglich und gegen Bezahlung in die Hüttenkasse kann man Getränke und Grundnahrungsmittel entnehmen. Das ist ein toller Service, aber eben doch anders, als wenn man beim Hüttenwirt zu fast jeder Tageszeit ein Menü bestellen kann.

Bergbahnen

Bei einigen Touren gibt es die Möglichkeit, den Aufstieg oder den Abstieg durch Benutzung einer Bergbahn zu verkürzen. Außerhalb der Hauptsaison erfragen Sie am besten die aktuellen Betriebszeiten (Telefonnummern bei der jeweiligen Tour).

Anfahrt

Einige Touren in diesem Wanderbuch sind als Streckenwanderung beschrieben. Zurück zum Ausgangsort fährt man mit den öffentlichen Verkehrsmitteln. Das ist im Sinne des Umweltschutzes natürlich auch für die Anfahrt sinnvoll. Erholsamer ist die Fahrt so ebenfalls. Für andere Tourenvorschläge ist ein eigenes Fahrzeug unentbehrlich. Fahrgemeinschaften entlasten dann die Umwelt.

Beste Wanderzeit

Die typische Wanderzeit beginnt in den tieferen Lagen um Lago Maggiore, Luganer See und Comer See im Mai/Juni. Dann blüht es hier schon in den Gärten und das milde Klima lädt zum Draußensein ein. Ab Ende Juni bzw. Anfang Juli werden die Hochlagen attraktiv, stark abhängig von den Schneemengen des vergangenen Winters. Diese können von Jahr zu Jahr sehr unterschiedlich ausfallen. Einen besonderen Reiz hat der Herbst, ja, wer die Hochlagen ausklammert, kann sogar im Frühwinter und im zeitigen Frühjahr auf seine Kosten kommen. Dann ist es auch in den sonst rege besuchten Orten ruhiger.

Kinder

Kinder sind oft äußerst leistungsfähig. Allerdings ist das eine Frage der Motivation. Und da sind nun mal Bäche, Seen, Felsen zum Kraxeln und Tiere, denen man zuschauen kann, sehr viel interessanter als die beste Aussicht oder gar eine Forststraße. Diejenigen der Touren, die für Kinder interessante Abschnitte bieten, sind mit einem extra Symbol gekennzeichnet. Ob die Tourenlänge bzw. die Gehzeit dem Alter und der Kondition Ihres Kindes entspricht, müssen Sie selbst abschätzen.

Karten

Den einzelnen Wandervorschlägen sind Kartenausschnitte mit Routeneinträgen beigefügt, die zur Orientierung im Gelände dienen. Für einen besseren Überblick in der gesamten Umgebung sind die Karten im Maßstab 1:50.000 von swisstopo, dem Schweizer Bundesamt für Landestopografie, empfehlenswert. Sie beruhen auf einer sehr guten Datenbasis und es wird Wert auf eine große Genauigkeit bei der Geländedarstellung gelegt. Viele der

Viele Seen und Bäche machen die Tessiner Alpen attraktiv.

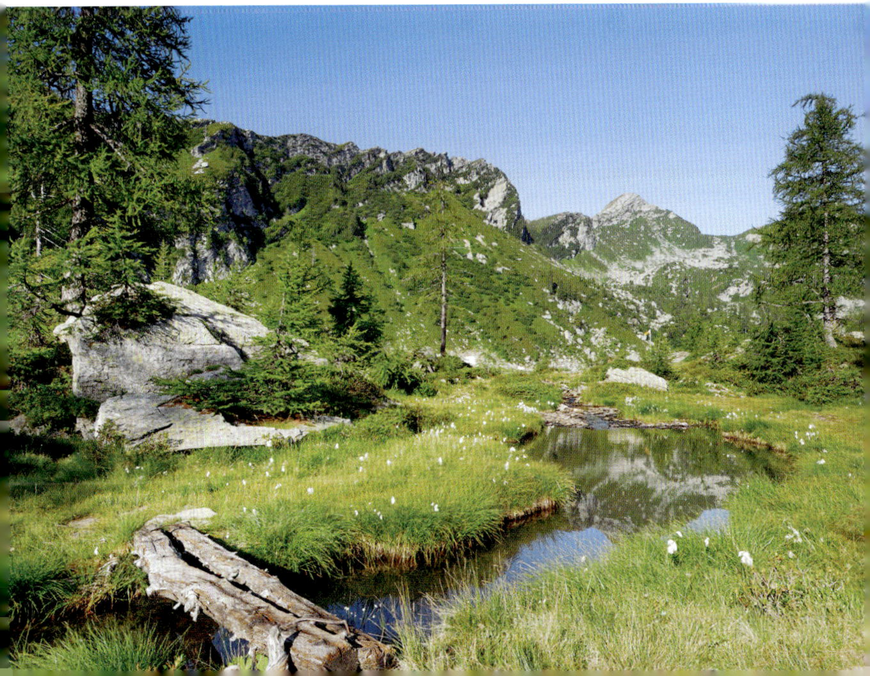

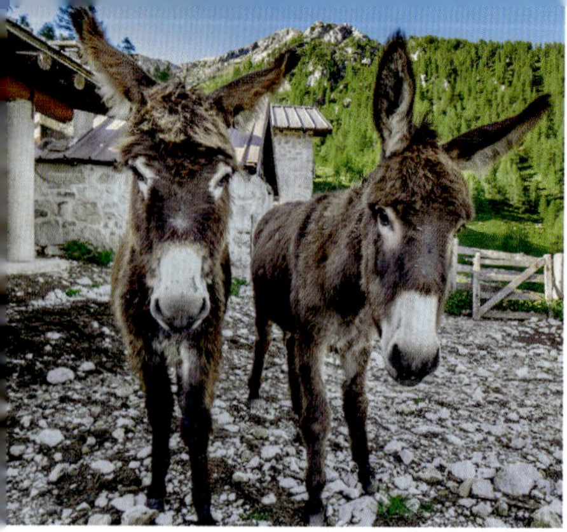

Wenig scheu sind die Esel (Tour 48).

Touren sind durch die erhältlichen Kartenblätter abgedeckt (auch im Maßstab 1:25.000 verfügbar). Für die auf italienischem Gebiet verlaufenden Routen kommen die Karten des italienischen Militärs im Maßstab 1:25.000 oder 1:50.000 infrage oder man weicht auf die Karten der Wanderkartenverlage aus.

Tipps für Bergwanderer

- Respektieren Sie alle Tiere. Stören Sie diese nicht durch Lärm oder indem Sie sich (für einen Schnappschuss) nah heranpirschen. Die Tiere im Tessin sind ohnehin sehr scheu, man kommt selten in den Genuss, Steinböcke oder Gämsen, Raufußhühner oder Adler zu sehen.
- Pflücken Sie keine Blumen, die Wanderer nach Ihnen wollen sich auch daran erfreuen, und bis Sie zu Hause sind, werden die Blumen verwelkt sein. Das gilt für alle Arten, besonders aber für die geschützten. Beim Pilzesammeln gibt es in der Schweiz Reglementierungen, diese sind zu beachten (Aushänge).
- Verlassen Sie die markierten Wege nicht und gehen Sie nicht einfach so über hohes Gras auf Weideflächen. Schließen Sie auch die Gatter wieder, damit das Vieh nicht herauskommt.
- Wenn Sie eine Brotzeit bei sich haben, nehmen Sie bitte Ihren Abfall wieder mit ins Tal. Auch auf vielen Hütten fehlen mittlerweile Abfalleimer und die Gäste sind aufgerufen, Müll im Tal selbst zu entsorgen.
- Je nach Exposition und Jahreszeit sollten Sie die Temperaturentwicklung über den Tagesverlauf vorausplanen und speziell im Hochsommer gegebenenfalls entsprechend früh losgehen, um nicht in der Mittagshitze aufsteigen zu müssen.
- Holen Sie vor der Tour den aktuellen Wetterbericht ein, dann können Sie ein entsprechendes Ziel auswählen und die passende Ausrüstung mitnehmen.
- Beginnen Sie mit den leichteren oder mittleren Touren in diesem Buch. Wagen Sie sich erst an die schwierigen heran, wenn Sie genau wissen, was Sie sich zutrauen dürfen.
- Auch was die Tourenlänge betrifft, ist es zweckmäßig, erst Erfahrungen zu sammeln und die eigene Tagesform einschätzen zu lernen, bevor Sie die langen Touren gehen.
- Berücksichtigen Sie, dass manche Zufahrten auf sehr schmalen und unübersichtlichen Bergstraßen verlaufen, sodass die Anfahrt manchmal ein eigenes kleines Abenteuer ist, jedenfalls aber einen gewissen Zeitaufwand bedeutet.

Fremdenverkehrsämter

Nützliche Informationen, teils sogar kleine Broschüren zu Wanderwegen, Unterkunftsverzeichnisse und Ähnliches erhält man bei den großen Tourismusämtern. Adressen auf der hinteren Umschlagklappe.

Landschaft und Literarisches warten auf der Wanderung zum Lago della Cròsa (Tour 14).

IMPRESSUM BILDNACHWEIS

Die Deutsche Nationalbibliothek verzeichnet diese Publikation in der Deutschen Nationalbibliografie; detaillierte bibliografische Daten sind im Internet über http://dnb.d-nb.de abrufbar.

Konzeption/Gestaltung/Satz: Droste Verlag, Düsseldorf
Einbandgestaltung und Illustrationen: Britta Rungwerth, Düsseldorf
Fotos: Johannes Quirin, außer: Max von Preußen: S. 21, 96 (oben), 116 (oben), 146, 148, 150
Textlektorat: Christoph Nettersheim, Nürnberg
Karten: Thorsten David, Bochum
Druck und Bindung: LUC GmbH, Greven

MIX
Papier aus verantwortungsvollen Quellen
FSC® C011279
www.fsc.org

ISBN 978-3-7700-2348-6
www.droste-verlag.de

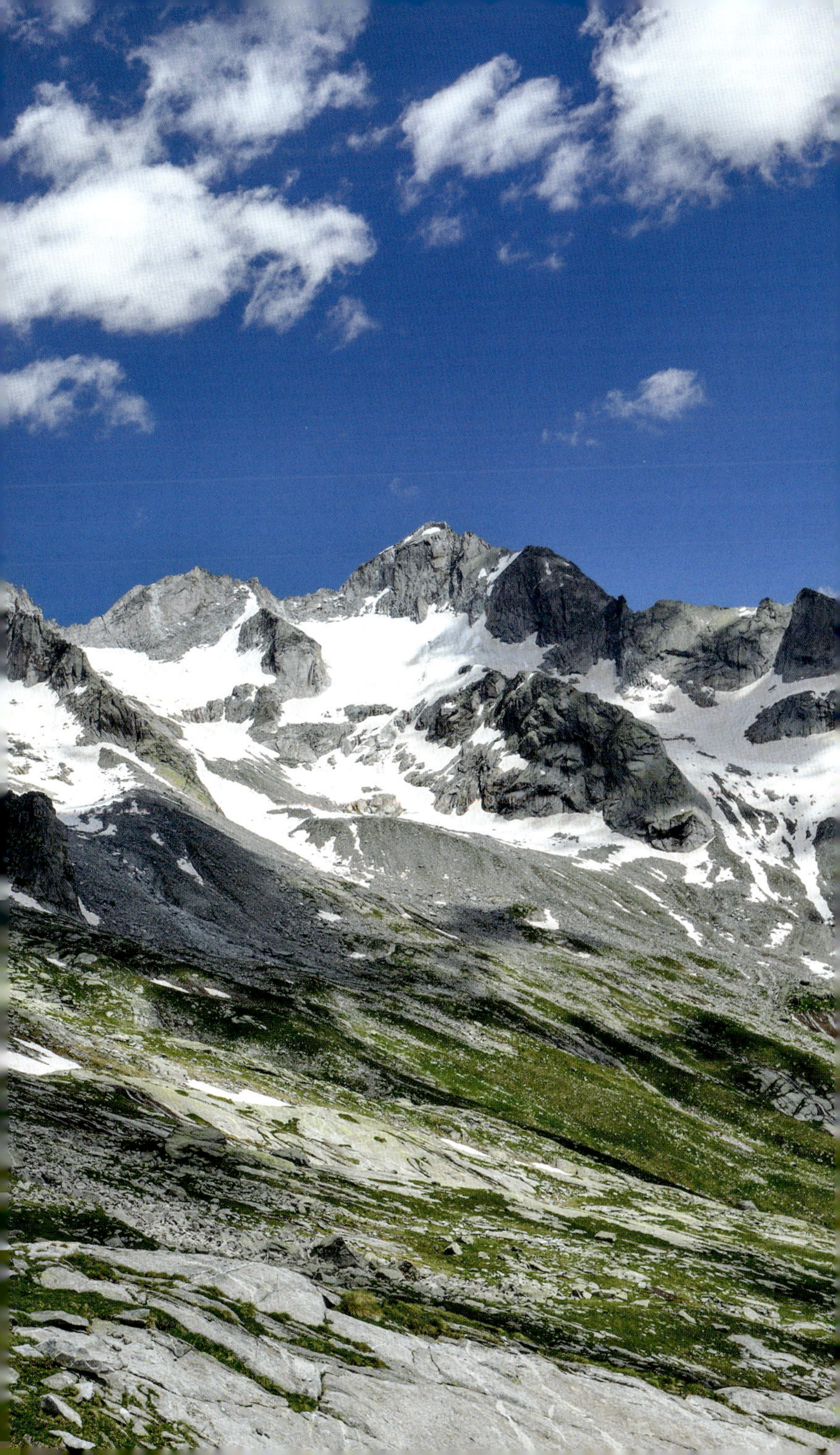

10 AUF DEM KILLESBERG

Start/Ziel: Stadtbahnhaltestelle Killesberg, Am Kochenhof, 70192 Stuttgart (GPS: 48.799601, 9.170976)
Länge: ca. 3,4 Kilometer
Dauer: ca. 1 Stunde
ÖPNV: Haltestelle Killesberg, U5
Parken: Killesberghöhe Stadtquartier, 70192 Stuttgart

Unterwegs entdeckt:

1 Killesbergpark
2 Kochenhofsiedlung
3 TC Weissenhof
4 Viergiebelsiedlung
5 Weissenhofsiedlung

Essen + Trinken:

Restaurant OhJulia, Am Höhenpark 2, 70192 Stuttgart, Tel. 07 11/25 37 72 20, ohjulia.de

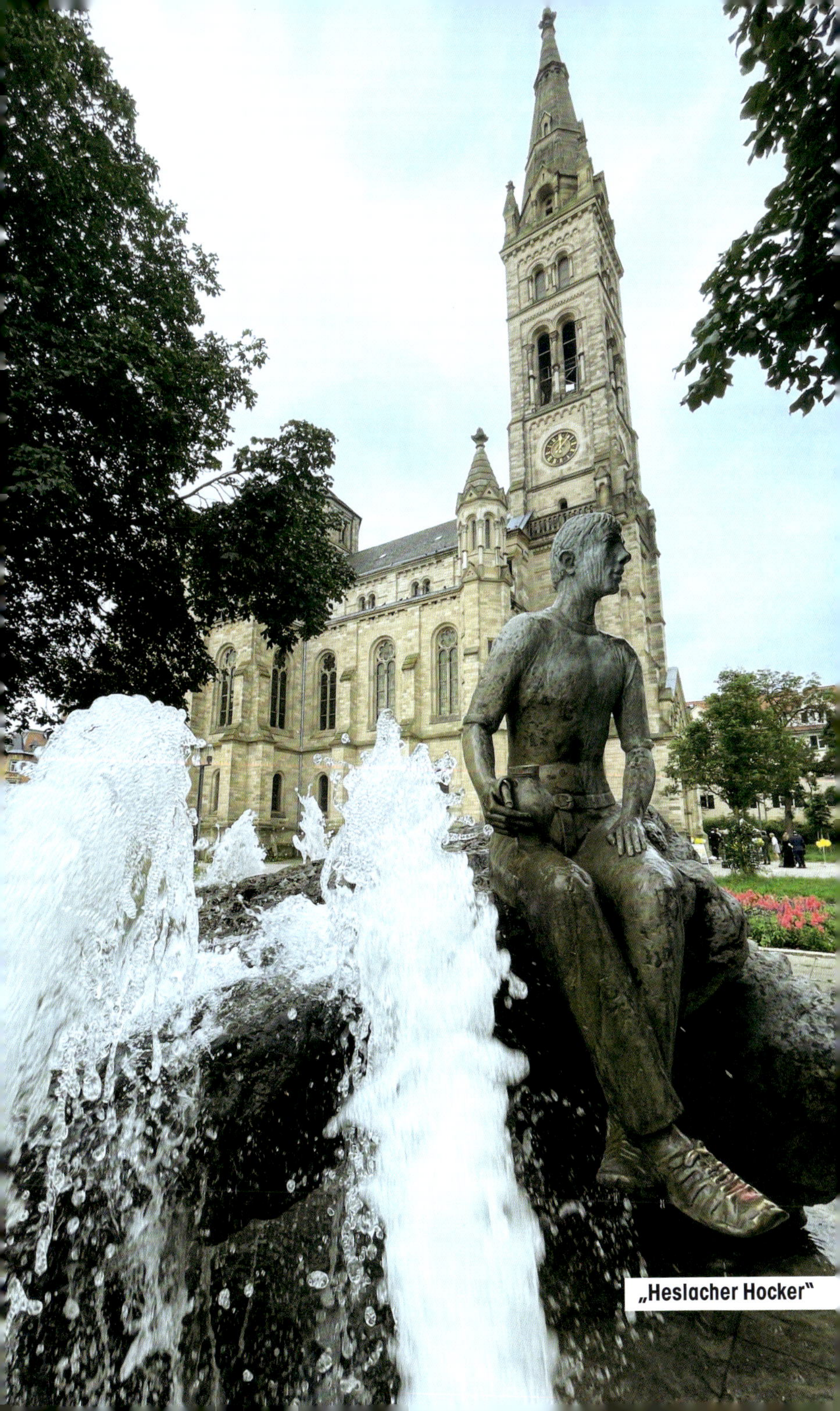

„Heslacher Hocker"

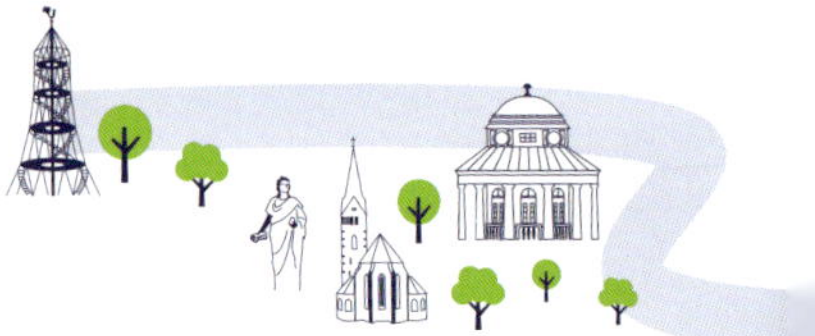

„Architektour" durch Stuttgarts Geschichte

Auf unserer Tour auf dem Killesberg tauchen wir tief in die Architekturgeschichte Stuttgarts ein und können dabei lernen, wie modernes Wohnen von unterschiedlichen Architekten jeweils komplett anders interpretiert und umgesetzt wurde. Von „deutschem Holz" über bunte Häuser bis hin zu weißen Kuben und einem UNESCO-Weltkulturerbe gibt es auf wenigen Kilometern einiges zu entdecken. Doch bevor wir zur bekanntesten der drei Siedlungen, der Weissenhofsiedlung, kommen, entdecken wir zuerst ihren direkten Gegenentwurf.

Wir begeben uns von der Stadtbahnhaltestelle Killesberg erst einmal nach oben in Richtung Kochenhof und folgen der Straße nach rechts. Dafür lassen wir den **Killesbergpark** **1** mit seinen rund 50 Hektar Fläche hinter uns liegen. Diese grüne Wohlfühloase, bereits 1939 im Rahmen der Reichsgartenschau entstanden und für die Deutsche Gartenschau 1950 umgestaltet, ist nicht nur unter Stuttgartern ein beliebtes Ausflugsziel. Egal ob Seenterrassen, blühende Blumenbeete, ein Streichelzoo, ein Abenteuerspielplatz oder sogar ein Höhenparkfreibad – es ist für jeden etwas dabei.

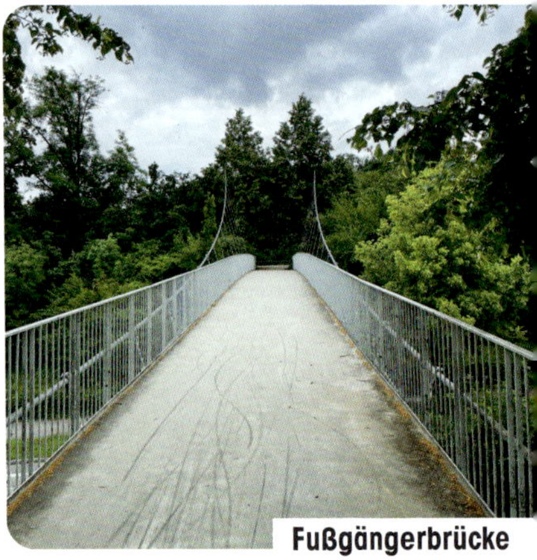

Fußgängerbrücke

An der Fußgängerampel überqueren wir die Straße, gehen über ein paar Treppen hoch in Richtung Fußgängerbrücke, halten uns jedoch geradeaus und steigen gleich wieder ein paar Stufen hinab. Anschließend gehen wir weiter geradeaus die Straße entlang und sind bereits mittendrin in der **Kochenhofsiedlung** **2** aus dem Jahre 1933. Am Feuerbacher Weg angekommen, folgen wir dieser Straße nach rechts, um gleich wieder rechts in die Hermann-Pleuer-Straße abzuzweigen.

Nicht allzu weit entfernt im Feuerbacher Weg 46 gibt es das Haus des ehemaligen Bundespräsidenten Theodor Heuss als Museum zu besichtigen.

Die Kochenhofsiedlung wurde von den Nationalsozialisten als traditionalistisches Gegenmodell geplant und sollte

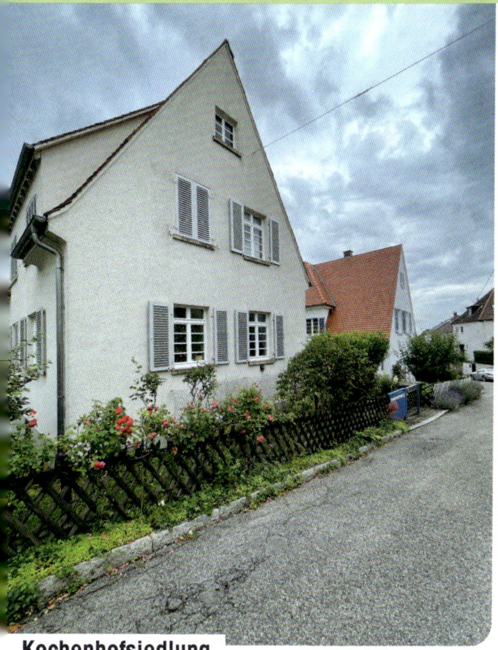

Kochenhofsiedlung

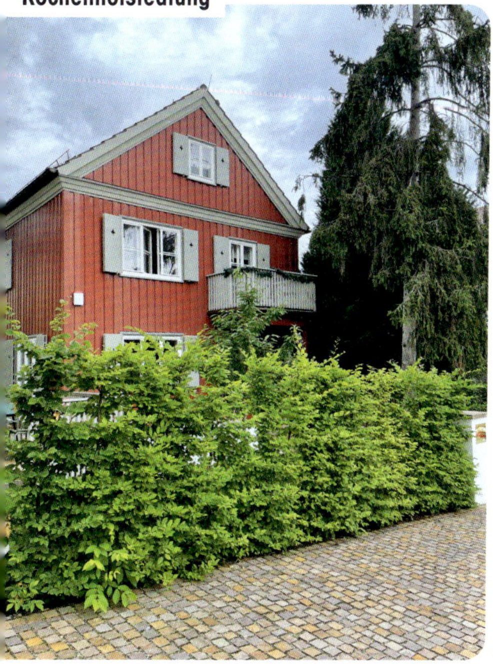

den Kontrapart zur bereits 1927 erbauten Weissenhofsiedlung bilden. Im Rahmen der Bauausstellung „Deutsches Holz für Hausbau und Wohnung" entstanden unter der Leitung des Architekten Paul Schmitthenner nach Entwürfen von 23 weiteren lokalen Architekten der sogenannten Stuttgarter Schule 25 Häuser. Hierbei hatten sich die Architekten beim Bau an vorgegebene Richtlinien von Schmitthenner und dem Stuttgarter Stadtplaner Heinz Wetzel zu halten. Zu diesen Auflagen zählten zum Beispiel ein Satteldach und die Verwendung von Holz als Baumaterial. Ziel war es, die Haltbarkeit und Wirtschaftlichkeit von Häusern in Holzbauweise zu zeigen, somit die Holzverarbeitung im Baugewerbe zu fördern und schließlich die deutsche Forst- und Holzwirtschaft zu stärken und zu unterstützen. Das Richtfest der Modellsiedlung fand Ende Juli 1933 statt.

Leider existieren nur noch wenige Originalbauten, da im Zweiten Weltkrieg große Teile der Siedlung bei Luftangriffen zerstört wurden. Die Baulücken wurden in der Nachkriegszeit durch konventionelle Wohnhäuser wieder geschlossen. Doch bei bestehenden Häusern, an denen zwar teilweise bauliche Veränderungen vorgenommen wurden, kann man aufgrund ihres Stils ihre Herkunft trotzdem noch gut erkennen. Am besten können wir die Holzbauweise an der heutigen Gaststätte „House of Thailand" in der

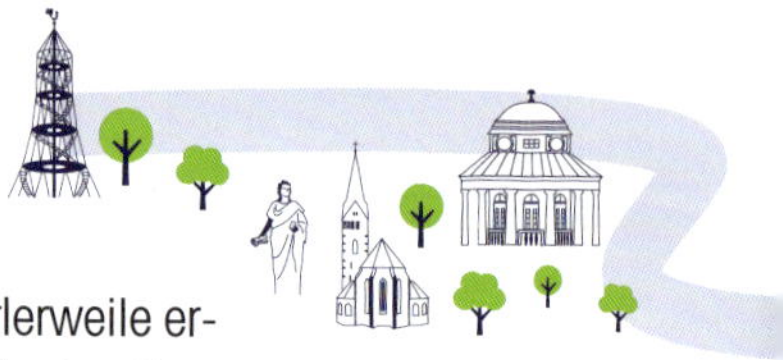

Hermann-Pleuer-Straße 15 erfassen, die wir mittlerweile erreicht haben. Danach geht es direkt links weiter in den Carlos-Grete-Weg, um anschließend der Otto-Reininger-Straße nach rechts und direkt wieder rechts dem Kalckreuthweg zu folgen. Auch hier können wir noch Holzhäuser der Kochenhofsiedlung entdecken.

Nun gehen wir das Sträßchen, das wir vom Hinweg schon kennen, ein paar Meter nach links zurück, stoßen wieder auf die Treppenstufen in Richtung Fußgängerbrücke, die wir hochgehen, und überqueren schließlich die Straße Am Kochenhof. Zunächst kommen wir an der Tennisanlage des **TC Weissenhof 3** vorbei, die bereits 1914 eröffnet wurde. Hier wurde kurz danach, 1916, das erste Internationale Weis-

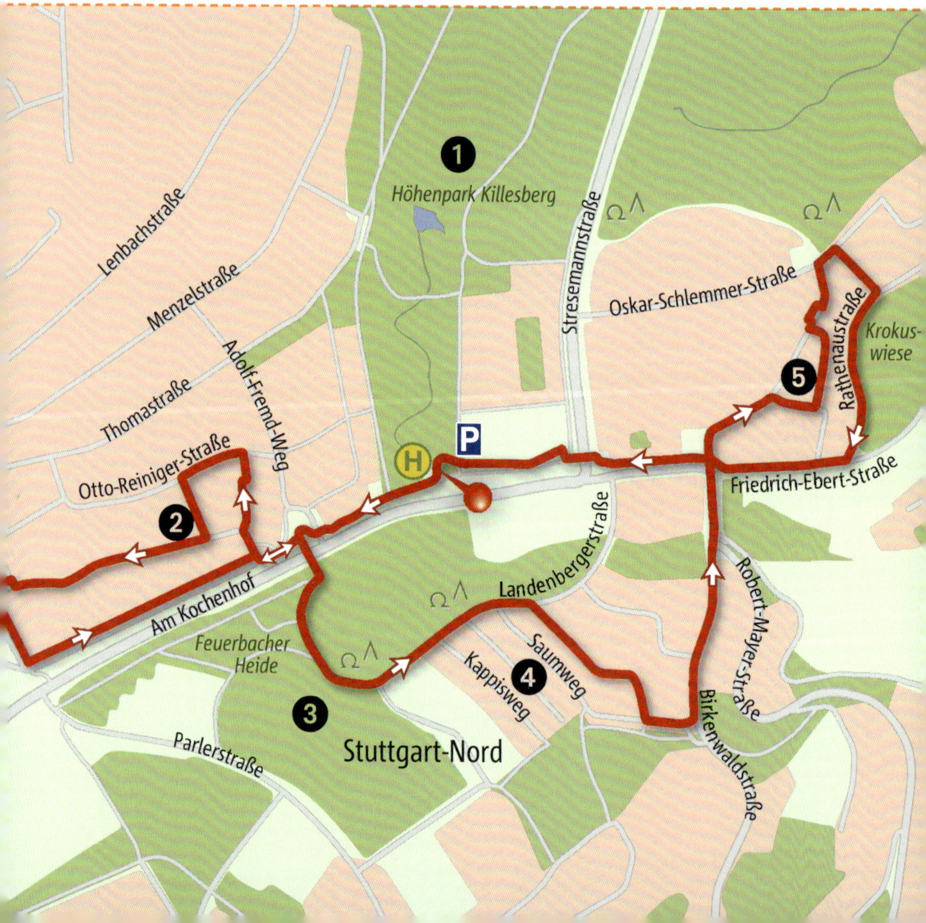

senhofturnier ausgetragen. Heute gehört das Turnier unter dem Namen Mercedes Cup zur ATP-Tour, es gilt als Vorbereitung auf die Wimbledon Championships, eines der großen Grand-Slam-Turniere. Deshalb wird dieses Turnier direkt nach den French Open auf Rasen gespielt.

Wir folgen dem Weg geradeaus, bis wir auf der rechten Seite zu einem Wohngebiet kommen. Hier erwartet uns das nächste Siedlungsbauprojekt, das bereits 1922 für dringend benötigten Wohnraum nach dem Ersten Weltkrieg sorgte. Der Heimstättenbauverein öffentlich-rechtlicher Beamter wollte der Wohnungsnot in Stuttgart mit dem Bau der **Viergiebelsiedlung 4** entgegenwirken. Bis 1926 entstanden hier 16 Einfamilien- und fünf Doppelhäuser, die der Topografie am Hang der Birkenwaldstraße folgen.

Die beiden Architekten Richard Döcker und Hugo Keuerleber planten die Siedlung äußerst einfach und reduziert. Döcker entwarf nur drei verschiedene Haustypen mit variierenden Grundrissen und Nutzflächen, die von der Bauform her sehr clean und funktional gestaltet waren. So waren beispielsweise die Satteldächer ohne Auf- und Ausbauten ge-

Viergiebelsiedlung

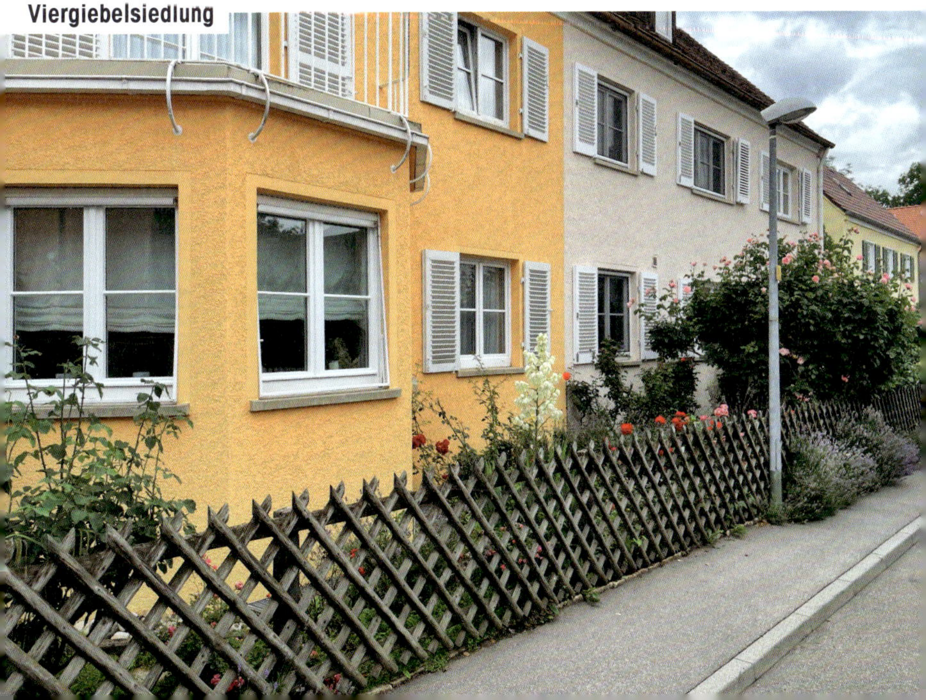

plant, um diese so gut wie wartungsfrei zu halten. Im Vergleich zu anderen Wohnhäusern wirkte die Viergiebelsiedlung deutlich moderner, nicht zuletzt wegen eines kleinen Details: Architekt Richard Döcker entwickelte ein spezielles Farbkonzept für alle Häuser. Er nutzte hierbei die Farbe systematisch, unterschied damit die unterschiedlichen Haustypen und verband sie farblich miteinander. Dadurch reihten sich kleine Hausgruppen in den jeweiligen Straßen aneinander. Jede der Gruppen war in einer eigenen Farbkombination gestrichen. Die vier Seiten der einzelnen Häuser wurden zudem unterschiedlich koloriert. Dabei war die Zuordnung der Farbflächen abhängig von der Himmelsrichtung. So waren die Südseite gelb, die gegenüberliegende Schattenseite blau, die Außenflächen der Siedlung in den sogenannten „Unbuntfarben" Anthrazit, Braun sowie in einem gebrochenen Weiß und die sich gegenüberstehenden Fassadengruppen in Rot gestrichen. Der Farbverlauf variierte, die Farbtöne nahmen in der Folge des Straßenverlaufs zu oder ab.

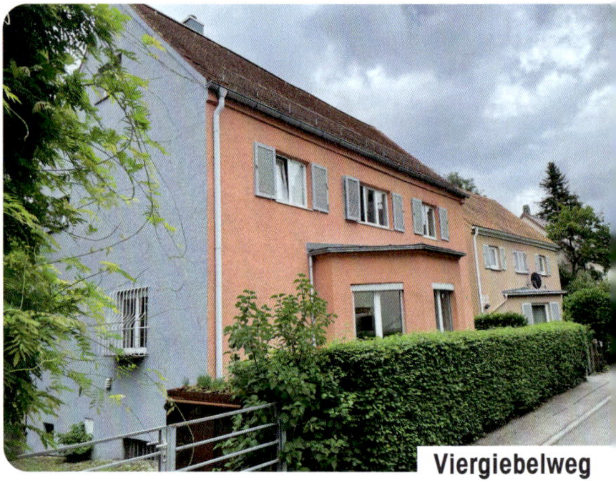

Viergiebelweg

Wir biegen von der Landenbergerstraße nach rechts in den **Viergiebelweg** ein. Dort können wir das Farbkonzept der denkmalgeschützten Siedlung noch entdecken. Denn durch die Eigentümerwechsel vom Heimstättenbauverein zum Land Baden-Württemberg und schließlich in Privatbesitz veränderten die neuen Mieter und Eigentümer die Farben und Renovierungen. Seit 2002 wurde jedoch wieder begonnen, die alte Farbgestaltung der Häuser zumindest teilweise wiederherzustellen.

Wir verlassen den Viergiebelweg, sobald wir auf den Saumweg stoßen, und folgen diesem nach links. Wir nehmen die Treppen in Richtung Birkenwaldstraße, der wir ebenfalls nach links folgen, um in Richtung unseres letzten Ziels weiter-

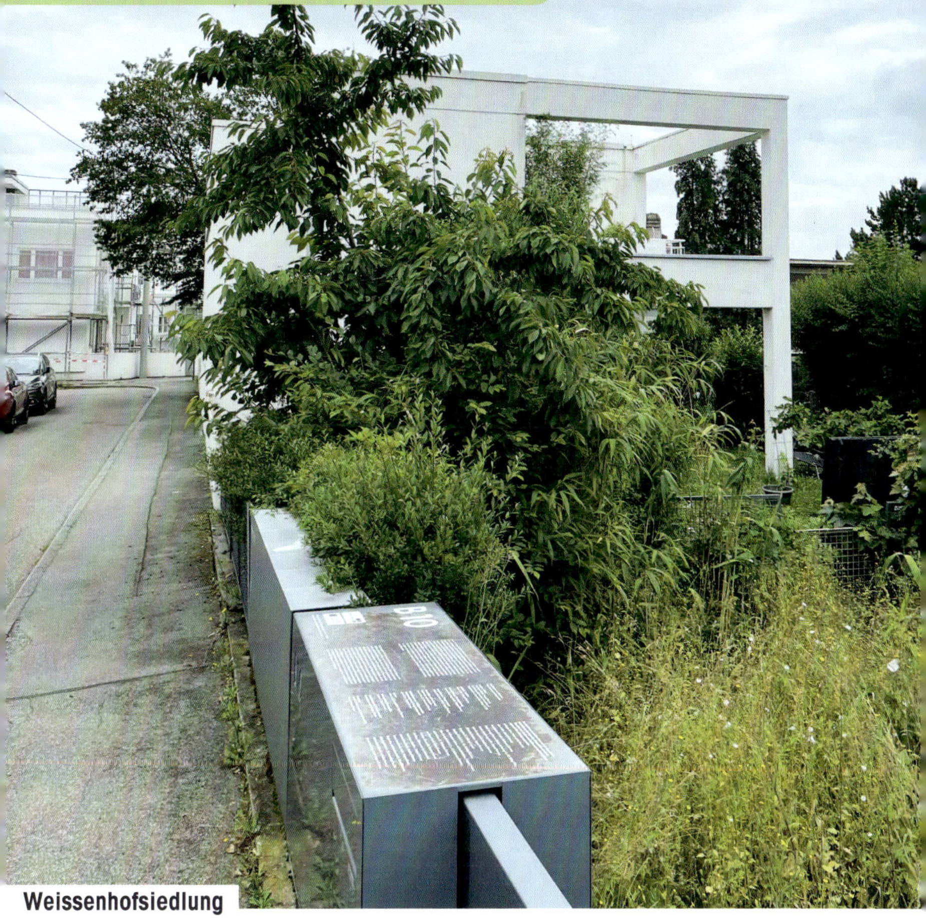

Weissenhofsiedlung

zugehen. Die Birkenwaldstraße wird in Höhe der Staatlichen Akademie der bildenden Künste zur Straße Am Weissenhof. Hier entstanden im Jahr 1927 innerhalb von nur etwa vier Monaten 33 kubische Flachdachhäuser. Die **Weissenhofsiedlung** 5 war der zentrale Bestandteil der Ausstellung „Die Wohnung", die durch die Stadt Stuttgart und den Deutschen Werkbund veranstaltet wurde. Künstlerische Gesamtleitung bei diesem Projekt, das in Lichtgeschwindigkeit umgesetzt wurde, hatte Ludwig Mies van der Rohe. Mit 17 weiteren internationalen Architekten plante und erbaute er diese modernen Wohngebäude mit dem Ziel, die Zukunft des Wohnens aufzuzeigen. Unter den charakteristischen Vertretern der mo-

dernen Bewegung befanden sich neben Le Corbusier weitere Koryphäen der Architektur wie Walter Gropius, Hans Scharoun oder Peter Behrens. Die gesamte Geschichte der Siedlung kann in einer Ausstellung im **Weissenhofmusem,** das vom Verein Freunde der Weissenhofsiedlung e. V. betrieben wird und sich in Haus 14–15 befindet, verfolgt werden. Das Doppelhaus von Le Corbusier und Pierre Jeanneret zeigt das Haus im Originalzustand von 1927. Über das, was damals futuristisch und utopisch war, kann man angesichts des knappen Wohnraums in den Ballungszentren nur müde lächeln. Dieses und auch das zweite Le-Corbusier-Haus, Nummer 13, sind mittlerweile UNESCO-Weltkulturerbe. Nicht nur deshalb gilt die Weissenhofsiedlung auch heute noch als eine der bedeutendsten Architektursiedlungen der Neuzeit.

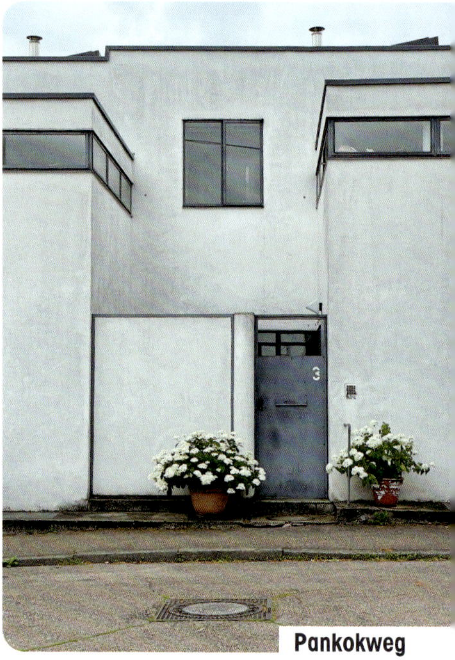

Pankokweg

Ein von den Nationalsozialisten geplanter Abriss der Siedlung wurde wegen des Kriegsausbruchs nicht mehr durchgeführt. Der teilweisen Zerstörung im Zweiten Weltkrieg durch die Bombardierung Stuttgarts – etwas unterhalb der Weissenhofsiedlung befand sich eine Flakstellung – konnte sie jedoch nicht entgehen. So wurden zehn der ursprünglich 33 Häuser in der Kriegszeit zerstört oder in der Nachkriegszeit, zum Beispiel durch Satteldachaufbauten, teilweise sehr stark verändert. Die verbliebenen Gebäude der Weissenhofsiedlung, die seit 2019 der Stuttgarter Wohnungs- und Städtebaugesellschaft mbH gehören, wurden ab 1980 saniert.

Um bei einem Spaziergang durch die Weissenhofsiedlung, die seit 1958 unter Denkmalschutz steht, die eigene Sprache sowie die Ideenvielfalt der einzelnen Architekten zu entdecken, geht es für uns weiter bis zur Abzweigung in den **Pankokweg.** Hier sehen wir rechts von uns die zweigeschossigen Reihenhäuser Pankokweg 1 bis 9 mit jeweils 73 Qua-

dratmetern Wohnfläche. Der Niederländer Peter Oud baute mit seiner Erfahrung als Stadtarchitekt im Rotterdamer Wohnungsbauamt diese fünf Wohnungen. Er legte bei der Planung und Umsetzung den Schwerpunkt auf die funktionelle Organisation der Arbeitsabläufe in einem Haushalt. So gibt es neben einem Privateingang zum Wohnzimmer auch einen Wirtschaftseingang durch den Küchenhof zur Koch- und Waschküche, auch einen Aufzug von dieser zum Trockenraum, um nasse Wäsche zu transportieren. Drei Schlafräume, eine Kleiderkammer, das Bad und WC befanden sich im Obergeschoss. Außerdem war das gesamte Haus mit einer Warmluftheizung ausgestattet. Diese Häuser blieben übrigens Ouds einziges Bauprojekt außerhalb der Niederlande.

Reihenhaus von Mart Stam

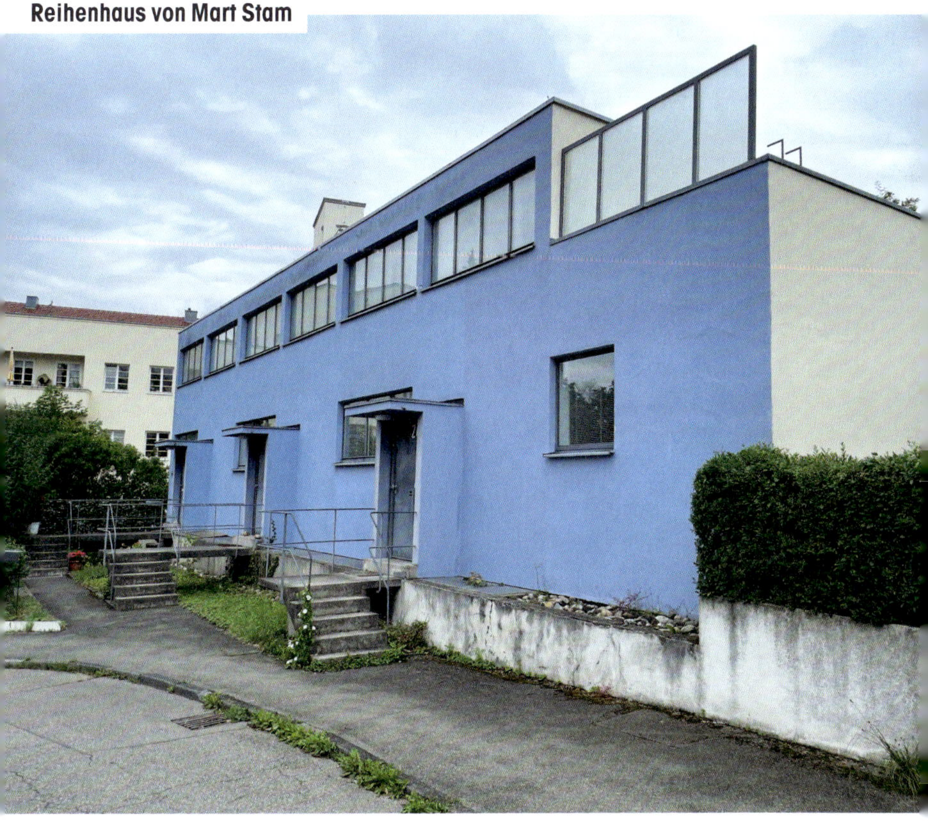

Im **Bruckmannweg,** den wir an der nächsten Abzweigung nach links erreichen, ist auf einer Freifläche der Hinweis auf die zerstörten Häuser der Siedlung zu finden. Auf der gegenüberliegenden Straßenseite befindet sich das Mehrfamilienhaus von Ludwig Mies van der Rohe. Auf vier Geschossen waren hier 24 Wohnungen mit Flächen von 48 bis 80 Quadratmetern umgesetzt worden. Van der Rohe konstruierte das Gebäude als Eisenfachwerk mit Füllungen aus Ziegelsteinen. Hierbei sind nur Treppenhäuser, Küchen und Bäder als feste Räume angelegt, während die übrigen Flächen durch nichttragende Innenwände aus Bimsdielen oder Sperrholztafeln flexibel unterteilbar blieben.

Über den Bruckmannweg gelangen wir wieder in linker Richtung zur Straße **Am Weissenhof,** in die wir nach rechts abzweigen und geradeaus weitergehen. Am Weissenhof 24 bis 28 stehen drei Reihenhäuser mit 105 beziehungsweise 111 Quadratmetern Wohnraum. Der niederländische Architekt und Designer Mart Stam entkoppelte mithilfe einer frei stehenden Eisenstütze das Tragwerk vom Grundriss und setzte seinen Entwurf in einer Mischung aus Eisenskelett- und Massivbauweise um. Einige Flächen bleiben damit flexibel. So können im Erdgeschoss zwei Drittel der Fläche durch eine Schiebewand in einen großen Wohnraum verwandeln werden. Auch im Obergeschoss setzt sich diese Flexibilität mittels mobiler Wandelemente fort. Bad und Flur können zu einem Gymnastikraum erweitert werden.

An der Kreuzung **Hölzelweg,** in den wir rechts einbiegen, steht ein Terrassenhaus. Verantwortlich für Entwurf und Umsetzung zeichnet der deutsche Architekt, Maler und Designer Peter Behrens, der als Pionier des modernen Industriedesigns gilt. Er verschachtelte die Baukörper so, dass ein Geschoss für das jeweils nächste als Terrasse fungieren konnte. Somit waren Licht und Sonne für alle Bewohner im Haus sichergestellt. Behrens entwickelte seinen Entwurf als Prototyp für städtischen Bauen, um Krankheiten wie zum Beispiel Tuberkulose zu bekämpfen.

Im Hölzelweg 1 hinterließ ein bedeutender Vertreter der organischen Architektur seine Spuren. Der deutsche Architekt

Hans Sharoun plante auf 107 Quadratmetern ein Einfamilienhaus in Eisenskelettbauweise von innen nach außen. Einbaumöbel wie zum Beispiel ein Sideboard im Esszimmer oder ein Arbeitstisch in der Küche geben die Gestalt des Gebäudes vor, das rein funktionell umgesetzt wurde. Durch geometrische Farbflächen verband er zudem Innen- und Außenraum zu einer Einheit.

Weiter geht unser Spaziergang nach rechts in die **Rathenaustraße.** Von dem Doppelhaus, das vom österreichisch-schwedischen Architekten Josef Frank entworfen wurde, sieht man im Sommer durch die üppigen Hecken nicht viel. Die beiden spiegelbildlich angeordneten Häuser mit jeweils 135 Quadratmetern wurden in Massivbauweise errichtet. Da Frank dem strengen Rationalismus des Neuen Bauens kritisch gegenüberstand, spiegelte sich dies sowohl in der In-

Haus von Hans Sharoun

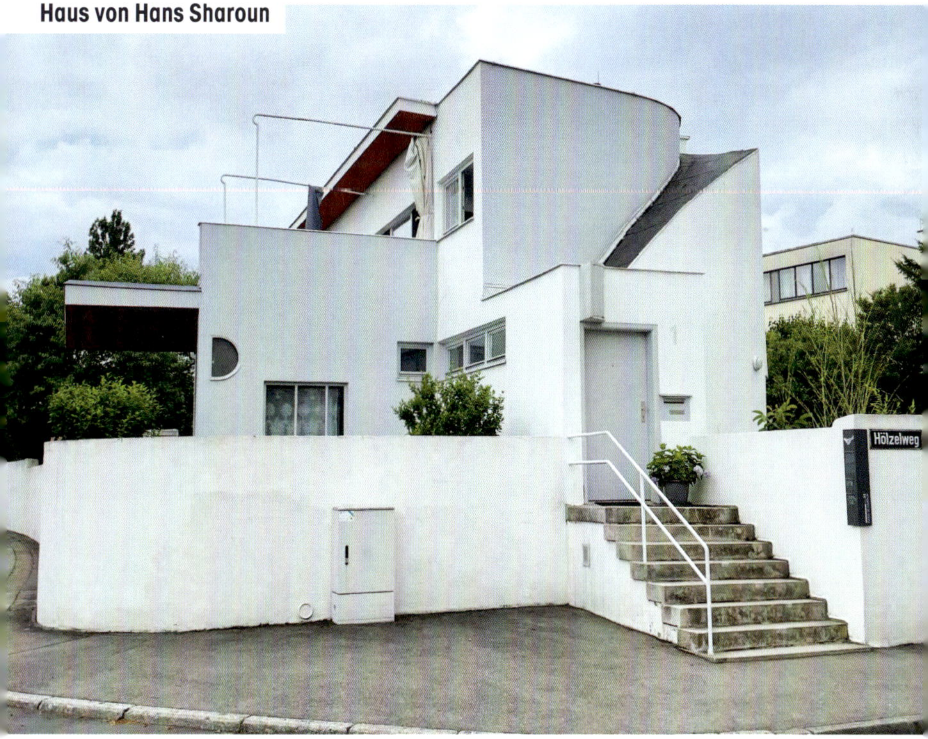

nen- als auch in der Außengestaltung wider. Zudem wollte er mit seinen gespiegelten Doppelhaushälften unterschiedliche Energieformen testen. So wurde die rechte Hälfte als Gas- und die linke als Elektrohaus gestaltet. Dies bezog sich auf Heizung, Kühlschrank, Herd und auch Waschmaschine.

Das Highlight der Siedlung, die beiden **Häuser von Le Corbusier und Jeanneret,** erreichen wir auf Höhe der Friedrich-Ebert-Straße. Das Doppelhaus mit drei Geschossen ist einzigartig innerhalb der Siedlung, da der Wohnraum im Obergeschoss je nach Tageszeit von Wohnzimmer zu Schlafzimmer transformiert werden konnte. Durch Schiebewände und Schiebebetten auf Metallkufen, die am Tag in Einbauschränken verschwanden, wurde der Raum in Schlafkabinen verwandelt. Der schweizerisch-französische Architekt Le Corbusier ließ sich dabei von einem Reisezug inspirieren, was sich auch in einem Flur, der die Maße der damaligen Zugkorridore hatte, widerspiegelt. Das zweite Haus im Bunde befindet sich nur wenige Meter weiter an der Ecke zum Bruckmannweg. Le Corbusier und Jeanneret planten hier ein viergeschossiges Einfamilienhaus mit 140 Quadratmeter Wohnfläche, das angelehnt an eine Pariser Kutscherkneipe, auch als „Citrohan und Le Corbusier-typisch" bekannt, umgesetzt wurde. In den doppelgeschossigen Hauptraum des Hauses ragt eine offene Galerie hinein. Unter ihr liegen ein Essplatz mit offenem Kamin, eine Küche und ein Hausmädchenzimmer. Auf der hinteren Galerieebene befinden sich Schlaf- und Badezimmer und in der oberen Etage zwei weitere Schlafräume mit großer Dachterrasse. Durch die großzügige, offene Gestaltung wirkt das Innere des Hauses fast endlos.

In der Kunstakademie finden regelmäßig Ausstellungen von renommierten Künstlern und Abschlussarbeiten statt.

Über die Friedrich-Ebert-Straße und die Straße Am Kochenhof vorbei an der Kunstakademie erreichen wir linker Hand wieder den Ausgangspunkt unseres Spaziergangs. Wem nach so viel Architekturgeschichte der Schädel brummt, kann zur Abwechslung, anstatt mit der Bahn zurück in die Stadtmitte zu fahren, den Gang durchs „Grüne U" (Tour 3) antreten und dabei Stuttgarts grüne Seite entdecken.

11 UNTERWEGS IN STUTTGART-OST

Start: Bergfriedhof, Hackstraße 84, 70190 Stuttgart
(GPS: 48.788856, 9.206602)
Ziel: Stadtbahnhaltestelle Mineralbäder, 70190 Stuttgart
(GPS: 48.797103, 9.205719)
Länge: ca. 3,6 Kilometer
Dauer: ca. 1 Stunde
ÖPNV: Haltestelle Bergfriedhof, U4, U9; Rückkehr zum Ausgangspunkt: Haltestelle Mineralbäder, U1, U2, U14 bis Metzstraße, dann circa 600 Meter zu Fuß
Parken: Karl-Olga-Krankenhaus, Hackstraße 60, 70190 Stuttgart

Unterwegs entdeckt:

1 Bergfriedhof
2 Lukaskirche
3 Kolonie Ostheim
4 Ostendplatz
5 Leo-Veller-Bad
6 Raitelsbergsiedlung
7 Villa Berg
8 Japangarten
9 Stadtteil Berg
10 Mineralbäder

Essen + Trinken:

Buschpilot, Karl-Schurz-Straße 28c, 70190 Stuttgart,
Tel. 07 11/2 62 23 45, buschpilot-stuttgart.de

Flora & Fauna, Am Schwanenplatz 10, 70190 Stuttgart,
Tel. 07 11/88 78 22 28, www.floraundfauna-stuttgart.de

Aus dem Arbeiterviertel zum Adelssitz

Wie Arbeiter und Adel Ende des 19. Jahrhunderts lebten, werden wir auf diesem Spaziergang entdecken. Er führt uns durch Stuttgarts Ostens, die Hochburg der Arbeitersiedlungen, und wir kommen auf unserem Weg zum letzten adligen Großbauprojekt im ehemals herrschaftlichen Park Berg durch zwei der interessantesten Siedlungen, die auch heute noch – im Gegensatz zum Adelssitz – lebendig sind.

Wir starten an der Stadtbahnhaltestelle Bergfriedhof mit unserem Rundgang durch den Stuttgarter Osten. Der **Bergfriedhof 1,** vor dessen Haupteingang samt Dienstgebäude wir stehen, wurde 1885 angelegt und wurde nach dem nahen ehemaligen Vorort Berg benannt. Zwischen 1897 und 1904 wurde der Friedhof bereits erweitert und umfasste schließlich eine Gesamtfläche von circa 4 Hektar. Heute befinden sich nur noch auf der Hälfte der ehemaligen Friedhofsfläche Grabstätten, rund 3500 von ihnen gibt es. Auf dem Friedhof sind neben dem ältesten Grab aus dem Jahr 1885 die Gräber der Herren Leuze und Neuner interessant. Beide Namen sind eng mit der Bäderkultur in Stuttgart verbunden. Leuze war Inhaber des gleichnamigen Bades und Neuner der Gründer des Mineralbads Berg.

Wir gehen jedoch nach rechts und umrunden den Bergfriedhof in Richtung der **Lukaskirche 2,** deren 61 Meter hohen Turm wir bereits vom Friedhof aus sehen können. Im neugotischen Stil mit rotem Klinker wurde sie nach Plänen der Architekten Wittmann und Stahl 1898 erbaut und war ein wichtiger Bestandteil von Ostheim, wie die Arbeitersiedlung, durch die wir im Anschluss schlendern, hieß. Nach starker Zerstörung im Zweiten Weltkrieg wurde die Lukaskirche zwischen 1948 und 1951 in Anlehnung an den Originalzustand wieder aufgebaut. Aus Kostengründen wurden jedoch zwei Chorfenster zugemauert, die erst bei einer weiteren Renovierung in den 1970er-Jahren neu verglast und wiederhergestellt wurden.

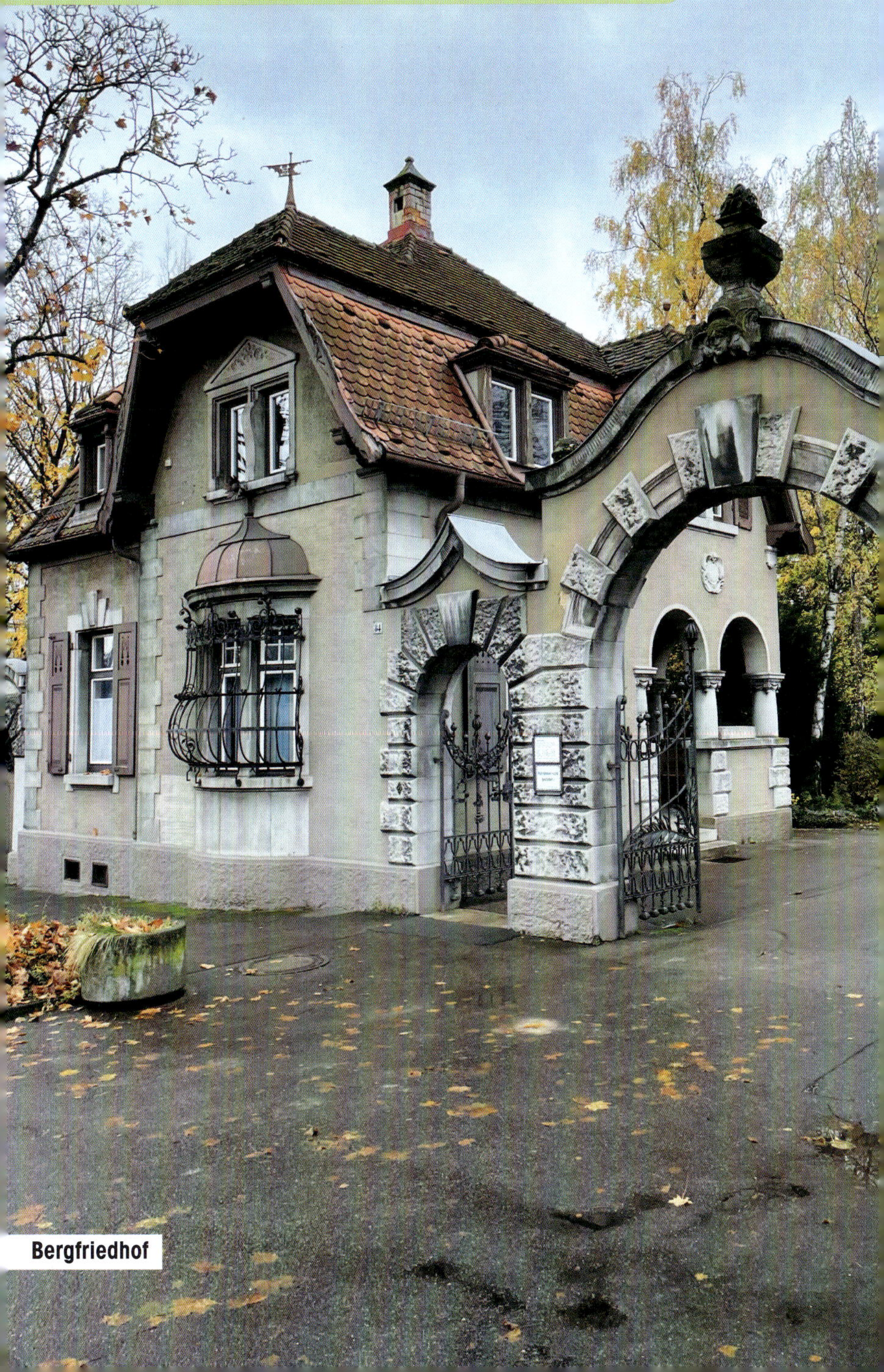

Bergfriedhof

Die evangelische Lukaskirche gehört, ebenso wie ein Kinderspielplatz, ein Kinderhort, eine Grundschule, eine Volksbibliothek und weitere Freizeiteinrichtungen wie ein Schwimmbad und Gaststätten, zur Kolonie Ostheim. Wir wenden uns nach rechts und gehen die Rotenbergstraße bis zur Schwarenbergstraße entlang und können bereits einige der weitestgehend im Originalzustand befindlichen ehemaligen „Kolonie-Häuser" sehen. Wir biegen links in die Schwarenbergstraße ab, um gleich wieder links in der Neuffenstraße einzutauchen. Jetzt sind wir mittendrin in der Arbeiter-Villen-Kolonie, die ab 1891 hier errichtet wurde. Mit der **Kolonie Ostheim 3** wurde durch den „Verein für das Wohl der arbeitenden Klassen" das erste große Wohnungsbauprojekt um-

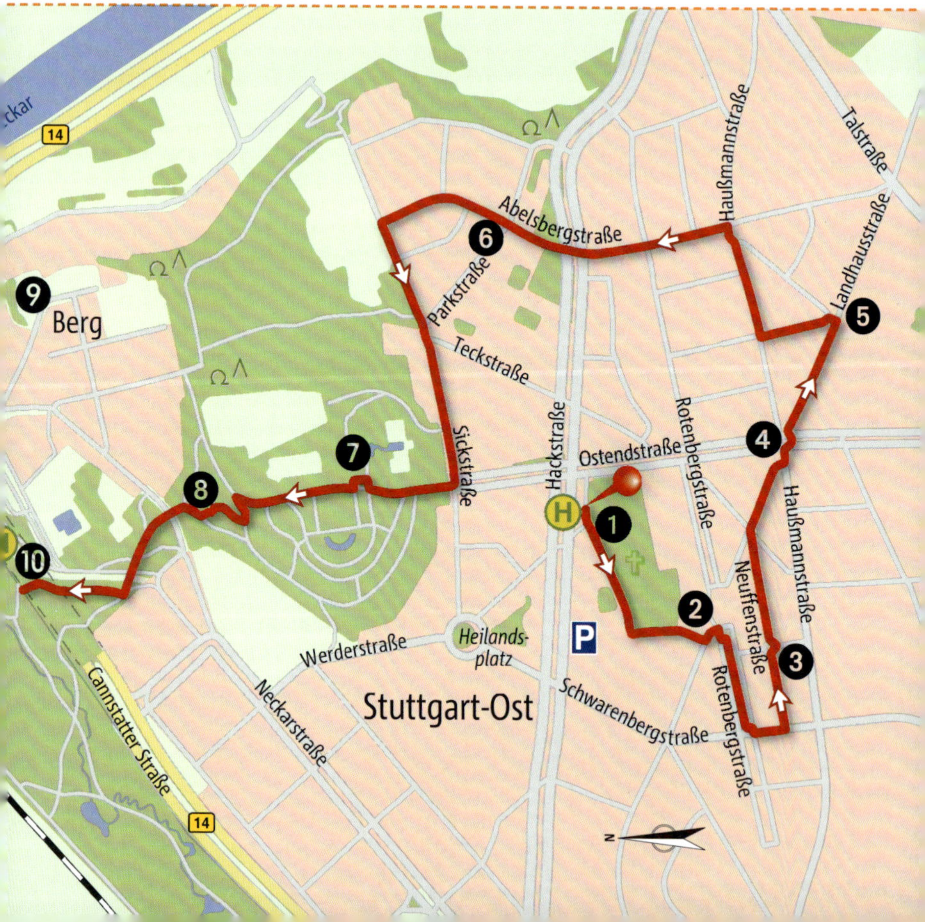

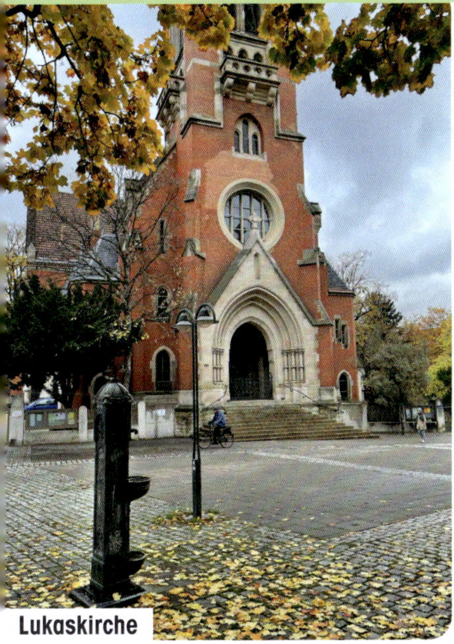
Lukaskirche

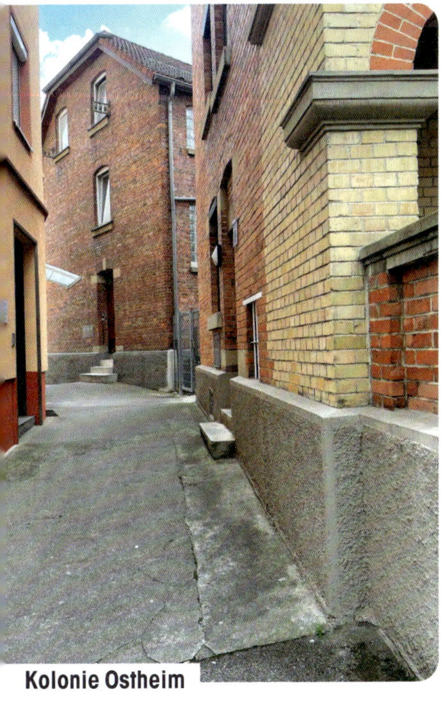
Kolonie Ostheim

gesetzt. Ziel dahinter war es, mit diesen Wohnungen „Minderbemittelten", also nicht nur Arbeitern und Handwerkern, sondern auch einfachen Angestellten, Beamten und Kaufleuten, Wohnraum anzubieten. Hierbei wurde weder auf religiöse noch parteipolitische Zugehörigkeit geachtet. Vom ersten Spatenstich im Oktober 1891 bis zum Ende des zweiten Bauabschnittes 1903 entstanden auf einem rund 12 Hektar großen Gelände 383 Häuser mit 1267 Wohnungen, die zunächst nur zu mieten, später jedoch auch durch ein Ratenkaufsystem zu erwerben waren. Während des Baus besichtigte sogar der württembergische König Wilhelm II. die Siedlung.

Die Architekten Karl Heim und Karl Hengerer waren für die Umsetzung verantwortlich und entwickelten vier Basis-Gebäudetypen. So entstanden zwei- bis dreigeschossige Einzel- und Doppelhäuser aus Backstein, die mit Naturstein oder Fachwerk verziert wurden und für jeweils zwei bis drei Familien gedacht waren. Damit die Siedlung abwechslungsreich gestaltet werden konnte und die einzelnen Häuser etwas individueller aussahen, arbeiteten die beiden ausführenden Architekten mit unterschiedlichen Dachformen sowie mit Elementen wie Türmchen, Erkern und Balkonen. Die Häuser hatten zudem im hinteren Bereich einen Gartenanteil und teilweise auch kleinere Vorgärten. Die Baukosten betrugen damals 7,3 Millionen Mark und wurden durch Spendengelder finanziert.

Wir folgen der Neuffenstraße und kommen in Höhe der Teckstraße zum **Jünglingsbrunnen,** der zum zehnjährigen Jubi-

läum der Siedlung eingeweiht wurde. Früher hieß der Platz rund um den Brunnen Teckplatz.

Im Sommer direkt am Teckplatz ein Eis bei der Schleckerei genießen.

Heute ist er mit dem Initiator der Kolonie Ostheim verbunden und nach ihm benannt: **Eduard-Pfeiffer-Platz.** Der Bankier und Geschäftsmann war einer der Hauptgeldgeber, Vereinsgründer und Antreiber im Bereich des sozialen Wohnungsbaus. 1835 als Sohn des Hofbankdirektors Marx Pfeiffer geboren, reiste er während seines Studiums durch Europa und lernte unter anderem in England die Schattenseiten der Industriellen Revolution kennen. Für ihn stand danach fest, die arbeitende Klasse stärker an die bürgerliche Gesellschaft anbinden zu wollen, um so den sozialen Frieden zu sichern. Durch seine Eduard-Pfeiffer-Stiftung und Schenkungen wurden neben Ostheim noch weitere Siedlungen errichtet und die Stuttgarter Altstadt rund um den Hans-im-Glück-Brunnen saniert. Im Zweiten Weltkrieg blieb Ostheim weitestgehend unzerstört. Damit blieb der ursprüngliche Charakter der Siedlung, die heute als städtebauliche Gesamtanlage unter Denkmalschutz steht, erhalten.

Jünglingsbrunnen

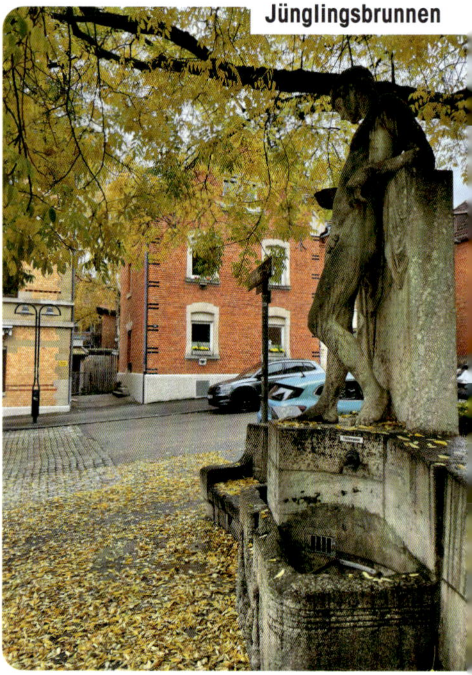

Über die Landhausstraße, in die wir nach rechts gehen, erreichen wir den **Ostendplatz 4.** Hier begannen private Investoren bereits 1895 mit dem Bau von Mietshäusern, wodurch der neue Stadtteil schnell wuchs. Heute ist der Ostendplatz mit seinen hübschen Häuserfassaden ein echter Hotspot und Verkehrsknotenpunkt samt Stadtbahn und Bus. Wir überqueren den Platz und folgen der Landhausstraße weiter. Rechter Hand sehen wir dann das heutige **Leo-Vetter-Bad 5,** benannt nach dem Gründer der Badgesellschaft. Ursprünglich stand hier das Schwimmbad der Kolonie Ostheim, das bereits 1910 erbaut wurde.

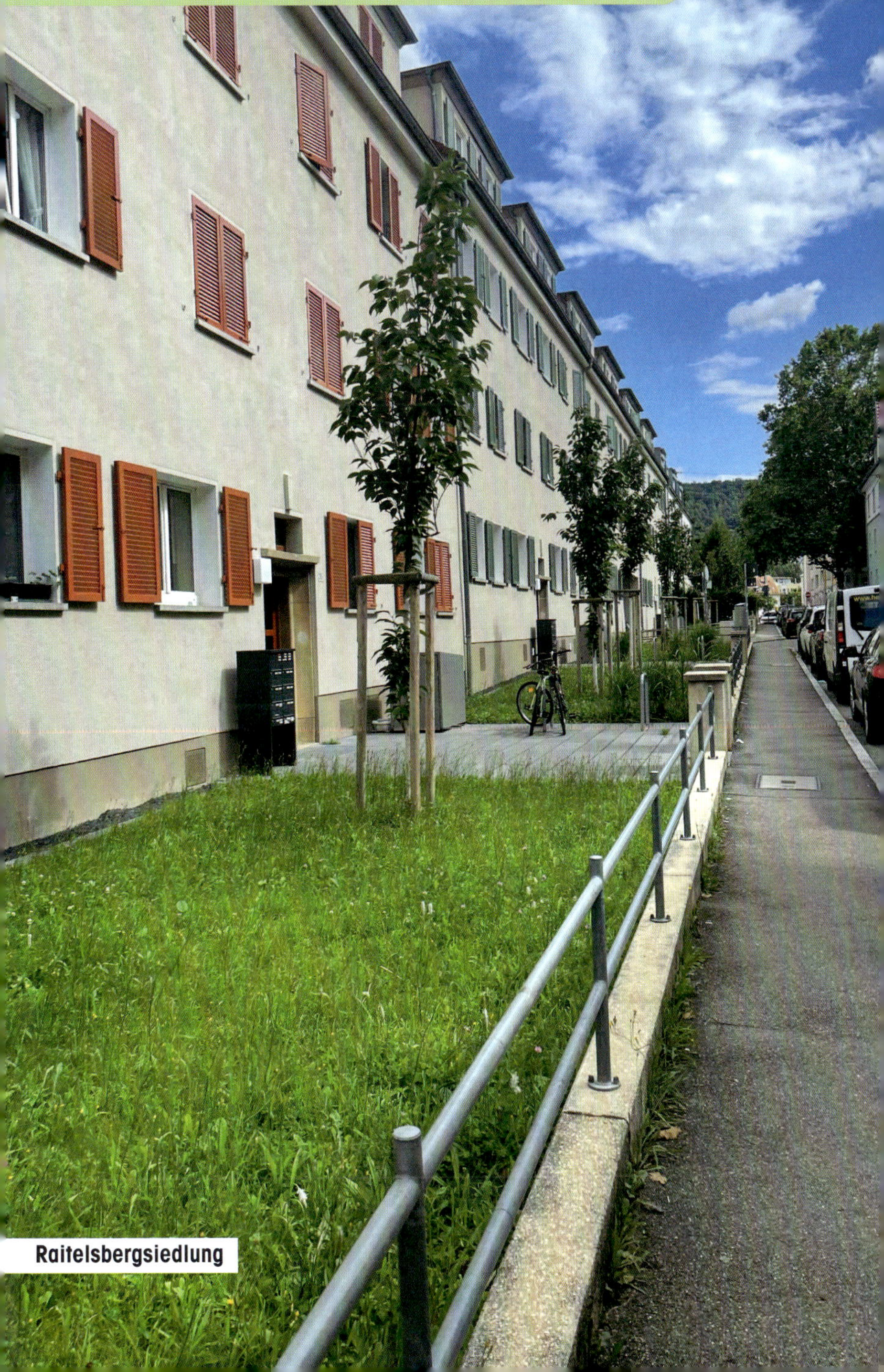

Raitelsbergsiedlung

Es diente als Badeanstalt mit Kurbad für Kaltwassergüsse, Wannen- und Brausebädern und einer Wäscherei. Neben einem 18 mal 9 Meter großen Schwimmbecken und Umkleidekabinen existierten bereits ein Schwitzraum sowie eine Außenfläche zum Sonnenbaden. 1920 übernahm die Stadt Stuttgart das Bad. Im Krieg wurde es stark beschädigt und durch einen neuen, eleganten, leichten Bau, geplant vom Architekten Werner Gabriel, ersetzt. 1962 wurde das Bad als Leo-Vetter-Bad wiederöffnet.

Für uns geht es von hier nach links kurz die Lehmgrubenstraße entlang, um danach der Raitelsbergstraße zu folgen. Wir zweigen wieder direkt rechts in die Haußmannstraße ab, gehen bis zur Abelsbergstraße, die wir dann nach links erkunden. Wir kommen nun langsam in die **Raitelsbergsiedlung 6,** die zwischen 1927 und 1929 erbaut wurde. Sie schloss direkt an die frühere Straßenbahnersiedlung in der Hackstraße an, die wir überqueren, und sorgte so dafür, dass die unterschiedlichen Arbeitersiedlungen im Osten in sich geschlossen waren und trotzdem näher an den Stadtkern von Stuttgart heranrückten. Im Krieg blieb die Siedlung – ähnlich wie Ostheim – fast unbeschädigt und wurde danach wiederhergestellt, um den ursprünglichen Charakter zu erhalten. Die Gebäude wurden nach Plänen der Architekten Daiber, Stahl und Steigleder nach dem Stil des Neuen Bauens umgesetzt. Hierbei setzten die aufwendig gestalteten Hauseingänge mit zahlreichen Kleinplastiken wie zum Beispiel unterschiedlichen Märchenfiguren oder auch der farblichen Absetzung die optischen Highlights, die man auch heute beim Schlendern durch die Straßen entdecken kann. An der Ecke Abelsbergstraße/Heidlesäcker steht das sechsgeschossige Konsumgebäude, das auch heute noch das Zentrum der Siedlung markiert. Diese bietet in circa 700 Wohnungen für rund 1400 Menschen preiswerte Wohnfläche. Raitelsberg hat jedoch keinen guten Ruf und gilt teilweise als sozialer Brennpunkt.

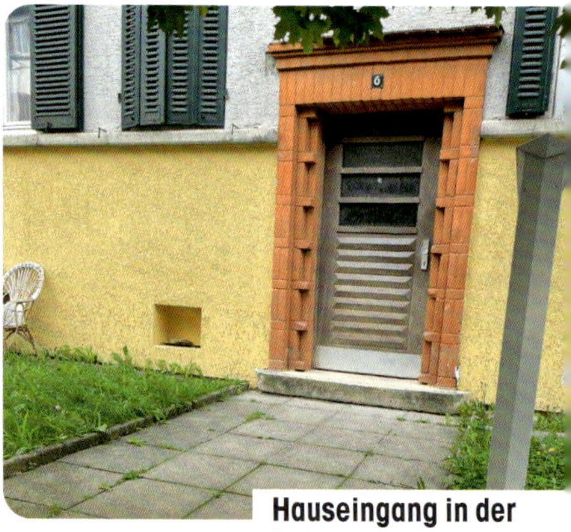
Hauseingang in der Raitelsbergsiedlung

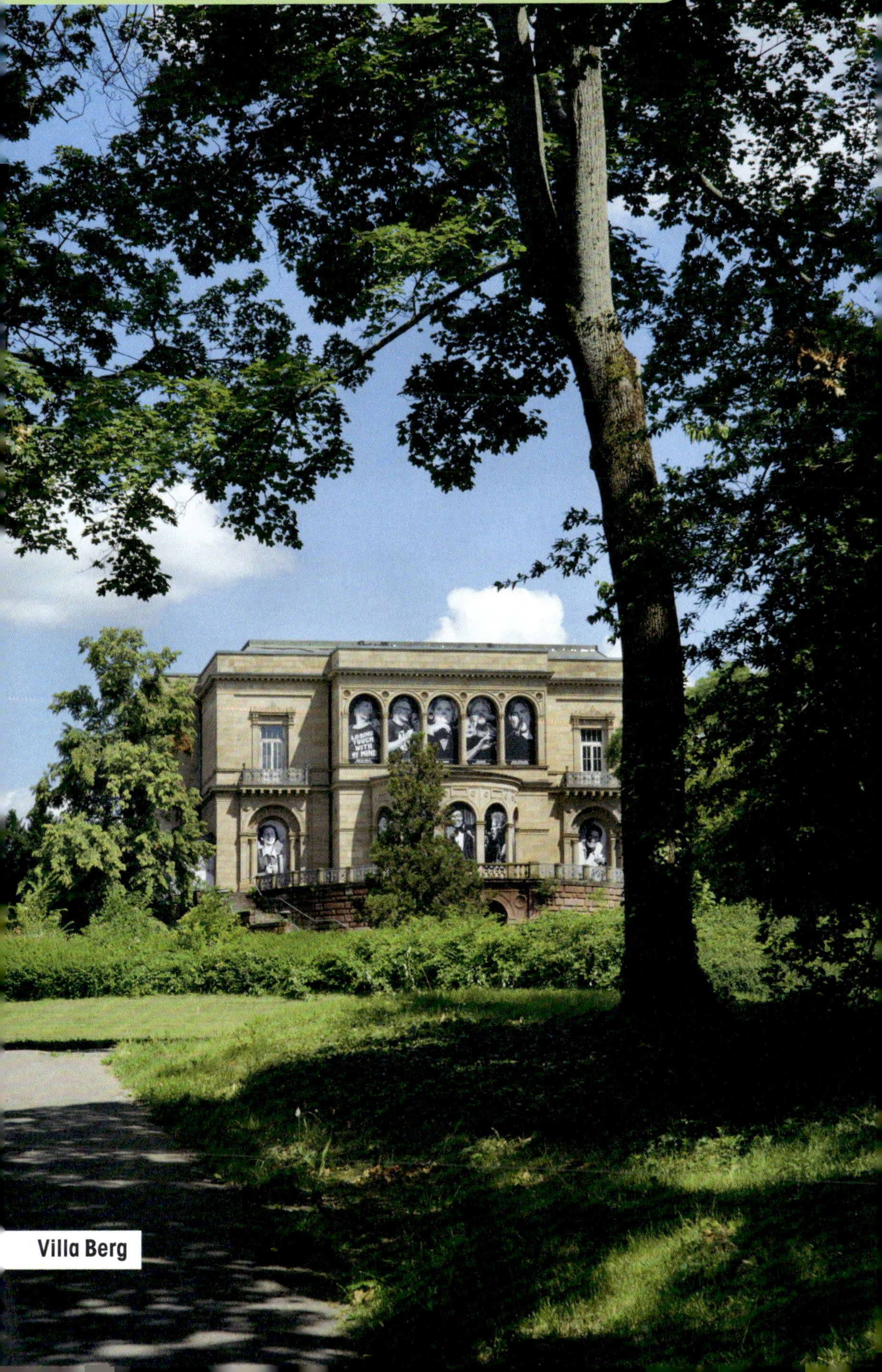

Villa Berg

Um diesen Problemen entgegenzuwirken, existiert hier ein Familien- und Begegnungszentrum.

Die Raitelsbergsiedlung schließt direkt an den Park der Villa Berg an. Diesen erreichen wir, wenn wir die Abelsbergstraße nach links in die Sickstraße verlassen und in Höhe der Ostendstraße nach rechts ins Grüne abtauchen. Zuerst steigen wir nun ein paar Hundert Meter den Berg hinauf und sehen dann eines der vielen Stuttgarter Baudenkmäler: die **Villa Berg** 7. Sie wurde im Zeitraum von 1845 bis 1853 im Stil der italienischen Hochrenaissance erbaut. Der württembergische Kronprinz Karl beauftragte Christian Friedrich von Leins damit, diese Sommerresidenz für ihn und seine königliche Gemahlin Olga zu erbauen. Der Bau der Villa und des Parks, der in direkter Villennähe im französischen Stil und im weiteren Verlauf nach englischem Vorbild gestaltet wurde, war nur dank des finanziellen Hochzeitspolsters der russischen Großfürstin und späteren Königin Olga möglich. Übrigens war alles so geplant, dass eine direkte Blickverbindung zwischen Villa Berg und Schloss Rosenstein, dem Sitz von König Wilhelm, bestand, die heute jedoch zugewachsen ist. Mit Fertigstellung der Villa im Jahr 1853 nahm die Zeit der großen königlichen Bauprojekte in Stuttgart auch ihr Ende. Für die Villa Berg folgte eine wechselvolle Geschichte: 1913 Kriegslazarett, 1925 Naherholung für die Bevölkerung, bis 2005 Sendestudios des SWR. Vom Pomp und Prunk der Innenräume, des Gebäudes und der Parkanlage, die vom königlichen Hofgärtner Neuner geplant und umgesetzt wurde, kann man heute nur noch wenig erahnen. Jetzt soll die Villa samt Park für rund 62,5 Millionen Euro durch die Stadt Stuttgart in ein Haus für Musik und mehr verwandelt werden.

Bis das Gesamtprojekt abgeschlossen ist, kann man weiterhin den bereits renovierten, historischen Rosengarten oder den sanierten, aus dem Jahre 1993 stammenden und 1994 in die Parkanlage Villa Berg verlegten **Japangarten** 8 besuchen und sich einfach treiben lassen. Letzteren erreichen wir, wenn wir die Villa rechter Hand passieren und langsam in Schleifen den Berg am Restaurant „Buschpilot" vorbei

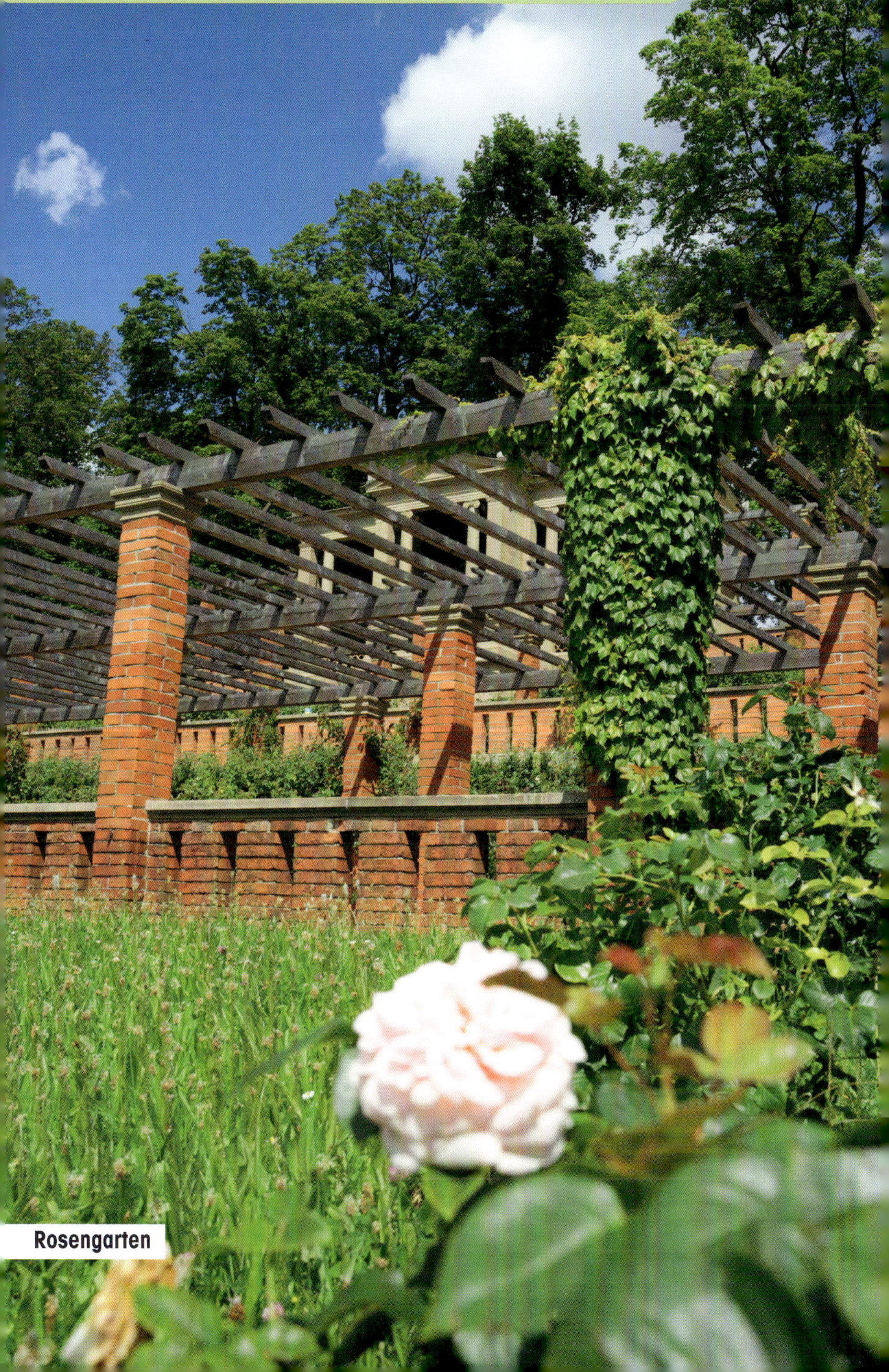

Rosengarten

hinunterwandern. Wir finden diese kleine Oase der Muße und Meditation hinter der Brücke, die den Park der Villa Berg mit dem Schlossgarten verbindet. Auf etwa 250 Quadratmetern finden sich ein Pavillon, Wasserbecken, Sträucher, Felsen und Bäume, die japantypisch harmonisch eine kleine Landschaft bilden. Das Wasser fließt symbolisch von der Quelle durch den Garten und steht damit für den Lebenslauf von Geburt bis zum Tod. Sobald die Zierkirschen im Frühling blühen, verwandelt sich dieser auch so schon besondere Ort in etwas Magisches. Das japanische Honorarkonsulat veranstaltet jährlich dazu das japanische Fest „Hanami“. Ursprünglich war dieser kleine japanische Hausgarten der Beitrag der Provinz Kanagawa zur Internationalen Gartenbauanstellung 1993 im Rosensteinpark.

Von hier aus haben wir auch einen guten Blick in Richtung des Stuttgarter **Stadtteils Berg 9.** Hier sticht aus der Ferne ganz besonders die neugotische Kirche samt Turm hervor. Sie steht trotzig dominant mitten im alten, teilweise immer noch historischen Stadtkern.

Etwas unterhalb der Kirche liegt die Straße Am Mühlkanal. Die Bezeichnung geht auf einen etwa 1,7 Kilometer langen Mühlgraben zurück, der hier früher verlief. Wasser aus dem Neckar wurde ab 1304 umgeleitet, um am Mühlkanal Mühlen zu betreiben, und es entstand ein bedeutendes Mühlenviertel. Dies sorgte in Berg bis ins 19. Jahrhundert für einen gewissen Wohlstand und war Antriebsfeder für die aufkommende Industrialisierung.

Weiter geht es! Wir gehen über die Brücke, halten uns rechts und erreichen schließlich die Stadtbahnhaltestelle **Mineralbäder 10,** das Ziel unseres Spaziergangs. Wir sind angekommen im „Stuttgarter Bäderdreieck“, das dank des übersprudelnden Mineralwasservorkommens im Stuttgarter Erdreich mit den drei Thermen Berg, Leuze und Cannstatt entstanden ist. Bei der Suche nach Wasserquellen für den Betrieb seiner Baumwollspinnereien ließ der Fabrikant Karl Bockshammer in den Jahren 1830 bis 1853 Bohrungen durchführen. Er wurde fündig, jedoch sprudelte aus fünf Mineralquellen in gut 45 Metern Tiefe das perlende Wasser, das bis heute

11 UNTERWEGS IN STUTTGART-OST

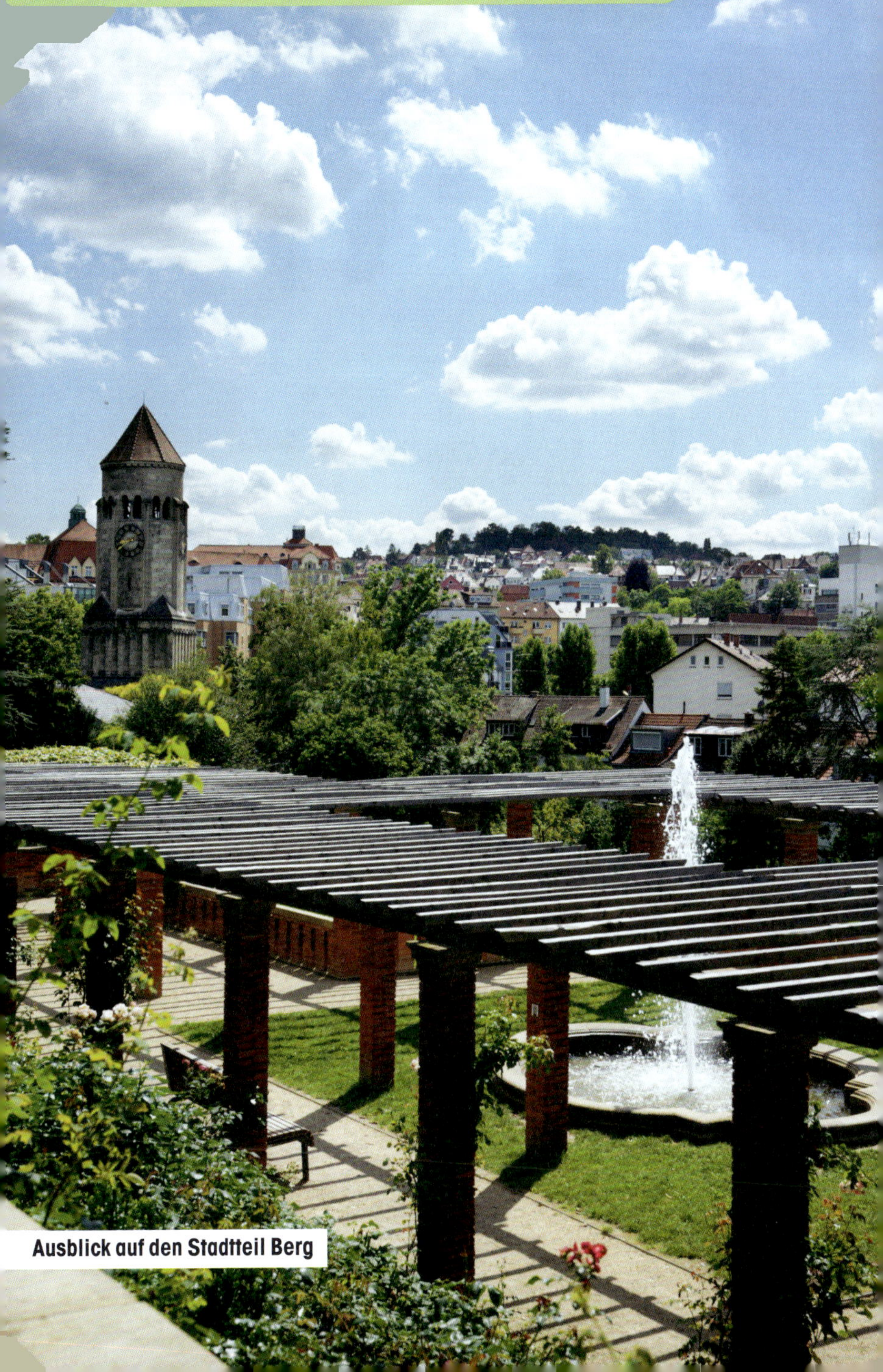

Ausblick auf den Stadtteil Berg

die Wasserratten erfreut. Jedes der drei Mineralbäder, egal ob Berg, Leuze oder Cannstatt, hat seine Badejünger und Liebhaber. Vor allem zwischen den „Bergianern" mit eher älteren, alteingesessenen Badekappenträgern und den „Leuzianern" mit Jugendlichen oder Familien mit Kindern herrschen so manche Animositäten. Die Kluft zwischen beiden Lagern konnte nicht größer sein, als 2016 der Umbau des geliebten Kultbades Berg begann. Wohin sollten die „Bergianer" nun ausweichen, um während der Bauzeit auch weiterhin im gesundheitsförderlichen, natürlichen „Blubberwasser" zu schwimmen? Man behauptet, man hätte ein paar von ihnen während der vierjährigen Bauphase verstohlen im Leuze gesichtet.

Die Berger Kirche ist auf vielen Modelleisenbahnanlagen (Maßstab 1:87 H0) zu finden, da sie als Vorbild genutzt wurde.

Nur einmal waren sich beide Lager schnell einig, nämlich als die Großbaustelle Stuttgart 21 „ihr" Mineralwasser bedrohte. Dass das Mineralbad Berg renoviert und instand gesetzt werden musste, stand hierbei völlig außer Frage. Denn die bereits 1856 eröffnete und seit 2006 der Stadt gehörende Bäderinstitution war arg in die Jahre gekommen. Darüber konnte auch der Retrocharme mit seinen hölzernen Umkleiden auf den Wiesen im Freibadbereich oder den Mineralwasserbrausen, die so in ihrer Art nicht mehr hergestellt werden, nicht hinwegtäuschen. Insider nennen das Bad Berg übrigens schlicht nur „Neuner", nach dem Gründer und Hofgärtner Friedrich Neuner, der damals bereits ein gemauertes Außenbecken erbauen ließ. Es ist somit nicht nur Stuttgarts ältestes Schwimmbecken, sondern war auch lange Zeit Deutschlands größtes Mineralwasserbassin.

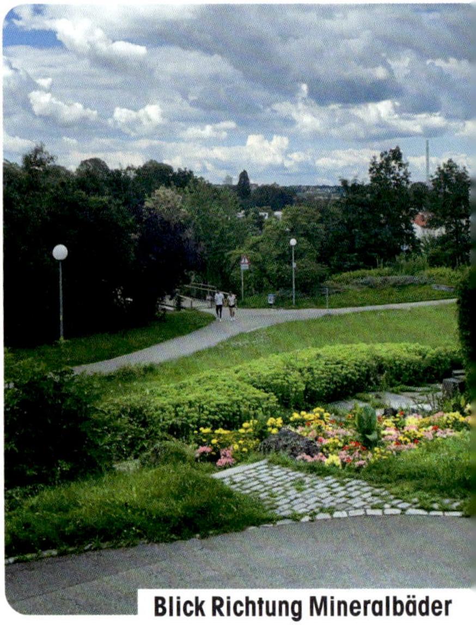

Blick Richtung Mineralbäder

Also, am besten Badehose eingepackt und nach dem Spaziergang – egal bei welchem Wetter – gleich in die mineralhaltigen Fluten gestürzt!

12 DURCH BAD CANNSTATT

Start/Ziel: Wilhelmsplatz, 70372 Stuttgart (GPS: 48.803315, 9.216737)
Länge: ca. 3,6 Kilometer
Dauer: ca. 1 Stunde
ÖPNV: Haltestelle Wilhelmsplatz, U1, U2
Parken: B+B Parkhaus, Badstraße 17A, 70372 Stuttgart

Unterwegs entdeckt:

1 Waiblinger Tor
2 Stelzenhaus
3 Erbsenbrunnen
4 Altes Rathaus
5 Klösterle
6 Kurpark
7 Daimlers Gewächshaus
8 Ritter Sport
9 Marktplatz
10 Jakobsbrunnen

Essen + Trinken:

Kursaal Bad Cannstatt, Königsplatz 1, 70372 Stuttgart, Tel. 07 11/99 77 72 41, www.kursaal-cannstatt.de (Restaurant und Biergarten)

Weinstube Klösterle, Marktstraße 71, 70372 Stuttgart, Tel. 07 11/56 89 62, www.weinstube-kloesterle.de

Weinstube am Stadtgraben, Am Stadtgraben 6, 70372 Stuttgart, Tel. 07 11/56 70 06, www.weinstube-stadtgraben.de

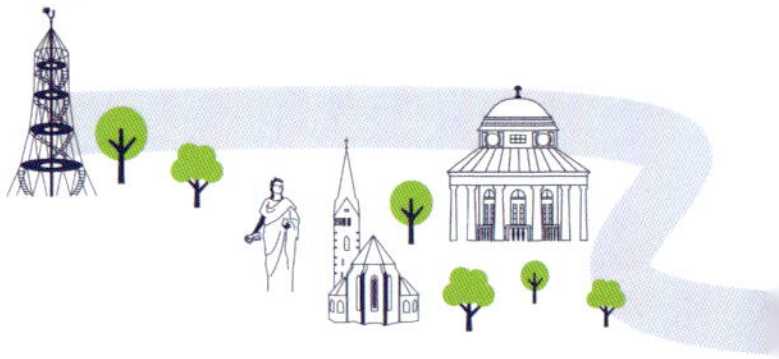

Tüftler & Kurschatten

Heute tauchen wir auf unserem Spaziergang in den bevölkerungsreichsten und gleichzeitig auch ältesten Stadtteil Stuttgarts, Bad Cannstatt, ab. Die Besiedelung lässt sich an dieser Stelle bis vor circa 250.000 Jahren in die Steinzeit zurückverfolgen. Später kamen die Römer, die um 90 nach Christus den Limes mit einem Reiterkastell, das sie auf dem heutigen Hallschlag errichteten, von hier aus gegen die Germanen verteidigten. Im 20. Jahrhundert wurde Kannstadt, so der Name noch um 1900, schließlich ganz offiziell zum Bad und hieß ab 1933 Bad Cannstatt. Somit erwarten uns sehr viel Historie und Geschichte auf unserem Rundgang durch die historische Altstadt und den Kurpark. Wir befinden uns quasi in einem „Städtle" in der Stadt.

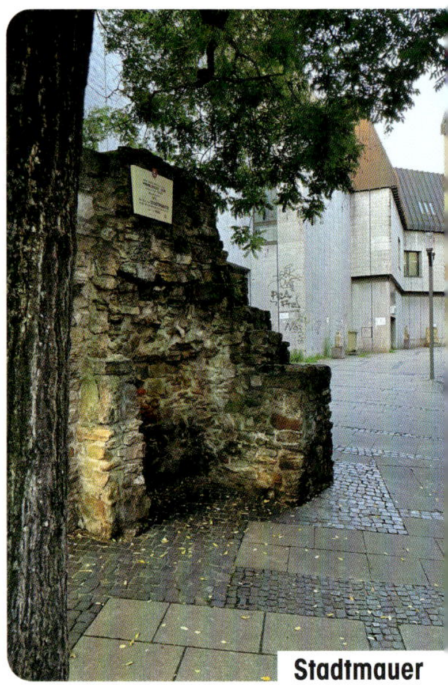

Stadtmauer

Wir starten von der Stadtbahnhaltestelle Wilhelmsplatz kommend unsere Zeitreise an der Marktstraße, der wir in Richtung Marktplatz und Kirche folgen. Linker Hand kommt der Badgraben. Hier zweigen wir von der Marktstraße ab und stehen direkt vor den Resten des **Waiblinger Tores 1.** Bevor Cannstatt eingemeindet wurde, umgab die eigenständige Stadt selbstverständlich auch eine **Stadtmauer.** Das Waiblinger Tor wurde nach dem Jahr 1500 erbaut und stellte bis 1812 einen der Zugänge zur Stadt dar. Wir gehen den Badgraben entlang und können an einigen historischen Steinresten einiges über die Historie Bad Cannstatts erfahren. Bevor wir rechts in die Felgergasse abbiegen, sehen wir ein weiteres Stück Stadtmauer. Dies war einst ein strategischer Eckpunkt der Stadtverteidigung und wurde aufwendig saniert.

An Restaurants und Kneipen vorbei gehen wir nach rechts weiter. Wir befinden uns im Felgenhof samt **Stelzenhaus 2.** Hierbei handelt es sich um ein Bürgerhaus auf Bohlenbalken, das vermutlich einem Bauern gehörte. Die Bezeichnung „Felgen" leitet sich wahrscheinlich vom Umgraben oder Um-

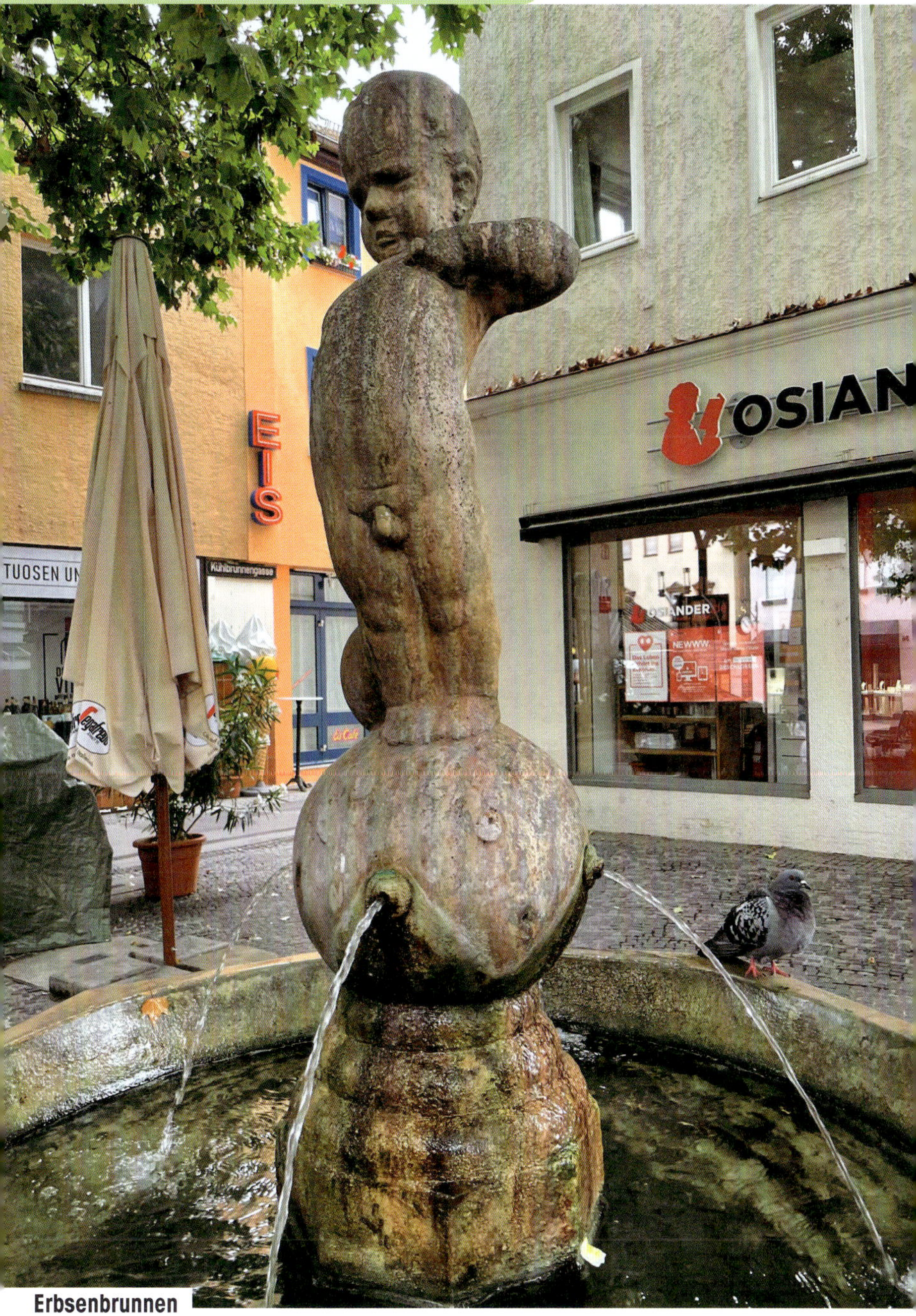

Erbsenbrunnen

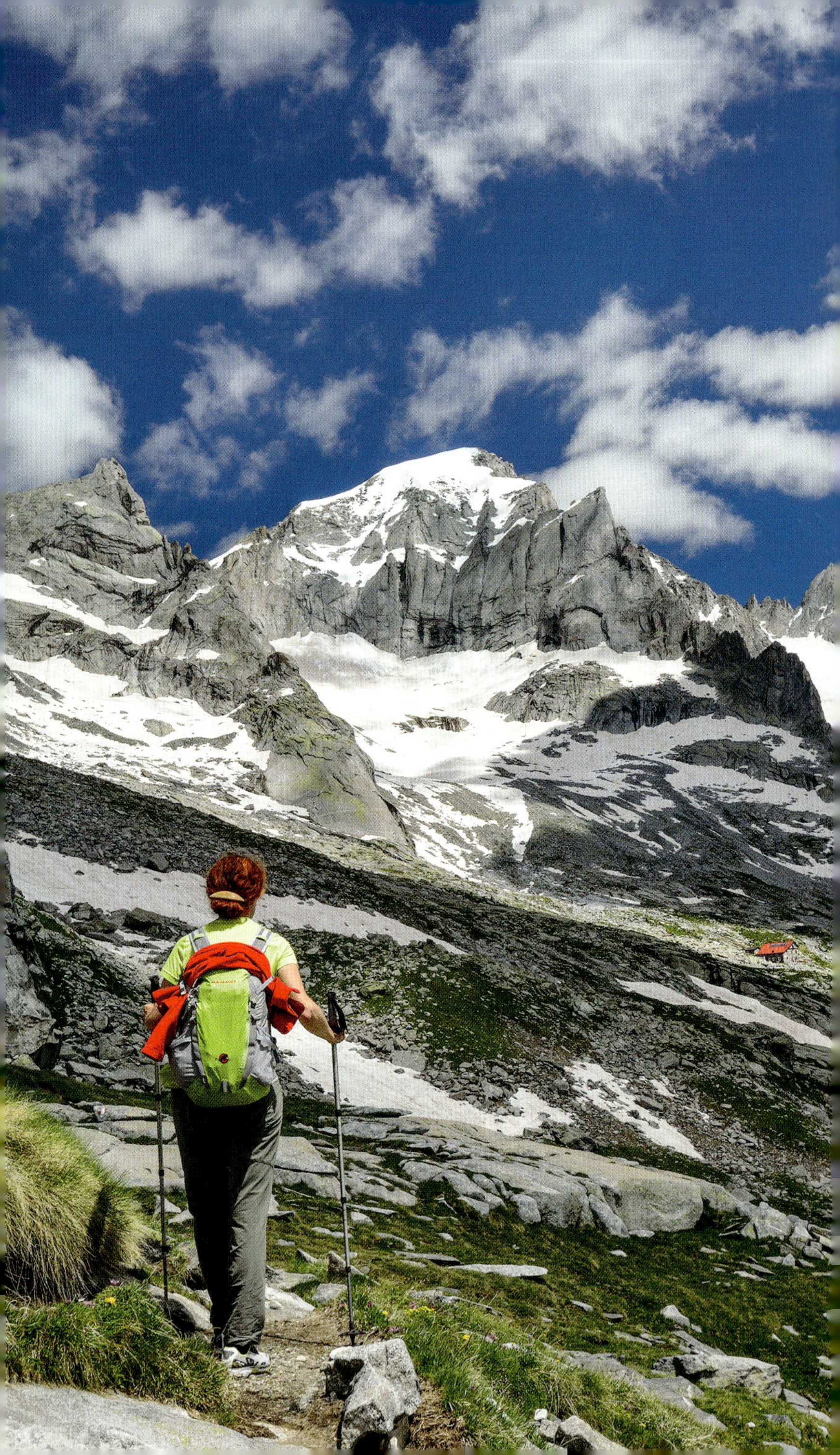

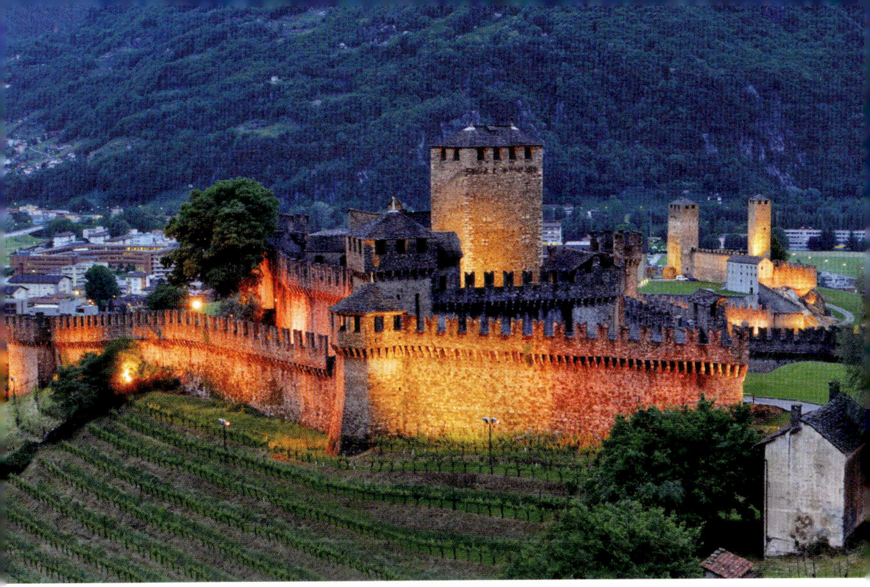

Bellinzona von seiner schönsten Seite.

Mario Botta

Geboren 1943 in Mendrisio im Sottoceneri ist Mario Botta der bekannteste Vertreter moderner Schweizer Architektur. Längst hat sich eine Art »Architekturtourismus« zu seinen bekanntesten Gebäuden entwickelt. Augenscheinlich wird dies in Mogno im Val Lavizzara. Der Besucherparkplatz am Ortsrand ist vermutlich größer als das ganze Dorf, denn hier steht seit 1996 eine neue Kirche von Botta. Aus heimischen Materialien ist sie gebaut, sonst hat sie aber nichts gemeinsam mit der Bauweise im Tal. Andere Ziele der Botta-Touristen sind der Monte Tamaro mit der Kapelle Santa Maria degli Angeli, die Banco del Gottardo in Lugano oder die Seilbahngebäude an der Cima della Trosa.

Literaten im Tessin

Weniger augenfällig, aber nachhaltig haben jene Künstler das Tessinbild geprägt, die hier zeitweise oder dauerhaft lebten. Vor allem viele Literaten fanden im Tessin eine Heimat, darunter etwa Stefan George, Hermann Hesse, Lisa Tetzner, Erich Maria Remarque, Kurt Held und Max Frisch, um nur einige bekannte zu nennen. Wer sich hier Zeit nimmt, wird in ihren Werken eine neue Facette des Urlaubslandes Tessin entdecken.

Literaturtipps

Hächler, Beat: Das Klappern der Zoccoli, Literarische Wanderungen im Tessin. Rotpunkt Verlag, Zürich 2007.
Hesse, Hermann: Tessin, Betrachtungen, Gedichte und Aquarelle. Hrsg. von Volker Michels. Insel Verlag, Frankfurt am Main 1993.
Plinio, Martini: Nicht Anfang und nicht Ende. Roman einer Rückkehr. Limmat Verlag, Zürich 2016.
Tetzner, Lisa: Die schwarzen Brüder. Sauerländer, Düsseldorf 2007.

Nächste Doppelseite: Blick auf die Capanna Gianetti im Talkessel unterhalb von Piz Badile und Pizzo Cengalo (Tour 50).

lohnt, gibt es erst aus der Romanik, da die steinernen »Römerbrücken« alle aus jüngerer Zeit stammen, etwa die bekannte Ponte dei Salti aus dem Mittelalter oder die Ponte Romano bei Intragna aus dem Jahr 1578. Ausnahme ist das Baptisterium der vorromanischen Kirche San Giovanni in Riva San Vitale, das auf die Zeit um 500 zurückgeht.

Zu einer der kunsthistorisch bedeutenden Kirchen führt eine der Wanderungen im Bleniotal (s. Tour 30), sie endet nämlich bei San Carlo Negrentino aus dem 11. Jahrhundert.

Nach einer Phase, in der das Tessin zwischen dem Fürstenhaus Habsburg, dem mächtigen Stadtstaat Mailand und den Eidgenossen umkämpft war, wurde es 1803 unter Napoleons Einfluss endgültig der Schweiz zugeschlagen und bildet seither den südlichsten Kanton. Gemeinsam mit den vier Bündner Tälern Misox, Calanca, Bergell und Puschlav, aus denen ebenfalls einige Touren vorgestellt werden, bildet das Tessin den italienischsprachigen Teil der Schweiz. Lediglich im alten Walserdorf Bosco Gurin (70 Einwohner) hat sich eine deutsche Sprachinsel gehalten.

Sehenswert: die Ponte Romano bei Intragna.

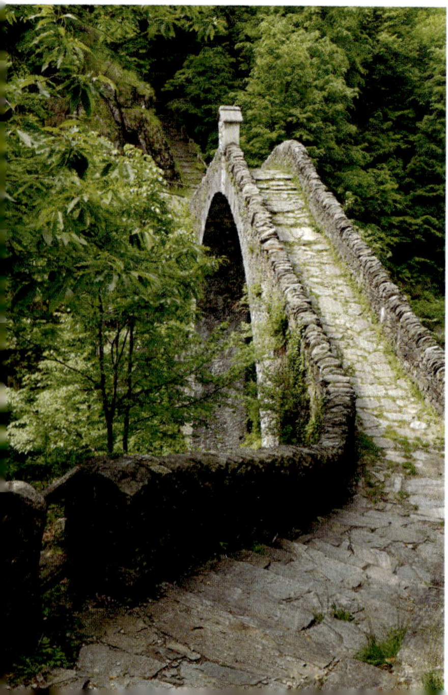

Bellinzona

Anschaulichstes Zeugnis aus den Jahrhunderten, in denen das Tessin Zankapfel und Beutestück war, ist Bellinzona. Nur 19.000 Einwohner zählt die Hauptstadt bei der letzten Erhebung, sie hat somit gerade mal ein Drittel der Einwohner von Locarno. Strategisch aber lag und liegt Bellinzona an interessanter Stelle. Wer über den St.-Gotthard- oder den Nufenenpass, über den Lukmanier- oder den San-Bernardino-Pass kommt, der muss an Bellinzona vorbei. Dies erkannten die Mailänder Herzöge und befestigten Bellinzona im 14. und 15. Jahrhundert mit drei imposanten Burgen. Das Castelgrande ist die größte Befestigungsanlage. Eine riesige Ringmauer mit Schwalbenschwanzzinnen und drei Innenhöfen sollte die Bevölkerung schützen. Torre Nero und Torre Bianco (28 und 27 Meter hoch) überragten einst Palas, drei Kirchen im Inneren der Anlage und zahlreiche Gebäude für Soldaten, Waffen und Vorräte. Hoch über dem Castelgrande steht das Castello di Montebello. Bergfried, Palas, Innenhof, mächtige Rundtürme und zinneneingefasstes Mauerwerk sind gut erhalten und wunderbar restauriert. Hoch am Hang schließt das Castello di Sasso Corbaro aus dem Jahr 1479 das Burgenensemble ab. Alle drei Anlagen befinden sich in bestem Zustand, können besichtigt werden und gehören seit dem Jahr 2000 zum Weltkulturerbe.

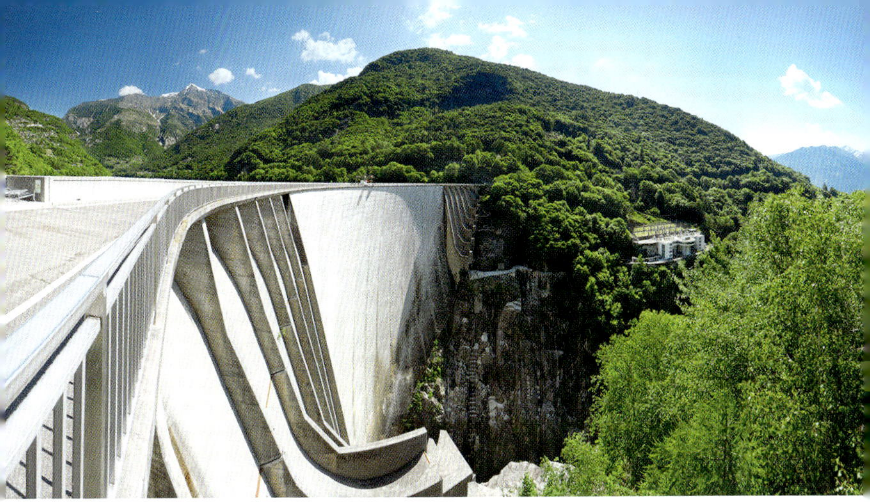

Die Staumauer im Verzascatal ist Ziel für Bungeespringer (Tour 22).

Von den einstigen Gletschern, die die Landschaft geformt haben, ist heute kaum mehr etwas vorhanden. Im Tessin weist nur der Monte Basodino eine Eisbedeckung auf, im Grenzgebiet zu Graubünden ist noch das Rheinwaldhorn zu nennen. Für Hochtouren ist das Tessin daher ungeeignet, für Wanderer dagegen gibt es umso mehr Auswahl. Für sportlich Aktive bieten viele Kletterfelsen eine reizvolle Abwechslung zum Wandern. Das untere Maggiatal und die Felsen rund um Lecco zählen im Frühjahr und Herbst zu den beliebtesten Klettergebieten auf der Südseite der Alpen. Im Hochsommer kann man das Bedrettotal und die Nordseite des Veltlins empfehlen.

Baden, Surfen und Segeln sind an den drei großen Seen möglich, im Maggiatal und im Verzascatal bieten an heißen Tagen viele Badegumpen eine Erfrischung. Dort gilt es aber immer auf die gefährlichen Wirbel und Strömungen zu achten. Für Radfahrer und Mountainbiker gäbe es ebenfalls lohnende Ziele, vieles steckt hier aber noch in den Kinderschuhen und speziell die viel befahrenen Uferstraßen und die kurvigen Strecken in den Tessiner Bergen erfordern gute Nerven. Die benötigt man auch beim Bungeespringen von der Verzasca-Staumauer.

Sopraceneri und Sottoceneri

Aber nicht alle Teile des Kantons sind von Hochgebirge und Seen geprägt. Der Monte Ceneri, eine gut 500 Meter hohe Schwelle östlich von Locarno, trennt das gebirgige Land nördlich davon, Sopraceneri genannt, vom sanfteren Landschaftstyp des Sottoceneri. Dieser nimmt lediglich ein Fünftel der Kantonsfläche ein, ist aber deutlich dichter besiedelt. Viele Tessinurlauber nehmen ihn auf der Durchreise von Chiasso nach Locarno kaum wahr. Tatsächlich liegen hier ursprüngliche Dörfer in einem toskanisch anmutenden Hügelland mit viel Potenzial für Wanderungen.

6000 Jahre Tessin

Das Tessin ist seit ca. 6000 Jahren besiedelt. Das legen zumindest Ausgrabungen in Bellinzona nahe. Abgesehen von Fundstücken in Museen wird der heutige Besucher davon aber nichts merken. Bedeutende Baudenkmäler, die es zu besuchen

Urlaubsland Tessin

Die Landschaft

Nur wenige Gebirgsregionen laden so sehr auch zum Ausspannen ein wie die Gegend um Lago Maggiore, Luganer See und Comer See. Berge und Seen, verträumte Dörfer und mondäne Städte findet man auf engstem Raum. Das macht den Reiz des Tessins aus. Namensgeber für den Kanton Tessin ist der Fluss Ticino. Er entspringt im Nordwesten des Kantons nahe dem Nufenenpass, fließt in weniger als hundert Kilometern bis in den Lago Maggiore und überwindet dabei über 2000 Höhenmeter. Ja, zwischen den palmengesäumten Ufern des Lago Maggiore auf 193 Metern und dem vergletscherten Rheinwaldhorn, 3402 m, dem höchsten Punkt im Tessin, liegen mehr als 3000 Meter Höhendifferenz.

Zu verdanken haben wir den Abwechslungsreichtum dieser Südalpenlandschaft den eiszeitlichen Gletschern. Der Ticinogletscher hobelte das Becken aus, in dem heute der Lago Maggiore liegt. Mit 65 Kilometern Länge ist er der größte der oberitalienischen Seen, ein Stück weit ragt er ins Schweizer Staatsgebiet hinein.

Das Becken, in dem der Comer See liegt, wurde durch den Addagletscher geschaffen. Der Comer See ist nach Lago Maggiore und Gardasee der drittgrößte See in Oberitalien, mit über 400 Metern hat hier der Gletscher auch das tiefste Becken geschaffen. Der Luganer See mit seiner bizarren Form entstand durch Seitenarme des Ticino- und des Addagletschers.

Jeder der drei großen Seen hat seinen eigenen Charakter und sein ganz eigenes Erscheinungsbild. Touristische Hochburgen und Attraktionen wechseln sich mit ruhigeren Uferabschnitten ab und auch die Wanderungen sind ganz unterschiedlich, sodass man je nach persönlicher Präferenz die Orte besuchen kann, die einem am besten gefallen.

Besonders bekannt und als Weltkulturerbestätten von der UNESCO ausgezeichnet sind der Monte San Giorgio (s. Tour 38) auf der südlichen Landzunge des Luganer Sees und die drei Burganlagen von Bellinzona (s. Seite 20). Der heilige Berg von Varese (s. Tour 37) ist zumindest Teil einer Reihe von »Sacri Monti«, die diesen Schutzstatus genießen.

Bellagio am Comer See verkörpert Urlaubsstimmung pur.

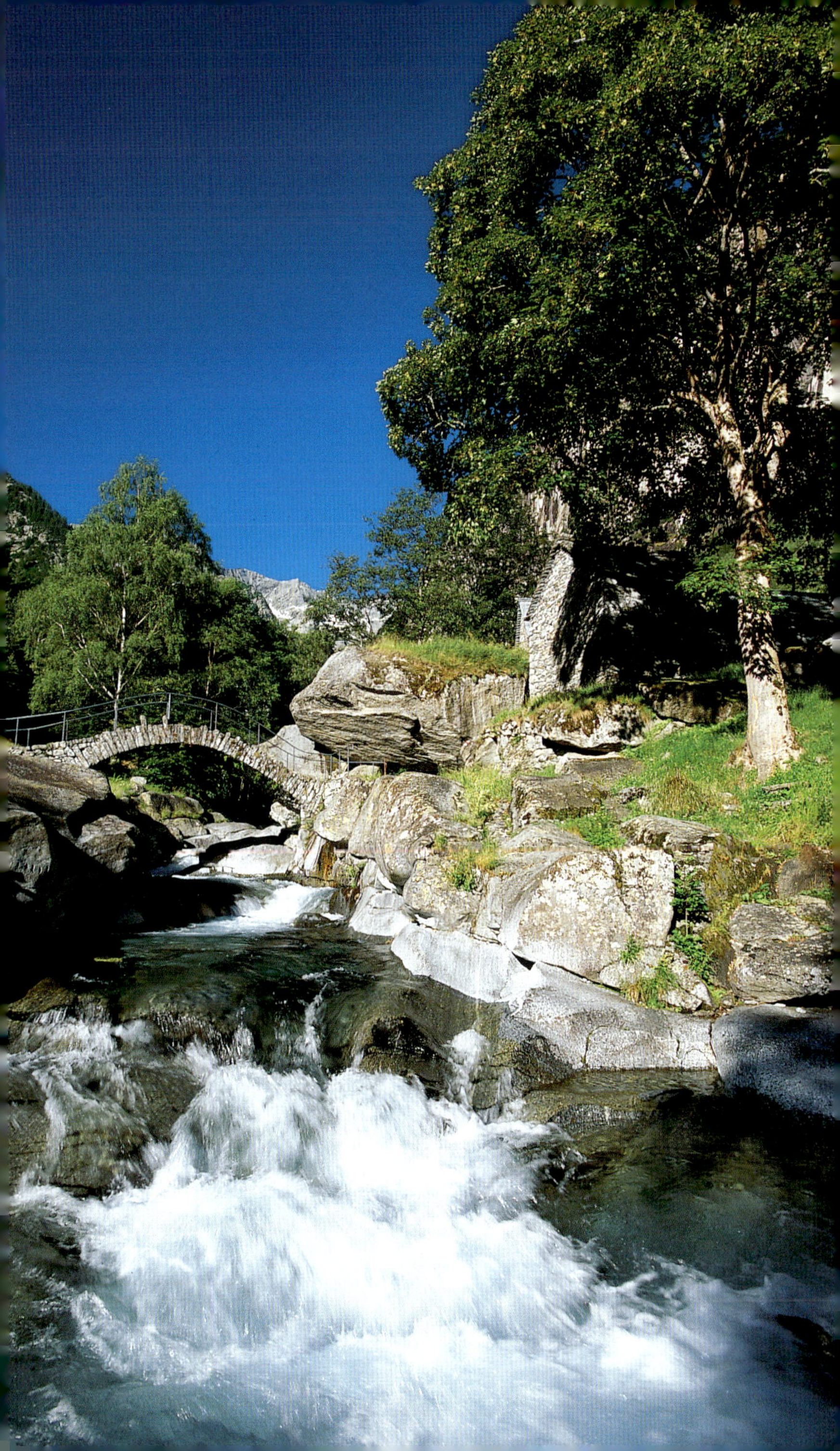

ackern eines Feldes ab. Das Haus wurde 1999 grundlegend saniert. Wir gehen die Felgergasse weiter und treffen erneut auf die Marktstraße, in die wir nach links abbiegen und nach wenigen Metern an den **Erbsenbrunnen** 3 kommen, der 1929 von Fritz von Graevenitz geschaffen wurde. Er nutzte Porträtskizzen seines Neffen Richard von Weizsäcker, des späteren Bundespräsidenten, für die Gestaltung des Buben. Der Name rührt daher, dass die Erbsenbrunnenquelle früher das einzige weiche Wasser in der Stadt und damit, so sagt man, optimal zum Kochen von Erbsen und Bohnen geeignet war. Entsprechend ist das aus dem Brunnen sprudelnde Mineralwasser trinkbar, und wir können unseren Durst damit stillen. Der Brunnen samt großer Erbse und Büblein mit Krug

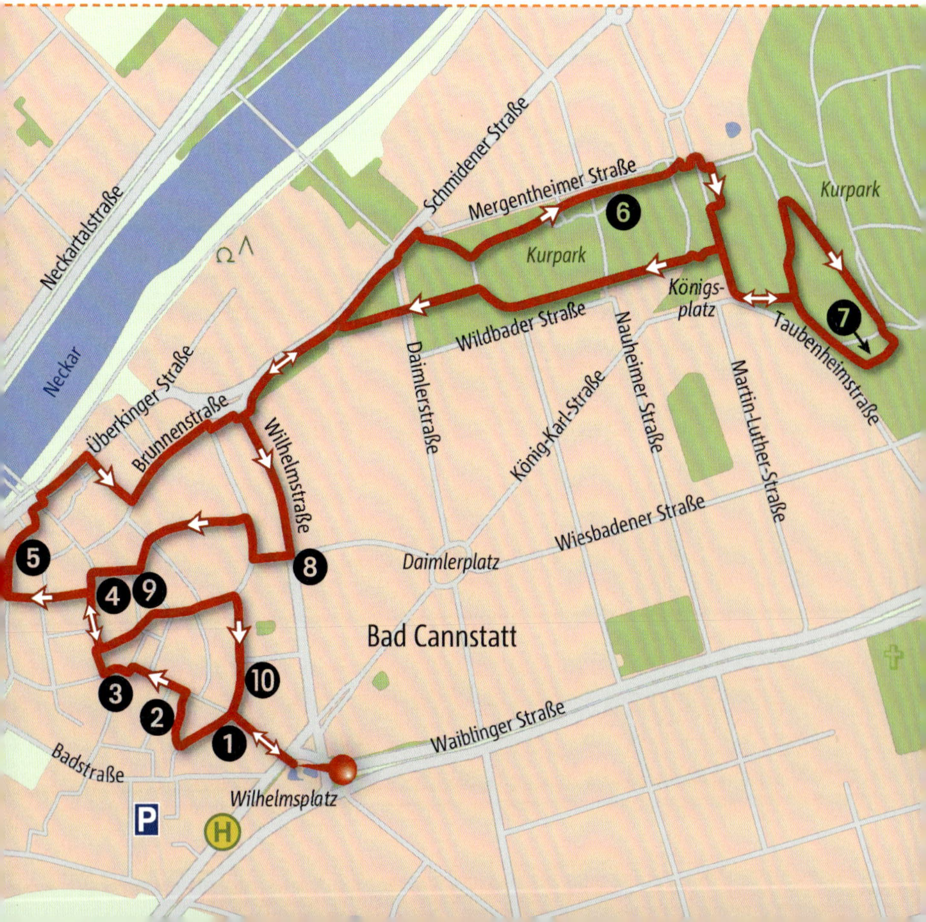

12 DURCH BAD CANNSTATT

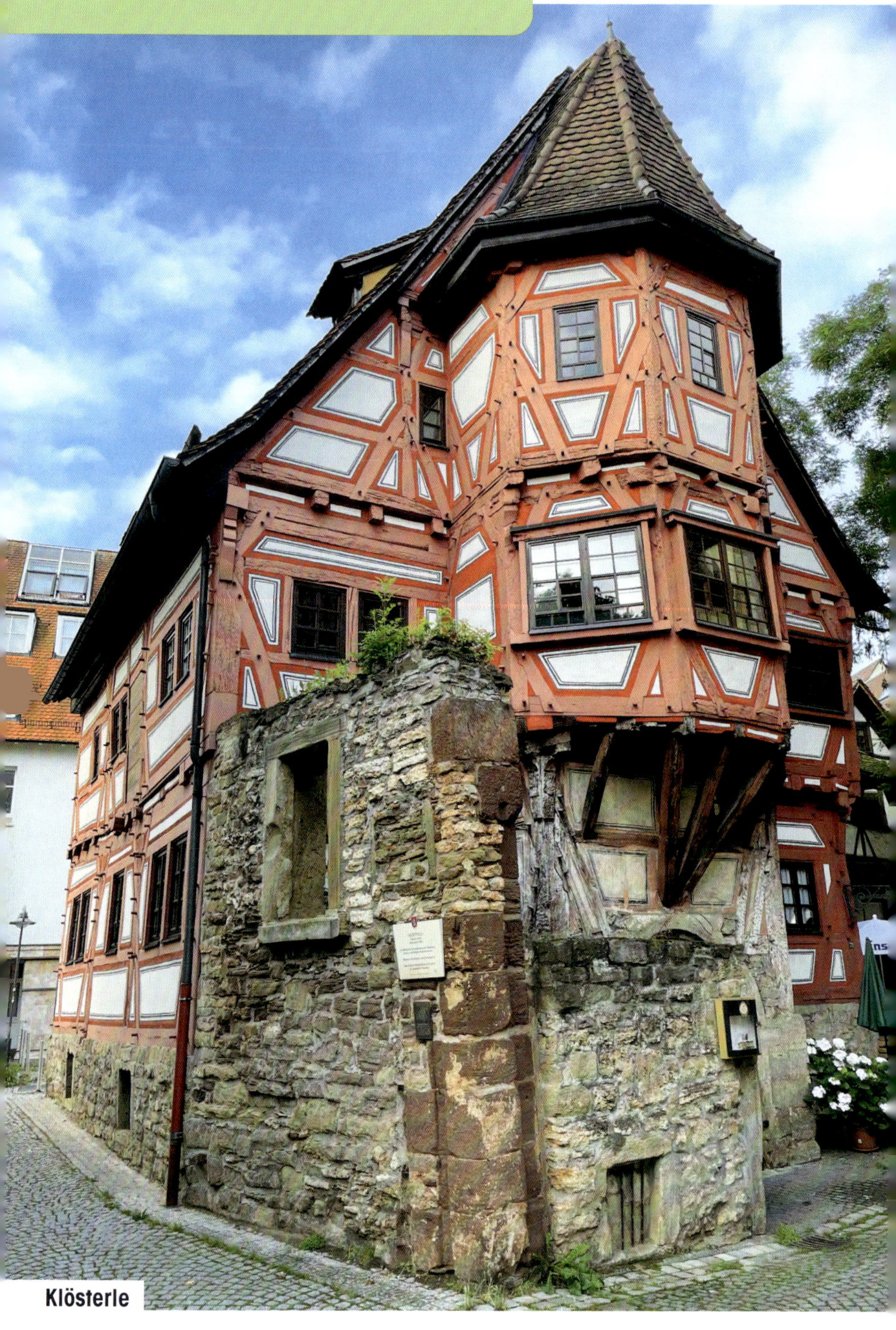

Klösterle

ist aus Cannstatter Travertin gearbeitet, das vor Ort abgebaut wurde.

Nur noch wenige Meter geht es auf der Marktstraße an alten Fachwerkhäusern entlang, dann sehen wir rechter Hand das heute unter dem Namen **Altes Rathaus 4** bekannte Haus. Dieses alte Fachwerkgebäude wurde 1491 erbaut, 1875 umgestaltet und 2013 renoviert. Auf der Rückseite kann man die historische Fachwerkkonstruktion betrachten. Dazu wurde eine Stelle unverputzt gelassen. Übrigens läutet im Alten Rathaus die älteste Glocke Stuttgarts. Im Dachreiter hängt sie und wurde vor 1250 gegossen.

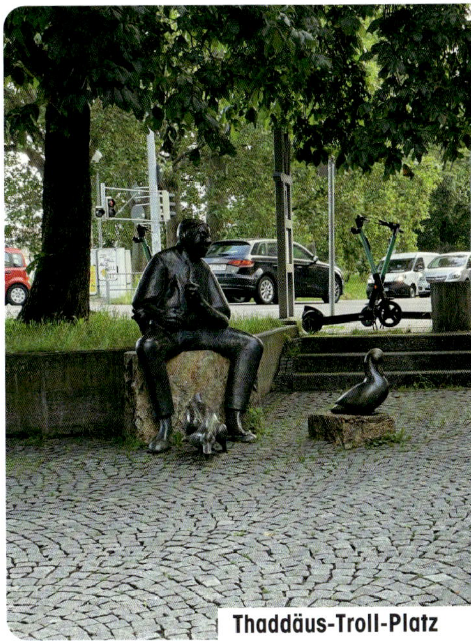
Thaddäus-Troll-Platz

Wir verschwinden gegenüber in der Brählesgasse, einem der vielen Altstadtgässchen, und gelangen über die dritte Abzweigung, in die Gasse Hagelschieß, nach rechts bis zum Stadtmuseum Bad Cannstatt und dem **Klösterle 5.** Das Klösterle ist das älteste Wohnhaus der Landeshauptstadt, erbaut 1463, und befindet sich im Inneren noch im Originalzustand. Der Name des alten Fachwerkhauses stammt von den damaligen Bewohnerinnen, den Beginen. Die Beginen waren eine mildtätige religiöse Frauengemeinschaft ohne feste Ordensregeln. Daher ist im Klösterle auch eine gotische Kapelle integriert, was in ganz Europa in einem Wohnhaus einzigartig ist. Nach der Aufgabe des Ordens verfiel das Gebäude zusehends und wurde nur halbherzig repariert und renoviert. Daher sollte es seit den 1930er-Jahren bereits des Öfteren abgerissen werden. 1983 erwarb der Architekt Hermann Kugler das Haus und renovierte und restaurierte das Klösterle vorbildlich.

Der **Thaddäus-Troll-Platz** liegt vor dem Klösterle. Thaddäus Troll, gebürtig Dr. Hans Bayer, war seines Zeichens Mundart-Schriftsteller und Dichter sowie Journalist und wuchs in Bad Cannstatt auf. Seine bekanntesten Werke sind

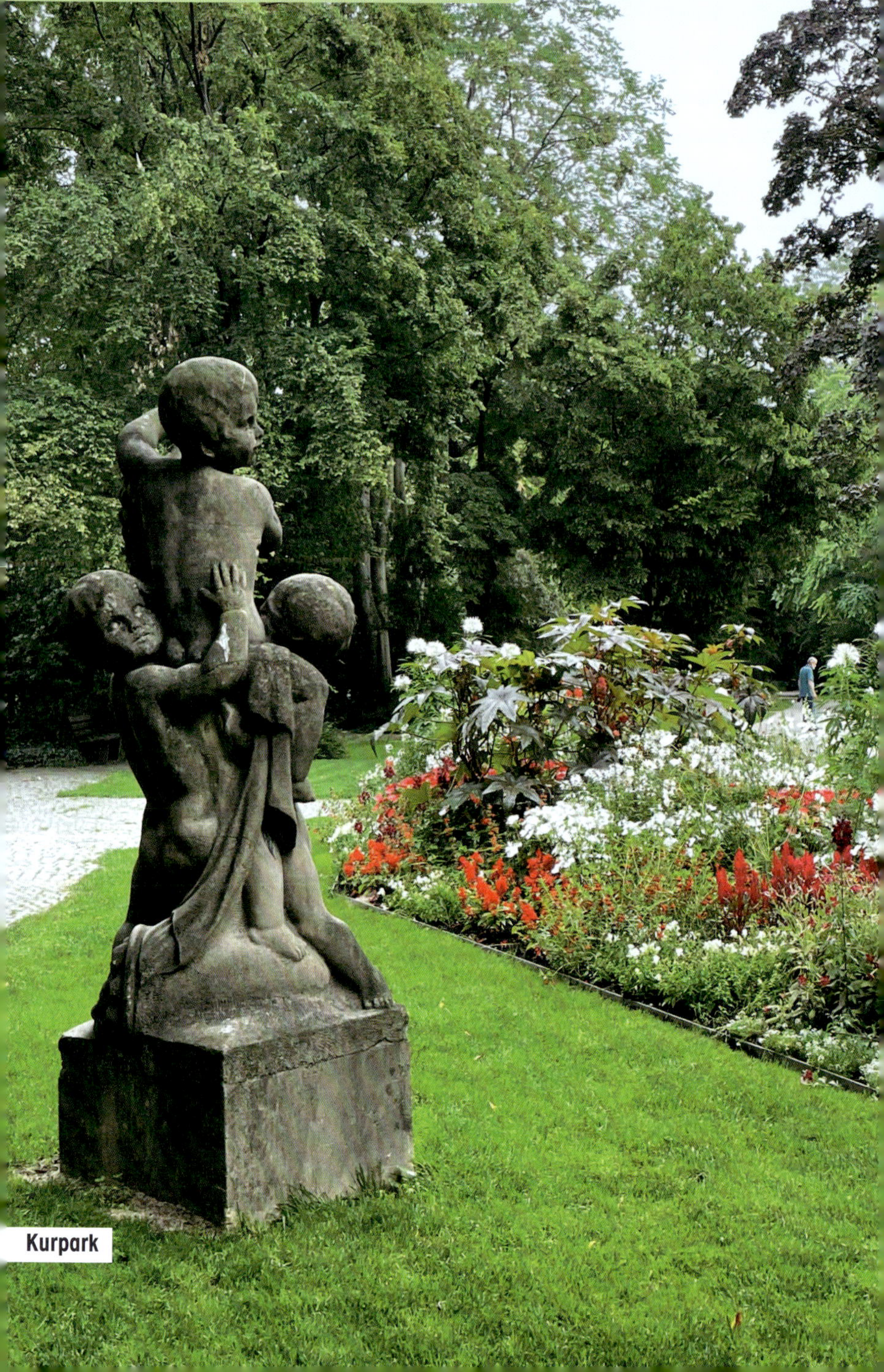

Kurpark

„Deutschland, Deine Schwaben" sowie die Übersetzung des „Geizigen" von Molière ins Schwäbische. Auf dem nach ihm benannten Platz steht die Plastik „D'r Entaklemmer" von Elke Krämer, die zu Trolls 70. Geburtstag enthüllt wurde. Auf der anderen Straßenseite können wir die den Neckar überspannende Wilhelmsbrücke, eine Stahl-Nieten-Konstruktion, sehen. Diese 1929 erbaute und im Weltkrieg gesprengte Brücke wurde aus den zerstörten Originalteilen wiederhergestellt. Zuvor befand sich an dieser Stelle eine steinerne Version, die nach Plänen von Oberbaurat Etzel ab 1835 erbaut und 1839 feierlich zum Geburtstag von König Wilhelm eröffnet, jedoch im Zuge der Neckarregulierung abgebrochen und durch ihren stählernen Nachfolger ersetzt wurde.

Wir gehen jedoch die Überkinger Straße weiter, biegen rechts in die Zaisgasse ein und folgen an deren Ende der Brunnenstraße schließlich nach links. Die Brunnenstraße wird uns jetzt einige Hundert Meter begleiten, bis wir schließlich den Cannstatter **Kurpark 6** erreichen. Auf Höhe der Mergentheimer Straße tauchen wir in den Park ein und kommen linker Hand an einem Spielplatz vorbei. Parallel zur Mergentheimer Straße schlendern wir durch den Kurpark. Verschiedene steinerne Kunst- und Mahnwerke säumen unseren Weg, der uns geradewegs Richtung **Kursaal** führt. Wir stehen vor einem monumentalen Reiterstandbild von König Wilhelm I. Dahinter befindet sich der Große Kursaal, im klassizistischen Stil von Nikolaus von Thouret erbaut, der früher das ehemalige Kurgebäude, Wandelhalle und Unterschlupf bei schlechtem Wetter war. Die Einweihung dieses Gebäudes, gebaut durch den Brunnenverein Cannstatt und unter-

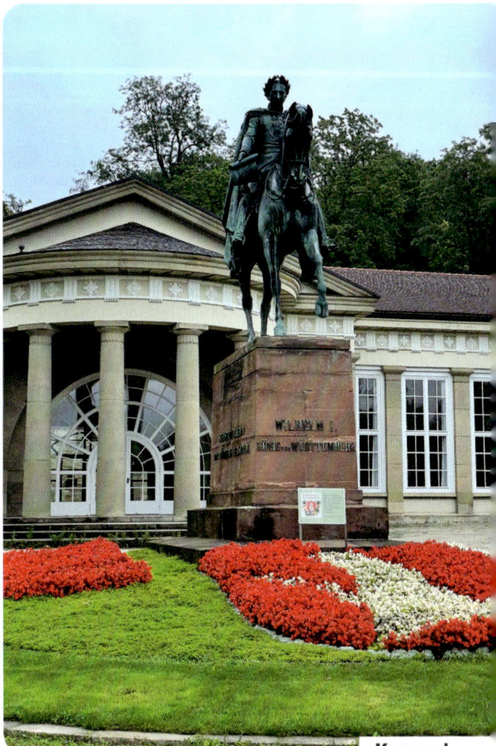

Kursaal

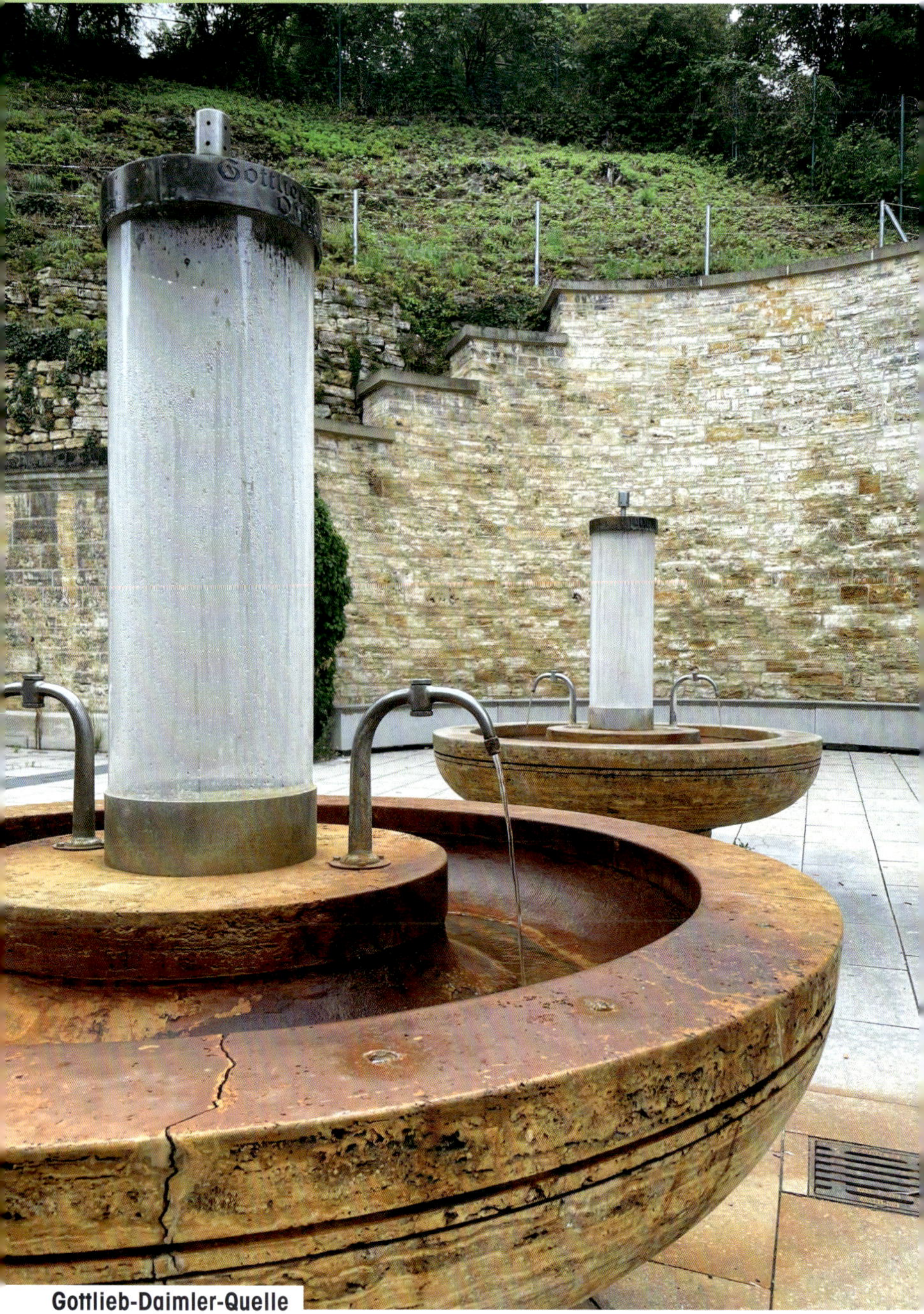

Gottlieb-Daimler-Quelle

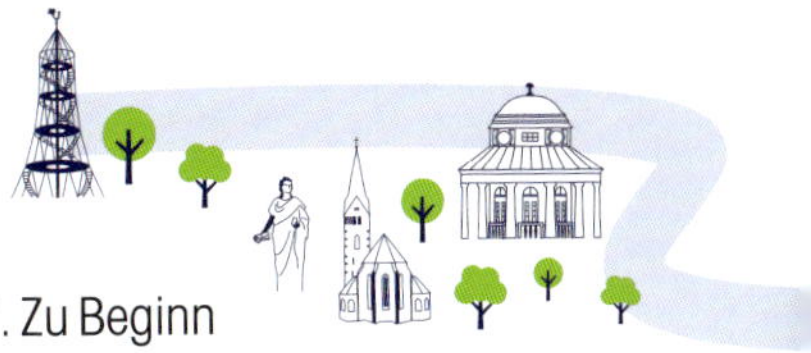

stützt durch König Wilhelm I., war im Jahre 1837. Zu Beginn gab es im Kursaal nur eine offene Trinkhalle mit einem Brunnenhof für Trinkkuren, der als Badeanstalt genutzt wurde und bei illustren Gästen aus den europäischen Königshäusern und dem betuchten Bürgertum sehr beliebt war. Um 1900 wurde rechts daneben der Kleine Kursaal nach Plänen von Albert Eitel im Jugendstil errichtet. Beide Säle wurden nach ihrer Zerstörung im Zweiten Weltkrieg wieder komplett aufgebaut und 1976 bei Sanierungen miteinander verbunden.

Wir gehen am Kleinen Kursaal vorbei und betreten gleich einen weiteren Teil des Kurparks. Dafür halten wir uns links und gelangen so hinter den Großen Kursaal mit seinem Brunnenhof. Hier sprudelt noch immer frisches Stuttgarter Mineralwasser aus mehreren **Trinkbrunnen,** die von der Gottlieb-Daimler- und der Wilhelmsquelle I gespeist werden. Täglich sind es bis zu 44 Millionen Liter, die aus dem Untergrund drängen und Stuttgart hinter Budapest zur Stadt mit dem zweitgrößten Mineralwasservorkommen in Europa machen. Zwölf der 19 Quellen sind mittlerweile offiziell als Heilquellen staatlich anerkannt.

Ruhig einen Schluck des prickelnden Nasses probieren. Das Mineralwasser schmeckt aus jeder Quelle völlig anders. Darf auch in Flaschen abgefüllt und mitgenommen werden.

Wir verlassen den Brunnenhof und gehen links den Berg hinauf. Eigentlich verlassen wir nun auch den Kurpark und befinden uns im Park, der zur ehemaligen Villa von Gottlieb Daimler gehörte. Er kaufte die Villa samt Park – nachdem er seinen Job bei den Kölner Deutzer Motorenwerken gekündigt hatte und zurück in die alte Heimat gekommen war – für damals 75.000 Goldmark. Wir sehen bereits das kleine **Gewächshaus 7** im Park der ehemaligen Villa, das Daimler um einen Backstein-Anbau erweiterte. In dieser Versuchswerkstatt tüftelte er gemeinsam mit Wilhelm Maybach, der zusammen mit ihm Köln den Rücken gekehrt hatte. Zu zweit arbeiteten sie Tag und Nacht akribisch an ihrer großen Idee. Unter strengster Geheimhaltung – selbst die eigenen Familien wussten nicht, woran gearbeitet wurde – entwickelten die beiden Ingenieure einen transportablen Universalmotor für Fahrzeuge zu Wasser, zu Lande und in der Luft.

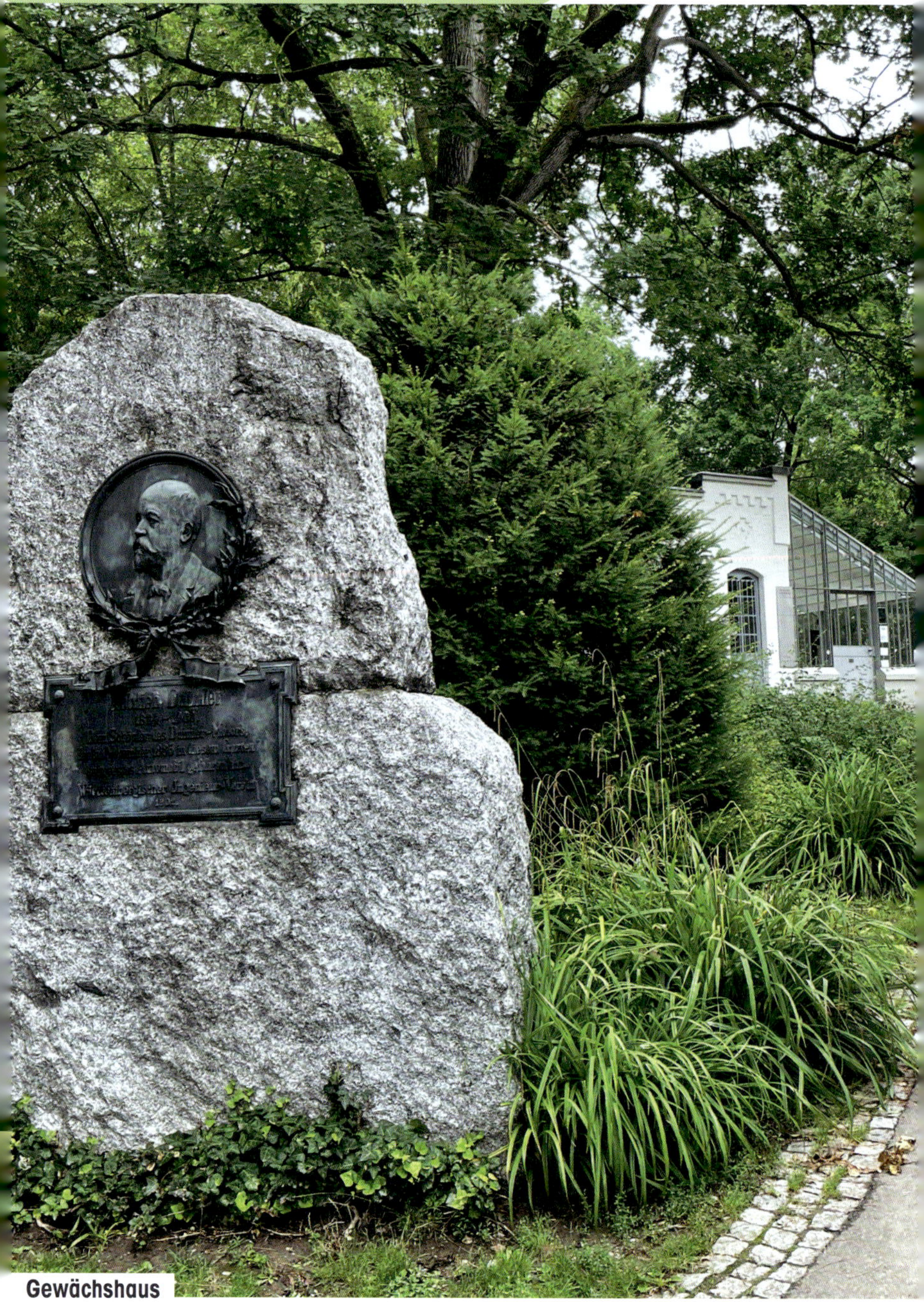

Gewächshaus

Nicht jeder konnte mit den nächtlichen Arbeiten, dem lauten Klopfen und Hämmern und der Geheimniskrämerei etwas anfangen. So glaubte der Gärtner von Gottlieb Daimler, dass im Gartenhaus Falschgeld hergestellt werde, und informierte sogar die Polizei. Diese fand natürlich nur Werkzeuge und Motorenteile in der kleinen „Hobbywerkstatt". Die Erfolgsgeschichte ist bekannt: 1883 patentierte Daimler den ersten schnell laufenden Verbrennungsmotor, 1885 fuhr mit Maybach das erste Motorrad der Welt – damals als Reitwagen bezeichnet – von Cannstatt nach Untertürkheim, 1886 „raste" mit 16 Stundenkilometern die erste Motorkutsche durch Cannstatt, und im gleichen Jahr stach Daimler mit einem Motorboot auf dem Neckar in See. Neben der Werkstatt befanden sich sowohl die erste Tankstelle als auch die erste Garage der Welt im Privatgarten. Heute steht nur noch das Gewächshaus, das als Gottlieb-Daimler-Gedenkstätte und Museum fungiert. Es wirkt gerade so, als ob Daimler und Maybach nur mal kurz etwas essen gegangen sind. Die „Startup-Atmosphäre" ist förmlich spürbar, da alles nahezu im Originalzustand von 1882 geblieben ist. Neben Zeichnungen und Fotos gibt es auch die Modelle des ersten Motorbootes von 1886 und des Wolfertschen Luftschiffs von 1888 zu entdecken.

Geöffnet ist die Gedächtnisstätte immer außer am Montag ab 13 Uhr.

Wir verlassen den Park vorbei am Minigolfplatz und dem Biergarten, gehen zurück zum Kleinen Kursaal, überqueren die Stadtbahnschienen und gehen am **Juno-Brunnen** durch den Kurpark parallel zur Wildbader Straße zurück in die Cannstatter Altstadt. Der Juno-Brunnen wurde 1910 eingeweiht, durch den Cannstatter Bildhauer Emil Kiemlen im Auftrag des Verschönerungsvereins geschaffen und sollte symbolisch mit der römischen Göttin der Ehe, Juno, für die Zusammenlegung von Cannstatt und der Stadt Stuttgart stehen.

Nun überqueren wir die Daimlerstraße, gehen am Johannes-Kepler-Gymnasium und der Brunnen-Realschule vorbei und biegen dann nach links in die Wilhelmstraße ein. Bis zur Kreuzung Liebenzeller Straße folgen wir der Wilhelm-

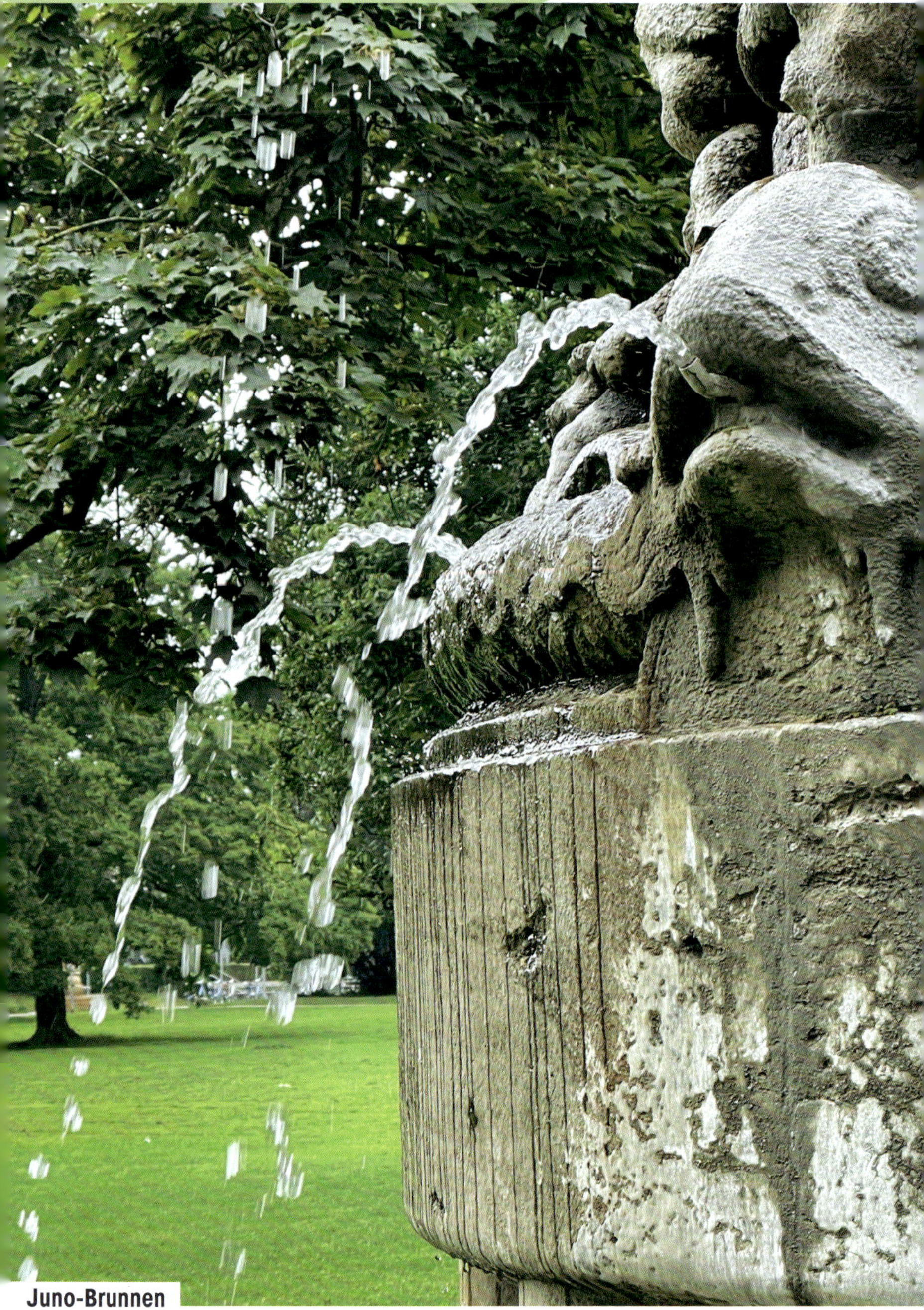

Juno-Brunnen

straße, danach geht es rechts weiter. Bevor wir abbiegen, können wir auf der anderen Straßenseite das Haus Wilhelmstraße 16 sehen. Dort nahm zwischen 1920 und 1930 eine süße Erfolgsgeschichte ihren Lauf. Denn das Haus war der Firmensitz und Produktionsstätte von **Ritter Sport** **8**. Alfred und Clara Ritter gründeten 1912 ihre Schokoladenfabrik, die dann 1930 nach Waldenbuch umzog und bis heute auch angesiedelt ist. In den Anfangsjahren wurden die Mitarbeitenden per Bus von Cannstatt zum neuen Firmenstandort transportiert. Dort erfand Clara Ritter 1932 schließlich die quadratische, praktische Schokoladentafel, die einfach in jede Sportjackentasche passen sollte.

Altstadtgasse

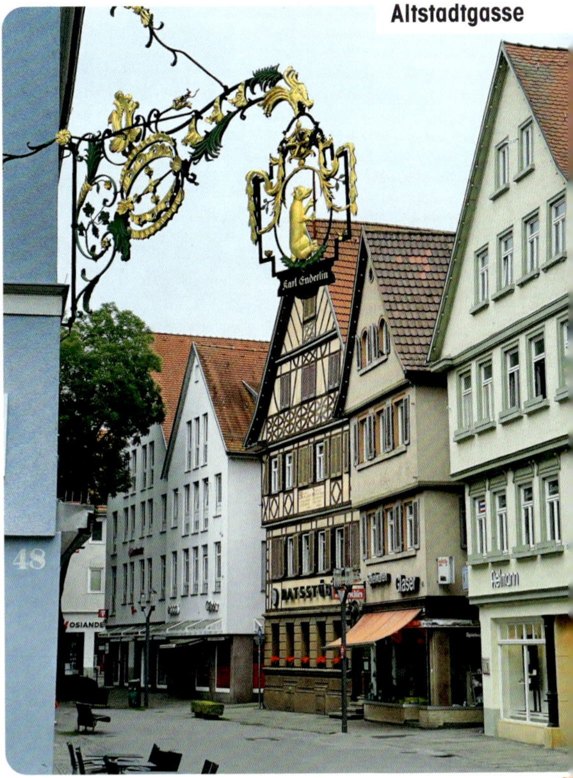

Von dieser Kreuzung aus geht es für uns nach rechts über die Spreuergasse und links durch die Helfergasse zurück zum **Marktplatz** **9**, dem wir uns so von hinten nähern. Hinter der Kirche steht der **Polizeibrunnen** von 1831, der Mineralwasser spendet und nach der früher nahe gelegenen Polizeiwache benannt wurde. Wir gehen zwischen **Stadtkirche** und Altem Rathaus über den Platz. Die Stadtkirche wurde im Zeitraum von 1460 bis 1471 durch Aberlin Jörg im spätgotischen Stil erbaut. Dieser hatte bereits unter seinem Vater Hänslin Jörg am Bau der Stiftskirche in Stuttgart mitgewirkt. Ursprünglich war sie den beiden heiligen Ärzten Cosmos und Damian geweiht. Im Zweiten Weltkrieg wurde sie fast nicht beschädigt und ist damit Stuttgarts einzige erhaltene gotische Hallenkirche.

Nun stehen wir wieder in der Marktstraße und direkt vor dem alten Gasthof Crone. Bereits 1489 wurde das ursprüngliche Haus gebaut und beherbergte im Mittelalter einen Gasthof von internationalem Rang. 1944 durch den Krieg teilweise zerstört, wurde es schließlich 1957 wieder aufgebaut. Wir schlendern gemütlich die Marktstraße nach links entlang und biegen in eine der kleinen pittoresken Gassen – links in die Sulzgasse – ein. Wein rankt an den Häuserwänden empor, Stühle eines Cafés stehen auf der Straße. Einfach herrlich, welche Atmosphäre in solchen Ecken entsteht!

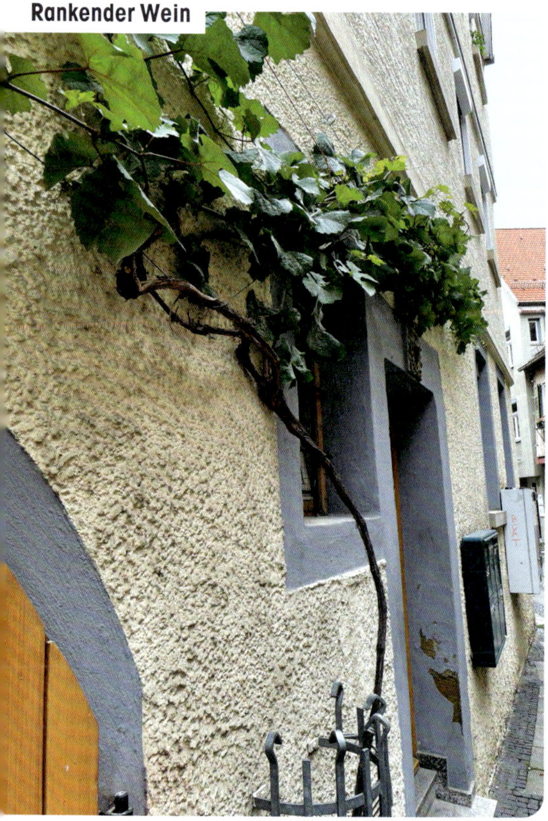
Rankender Wein

Von der Sulzgasse kommen wir in die Sulzbachgasse und halten uns rechts in die Spreuergasse. Von hier bis zu unserem Ausgangspunkt in der Marktstraße sind es nur noch wenige Schritte. Dabei kommen wir an einem im neugotischen Stil errichteten Brunnen vorbei, der früher auch eine Pferdetränke war. Seit 1834 steht hier der **Jakobsbrunnen** **10**. Wie es zur Namenswahl kam, dazu gibt es zwei Geschichten. Die erste geht davon aus, dass er nach den früheren Anwohnern – es wohnten hier sechs Jakobs, jeweils Vater und Sohn aus drei verschiedenen Familien – rund um den Platz benannt wurde. Die zweite Variante bezieht sich auf die Gastwirtschaft, die es auch heute noch gibt. Früher gehörte sie Jakob Christian Boger, der sie unter dem Namen „Jakob beim Brunnen" führte. Zurück in der Marktstraße können wir uns nun noch etwas im „Städle" treiben und das Fachwerk, die kleinen Gassen sowie die heimeligen Weinstuben auf uns wirken lassen.

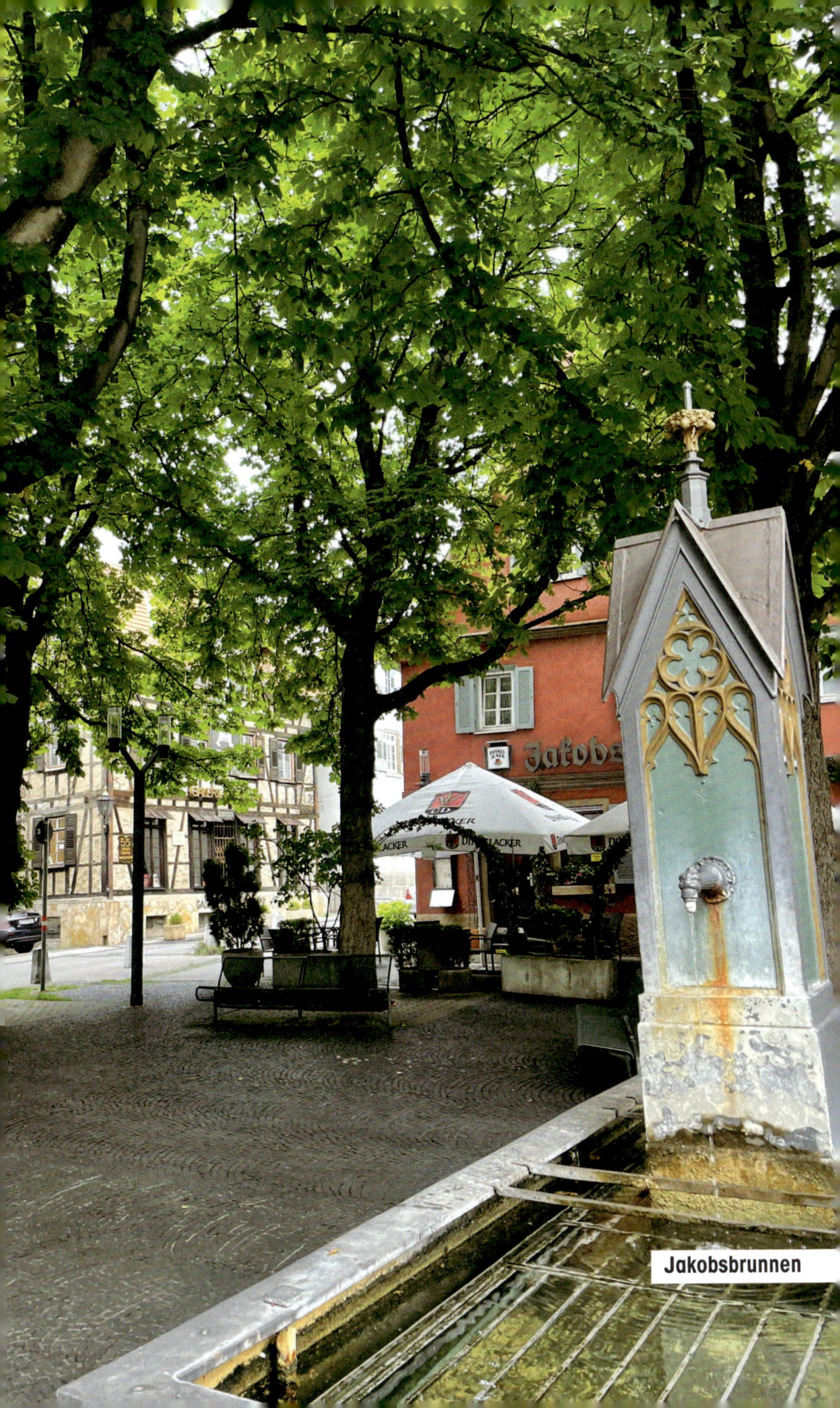

Jakobsbrunnen

1 Mottarone, 1491 m

Von Baveno über den Monte Zughero

7.50 Std. | 16,1 km | ↗ 1370 m | ↘ 1370 m

Auf einem Höhenweg zu einem rosafarbenen Granitberg

Seinen Namen hat der Lago Maggiore nicht zu unrecht: 65 Kilometer ist er lang und zumeist nicht breiter als vier Kilometer. Nur an einer Stelle misst er in der Breite elf Kilometer, am Borromäischen Golf unweit unseres Ausgangspunktes. Hier liegen auch die »Perlen des Lago Maggiore«, vier Inseln mit ganz unterschiedlichem Aussehen. Fahrten auf die Isola dei Pescatori und die Isola Bella sind als Abrundung der Tour auf den Mottarone jedenfalls überaus lohnende Ausflüge. Während die »Fischerinsel« ganz allgemein als Touristenziel gilt, steht die Isola Bella im Ruf, ein kleines Weltwunder zu sein. Seit dem 17. Jahrhundert wird hier eine barocke Gartenanlage gepflegt, die die komplette Insel einnimmt.

Der Mottarone mit seinem Skigebiet im Winter, den Sendern und den ausgedehnten Villenanlagen zu seinen Füßen wird über den etwas niedrigeren und unerschlossenen Monte Zughero erreicht. So ergibt sich eine schöne Tour über einen Höhenweg, die am Gipfel des Mottarone abschließt. Für den Blick zum Lago Maggiore im Osten und den Lago d'Orta im Westen muss man im Gipfelbereich allerdings ein wenig Infrastruktur in Kauf nehmen. Auf den Mottarone führen von beiden Seiten Bergstraßen hinauf, im Winter sind Skilifte in Betrieb und von Stresa geht eine Gondel hinauf. Auf den Wanderwegen ist man dagegen in ruhigem Gebiet. Auch wer dem Mottarone einen Besuch zum Klettern abstattet, wird nichts auszusetzen haben, vor allem nicht an der Felsqualität, schließlich wird hier der rosafarbene Granit gewonnen, aus dem im Tiefland manch berühmtes Bauwerk besteht.

Einen Besuch wert sind die Borromäischen Inseln.

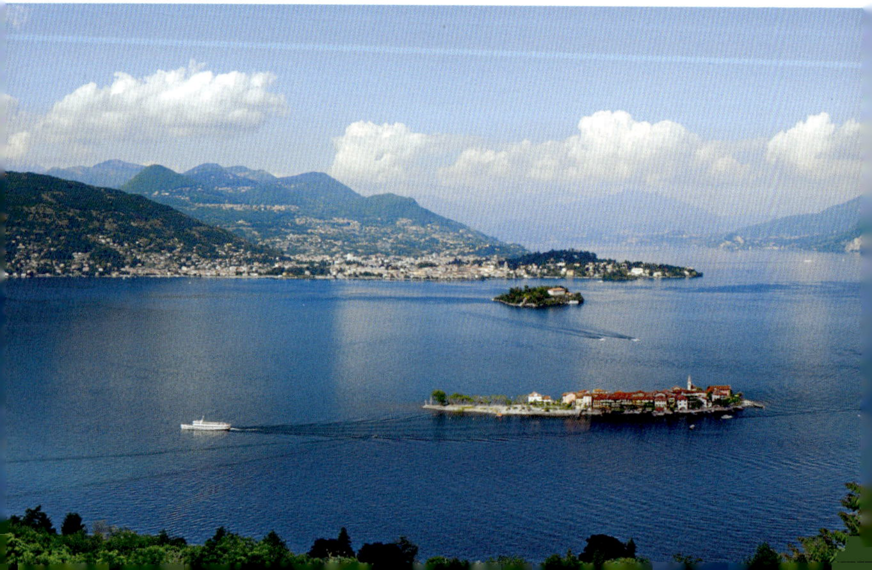

Talort: Baveno, 205 m, am Westufer des Lago Maggiore zwischen Verbania und Stresa. An der Bahnlinie Domodòssola – Mailand.
Ausgangspunkt: Ortsteil Oltrefiume. Parkmöglichkeiten oberhalb des Campingplatzes Tranquilla an der Via Tranquilla Privata. Vom Campingplatz der Teerstraße bis zu ihrem Ende bergwärts folgen.
Anforderungen: Schmale Wald- und Wiesenwege, auf dem Monte Zughero auch steileres Gelände. Die Umgehung des Monte Zughero auf der Südseite ist schwieriger (Trittsicherheit nötig).
Einkehr und Übernachtung: Rifugio Papa Amilcare (meist geschlossen); Rifugio Alpe Nuovo (13 Betten); Restaurants am Fuße des Mottarone.
Karte: Kompass Nr. 97 »Omegna – Varallo – Lago d'Orta« (Maßstab 1:50.000).

Auf der Zufahrtsstraße zum Ausgangspunkt im Ortsteil **Oltrefiume ❶**, 300 m, wandern wir bergan bis zu dem großen Gebäude einer Wasserfassung, ca. 370 m. Hier biegt der markierte Wanderweg rechts in den Wald ab und führt in der Folge in vielen Serpentinen hinauf zu einer Verzweigung im Wald, ca. 460 m, an der später unser Abstieg einmündet. Auf dem rechten Weg (M3) halten wir uns Richtung Monte Zughero. Dieser führt weiter bergan, zuletzt rechts ausholend und in eine kleine Verflachung hinauf. Hier kann man unbeschildert – die wenigen Schritte hinaufsteigen auf den Monte Camoscio, 890 m, einen Felsrücken mit einem Kreuz und schönem Blick auf den See, oder sogleich links mit wenigen Schritten hinübergehen zum meist geschlossenen **Rifugio Papa Amilcare ❷**.

Der Weiterweg geht links am Gebäude vorbei über rote Granitkuppen mit einem schönen zwischengelagerten Tälchen und steigt kurz ab in einen Sattel, ca. 880 m. Nun beginnt ein hübscher Höhenweg auf dem angenehm breiten Kamm, der mit Eichen, Kastanien und Birken bewaldet ist, aber dennoch immer wieder Tiefblicke in das Valle Strona und den Lago Maggiore zulässt. Eine kleine Scharte, ca. 990 m, vor dem Felsaufschwung des Monte Crocino ist bald erreicht. Der Weg umgeht den Gipfel zur Linken und verläuft nach

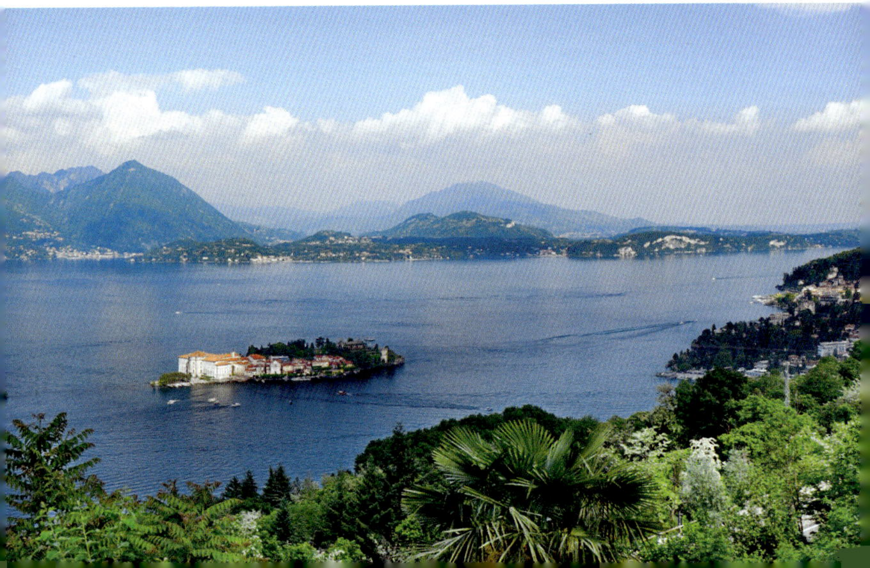

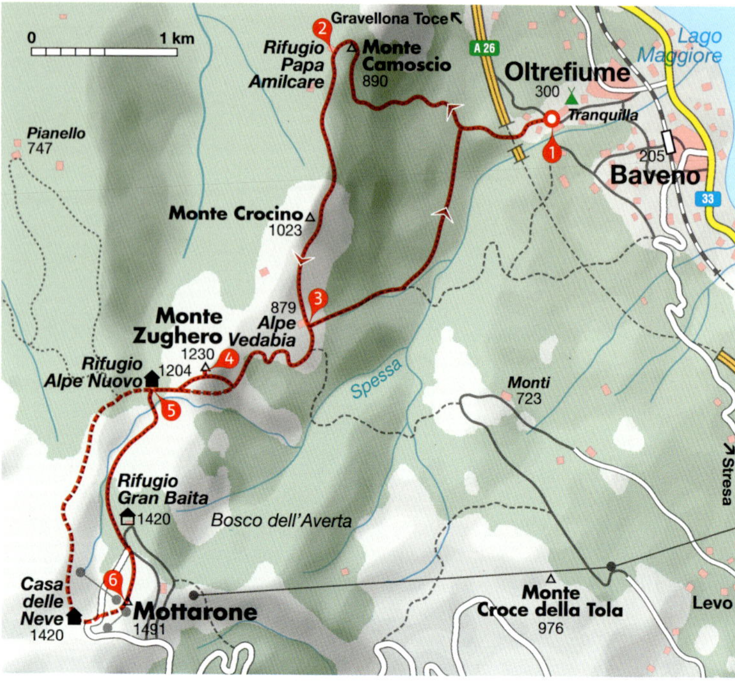

einer weiteren Scharte, ca. 960 m, auf der linken Seite des Höhenkammes in der Ostflanke mit Blick hinab zum See. Das Gelände wird nun flacher, durch Birkenwäldchen und Farne fällt der Pfad allmählich hinab zur **Alpe Vedabia ❸**, 879 m.

Von den Almgebäuden geht es in südlicher Richtung flach auf einem Almsträßchen weiter, Abzweigungen nach Bavena und nach Stresa bleiben unbeachtet. Wir halten auf den Monte Zughero zu, der von hier als roter Felshöcker mit einem großen Blockfeld unter dem Gipfel erscheint. Eine von Birken gesäumte, aufgelassene Almstraße geht es hinauf zu ihrem breiten Ende, nun schon direkt unter dem felsigen Gipfel. Ein Wanderwegweiser, ca. 1100 m, leitet uns auf der linken Seite des Kammes steil hinauf zum höchsten Punkt des **Monte Zughero ❹**, 1230 m, die letzten Meter verlaufen gemeinsam mit dem Weg von der Alpe Nuovo. Den Gipfel kann man auch auslassen, wenn man ca. 30 Höhenmeter nach dem Wegweiser auf einem unscheinbaren, schwach rot markierten Pfad links sogleich in den Sattel mit der Alpe Nuovo geht (teils ausgesetzt).

Vom Gipfel geht es hinab zu der Verzweigung am Grat, rechts hinab in einen Sattel und kurz am Rücken hinauf zum **Rifugio Alpe Nuovo ❺**, 1204 m, und den Ruinen der Alm. Links des Rückens durchqueren wir den Bachgraben und gehen jenseits auf der Trasse der Skipiste rechts hinauf bis zur Straße auf den Mottarone. Über diese hinweg und den letzten kurzen Hang hinauf zum Gipfelkreuz und den Sendeanlagen auf dem **Mottarone ❻**, 1491 m.

Alternativ an der Alpe Nuovo zwischen den Ruinen hinauf und am

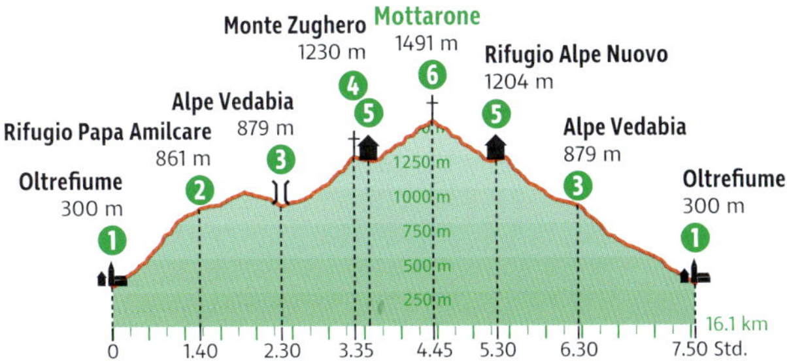

Rücken so lange aufwärts, bis auf einer baumfreien Schulter der Weg links durch die Flanke führt und es schließlich auf einer Fahrstraße durch das Skigelände zu den Gasthäusern (Casa delle Neve, 1420 m) unmittelbar unter dem Gipfel des Mottarone geht. Die letzten Meter den Hang hinauf zum Sendemast.

Für den Rückweg steigen wir auf dem Aufstiegsweg ab, bis kurz vor der **Alpe Vedabia** ❸ der Weg M2 Richtung Baveno rechts hinab abzweigt. Dieser folgt durch Kastanienwald anfangs einem Graben bis zu einer Verzweigung, ca. 660 m. Wir halten uns links nach Baveno loc. Tranquilla und queren lange die Flanke, dabei werden – teils mit leichten Gegenanstiegen – zwei große Gräben durchschritten. So gelangen wir schließlich an die Verzweigung im Wald auf 490 m, wo wir wieder auf unseren Aufstiegsweg treffen und zum Ausgangspunkt in **Oltrefiume** ❶ zurückkehren.

An bizarren Felsformen vorbei steigt man zum Mottarone auf.

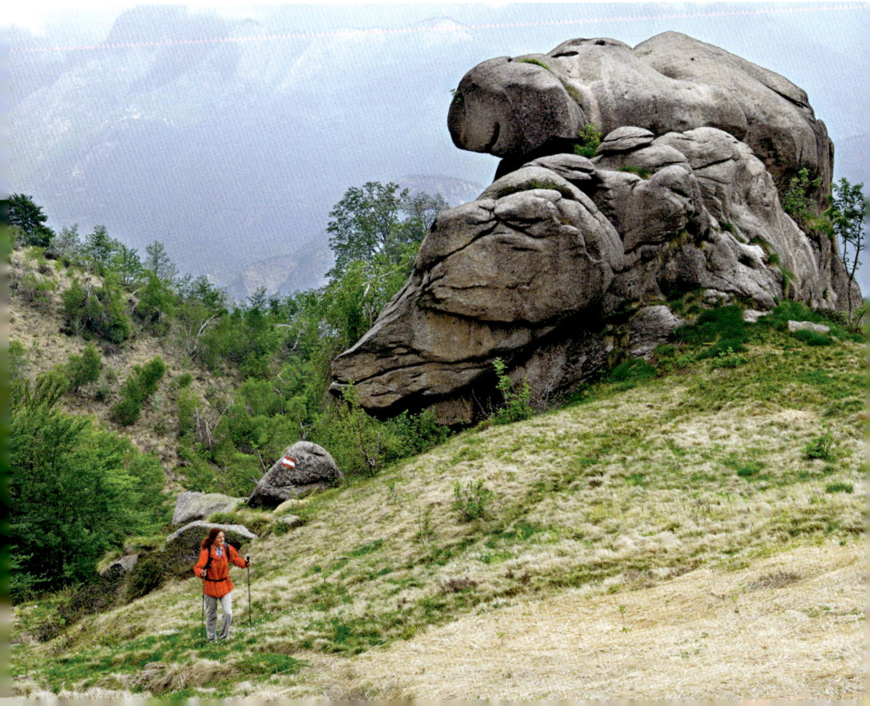

2 Monte Zeda, 2156 m

Vom Passo Folungo

4.40 Std. | 9 km | ↗790 m | ↘790 m

Am Rande des Nationalparks Val Grande

Der Monte Zeda erscheint von Süden als flache Pyramide, die sich für eine Wanderung geradezu aufdrängt. Von drei Seiten führen Wege auf den höchsten Punkt: Von Norden leitet ein Steig vom Nachbargipfel La Piota herüber, selten begangen und nur für trittsichere Wanderer zu empfehlen. Ebenfalls wenig begangen ist der Südgrat auf den Gipfel. Über den Ostrücken kommt der übliche Aufstieg vom Passo Folungo herauf. Eine alte Militärstraße erlaubt es dabei, bis auf eine Höhe von 1300 m hinaufzufahren, so verkürzt sich die Gehzeit auf etwa zweieinhalb Stunden. Entsprechend beliebt ist dieser Anstieg auch und das, obwohl die Zufahrtsstraße zum Pass lang ist und ihr Zustand für manchen Autofahrer eine Herausforderung. Die Aussicht vom Gipfel wird im Osten und Süden vom Lago Maggiore beherrscht, im Westen blickt man in das Gebiet des Nationalparks Val Grande. Die beste Jahreszeit für den Monte Zeda ist daher der Herbst, wenn die Luft klar ist. Für reichlich Information während des Aufstiegs sorgen die Tafeln an der Militärstraße, die über eine einst geplante Verteidigungslinie aus dem Ersten Weltkrieg informieren.

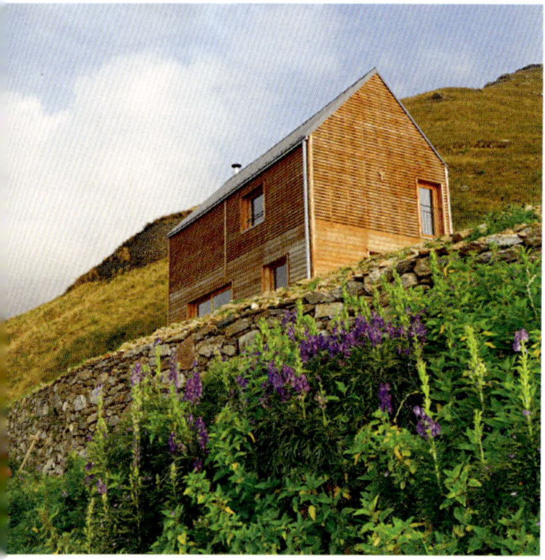

Das Bivacco Pian Vada.

Talort: Cannero, 225 m, am Westufer des Lago Maggiore. Busverbindung von Cannóbio und Verbánia.
Ausgangspunkt: Passo Folungo, 1369 m. Zufahrt von Verbania oder von Cannero nach Il Collo (hier nur von Verbania kommend ausgeschildert), dann knapp 8 km auf schmaler, meist einspuriger Schotterstraße in schlechtem Zustand, wenn auch flach.
Anforderungen: Einfache Wanderung, anfangs lange auf einer alten Militärstraße, ab Pian Vada Wanderweg. Bei Abkürzung der zweiten Serpentine der Straße auf dem markierten Weg eine versicherte Stelle, hier mittel.
Übernachtung: Das neue Bivacco Pian Vada ist nach Reservierung beim Nationalpark zugänglich.
Karten: Kompass Nr. 90 »Lago Maggiore – Lago di Varese« und swisstopo Blatt 285 »Domodossola« (beide Maßstab 1:50.000).

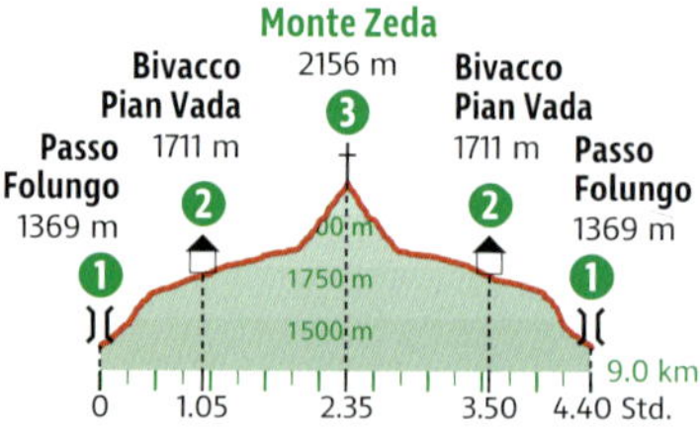

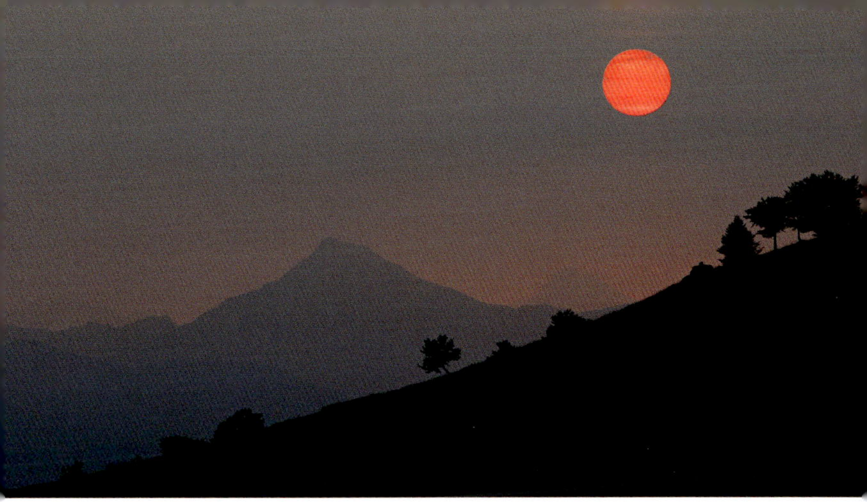

Stimmungsvoller Sonnenaufgang am Passo Folungo.

Vom **Passo Folungo** ❶, 1369 m, führt in nordwestlicher Richtung der markierte Wanderweg den Wiesenhang hinauf. Nach einer Wasserfassung kommt man knapp links unterhalb an die alte Militärstraße heran. Der einfachste Weiterweg führt auf dieser Straße in zwei großen Serpentinen hinauf zum Bivacco Pian Vada. Schwieriger ist der Aufstieg über den markierten Fußweg, der die zweite Rechtskehre der Straße auf dem Rücken abkürzt. Dieser ist hier deutlich steiler als zuvor, felsdurchsetzt und an einer Stelle auch mit Seil gesichert. Bei der zweiten Linkskehre mündet der Wanderweg wieder in die Straße ein. Diese führt in der Folge durch die linke Flanke des langen Höhenzuges. Dort, wo die Straße den Südrücken des Monte Vada überquert, kommt man an dem großen Holzgebäude des **Bivacco Pian Vada** ❷, 1711 m, vorbei.

In zwei kurzen Kehren (oder direkt hinter der Hütte gerade hinauf) gelangt man auf den langen Querweg zum Pian Vada hinüber. Die Militärstraße ist nun kaum noch zu erkennen, nur an wenigen Stellen sind die aufgeschichteten Steine am Wegrand auszumachen. Bei Pian Vada, 1829 m, erreichen wir schließlich einen Sattel mit einer Verzweigung. Rechts hinab ginge es zur Alpe Forna (beschildert), gerade auf dem Ostrücken hinauf führt der beschilderte Weiterweg zum Monte Zeda. Meist auf breitem Steig geht es nun deutlich zügiger bergan bis zum Gipfelkreuz am höchsten Punkt des **Monte Zeda** ❸, 2156 m.

Auf dem Aufstiegsweg steigen wir auch wieder ab.

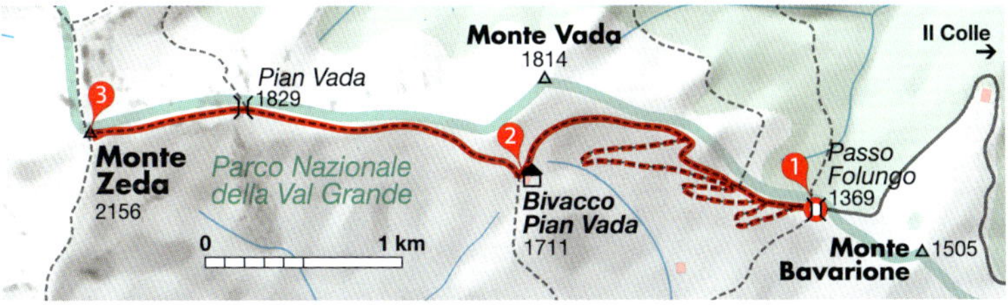

3 Monte Carza, 1116 m
Über dem Valle Cannobina

2.30 Std. | 5,1 km | ↗ 440 m | ↘ 440 m

Wiesengipfel mit Lago-Maggiore-Blick

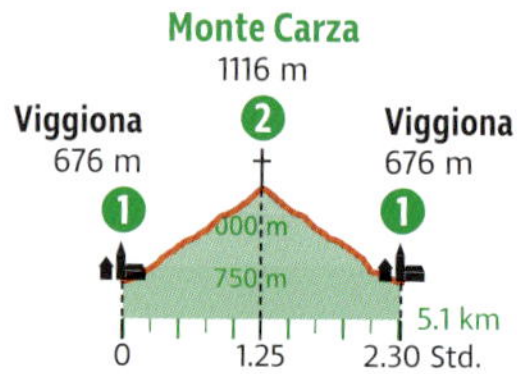

Zwischen den Ortschaften Cannóbio und Cannero erhebt sich der Höhenrücken des Pian Bello. Der Name sagt schon viel aus: Man wandert tatsächlich durch »schönes Wiesengelände«. Das Klima ist selbst für den an sich schon begünstigten Lago Maggiore ungewöhnlich mild. Orangen und Zitronen gedeihen hier. Auch zum Monte Carza wandern wir durch prächtige Vegetation. Zunächst sorgt noch dichtes Blattwerk für Schatten. Oben dann lockt ein wunderbarer, nicht durch Wald versperrter Ausblick auf den See. Bei der Kapelle und dem kleinen eingeebneten Wiesenfleck nur ganz wenig unterhalb des höchsten Punktes kann man den Blick ausgiebig genießen. Unsere Wanderempfehlung beginnt bereits in Viggiona, einem kleinen Ort abseits der Straße. So ergibt sich eine zweieinhalbstündige Wanderung. Auf kürzerem Weg kann man den Gipfel zwar auch erreichen, dann nämlich, wenn man der Straße noch bergwärts folgt und lediglich den Wiesenhang aufsteigt, schöner und »runder« ist jedoch der Aufstieg von Viggiona.

Talort: Cannero, 225 m, am Westufer des Lago Maggiore. Busverbindung von Cannóbio und Verbánia.

Ausgangspunkt: Viggiona, 676 m, von Cannero auf enger und steiler Bergstraße erreichbar. Parkplatz am Ortsanfang. Busverbindung von Cannero.

Anforderungen: Einfache Wanderung, die über Waldwege und Wiesen verläuft.

Karten: Kompass Nr. 90 »Lago Maggiore – Lago di Varese« und swisstopo Blatt 286 »Malcantone« (beide Maßstab 1:50.000).

Bester Blick über den Lago Maggiore vom Monte Carza.

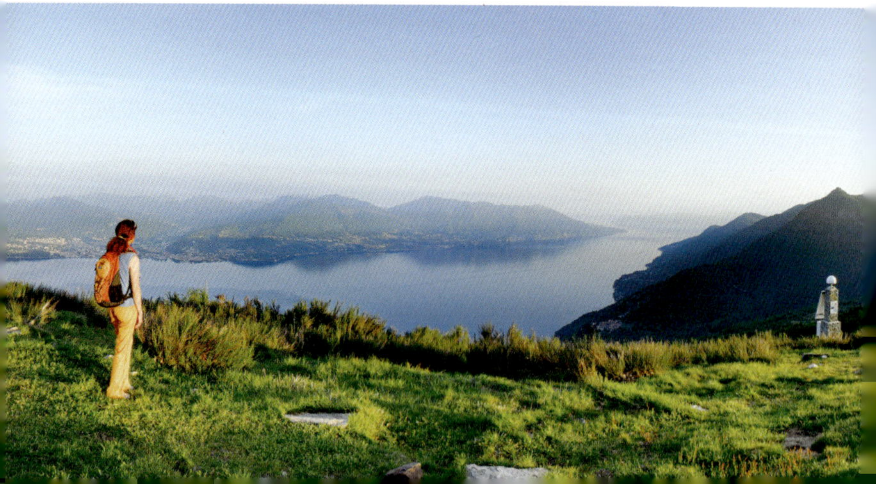

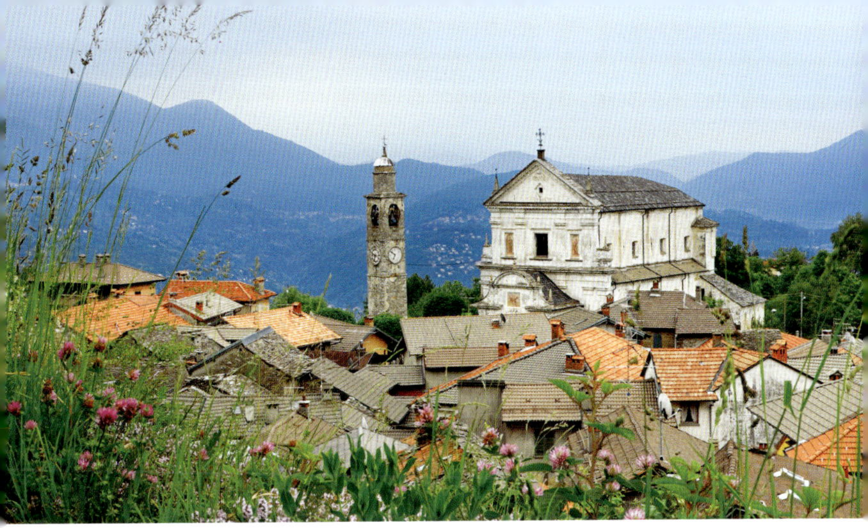

Die dörfliche Idylle von Viggiona.

Vom Parkplatz am Rand von **Viggiona** ❶, 676 m, gehen wir auf der linken Dorfstraße zur Piazza Victorio Veneto und in die Via Luigi Carones. Von dieser wenden wir uns links zur Piazza Centrale, wo wir rechts das enge Gässchen Via ai Monti hinaufgehen können. An dessen Ende kommen wir zu einer großen beschilderten Verzweigung und wandern schräg rechts den Weg Nr. 13 (beschildert mit »Monte Garzo / Carza«) über die letzten Häuser hinauf. Schon gleich kommen wir am Beginn eines tiefen Hohlwegs an eine Verzweigung, 745 m (nach rechts Beschilderung »Madonnina«). Wir halten uns links und steigen über viele Serpentinen durch den Kastanienwald bergauf, immer wieder an verfallenen Gebäuden vorbei. Nach einer Lichtung in einer kleinen Senke kommen wir zu einer dreifachen Forststraßenverzweigung, 905 m. Unser Weg führt, dem Schild »Cheglio« folgend, nach links. Nur kurz wandern wir auf der Forststraße flach weiter, dann zweigt rechts (rückläufig) eine schmale Betonstraße ab, auf der wir zu einer Villa gelangen. An dieser führt der Wanderweg rechts vorbei. Durch Birkenwald geht es weiter bergan, bis wir in einer Senke bereits die kleine Kapelle direkt unter dem Gipfel erblicken. In einigen bequemen Serpentinen steigen wir das freie Gelände hinauf, genießen den weiten Blick auf den See und gelangen von der Kapelle in wenigen Schritten zum höchsten Punkt des **Monte Carza** ❷, 1116 m.

Auf dem Aufstiegsweg steigen wir auch wieder ab.

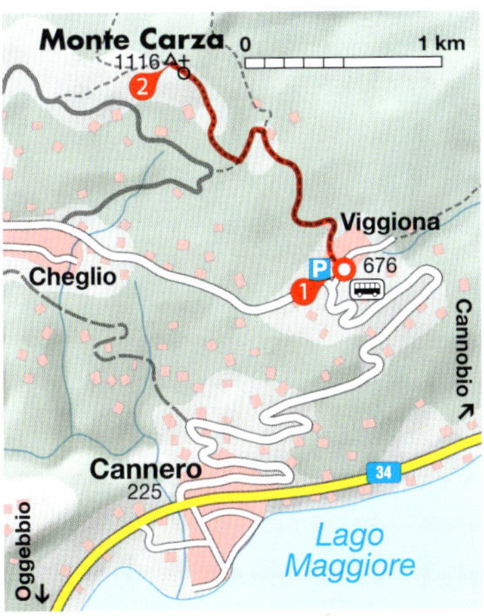

4 Pizzo Leone, 1659 m

Von Rasa

4.50 Std. | 11,6 km | ↗830 m | ↘830 m

Aussichtsberg über Brissago

Nein, ein typisches Tessiner Dorf ist Rasa nicht. Denn es ist noch immer nicht mit einer Straße erschlossen. Stattdessen gibt es seit Ende der 1950er-Jahre eine Gondel aus dem Centovalli herauf. Die Abwanderung konnte damit nicht gestoppt werden, doch dieses Phänomen ist vermutlich so alt wie Rasa selbst. Früher gingen die Männer zum Arbeiten nach Livorno, wo sie im Hafen und im Zollamt eine Monopolstellung hatten. Mit dem Geld, das sie dort verdienten, wurden zu Hause die Familien ernährt, Häuser gebaut und die 1753 geweihte Kirche S. Anna errichtet. Heute lebt kaum mehr jemand ganzjährig in Rasa, unserem Ausgangspunkt. Jenseits des lang gestreckten Höhenzuges von Gridone und Pizzo Leone, über den unsere Tour führt, sieht es genau anders aus: Brissago und Ronco sopra Ascona wachsen, die Grundstückspreise schießen in die Höhe. Aber hier befindet man sich in Seenähe, die Hänge sind erschlossen, Villa reiht sich an Villa. Die Tour auf den Pizzo Leone gestaltet sich abwechslungsreich: die Auffahrt mit der Gondel in das autofreie Dorf, die Wanderung durch den schattigen Buchenwald bis fast auf Gipfelhöhe und dann der Spaziergang hoch über dem Lago Maggiore mit Blick auf die zerklüfteten Flanken des Gridone, der als mächtiger Nachbarberg im Westen des Gebirgskamms etwa 500 Meter höher aufragt, genauso wie auf den Lago Maggiore gute 1400 Meter unter uns.

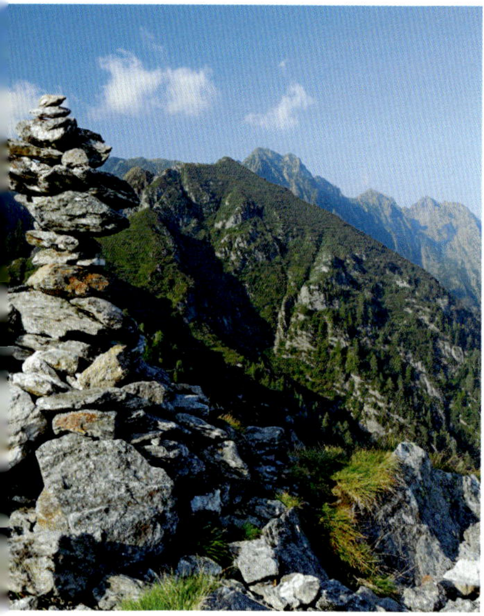

Der Pizzo Leone bietet eine herrliche Aussicht.

Talort: Intragna, 339 m, westlich von Locarno am Beginn des Centovalli. Bus- und Bahnverbindung von Ponte Brolla.
Ausgangspunkt: Stazione Verdascio, 530 m, im Centovalli. Bahnverbindung von Ponte Brolla. Von Verdascio Auffahrt mit der Seilbahn nach Rasa, 898 m, täglich ab 9 Uhr im 20-Minuten-Takt, nicht an jedem ersten Dienstag im Monat.

Anforderungen: Einfache Wanderung, nur an wenigen Stellen geht es über felsigen Untergrund. Am Grat verläuft eine kurze Passage ein wenig ausgesetzt.
Einkehr: In Rasa.
Karten: Kompass Nr. 90 »Lago Maggiore – Lago di Varese« und swisstopo Blatt 276 »Val Verzasca« (beide Maßstab 1:50.000).

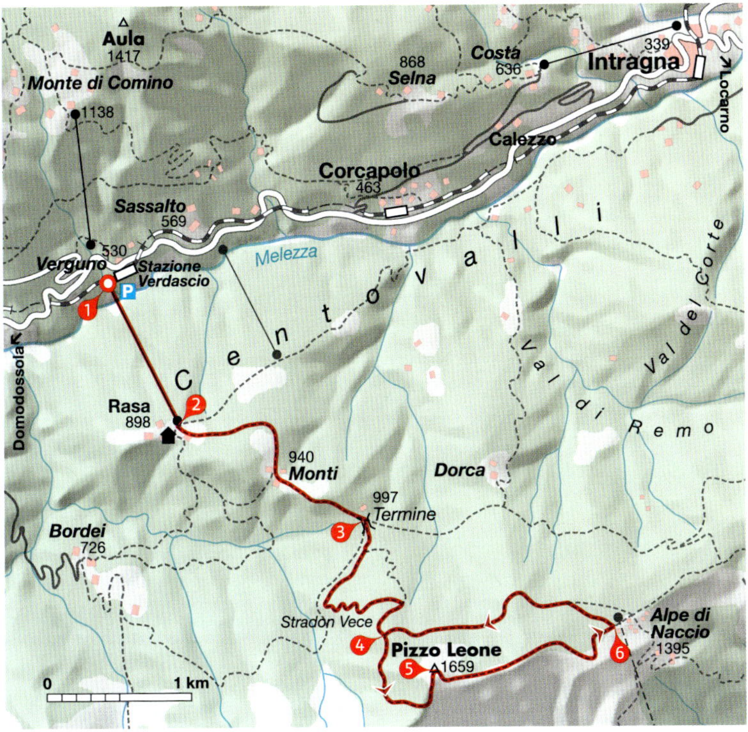

Von der **Stazione Verdascio** ❶, 530 m, fahren wir mit der Seilbahn hinauf nach **Rasa** ❷, 898 m. Dort gehen wir von der Bergstation am unteren Ortsrand auf dem Dorfweg empor zur Kirche und an dieser den Schildern folgend nach links zwischen den alten Häusern hindurch bis zum oberen Dorfrand. Über einen kurzen Wiesenstreifen wandern wir schräg links hinauf zum Waldrand. Der anschließende Waldgürtel ist bald durchquert, dann kommen wir bereits auf einen fast höhengleichen Weg, der hinüberleitet nach Monti, 940 m. Von der Almsiedlung – sie bleibt rechts über uns liegen – geht ein schmaler, von Birken gesäumter Karrenweg hinauf in einen kleinen Sattel mit der Ortsbezeichnung **Ter-**

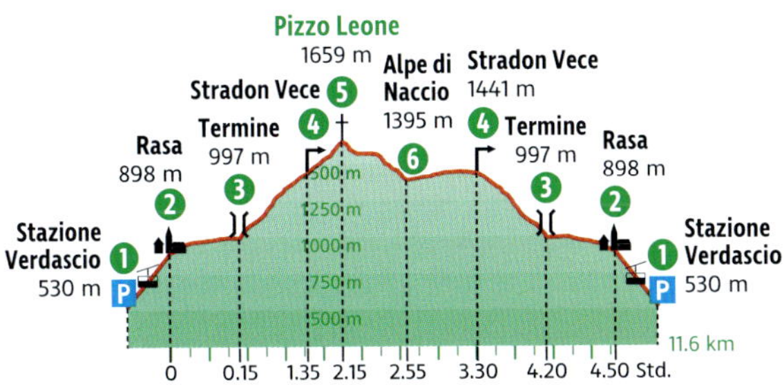

mine ❸, 997 m. Hier treffen wir auf eine Kreuzung. Von rechts kommt ein Pfad von Bordei herauf, links geht es nach Porera hinunter, wir gehen geradeaus durch den Wald weiter hinauf, den Schildern Richtung Pizzo Leone und Naccio folgend. In vielen Serpentinen schlängelt sich der Weg durch den Buchenwald bergwärts.

Erst auf 1441 m kommen wir bei **Stradon Vece ❹** an eine Gabelung. Der Pizzo Leone ist in beide Richtungen beschildert. Wir wählen den rechten Weg, er führt zügiger zum höchsten Punkt und später steigt man mit schönem Blick zum Lago Maggiore ab. Ein kurzer steilerer Abschnitt im Wald ist bald überwunden, dann kommen wir bei Canva, 1609 m, in einen kleinen Sattel. Unter uns liegt der See, von links zieht der Südwestrücken des Pizzo Leone herab. Unter dem Gipfel führt auf seiner Südseite ein Weg direkt zur Alpe di Naccio hinüber. Wir steigen jedoch zuerst noch das letzte Stück zum Gipfel des **Pizzo Leone ❺**, 1659 m, auf.

Vom höchsten Punkt gehen wir die letzte Serpentine auf dem Aufstiegsweg hinab. Wenige Meter danach zweigt ein markierter Steig nach links ab, der in der Folge über den sanften Höhenrücken des Pizzo Leone zur Alpe di Naccio zieht. Kurz vor Erreichen der Gebäude kann man nach rechts zu einem Holzkreuz auf einer Wiesenkuppe hinübergehen, der Blick hinunter ist wunderbar. Direkt unter uns liegen im See die beiden Inseln von Brissago.

Unterhalb der ersten Häuser der **Alpe di Naccio ❻**, 1395 m, gelangen wir zu einem Wegweiser. Wir wählen hier den Weg links Richtung Termine und Rasa. Bald wieder im kühlen Buchenwald führt er in leichtem Auf und Ab zurück zur Verzweigung bei **Stradon Vece ❹**. Auf dem vom Aufstieg bekannten Weg steigen wir nun ab nach **Rasa ❷** und fahren mit der Bahn hinab zur **Stazione Verdascio ❶**.

In Rasa beginnt und endet die Rundtour.

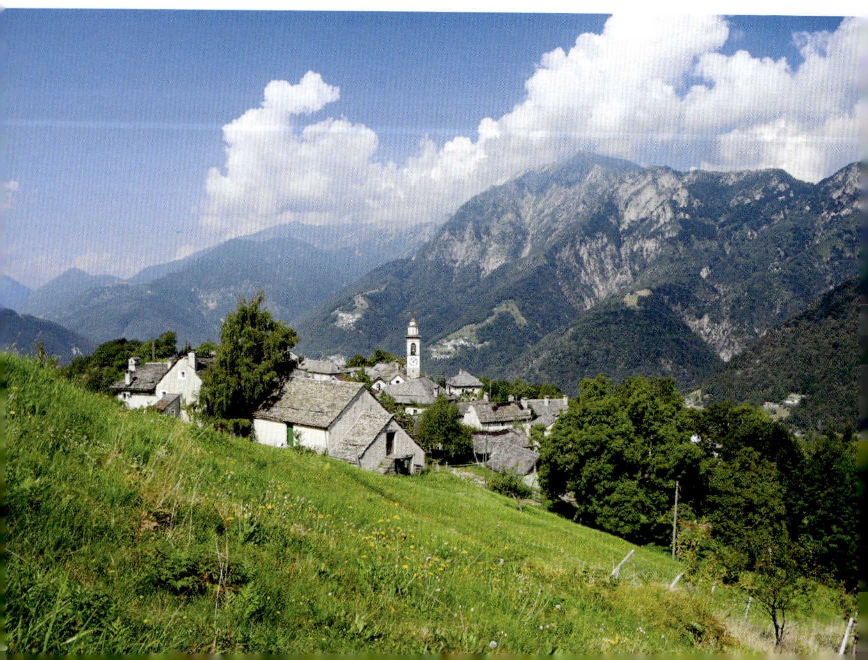

Cima della Laurasca, 2195 m

Aus dem Valle Loana

5

5.20 Std. | 9,6 km | ↗970 m | ↘970 m

Auf einen der höchsten Gipfel des Val Grande

Die Cima della Laurasca ist einer der bekanntesten Gipfel des Nationalparks Val Grande. Knappe 2200 Meter Höhe sind zwar im Vergleich mit manch anderem Gebirgsstock keine außerordentliche Höhe, aber man muss doch bedenken, dass die Täler recht niedrig liegen. Für den Aufstieg zur Cima della Laurasca startet man in einem Seitental des Valle Vigezzo, das auf italienischer Seite das Centovalli verlängert. Zwischen dem Wallfahrtsort Re mit der imposanten Kirche Madonna del Sangue (blutende Madonna) und dem Hauptort Santa Maria Maggiore zweigt bei Malesco das Valle Loana nach Süden ab. Hier beginnt auch die Tour auf die Cima della Laurasca. Durch ein ursprüngliches Hochgebirgstal zieht der Weg auf eine Hochfläche hinauf und weiter zum Gipfel. Erst hier ist das Gebiet des Nationalparks Val Grande erreicht, denn die Cima della Laurasca steht am Nordrand des Schutzgebiets, das mit einigen »Armen« in die Gebirgsgegenden im Nordwesten des Lago Maggiore ausgreift. Obwohl der Gipfel technisch nicht schwierig ist, erlebt man doch ein wenig Bergabenteuer: Die Pfade sind nicht immer offensichtlich und auch auf Wegweiser und Markierungen hofft man mitunter vergebens. Wer die Tour ganz gemütlich machen will, der hat mit dem Bivacco Alpe Scaredi eine nette Unterkunftsmöglichkeit in einem alten Almgebäude, für Essen und Trinken dort muss man selbst sorgen.

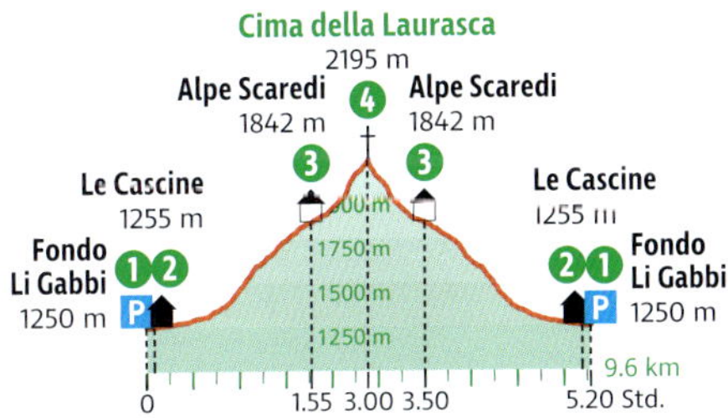

Talort: Malesco, 764 m, im Valle Vigezzo. Von Locarno/Tegna durchs Centovalli und vom Westufer des Lago Maggiore über Cannóbio auf einer schmalen Bergstraße (SS 631) durchs Valle Cannóbio direkt zu erreichen. Mit der Centovallibahn von Locarno nach Malesco.
Ausgangspunkt: Großer Wanderparkplatz kurz nach der Almsiedlung Fondo Li Gabbi, 1250 m. Von Malesco auf der SS 631 Richtung Cannóbio. Noch im Ort zweigt die Straße ins Val Loana nach Südwesten ab (Beschilderung: Val Loana, Alpe Scaredi). Hinauf ins Hochtal und bis zum Ende der Straße, wo zwei Parkplätze ausgeschildert sind. Hier zum rechten, unteren auf einer Schotterstraße noch ca. 300 m taleinwärts (Schild: Agriturismo). Busverbindung von Malesco.
Anforderungen: Bis zur Alpe Scaredi markierter Saumweg, ab da schmaler Wanderweg bis zum Gipfelaufbau. Dort Pfadspur, an wenigen Passagen zu Beginn wird man die Hände zu Hilfe nehmen. Noch mittelschwierig.
Einkehr und Übernachtung: Agriturismo Besana in Le Cascine (geöffnet April bis Oktober, Tel. +39/0324/92132); Bivacco Alpe Scaredi (27 Schlafplätze in zwei Gebäuden, Schlafsack und Isomatte nötig).
Karten: Kompass Nr. 90 »Lago Maggiore – Lago di Varese« und swisstopo Blatt 285 »Domodossola« (beide Maßstab 1:50.000).

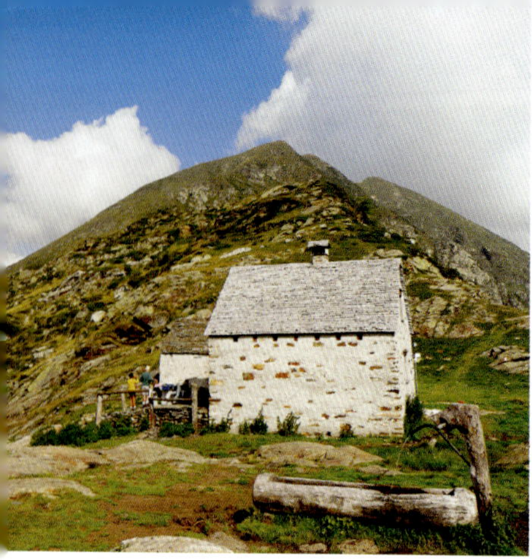

An der Alpe Scaredi.

Vom Parkplatz hinter **Fondo Li Gabbi ❶**, 1250 m, gehen wir auf dem Fahrweg noch ein paar Meter taleinwärts bis zur Furt (hierher auch vom oberen Parkplatz durch die Siedlung Fondo Li Gabbi, ein Stück taleinwärts und absteigend), die zur nahen Almsiedlung **Le Cascine ❷**, 1255 m, rechts hinüberleitet. Ohne jegliche Beschilderung oder Markierung folgen wir der im Wiesengelände erkennbaren Fahrspur taleinwärts, bis schon bald eine Pfadspur schräg rechts abzweigt. Diese hält sich im weiteren Verlauf im rechten Bereich des Talbodens und ist dann auch rotweiß markiert. Ein nach rechts aufwärts abzweigender Wirtschaftsweg bleibt unbeachtet (schwache Markierung am Boden). Später folgt dann auch ein erstes Schild, das Richtung Alpe Scaredi / Fornaci weist, und kurz darauf führt der Wanderweg auf einem Fahrweg weiter, von dem er schon bald darauf wieder nach rechts abzweigt (Schild zur Alpe Scaredi). Dreißig Höhenmeter weiter oben steht im Wiesengelände ein schön restaurierter Kalkbrennofen mit Infotafel, ca. 1350 m.

Der Wanderweg führt knapp rechts daran vorbei und wir gelangen nach kurzem Aufstieg in einen wildromantischen Schrofenkessel. Über dessen rechte Flanke bringt uns ein teilweise gepflasterter, alter Saumweg zügig hinauf zu einer Rampe, wo uns der Weg zwischen Erlengebüsch, Vogelbeeren und Almrosen in recht direkter Linie hinaufleitet zu einer Verflachung. Hier breitet sich eine riesige, kuppige Gletscherschlifflandschaft aus, die im Süden im Halbkreis von Gipfeln gesäumt ist, deren markantester die Pyramide der Cima della Laurasca ist. Wir steigen weiter in der rechten Flanke der Karschüssel auf und kommen nach nicht einmal hundert Höhenmetern zur Alm Corte Nuovo, 1793 m, wo uns ein Schild in 10 Minuten zur Alpe Scaredi weist. Wir gehen rechts an den Hütten vorbei und steigen den dahinter liegenden Felsriegel auf felsig-blockigem Untergrund diagonal schräg links hinauf. Dann stehen wir an einer nahen Schulter unmittelbar vor den Gebäuden der **Alpe Scaredi ❸**, 1842 m. Das linke ist als großes Biwak ausgebaut.

An Hütte und Brunnen vorbei gehen wir auf Steigspuren, anfangs unmar-

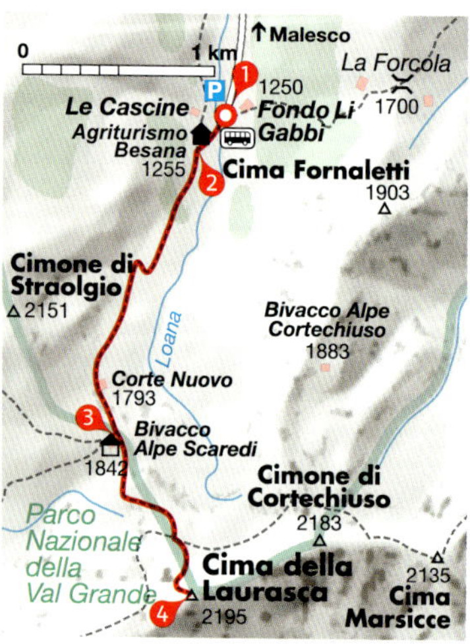

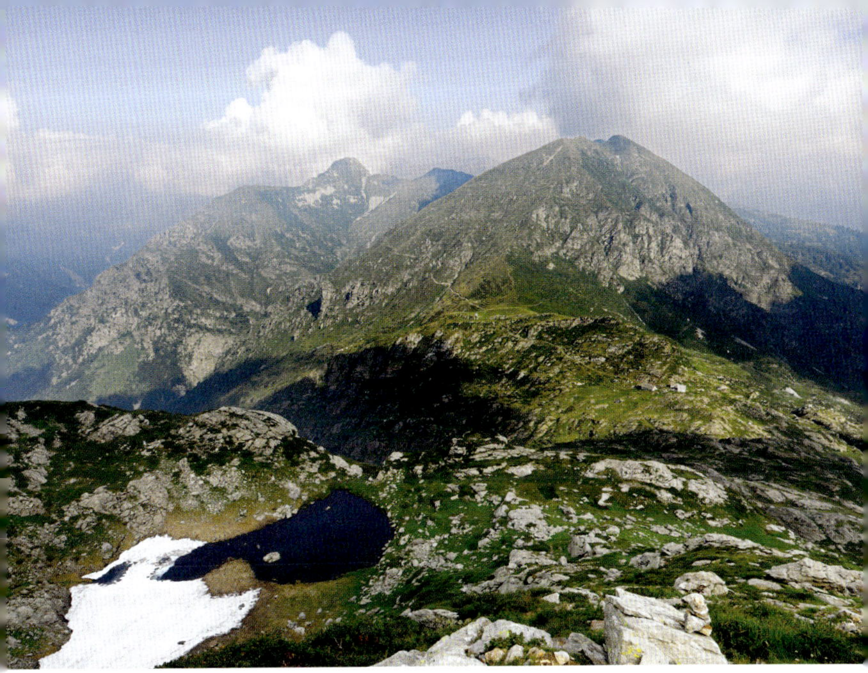

Auf dem Weg zum Gipfel blickt man in das Gebiet des Nationalparks Val Grande.

kiert, über einen kurzen Wiesen- und gleich darauf Felsrücken in südlicher Richtung genau auf die markante Gipfelpyramide der Cima della Laurasca zu. In der Mulde nach dem Rücken hält sich der Weg kurz links, führt dann aber rechts ausholend auf den felsdurchsetzten Buckel hinter der Hütte hinauf. Weiter geht es direkt auf die Cima della Laurasca zu aufwärts. An kleinen Seeaugen vorbei kommen wir zum Felsansatz, wo wir einem feucht-schwarzen Felsabbruch nach links in ein begrüntes Kar ausweichen. Über steile Serpentinen gelangen wir zu einer Verzweigung, an der rechts die Bocchetta di Campo angeschrieben ist. Wir halten uns links und kommen nach ein paar Metern an einem Felsen vorbei, an dem »Valle Cannobia« angeschrieben ist. Der Weg führt noch ca. 20 Höhenmeter in direkter Linie hinauf, bis er unmittelbar unterhalb der Felsen nach links höhengleich ins Kar abknickt. Genau an diesem Wegknick ist am Felsen oberhalb eine rot-gelb-rote Markierung und unmittelbar rechts davon sehr verwaschen in Rot eine Verzweigung aufgemalt. Wir steigen hier in Falllinie die leicht begehbaren Felsen ein paar Meter hinauf, queren kurz nach rechts (auf alte, schwach erkennbare rote Striche achten!) und sind nach erneutem Anstieg in Falllinie und Querung nach rechts (auf Steinmänner achten!) im Schuttgelände mit deutlich ausgetretenem Steig. Nahezu in direkter Linie bringen uns Serpentinen höher, bis wir auf einer Höhe von ca. 2100 m rechtshaltend eine Felsrippe übersteigen und weiter die Nordwestflanke diagonal aufsteigen. Bald gelangen wir auf eine Schulter im Westgrat, dem wir zum nahen Gipfel der **Cima della Laurasca** ❹, 2195 m, folgen.

Der Abstieg erfolgt auf dem Aufstiegsweg.

6 Segna, 1166 m
Von Corcapolo

5.15 Std. | 14,4 km | ↗ 810 m | ↘ 810 m

Auf einem alten Steinplattenweg zu einer beliebten Einkehr

Locarno und Ascona, die beiden größeren Städte am Nordwestufer des Lago Maggiore, stehen zumindest zum Teil auf dem Schwemmfächer der Maggia. Der Unterlauf der Maggia erhält seine Wassermassen von den Flüssen Maggia, Melezza und Isorno. Melezza und Isorno entwässern das Centovalli und das Valle Onsernone, bei Intragna fließen sie zusammen. Hier ist auch schon bald der Ausgangspunkt erreicht, an dem die Wanderung zur Wallfahrtskirche von Segna beginnt. Während Intragna selbst heute ein Mix an ursprünglicher Bausubstanz, darunter der mit 65 Metern höchste Kirchturm des Tessins, und klobig Neuem ist, sind die Dörfer im Centovalli einfach geblieben. Ein kurvenreiches Bergsträßchen bildet die Verbindung nach Domodossola auf italienischer Seite. Auch unsere Ziele, die Einkehr Alla Capanna und die Kirche Madonna della Segna, sind nur noch ein paar Kilometer von Italien entfernt. Durch Kastanienwälder führen schmale Pfade hinauf zu den Almflächen. So abenteuerlich und wild sich das Centovalli im Talgrund präsentiert, so lieblich erscheint es auf der Höhe der Almen. Jene zu Füßen von Madonna della Segna sind allesamt restauriert. Sie sind durch eine kleine Seilbahn aus dem Centovalli herauf gut erreichbar und daher ein beliebtes Wochenend-Domizil der Tessiner und Deutschschweizer Oberschicht. Der Wechsel von kastanienbewachsenen steilen Flanken und Rustici-Siedlungen prägt daher die Runde über Segna, erst zum Ende bewegen wir uns auch auf Zufahrtsstraßen. Ab und an sieht man die Hauptattraktion des Tales, die Centovallina, eine Schmalspurbahn, die seit 1923 hier verkehrt. 31 Tunnel und 82 Brücken auf gut 50 Kilometern sind nicht nur für Bahnbegeisterte eine Attraktion – die Bahn befördert 700.000 Gäste jährlich.

Vorbeigehen fällt schwer: die Einkehr Alla Capanna.

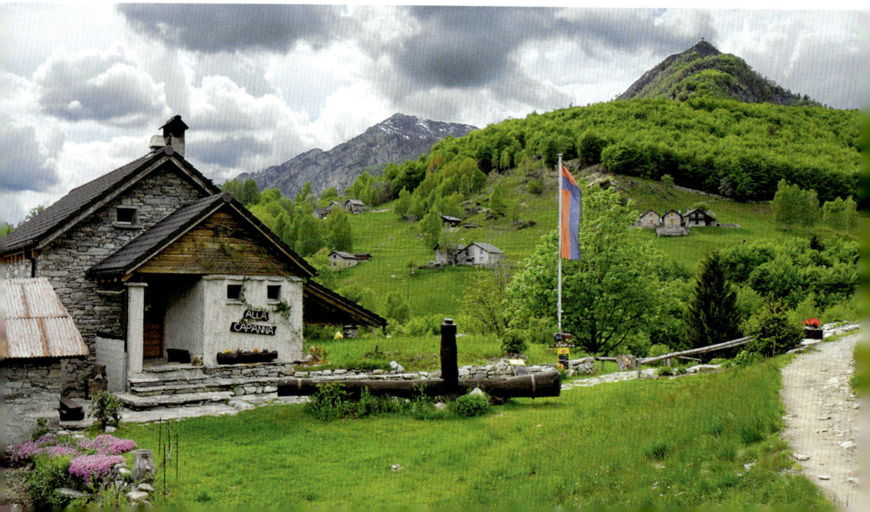

Talort: Intragna, 339 m, westlich von Locarno am Beginn des Centovalli. Bahn- und Busverbindung von Locarno.
Ausgangspunkt: Corcapolo, 463 m, über Intragna durch das Centovalli zu erreichen. Bahn- und Busverbindung von Intragna bzw. Locarno.
Anforderungen: Im Aufstieg einfache Wanderung über einen Steinplattenweg, im Abstieg teils schmaler Weg durch ausgesetztes Steilgelände.
Einkehr und Übernachtung: Alla Capanna (Übernachtung möglich, Tel. +41/(0)91/7981804, www.montecomino.ch).
Variante: Auf- oder Abfahrt mit der Seilbahn etwas westlich von Corcapolo.
Karten: Kümmerly + Frey »Tessin Sopraceneri« (Maßstab 1:60.000) und swisstopo Blatt 276 »Val Verzasca« (Maßstab 1:50.000).

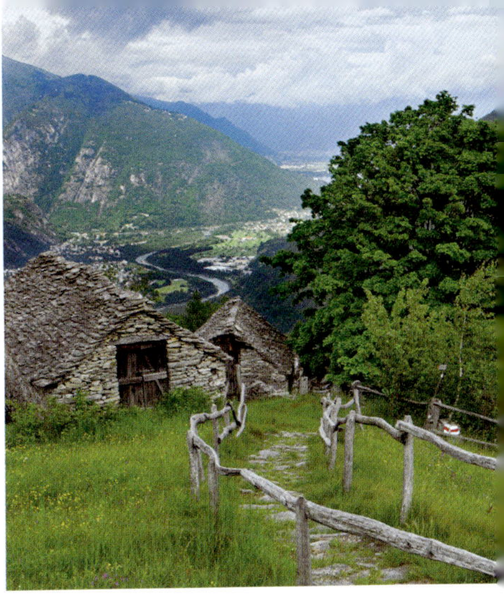

Über Selna führt der Weg zurück nach Corcapolo.

Von der Hauptstraße in **Corcapolo** ❶, 463 m, gehen wir ein paar Meter hinauf zum Bahnhof und an seinem westlichen Rand der Beschilderung nach Segna folgend aufwärts. Zwischen den Häusern knickt der Weg schon gleich nach links ab und überquert nach den letzten Gebäuden die Straße nach Calezzo (hier mündet von rechts unser Abstiegsweg ein). Im Kastanienwald geht es hinauf zu einer weiteren Asphaltstraße, der wir nach links folgen. Diese Straße wird schon bald zu einem Saumweg, der in gleichmäßiger Steigung über viele Serpentinen bis zu den Wiesen von Comino führt. Dabei hält man sich in Slögna, 740 m, an einer Verzweigung rechts Richtung Madonna della Segna. Im Wiesengelände ist bald die **Seilbahnstation Comino** ❷, 1138 m, erreicht. Kurz darauf gelangen wir zur Einkehr **Alla Capanna** ❸. Höhengleich geht es anschließend zur erst im letzten Moment sichtbaren Kirche **Madonna della Segna** ❹, 1166 m, weiter.
An der Kirche biegen wir rechts Richtung Dröi ab. Unmittelbar darauf geht es an einer weiteren Verzweigung nochmals rechts. Über schöne Almwiesen allmählich steigend ge-

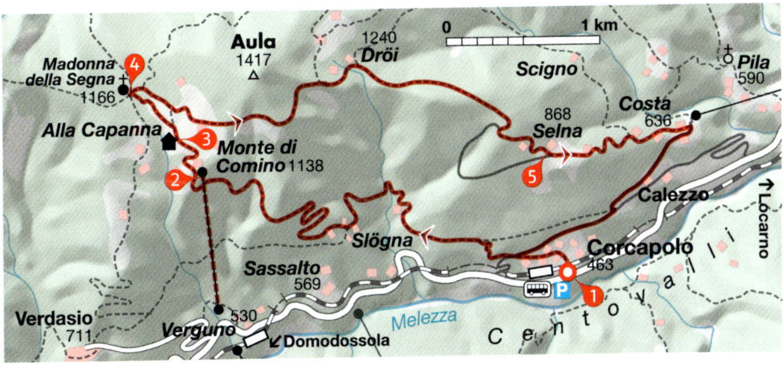

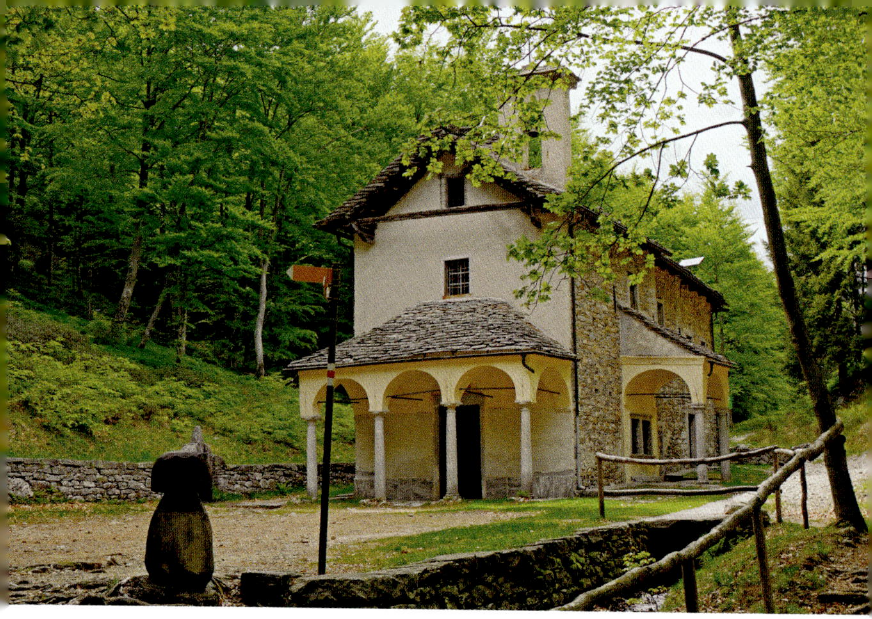

Zwar nicht höchster Punkt, aber Ziel ist die Kirche Madonna della Segna.

langen wir nach Comino, 1220 m, und gehen geradeaus noch kurz bergauf. Nun quert der Weg nach Osten in die Steilflanke und führt schmal und ausgesetzt mit etwas Auf und Ab hinüber zu einer Verzweigung bei einem Bildstock (Dröi, 1240 m). Von hier wandern wir – nun wieder einfach – bergab weiter Richtung Selna, bis wir zu einer hässlichen, breiten Forststraßenschneise gelangen, auf der es (Gott sei Dank nur kurz) bis zur Abzweigung des Wanderwegs weitergeht. Auf diesem hinab, die Straße einmal überquerend, bis wir bei einer Serpentine erneut auf die Straße treffen. Dort links zur schönen Almsiedlung **Selna** ❺, 868 m, und der weiß-rot-weißen Markierung folgend durch Wald zu einer Verzweigung bei einem Haus, an dem wir uns rechts Richtung Costa halten. Bald darauf biegen wir bei Wochenendhäusern zweimal rechts ab (erst Richtung Costa, dann Richtung Brignoi) und gelangen schließlich auf eine neue Asphaltstraße, auf der wir hinabgehen zu einer Schranke in Calezzo. Hier rechts auf der Fahrstraße weiter und immer in westlicher Richtung, bis wir oberhalb von Corcapolo auf den Aufstiegsweg treffen. Auf diesem geht es nun zurück zu unserem Ausgangspunkt in **Corcapolo** ❶.

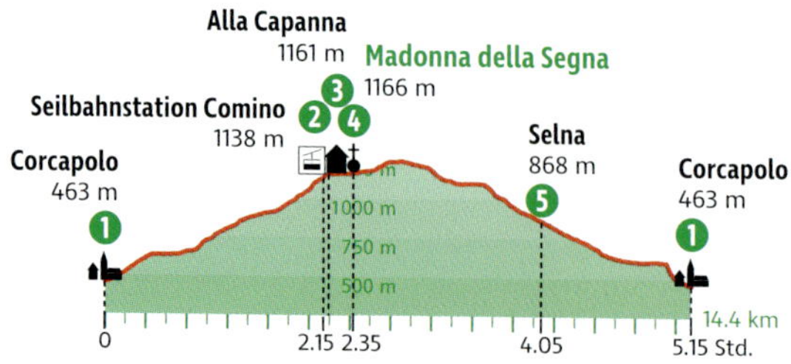

Calascio, 1013 m

Rundtour von Loco

7

5.15 Std. | 10,6 km | ↗ 920 m | ↘ 920 m

Almwanderung im Valle Onsernone

»Alles in allem ein grünes Tal, waldig wie zur Steinzeit. Im August und im September, nachts, sind Sternschnuppen zu sehen oder man hört ein Käuzchen.« Max Frisch äußert in seiner Erzählung »Holozän« diese Sätze. Das Valle Onsernone, in dem der Dichter lebte, dürfte Vorbild gewesen sein. Dass es als Tal der Literaten bekannt geworden ist, liegt nicht nur an Max Frisch, sondern auch an Max Ernst, Kurt Tucholsky, Golo Mann und Alfred Andersch. Für sie alle war das enge Gebirgstal ein Ort der Ruhe. Es endet noch heute als Sackgasse in Spruga.

Auch die Wanderung von Loco nach Calascio atmet diese Ruhe. Und das, obwohl der Ausgangsort nur ein paar Kilometer vom geschäftigen Ascona entfernt ist. Auf einer neuen Holzbrücke des bekannten Schweizer Brückenbauers Christian Menn geht es über den Isorno. Später versetzen uns das Rascheln des knöchelhohen Kastanienlaubs und die Schreie der Esel in der Almsiedlung Calascio in scheinbar vergangene Zeiten. Dass auch das Valle Onsernone längst den »Duft der weiten Welt« kennt, beweisen nicht nur die Nummernschilder der Autos, sondern auch die Satellitenschüsseln und Solaranlagen auf den Almen. Und an einem eingewachsenen alten Rustico begegnet uns gar eine verwitterte Statue des Hindu-Elefantengottes Ganesh. Aber weltoffen mussten die Bewohner des Valle Onsernone schon immer sein, denn der Verdienst vom Strohflechten, mit dem sie sich ihren Unterhalt verdienten, reichte nicht zum Leben. Abwanderung war daher, wie in den meisten Tessiner Tälern, schon seit jeher ein Thema.

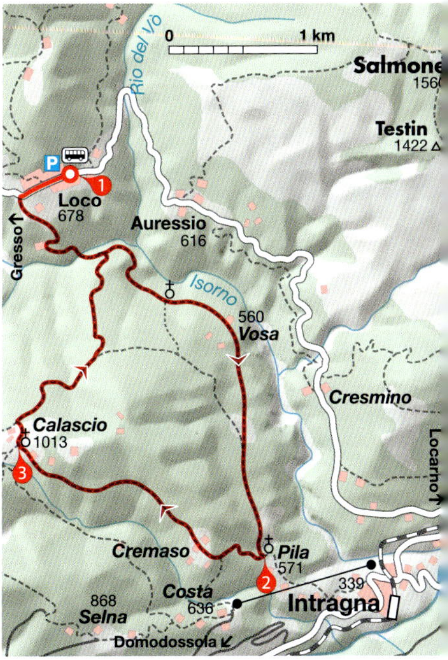

Talort: Locarno, 198 m, Bahnhof.
Ausgangspunkt: Loco, 678 m. Von Locarno Richtung Centovalli und bei Cavigliano rechts auf schmaler Straße ins Valle Onsernone. Busverbindung von Locarno.
Anforderungen: Im Aufstieg einfache Wanderung auf breiten Wegen, im Abstieg schmale Wanderwege, zum Teil sehr steil, Orientierungssinn nötig.
Karten: Kümmerly + Frey »Tessin Sopraceneri« (Maßstab 1:60.000) und swisstopo Blatt 276 »Val Verzasca« (Maßstab 1:50.000).

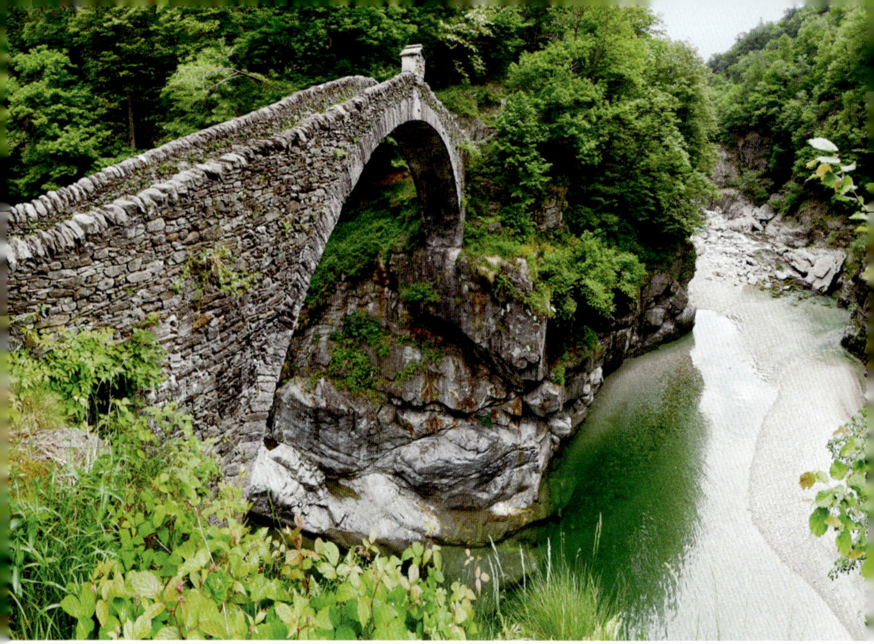

Flaschengrün fließt der Isorno in seinem Bett.

Kurz nach der Post in **Loco** ❶, 678 m, gehen wir links auf dem mit Intragna ausgeschilderten Weg hinab zum Isorno, dessen tiefe Schlucht wir auf einer Fußgängerbrücke, 406 m, überqueren. Jenseits führt der Weg leicht steigend talauswärts bis zu einer Verzweigung bei einer Kapelle. Von rechts mündet unser Rückweg ein, wir gehen auf dem linken Weg durch den Laubwald zum Weiler Vosa, 560 m, hinauf, wo wir uns geradeaus Richtung Pila halten. Weiter über Torsedeo, 613 m, gelangen wir zu einer Kapelle unmittelbar vor **Pila** ❷, 571 m.

Hier zweigt der Weg nach Calascio scharf rechts ab. Dem Plattenweg in Serpentinen folgend wandern wir am schönen Weiler Cremaso vorbei und durch den Kastanienwald hinauf zur Kirche von **Calascio** ❸, 1013 m.

Wir gehen wenige Meter nach rechts zu einer Verzweigung, an der wir links Richtung Loco absteigen. Noch innerhalb der Almsiedlung folgen wir an einer weiteren Verzweigung (links Schild nach Mosogno) rechts der weiß-rot-weißen Markierung an den letzten Häusern vorbei und dann sehr steil durch den Wald hinab. An einer Lichtung mit einer Hütte weist uns eine Aufschrift auf einem Felsen links nach Loco. Schon bald queren wir auf schmalem Steig einen steilen Bachgraben. Weiter hinab über zwei Almsiedlungen, bei denen es jeweils zwischen den Häusern in Falllinie hinuntergeht. So erreichen wir die Kapelle hoch über der Isornoschlucht und damit unseren Aufstiegsweg. Wir wenden wir uns links zur Brücke und steigen jenseits hinauf nach **Loco** ❶.

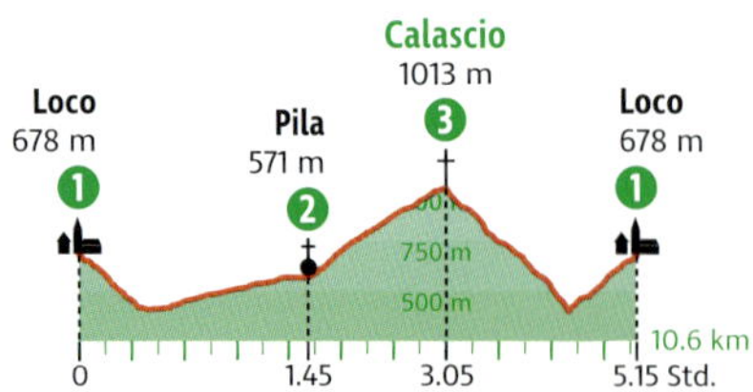

Capanna Alpe Arena, 1687 m

Auf dem Höhenweg von der Alpe Porcaresc

4.40 Std. | 11,4 km | ↗ 730 m | ↘ 730 m

Einsame Hüttentour im hintersten Valle di Vergeletto
Ziel der Wanderung ist die Capanna Alpe Arena, eine kleine unbewartete Hütte auf der gleichnamigen Alm, das Herzstück der Tour besteht aber aus dem Höhenweg, den man zwischen der Alpe di Porcaresc / Porcareccio und der Capanna Arena begeht. Besonders im Herbst ist es hier wunderbar, wenn die Lärchen im unteren Teil des großen Karkessels schon verfärbt sind. Der Höhenweg selbst verläuft wenig über der Waldgrenze und man hat daher immer einen guten Ausblick. Der »Preis« für diese Rundtour besteht darin, dass man zunächst auf dem Fahrsträßchen bis hinter die Alpe del Casone wandert. Doch obwohl diese Almstraße nicht gesperrt ist, wird sie kaum befahren, denn außer zwei Almen gibt es im hintersten Valle di Vergeletto keine Ansiedlungen. Die Almen Porcareccio und Arena werden noch mit Ziegen, Kühen und Schweinen bestoßen, hier gibt es also noch richtiges Almleben, vom Rustico-Kitsch mancher Tessiner Ex-Alm ist man dort weit entfernt.

Talort: Locarno, 198 m, Bahnhof.
Ausgangspunkt: Parkmöglichkeiten bei Piano delle Cascine, 1126 m, im hintersten Valle di Vergeletto. Von Vergeletto weiter taleinwärts. Busverbindung von Locarno nur bis auf Höhe der Seilbahnstation zur Capanna Salei.
Anforderungen: Einfacher Wanderweg mit ein paar steileren Passagen, vor allem im Abstieg von der Capanna ins Tal.
Einkehr und Übernachtung: Bei Piano delle Cascine am Ausgangspunkt; Capanna Alpe Arena (ganzjährig geöffnet, aber unbewartet, 30 Plätze, Tel. +41/(0)91/7971831).
Tipp: An Sonn- und Feiertagen ist die Tour auch nicht überlaufen, aber die Geräuschkulisse vom Steinbruch hinter Cascine entfällt. Werktags ist sie zwar nicht sehr störend, aber beim Abstieg doch hörbar.
Karten: Kümmerly + Frey »Tessin Sopraceneri« (Maßstab 1:60.000) und swisstopo Blatt 275 »Valle Antigorio« (Maßstab 1:50.000).

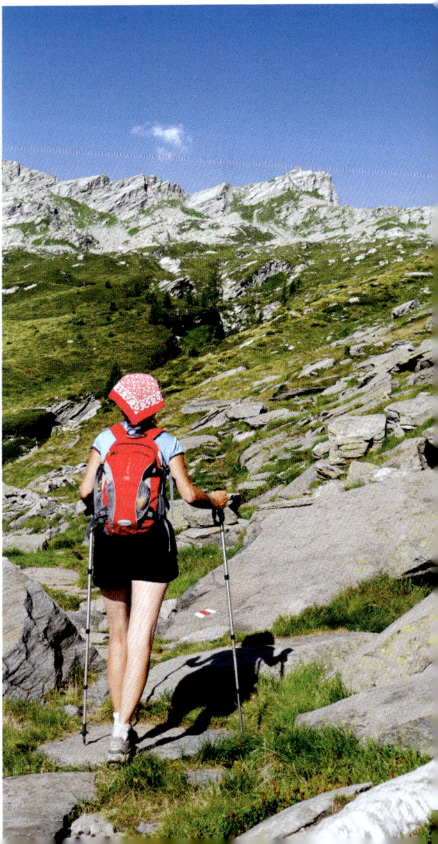

Weit und frei wirkt die Landschaft auf dem Höhenweg.

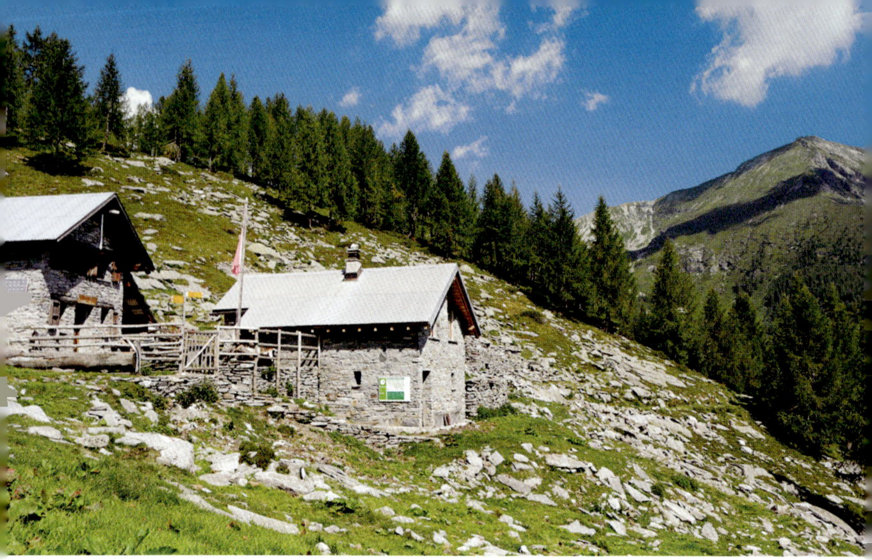

Die Capanna Alpe Arena ist eine von vielen Selbstversorgerhütten.

Vom **Piano delle Cascine ❶**, 1126 m, gehen wir auf der Straße in Anfahrtsrichtung weiter. Die Straße ist zwar für den privaten Verkehr nicht gesperrt (vielleicht wurde nur das Sperrschild vergessen?), aber doch so eng und zugewachsen (einspurig, auf längeren Strecken ohne Ausweichmöglichkeit), dass sie wenig befahren ist und man als Wanderer nicht gestört wird. Nur die ersten Minuten verläuft die Zufahrt zum Steinbruch auf dieser Straße, dann ist sie für Wanderer angenehm. Wir gehen auf der nur leicht steigenden Straße immer geradeaus taleinwärts, kommen an der Brücke zu einem anderen Hüttenaufstieg zur Capanna Alpe Arena vorbei und später an den romantisch eingewachsenen Gebäuden der Alpe del Casone, 1276 m. Schließlich gelangen wir an das Ende der Fahrstraße kurz vor der ersten Bachüberquerung. Hier biegt der Wanderweg nach rechts ab, überquert einen ersten, tief eingeschnittenen Bach, schon gleich darauf einen zweiten und schlängelt sich anschließend in vielen kurzen Serpentinen jenseits von dessen linker Begrenzungsrippe durch den Wald hinauf.

So gelangen wir in flacheres, von Alpenrosen und Wacholder bewachsenes Almgelände. Der Weg hält auf ein kleines Holzkreuz hoch oben auf einer Kante zu, hinter dieser liegen die Gebäude der **Alpe Porcaresc (Porcareccio) ❷**, 1789 m. Unmittelbar vor diesen verzweigt sich der Weg: Gerade hinauf gelangt man zum Passo della Cavegna, wir gehen links an den Gebäuden vorbei auf den Höhenweg zur Capanna Alpe Arena. Nach der Alm gehen wir gleich ein paar Treppen hinab und dann durch den großen Karkessel un-

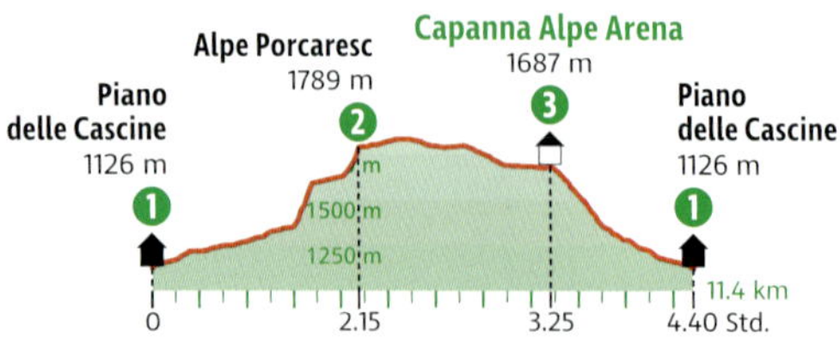

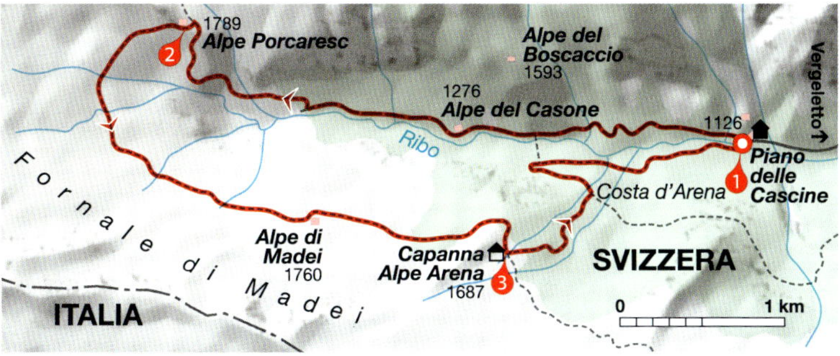

ter den Pizzi Porcarescio und Madei hindurch. Der Weg führt dabei im leichten Auf und Ab über einige Bäche und kommt so in die Nordflanken des Valle di Vergeletto. Von der Alpe di Madei stehen außer einem kleinen Gebäude nur noch Ruinen. Ab hier fällt der Weg stärker und leitet auf teils mehrere Quadratmeter großen Felsplatten unterhalb eines Felsabbruchs hindurch. Jenseits erreichen wir Almgelände. Unser Ziel, die **Capanna Alpe Arena** ❸, 1687 m, kommt gleich wenig oberhalb in Sicht.

Von der Hütte führt der Abstiegsweg (unbeschildert, aber markiert) in nordöstlicher Richtung den Wiesenhang hinab und schon gleich in den Lärchenwald hinein. Der Weg ist teils etwas steiler und windet sich in einigen Serpentinen hinab bis Costa d'Arena, 1400 m. Bei der Gabelung hier halten wir uns links Richtung Piano delle Cascine. Wir kommen bald nochmals an eine Verzweigung (unbeschildert und nicht markiert), an der wir uns rechts halten. Ein Karrenweg leitet uns nur noch mäßig fallend talauswärts. Dabei führt er teils hoch über dem Talgrund auf Brücken über Seitenbäche mit schönen Wasserfällen. Am Rifugio Forestale vorbei kommen wir zur Brücke über den Ribo und sind am Ausgangspunkt in **Piano delle Cascine** ❶.

In vielfältigen Grüntönen schwelgt man im hintersten Valle di Vergeletto.

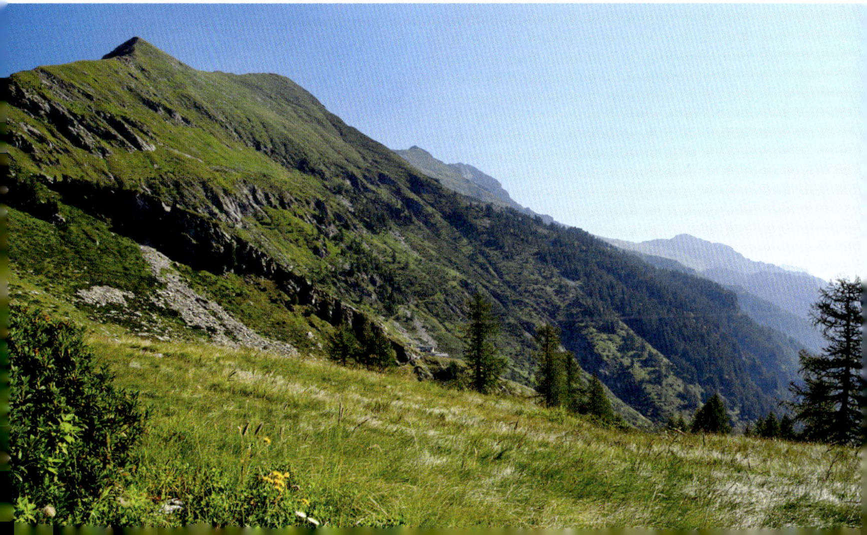

9 Capanna Alzasca, 1734 m

Aus dem Valle di Vergeletto zum Lago d'Alzasca

7.15 Std. | 13,1 km | ↗1290 m | ↘1290 m

Ein See und eine Selbstversorgerhütte unter dem Pizzo Molinera

Erlebt man das Valle Onsernone schon als ruhiges, weltabgeschiedenes Tal, so ist man im Valle di Vergeletto umso mehr fernab von jedem Rummel. Oberhalb von Russo zweigt das Valle di Vergeletto vom Haupttal ab und führt in ein paar Serpentinen am tief eingeschnittenen Ribo hinauf bis zum Straßenende in Vergeletto. Schon der Kartograf Johannes Stumpf zeichnete den Ort im 16. Jahrhundert auf seiner Schweizkarte ein und beschriftete das Tal als »Kämifegertal«. Ähnlich wie im Verzascatal waren auch hier die Männer gezwungen, ihre Heimat zu verlassen. Sie verdingten sich in halb Europa als Kaminkehrer und Kaminbauer. Die Wanderung zum Lago d'Alzasca leitet zunächst noch ein Stück taleinwärts, bevor sie im Valle della Camana bis zum Sattel Bocchetta di Doia ansteigt. Von hier blicken wir bis zum Monte Rosa, und auch unser erstes Ziel, der eisig blaue Lago d'Alzasca, ist nun sichtbar. Zu unserem zweiten Ziel, der Capanna Alzasca, müssen wir ein Stück jenseits absteigen. Wer die Tour als Tagesausflug plant, was gut möglich ist, kann sich den zusätzlichen Weg auch sparen und stattdessen am See in den Wollgraswiesen sitzen und die Füße kühlen.

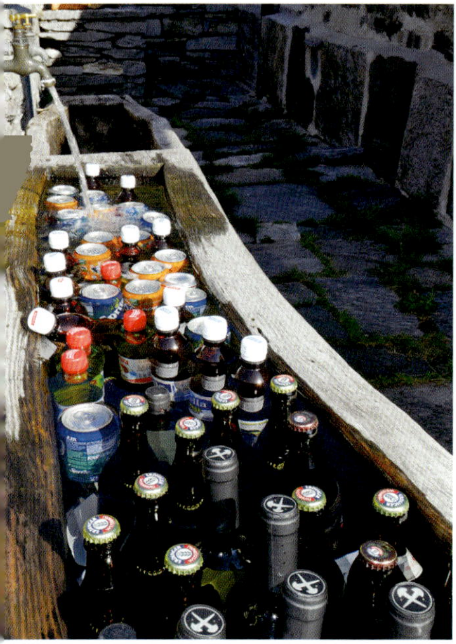

Voller »Kühlschrank« für durstige Wanderer.

Talort: Locarno, 198 m, Bahnhof.
Ausgangspunkt: Wendekreis am Ende einer aus dem Valle di Vergeletto zu einer Wasserableitung abzweigenden Straße, ca. 1065 m. Von Vergeletto noch ca. 1,5 Kilometer taleinwärts und rechts die schmale, steile Teerstraße hinauf. Beschränkte Parkmöglichkeit. Busverbindung von Locarno bis zur Abzweigung, dabei Umsteigen in Russo nötig.
Anforderungen: Schmaler, auf kurzen Abschnitten auch steiler Bergweg, an wenigen Passagen verläuft er etwas ausgesetzt.
Einkehr und Übernachtung: Capanna Alzasca (ganzjährig geöffnet, aber nur im Sommer bewartet, Getränke- und Essensvorrat für Selbstversorger vorhanden, 25 Plätze, Tel. +41/(0)91/7532515, www.caslocarno.ch).
Karten: Kümmerly + Frey »Tessin Sopraceneri« (Maßstab 1:60.000) und swisstopo Blatt 275 »Valle Antigorio« (Maßstab 1:50.000).

Vom **Wendekreis 1**, 1065 m, ein paar Meter den Hang hinauf und auf dem deutlichen Wanderweg an einzelnen Häusern vorbei zu einer alten Almsiedlung, hinter der der Weg über einen Steg auf die linke Bachflanke wechselt. Nur wenig über dem Bach wandern wir weiter, lassen eine Abzweigung, 1203 m, zur Alpe Albezzona und zur Capanna Ribia unbeachtet und erreichen, der Beschilderung Richtung Alzasca folgend, nach einer Linksbiegung des Tales ein paar steinerne Viehunterstände. Hier kommen wir über eine Brücke wieder auf die rechte Bachseite und zur Hirtenhütte von Fümegn, 1338 m, von wo unser Weg weiter taleinwärts führt. Kurz darauf zweigt am Ende des Lichtungsstreifens der Weg zur Capanna Alzasca nach rechts rückläufig ab. Der Pfad verläuft nun durch Buchenwald und windet sich in vielen Serpentinen den steilen Hang hinauf. Mit einer Querung nach rechts passieren wir eine schrofige und etwas ausgesetzte Passage im Steilgelande. Etwas auf und ab und zuletzt durch einen Lärchensaum gelangen wir zur Lich-

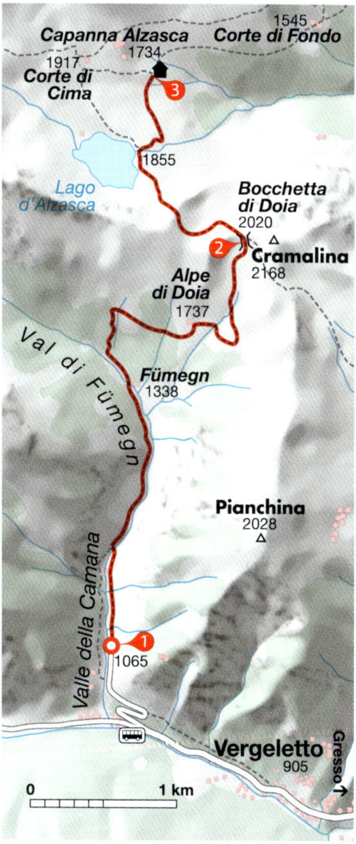

Wunderbar ruhig ist es am Bergsee Lago d'Alzasca.

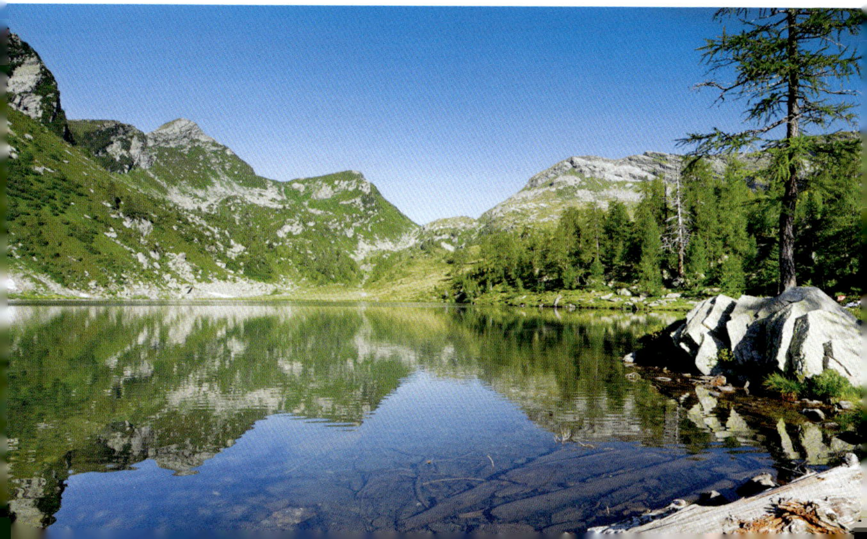

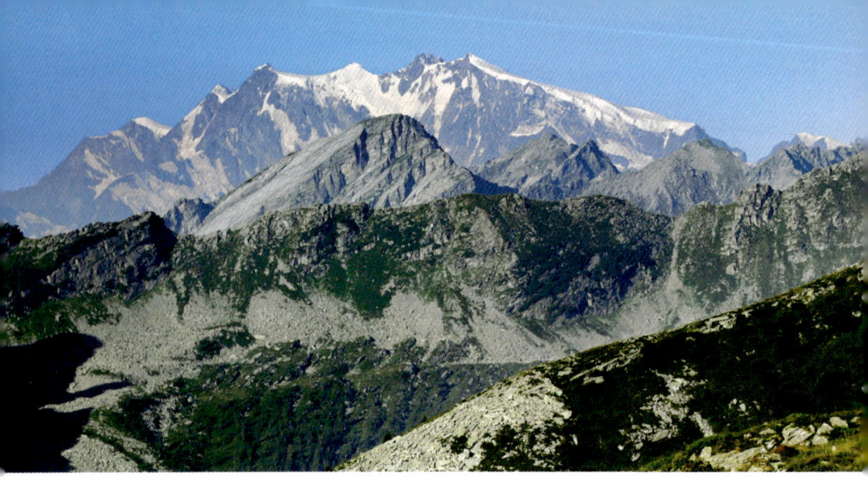

Bis zum Monte-Rosa-Stock reicht der Blick von der Bocchetta di Doia.

tung der Alpe di Doia, 1737 m, und steigen in Serpentinen den Wiesenhang zum Almgebäude hinauf.
Hier biegt der Hüttenweg zur Capanna Alzasca nach rechts ab und leitet höhengleich über den Wiesenhang hinüber. Nach Ausqueren eines eingeschnittenen Bachgrabens folgen wir dem Weg zügig den Wiesenhang hinauf und gelangen stark linkshaltend oberhalb eines Blockfeldes und unterhalb eines Felsaufschwungs erneut zu einer Abzweigung (Doia, 1889 m) nach links zur Capanna Ribia. Wir steigen aber geradeaus weiter hinauf zur nahen Geländekante mit einem auffälligen, großen Felsen mit Markierung. So gelangen wir in das begrünte und anfangs flache Hochkar, durch das unser Weg zuerst geradeaus hinaufzieht. Dort, wo sich das Kar immer mehr aufsteilt, biegt der Weg nach rechts. Sehr steil und im Schuttgelände etwas rutschig geht es bis fast auf Höhe der sichtbaren Scharte. Nach einer kurzen, ansteigenden Querung ist die **Bocchetta di Doia ❷**, 2020 m, erreicht. Auf steilem Weg steigen wir ab in ein Kar, wo der Weg nach links hinüberzieht und mit einem kleinen Gegenanstieg in den nahen Sattel hinaufleitet. Nun gehen wir endgültig hinab zum Lago d'Alzasca, 1855 m, den wir auf der rechten Seite mit etwas Abstand ein Stück umgehen und letztlich erst am Ausfluss erreichen. Jenseits des Baches führt der beschilderte Hüttenweg nach rechts erst am Bach entlang, dann durch Wald und zuletzt über eine kurze Blockfeldpassage zu einer schönen Almwiese mit der **Capanna Alzasca ❸**, 1734 m.
Der Rückweg erfolgt auf dem Anstiegsweg.

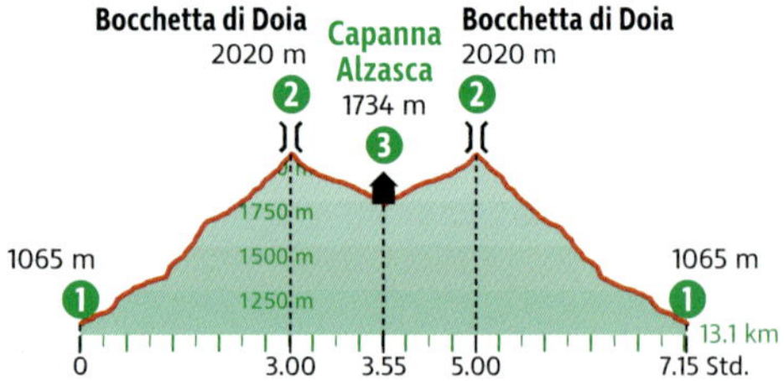

Von Ponte Brolla nach Gordevio

Über Dunzio

10

4.10 Std. | 10,1 km | ↗ 470 m | ↘ 410 m

Almwanderung hoch über der Maggia

Das Maggiatal ist der Inbegriff eines Tessiner Gebirgstales. Zu Recht, denn der über fünfzig Kilometer lange Fluss entwässert ein Fünftel des Tessins. Die Route von Ponte Brolla nach Gordevio verläuft parallel zum untersten Abschnitt dieses großen Südalpentales. In den Sommermonaten ist die Uferstrecke zwischen Gordevio und Ponte Brolla ein einziger langer Badestrand, allerdings ein Strand mit alpinem Gepräge. Die Maggia hat hier einen wunderschönen Canyon ausgewaschen. Runde Gneisfelsen und das tiefgrüne Wasser, das selbst im heißesten Sommer angenehm erfrischend ist, ziehen die Badegäste an. Wer also im Sommer kommt, sollte auf jeden Fall Badesachen einpacken, um bei Gordevio im flachen Maggiabett oder bei Ponte Brolla im Canyon zu baden. Auf der Tour selbst ist es das ganze Jahr über ruhig. Man steuert von Ponte Brolla zunächst die Kirche Santa Anna an, die inmitten von Kastanien und Ginster hinabblickt auf Tegna und Verscio, auf Ascona und den Lago Maggiore. Vorbei an Rustici und Riesenkastanien, über Steinbrücken und an Kapellen vorbei bleibt man immer im Hügelgelände oberhalb der Maggia. Ganz zum Schluss wandert man durch die Maggia-Auen nach Gordevio, einem der größten Dörfer des Maggiatales. Ein Bad in der Maggia, Abendessen in einem der Grotti oder gar der Besuch des weltberühmten »Teatro Dimitri« in Verscio sorgen für ein volles Tagesprogramm.

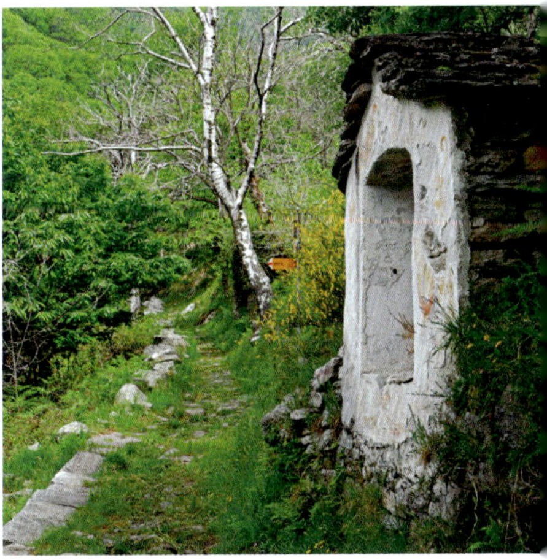

Ein Bildstock im Kastanienwald.

Talort und Ausgangspunkt: Ponte Brolla, 254 m, am Beginn des Valle Maggia, Bahn- und Busverbindung von Locarno. Parkplatz direkt neben der Bahnlinie gegenüber dem Restaurant Centovalli. Von Locarno kommend in Ponte Brolla nach links Richtung Centovalli und an der ersten Abzweigung nach rechts über einen kleinen Bahnübergang.
Endpunkt: Gordevio, 334 m. Rückfahrt nach Ponte Brolla stündlich mit dem Bus (12.19, 13.19 Uhr usw.).
Anforderungen: Einfache Wanderung auf Alm- und Plattenwegen.
Einkehr: In Tegna; Da Rosy am unteren Ende von Streccia (von Pfingsten bis Ende Oktober an Wochenenden und Feiertagen geöffnet, Tel. +41/(0)79/4443110).
Karten: Kümmerly + Frey »Tessin Sopraceneri« (Maßstab 1:60.000) und swisstopo Blatt 276 »Val Verzasca« (Maßstab 1:50.000).

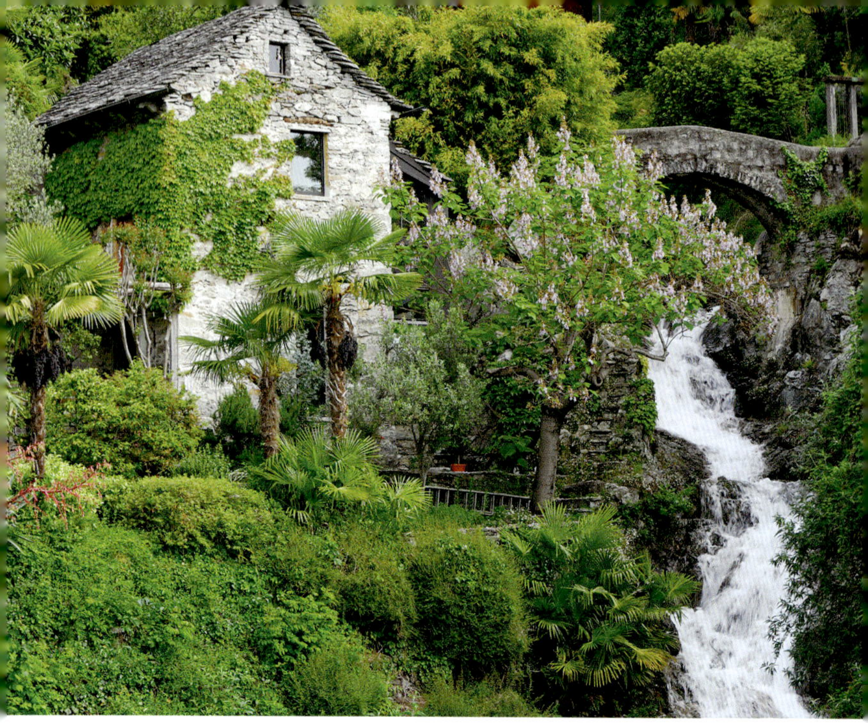

Manche Häuser in Tegna wirken wie verzaubert.

Vom Parkplatz in **Ponte Brolla 1**, 254 m, gehen wir zurück über den Bahnübergang und entlang der Straße bis Tegna, 255 m. Auf Höhe der Kirche wandern wir rechts eine schöne Gasse hinauf (Wegweiser »S. Anna«) und schon bald über eine Fahrstraße hinweg auf einem Plattenweg weiter aufwärts bis zu einer Verzweigung bei einer Kapelle (Selva Piana, 350 m). Wir biegen links ab, steigen durch den Kastanienwald weiter auf und überqueren schon bald einen Waal. Weiter mit schönem Blick auf Ponte Brolla und die Maggia-Mündung gelangen wir zur Kirche **S. Anna 2**, 486 m. Hier gehen wir erst geradeaus flach weiter, dann rechtshaltend bergauf Richtung Dunzio. Nach einer sehr schönen Steinbrücke halten wir uns erneut rechts und wandern über Wiesengelände mit vielen Rustici vorbei weiter aufwärts bis zur Almsiedlung **Streccia 3**, 627 m.

Hier führt der Weg nach rechts und wenige Meter weiter in einem kleinen Sattel links hinab nach **Dunzio 4**, 530 m.

Von dort geht es auf der Fahrstraße Richtung Aurigeno vorwiegend höhengleich und zum Schluss steigend zur Forcola di Dunzio, 597 m. Die erste Serpentine steigen wir kurz auf der Straße hinab, dann geht es rechts auf einem Wanderweg weiter. Dabei halten wir uns an einer Verzweigung links Richtung Aurigeno

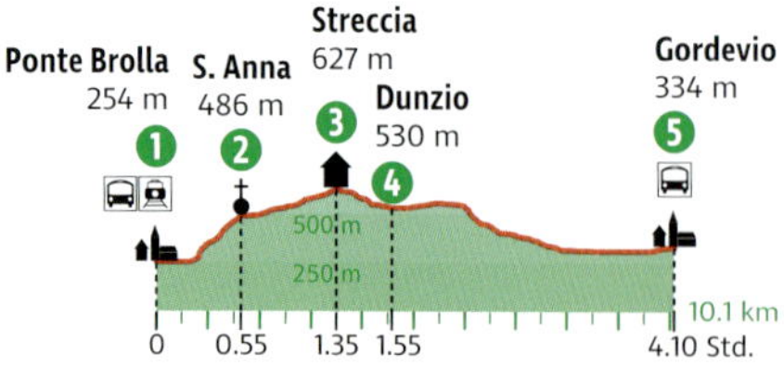

und kommen an der Kirche Oratorio del Carmelo vorbei. Wieder auf der Fahrstraße überqueren wir einen Bach und halten uns Richtung Ronchini. Kurz darauf gehen wir rechts einen Hohlweg hinab (Schild »Sentiero«), folgen dem Linksknick und wandern am Hochufer der Maggia flussaufwärts. Über eine Hängebrücke gelangen wir auf die andere Flussseite und erreichen durch die Maggia-Auen flussabwärts **Gordevio 5**, 334 m. Hier gehen wir hinauf zur Hauptstraße und entweder nach rechts zur Bushaltestelle oder geradeaus in den sehenswerten Ort.

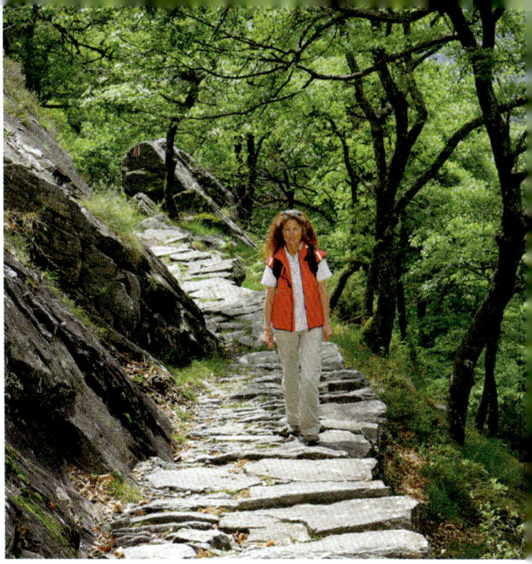

Ein Plattenweg verbindet S. Anna mit Streccia.

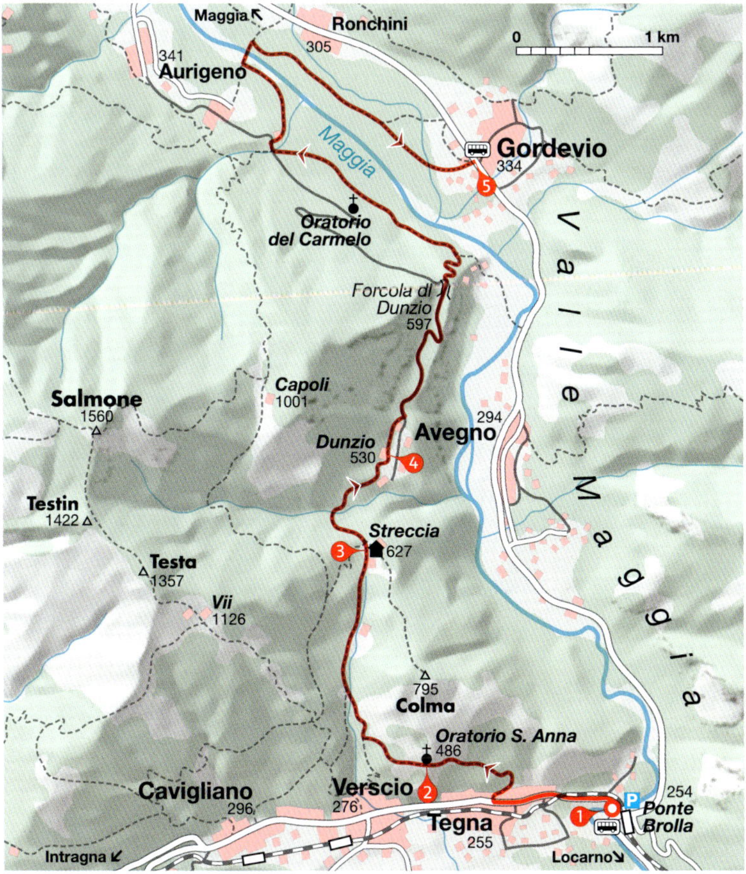

11 Cima della Trosa, 1869 m

Von Orselina

8.15 Std. | 20,2 km | ↗1480 m | ↘1480 m

Hoch über Locarno

Cimetta und Cima della Trosa dürften zwei der meistbesuchten Gipfel des Tessins sein. Die Lage direkt über der renommierten Stadt Locarno trägt genauso dazu bei wie die Tatsache, dass man sich den Aufstieg mit zwei Seilbahnen und einem Sessellift deutlich erleichtern kann. Das Wandergebiet Cimetta – Cima della Trosa zieht daher viele unterschiedlich Interessierte an: Wanderer kommen hier genauso auf ihre Kosten wie Genießer, die einen kurzen Spaziergang in der Höhe machen wollen. Wer die große Aussicht über den Lago Maggiore sucht, wird die Höhenwege zu schätzen wissen, und für eine gemütliche Einkehr bieten sich verschiedene Almen an. Man sollte auch keinesfalls versäumen, den Wallfahrtsort Madonna del Sasso aus dem 16. Jahrhundert zu besuchen. Die Kirche Santa Maria Assunta, wie sie korrekt heißt, gilt als Wahrzeichen Locarnos und ist mit ihrer gelben Fassade ein richtiger Blickfang, vor allem bei schönem Wetter, wenn der dunkelblaue Lago Maggiore im Hintergrund einen herrlichen Kontrast bildet. Die Kirche geht auf den Franziskaner Bartolomeo d'Ivrea zurück, dem die Mutter Gottes vom 14. auf den 15. August 1480 hier auf einem Felsen erschien und der eine kleine Kapelle errichten ließ, die später durch die Wallfahrtskirche abgelöst wurde. Die Seilbahn beginnt fast unmittelbar bei der Kirche. Deutlich jünger, aber ebenfalls sehr bekannt, sind die Stationen der Standseilbahn. Sie stammen von dem Architekten Mario Botta.

Madonna del Sasso muss jeder Locarno-Besucher gesehen haben.

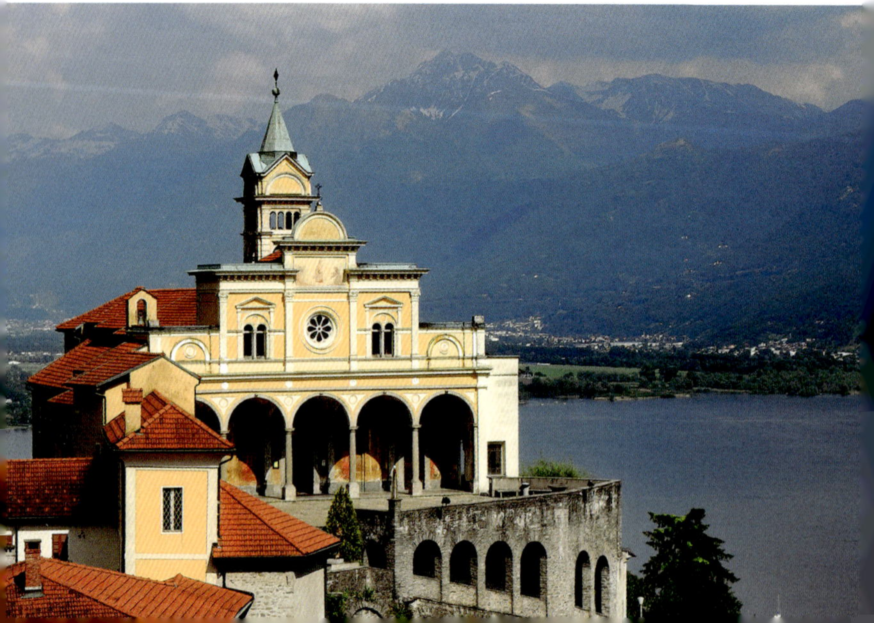

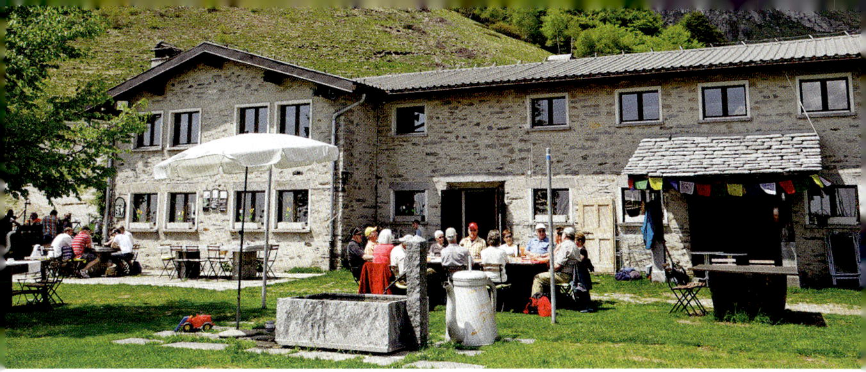

Lo Stallone: leckere Gerichte, Wein und Gesang.

Talort: Locarno, 197 m.
Ausgangspunkt: Orselina, über Locarno gelegen, Zufahrt über Locarno oder Muralto. Parken in der Via Patocchi, ca. 480 m. Busverbindung von Locarno.
Anforderungen: Einfache Wanderung auf mäßig steilen Fußwegen, gut markiert und beschildert.
Einkehr und Übernachtung: Capanna alla Cardada (Tel. +41/(0)91/7511159); Lo Stallone (56 Betten, Tel. +41/(0)91/7436146, www.stallone.ch); Ristorante Cimetta (54 Betten, Tel. +41/(0)91/7430433).
Variante: Auf- bzw. Abfahrt mit drei Seilbahnen: von Locarno nach Orselina (Standseilbahn, ganzjährig, 8–19.30 Uhr, im Sommer teils bis 24 Uhr), von Orselina nach Cardada (Luftseilbahn, Juni bis August 7.45–19.45 Uhr alle 30 Min., März bis November 9.15–18.15 Uhr) und von Cardada zur Cimetta (Sessellift, Juni bis August 9–17.10 Uhr, März bis November 9.30–16.45 Uhr), www.cardada.ch.
Karte: Kümmerly + Frey »Tessin Sopraceneri« (Maßstab 1:60.000) und swisstopo Blatt 276 »Val Verzasca« (Maßstab 1:50.000).

Von der Via Patocchi in **Orselina ❶**, 480 m, kann man bei einer kleinen, San Bernardo gewidmeten Kapelle rechts an einem kleinen Bach entlang auf einem beschilderten Wanderweg (Richtung Kirche San Bernardo) über Treppenstufen hinaufsteigen zur Via Eco. Wir folgen dieser Querstraße nach links bis zu ihrem Ende (All'Eco, 546 m). Schräg rechts hinauf geht eine gesperrte Straße weiter Richtung San Bernardo. Schon bald verlassen wir die Siedlung Orselina und gewinnen auf einem Steinplattenweg in vielen Serpentinen an Höhe. So kommen wir zur Siedlung **San Bernardo ❷**, 1028 m. Hier halten wir uns an einer beschilderten Verzweigung rechts zur Kirche San Bernardo. Durch den Ort steigen wir auf

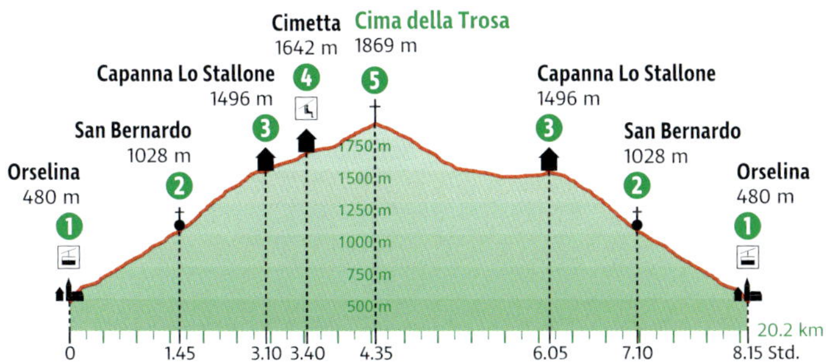

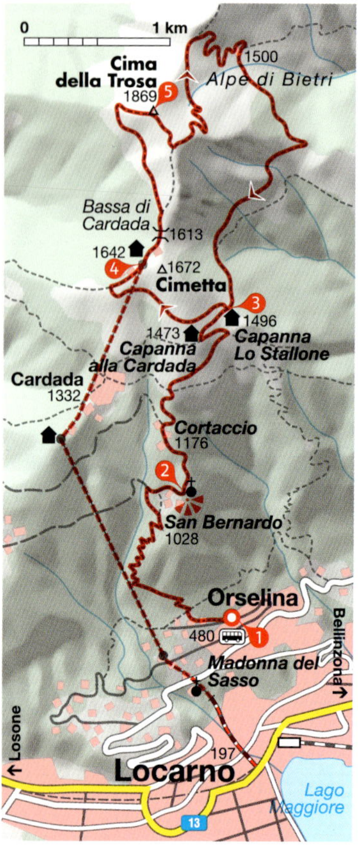

einem Steinplattenweg auf zu der oberhalb verlaufenden Zufahrtsstraße. Auf dieser halten wir uns rechts, den Schildern Richtung Cordada und Cimetta folgend. Am Ende der Fahrstraße leitet der Wanderweg links hinauf. An einer Gabelung rechts gelangen wir zur aussichtsreichen **Chiesa San Bernado ❷**.

Von der Kirche geht es durch Hochwald hinauf zu einigen Häusern (Cortaccio, 1176 m), oberhalb derer wir rechts Richtung Alpe Cardada weiterwandern (links nach Cardada und zur Cimetta). Durch schönen Hochwald kommen wir zu einer weiteren Verzweigung, an der wir uns rechts Richtung Alpe Cardada halten. Nach einer längeren Querung nach rechts erreichen wir eine Gabelung. Diesmal halten wir uns links und gelangen so zur bewirtschafteten Capanna alla Cardada, 1473 m, von der wir zum Lago Maggiore, nach Locarno und Ascona hinabblicken können. An der Hütte halten wir uns rechts, den Schildern Richtung Cimetta folgend, und gelangen kurz darauf zur **Capanna Lo Stallone ❸**, 1496 m.

Von der Hütte leitet der Weg über freies Gelände links hinauf und unter einem Sessellift hindurch. Über die Wiesenfläche unter der Cimetta (Pian della Cimetta, 1616 m) geht es rechts zur bereits sichtbaren Aussichtsplattform und dem Bergrestaurant der **Cimetta ❹**, 1642 m, hinauf.

Jenseits führt der Weg hinab in den kleinen Sattel Bassa di Cardada, 1613 m, und dann in zwei sehr flachen Serpentinen unter dem Gipfel der Cima della Trosa hindurch. Über eine beschilderte Verzweigung erreichen wir von rechts den Gipfel der **Cima della Trosa ❺**, 1869 m.

Vom Gipfel gehen wir zurück zur letzten Verzweigung und auf beschildertem Weg in einigen weiten Serpentinen die Nordostflanke hinab zur Alpe di Bietri, 1500 m. Hier zweigen wir rechts Richtung Cardada ab und queren durch schönen Buchenwald hinüber in einen Sattel. Die Alpe Cardada sehen wir bereits wieder. Wir steigen eine Kehre hinab zu zwei Gabelungen kurz hintereinander (Basso di Bietri, 1480 m), an denen wir uns jeweils rechts Richtung Alpe Cardada halten. Schließlich kommen wir an ein Sträßchen, auf dem wir zum Almgelände Cardada und zur **Capanna Lo Stallone ❸** hinaufgehen. Hier gelangen wir auf den Anstiegsweg und folgen diesem zurück nach **Orselina ❶**.

Lago dei Pozzoi, 1955 m

Von Cimalmotto

5.20 Std. | 12,8 km | ↗ 840 m | ↘ 840 m

Über Vorzeigealmen zu einem Badesee

Eines der vielen Seitentäler des Maggiatales ist das Valle di Campo, das bei Cevio nach Westen abzweigt und fast bis in den italienischen Teil der Tessiner Alpen führt. Der rechte Ast dieses Seitentales endet in Bosco Gurin, einem alten Walserdorf, das ein beliebtes Ausflugsziel ist. Weniger im Rampenlicht steht der Ort Campo im linken Ast des Tales. Campo und Cimalmotto, wo die Straße endet, sind zwei ruhige, hoch gelegene Orte, 1318 m und 1405 m, die immer wieder einmal wegen Hangrutschungen in den Nachrichten sind. Auslöser ist der Untergrund, auf dem gebaut wurde: Das instabile Moränengelände hat zum Beispiel dazu geführt, dass die Kirche von Campo in hundert Jahren 26,8 Meter »zurückgelegt« hat und selbst seit der Erstauflage dieses Wanderführers die Position über drei Meter verändert hat. Cimalmotto ist ein kleines Dorf, das seit dem 10. Jahrhundert bezeugt ist. Hier beginnt die Wanderung auf die Alpe di Sfii. In einer »Pipeline« fließt die Milch von der oberen Alm, der Corte di Sopra, hinunter zur Alpe di Sfii, wo sie zu Käse verarbeitet wird. Beide Almen sind echte Vorzeigeobjekte, schöne Bauten, sauber und überaus freundlich. Für Wanderer ist außerdem ein schöner Bergsee als Ziel interessant. Am Lago dei Pozzoi kann man im Hochsommer sogar zum Baden gehen – an die 20 Grad werden dann erreicht. Als Variante ist der Weiterweg zum höher gelegenen Eissee, dem Lago Gelato, möglich.

Talort: Cevio, 418 m, im Maggiatal, Busverbindung von Locarno.
Ausgangspunkt: Cimalmotto, 1405 m, letzter Ort im Valle di Campo, zu erreichen aus dem Maggiatal. Busverbindung von Cevio über Cerentino im Valle di Campo. Kleiner Parkplatz bei der Bushaltestelle.
Anforderungen: Einfache Wanderung auf gut markierten Wegen, nur im oberen Abschnitt teilweise felsiger Untergrund.
Karten: Kümmerly + Frey »Tessin Sopraceneri« (Maßstab 1:60.000) und swisstopo Blatt 275 »Valle Antigorio« (Maßstab 1:50.000).
Variante: An der Verzweigung bei Corte di Sopra links zur Alpe Gelato und zum Lago Gelato auf 2175 m Höhe (30 Min., leicht).

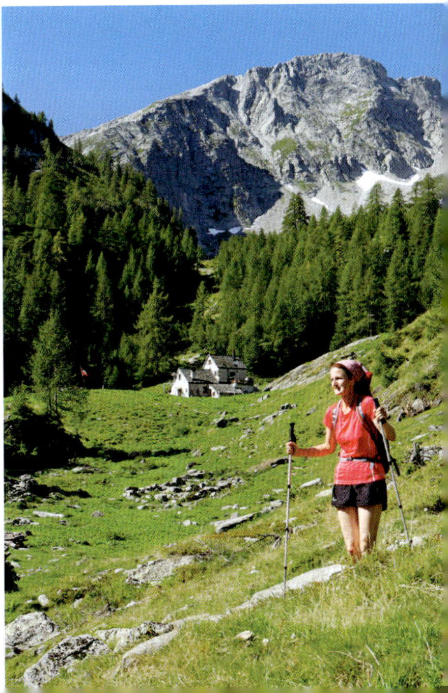

Idyllisch liegt die Alpe di Sfii unter eindrucksvollen Bergenwänden.

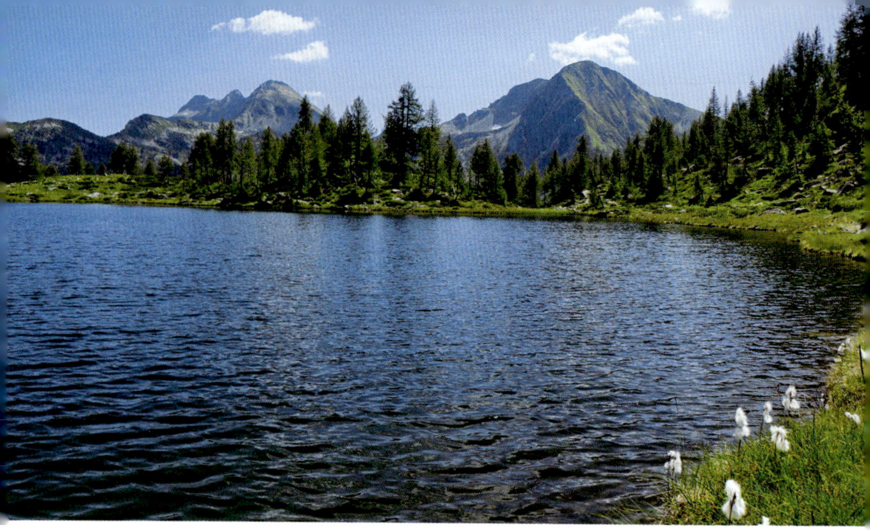

Der Lago dei Pozzoi erreicht angenehme Badetemperaturen.

Vom kleinen Parkplatz bei der Bushaltestelle in **Cimalmotto ①**, 1405 m, wandern wir, den Schildern Richtung Lago Gelato und Alpe di Sfii folgend, auf der Asphaltstraße links unterhalb des Dorfes vorbei. Wir überqueren einen Bach und gelangen zu einer Kreuzung. Hier wählen wir den linken, unteren Weg Richtung Alpe di Sfii. Dieser führt durch Wiesengelände und vorbei an Rustici und leitet dann links hinab (»Sentiero di montagna«). Nach ein paar Schritten auf einer Asphaltstraße biegen wir bei Pianelli, 1360 m, auf einem Fußweg in den Hochwald ein. Der Weg führt hinunter zu einem Bach, den wir bei Fiümigna, 1285 m, auf einer Brücke überqueren. Erst über einen Lichtungsstreifen, dann durch Hochwald führt der Weg nun talwärts. Immer begleitet vom Rauschen des Baches steigen wir durch die rechte Talflanke auf. Bei einem Viehgatter wird der Weg flacher und der Wald lichter. Am Beginn des Almgeländes der **Alpe Sfille / Alpe di Sfii ②**, 1666 m, erreichen wir eine Wegverzweigung. Wir bleiben auf dem rechten, aufwärts führenden Weg, links könnte man zum Lago di Sfille weitergehen.

Kurz steigen wir den Wiesenhang hinauf zum schönen Almgebäude, gehen rechts an diesem vorbei und tauchen oberhalb davon in lichten Lärchenwald ein. Nach ein paar Serpentinen gelangen wir hinauf in das freie Gelände der **Alpe Corte di Sopra ③**, 1980 m, der oberen Alm. Unserer Route führt direkt an das ebenfalls sehr schöne Almgebäude heran, dann ist auf einem Felsen der Lago Gelato nach links angeschrieben, der Lago dei Pozzoi nach rechts.

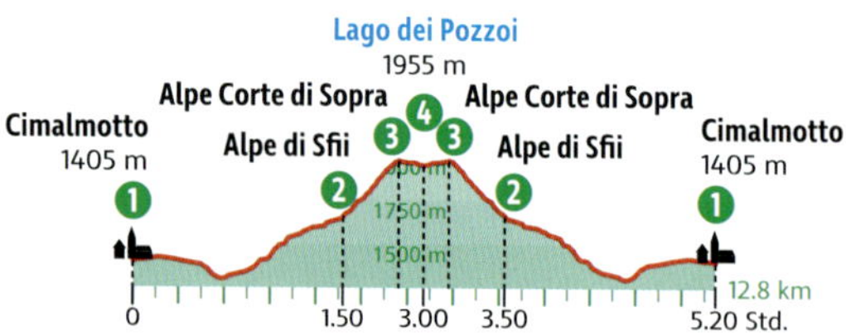

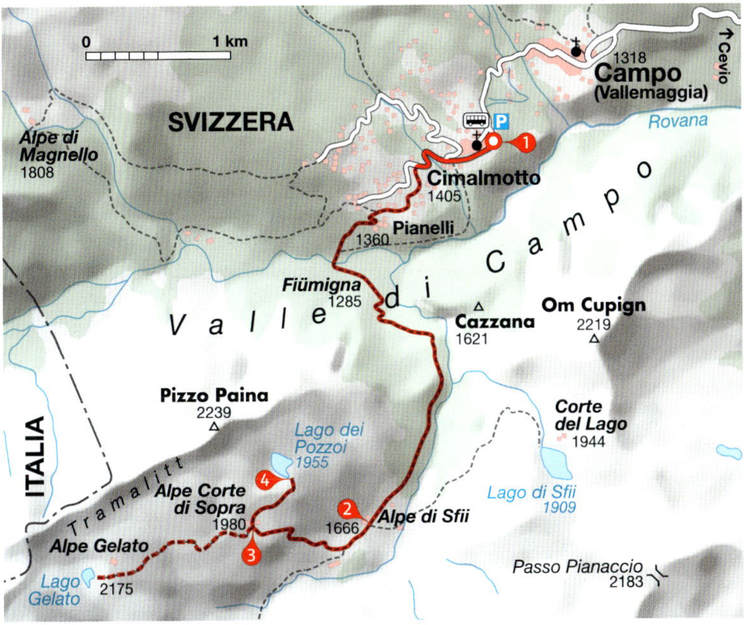

Höhengleich queren wir die Wiese nach rechts und gehen anschließend durch lichten Wald leicht abwärts um eine Geländekante herum. Erst ganz zuletzt erblicken wir den in einem Kessel eingeschlossenen schönen **Lago dei Pozzoi** 4, 1955 m, der dann doch einen schönen Blick auf die gegenüberliegenden Gipfel gewährt.

Auf dem Aufstiegsweg steigen wir auch wieder ab.

Von Cimalmotto schaut man auf den italienischen Teil der Tessiner Alpen.

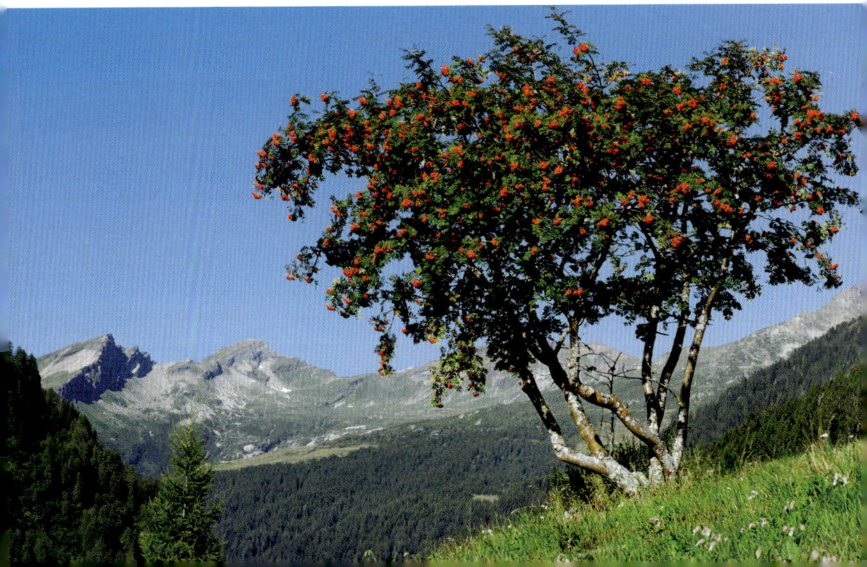

13 Piz Bombögn, 2331 m

Von Campo

5.10 Std. | 8,4 km | ↗1010 m | ↘1010 m

Felsgipfel über altem Walserdorf

Der Berg mit dem Zungenbrechernamen erhebt sich zwischen dem Valle di Campo und dem Valle di Bosco. Am besten besteigt man ihn von Campo aus und genießt den Blick auf Bosco Gurin vom Gipfel des steilen Bergkegels. Die Besichtigung des Walserdorfes am Nachmittag ist ein schöner Abschluss der Tour. Bosco Gurin ist das einzige deutschsprachige Dorf im Tessin und zugleich die höchste Dauersiedlung. Seit 1253 ist es unabhängig, es hat einen eigenen Konsul und eben auch eine eigene Sprache, das Titsch. Aber auch im Tessin ist nicht überall heile Welt. »Selten wird ein idyllisches Bergdorf von einem derart abschreckenden Ortseingang entstellt«, so leitet der Baedeker ein. Zu viele Touristen strömen nach Bosco Gurin, und wo ein Vielfaches an Besuchern die Einheimischen zur Minderheit macht, ist es mit dieser Idylle eben meist vorbei. Zudem sind massive Erweiterungen der Liftgebiete für den Wintersport geplant, so soll etwa das Valle di Campo mit einbezogen werden. Im Valle di Campo ist weniger los als in Bosco Gurin und so kann man das genießen, wofür die Walser vor über 700 Jahren hierher gezogen sind: die Freiheit. Auf dem letzten Stück zum Gipfel des Piz Bombögn hinauf wartet dann noch eine Besonderheit: eine hohe Steinmauer, die dazu diente, die Ziegen auf der »richtigen« Seite zu halten.

Das Walserdorf Bosco Gurin vom Piz Bombögn.

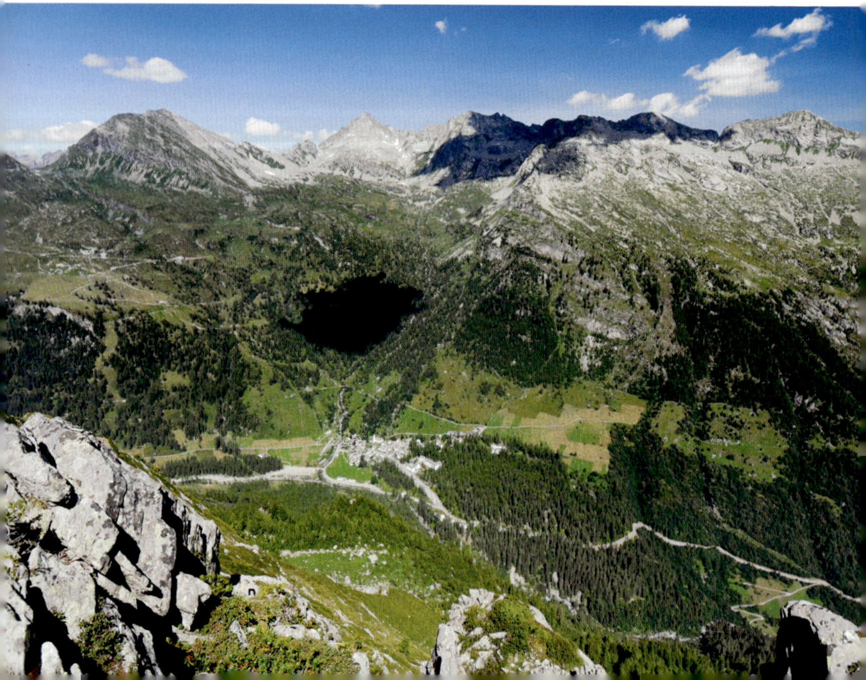

Talort: Cevio, 418 m, im Maggiatal, Busverbindung von Locarno.
Ausgangspunkt: Campo, 1318 m, im Valle di Campo. Parkmöglichkeit kurz vor der Kirche in Campo, Busverbindung von Cevio über Cerentino.
Anforderungen: Schmaler, aber guter Wanderweg bis zum Gipfelaufbau, dann sehr steil und nicht markiert.
Karten: Kümmerly + Frey »Tessin Sopraceneri« (Maßstab 1:60.000) und swisstopo Blatt 275 »Valle Antigorio« (Maßstab 1:50.000).

Von der Kirche in **Campo ❶**, 1318 m, gehen wir auf der Zufahrtsstraße zurück. Ungefähr 100 Meter nach dem Ortsschild zeigt ein Wegweiser Richtung Bosco Gurin und Pian Cròsc nach links. Wir folgen den Markierungen zu zwei frei stehenden Häusern und zweigen dort nach rechts ab. Die Markierung leitet uns den Wiesenhang hinauf zum nahen Waldsaum. Im Wald biegt der Weg schon bald nach Osten ein und führt in beständigem Schräganstieg bis unmittelbar vor den Rand einer Almlichtung, ca. 1510 m.
Beim Stahlmast eines Materiallifts leitet der Weg in einer unscheinbaren Serpentine nach links und in vielen Serpentinen weiter im Wald hinauf bis zur nächsten Almlichtung. An deren unterem Rand queren wir nach rechts und steigen dann am rechten, östlichen Rand weiter auf bis zu einer nahen Wegverzweigung. Hier wählen wir den linken Weg

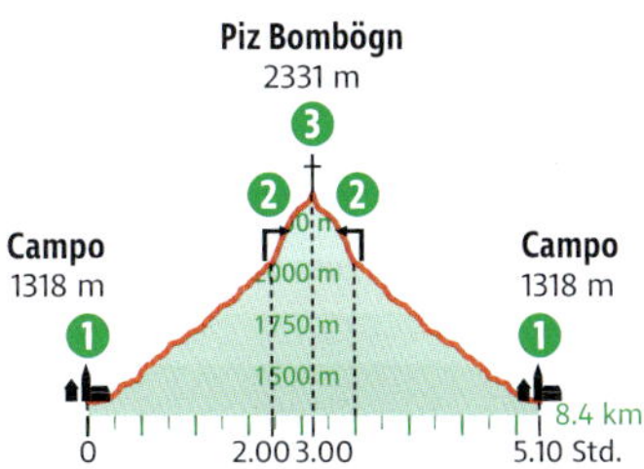

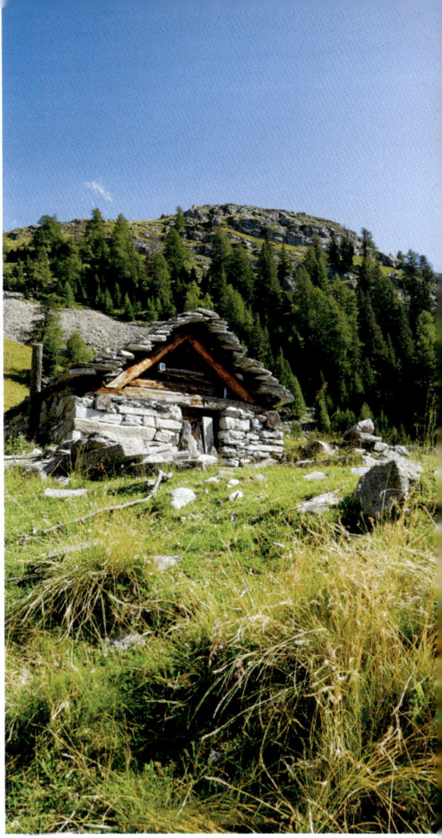

Die Alpe Cròsc auf der Ostseite des Piz Bombögn (abseits der Route).

Richtung Alpe Quadrella. Ein kurzes Stück gehen wir noch an den Steinmäuerchen der Alm entlang, dann steigen wir in vielen Serpentinen den teilweise sehr steilen Waldhang hinauf. Knapp unter der Waldgrenze geht es durch lichten Lärchenbestand rechts hinaus auf einen kleinen Wiesenabsatz. Der Weg verläuft hier in einer Kehre nach links und folgt einer Wiesenrampe direkt über einem Steilabbruch nach Nordwesten. Dort, wo die Lärchen wieder dichter stehen, befindet sich eine unscheinbare **Wegverzweigung ❷**, ca. 1990 m. Unser Weiterweg zweigt, beschildert als Sentiero di montagne Pian Cròsc, nach rechts rückläufig

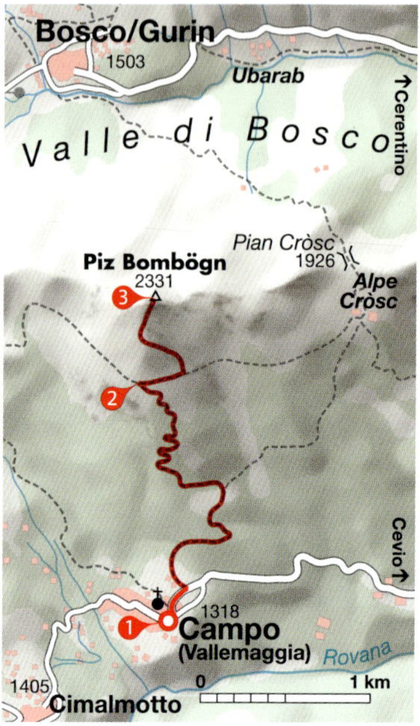

ab. Wir folgen diesem aber nur kurz bis zu einem großen Steinmann auf einem weiteren Wiesenabsatz.
Der markierte Weg führt hier etwas fallend weiter, wir aber wenden uns dem unbeschilderten und im weiteren nicht markierten Weg nach links zu und folgen diesem den Hang hinauf. Dem darüber liegenden Schichtabbruch weichen wir nach rechts aus, wo wir ihn an einer Schwachstelle ohne besondere Schwierigkeiten überwinden können. Der Weg zieht nun links hinauf und um eine Geländekante unter einer Felsnase herum bis zu einem Wiesenabsatz, ca. 2170 m, kurz unterhalb der riesigen Mauer, die bis zum Gipfel zieht. Der Hauptweg steigt hier linkshaltend durch Grasgelände und in Serpentinen zum Gipfel des **Piz Bombögn ❸**, 2331 m, hinauf. Der weniger ausgetretene Weg führt etwas nach rechts aufwärts zur Mauer und direkt links von ihr hinauf, ist jedoch schon bald im schuttdurchsetzten Grasgelände nur noch als Steigspur in Falllinie vorhanden. Das macht den Aufstieg auf den Piz Bombögn zwar mühsam, ermöglicht aber Nahblicke auf die Mauer.
Auf dem Aufstiegsweg steigen wir auch wieder ab.

Weit zieht sich die Mauer ins Valle di Campo hinab.

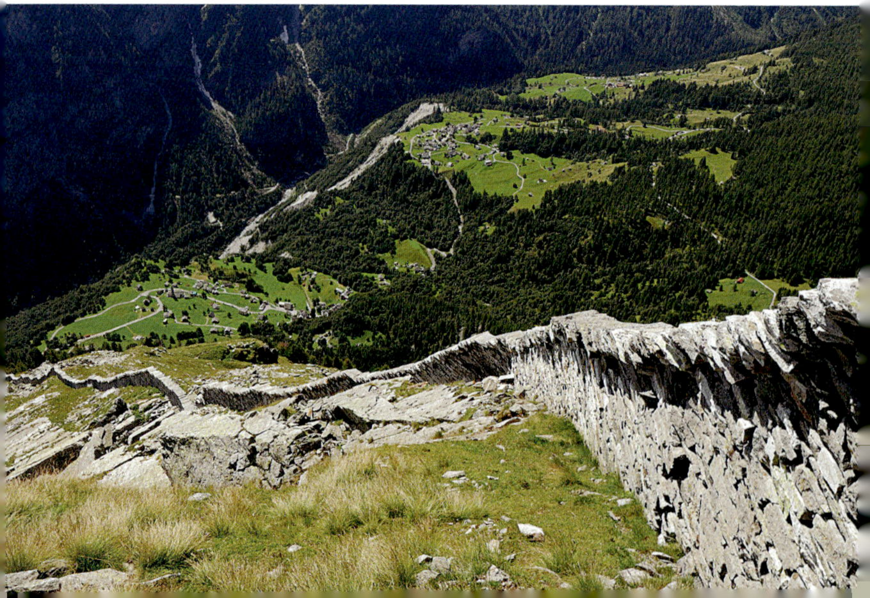

Lago della Cròsa, 2116 m

Von Foroglio

14

9.20 Std. | 15,4 km | ↗ 1720 m | ↘ 1720 m

Zu den Almen über dem Val Bavona

Zwanzig Almen gab es einst im Val Bavona. Diese waren nötig, um die Bevölkerung zu ernähren, denn der Talboden selbst reichte bei Weitem nicht aus. Auf dem Weg von Foroglio zu den Laghi della Cròsa und auf dem Rückweg über Solögna kommen wir an vier dieser Weideflächen vorbei – vorausgesetzt, wir wollen uns den mühsamen Abstieg zumuten. Mit Ausnahme der Alpe Formazzöö wurden die Almen bereits in den 1970er-Jahren aus Rentabilitätsgründen aufgegeben. Wer von Foroglio am Wasserfall vorbei auf den steilen Stufen hinaufsteigt nach Puntid und unter der Alpe d'Orsalia und der Alpe Formazzöö hindurch zu den Seen weitergeht, kann leicht nachvollziehen, wie beschwerlich das Almleben in früheren Zeiten war. Sehr eindrucksvoll und authentisch erzählt davon der Tessiner Dichter Plinio Martini (1923–1979) aus dem nahe gelegenen Cavergno in seinem Roman »Nicht Anfang und nicht Ende«. Einen wichtigen Stellenwert nimmt darin die Alpe di Solögna ein, über die uns die Tour beim Abstieg führt. Auf dem steilen Weg in den Talgrund sollte man sich vor Augen führen, dass die schweren Käselaibe früher am Ende des Sommers von den Käseträgerinnen in Kraxen hinab ins Tal gebracht werden mussten.

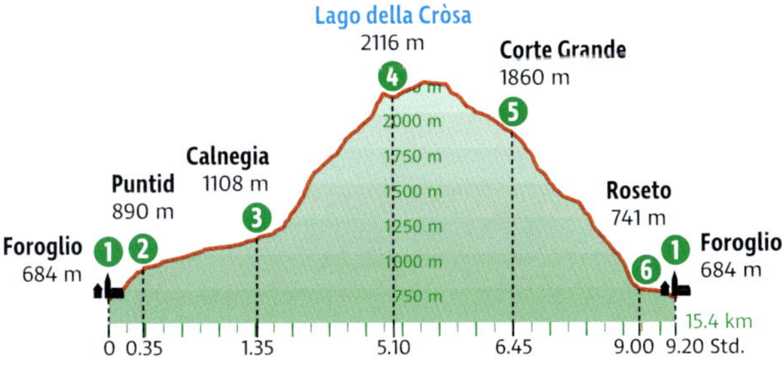

Talort: Bignasco, 443 m, im Maggiatal, Busverbindung von Maggia.
Ausgangspunkt: Foroglio, 684 m, im Val Bavona. Parkplatz vor der Brücke in den Ort, Busverbindung von Bignasco.
Anforderungen: Bis Calnègia einfach, teils Treppenstufen. Weiter zum See sehr steile, ausgesetzte Treppen, einige Passagen auch über Felsplatten; Trittsicherheit notwendig. Ist im Aufstieg gut markiert, im Abstieg sind die Markierungen oft schlecht zu sehen. Im Bereich der Seen gibt es teilweise alte Markierungen, die nirgendwohin führen. Der Abstieg ist schwierig, Trittsicherheit und sehr gutes Orientierungsvermögen sind nötig. Steile Grasflanken und Blockfelder sind weglos zu begehen, Markierungen sind spärlich und nur in der beschriebenen Gehrichtung erkennbar. Bei schlechter Sicht wird dringend abgeraten.
Karten: Kümmerly + Frey »Tessin Sopraceneri« (Maßstab 1:60.000) und swisstopo Blatt 265 »Nufenenpass« (Maßstab 1:50.000).

Vom Parkplatz über die Brücke in den Ort **Foroglio** ❶, 684 m, und hier auf beschildertem Wanderweg rechts am Restaurant vorbei, durch die engen Gassen und nach dem Ort steil durch den Kastanienwald hinauf. Begleitet vom Donnern des Wasserfalls erreichen wir schon bald die Wiesen von **Puntid** ❷, 890 m, im Val Calnegia. Die Steinhäuser der Almsiedlung stehen zu beiden Seiten eines reißenden Baches, den wir auf einer wunderschönen steinernen Bogenbrücke überqueren. Nun geht es immer auf der linken Bachseite nur leicht steigend taleinwärts. Etwa auf halber Strecke zur Siedlung Calnègia führt eine Brücke hinüber zur Alpe Gerra, wir bleiben aber links vom Bach und erreichen so schließlich **Calnegia** ❸, 1108 m.

Der Weg führt direkt zwischen den Häusern hindurch und beginnt nach dem Weiler bald deutlicher zu steigen. Überhaupt ändert sich allmählich der Charakter der Landschaft: Von einem fast lieblichen Gebirgstal kommen wir in eine wilde Szenerie. Teils liegt noch im Hochsommer der Lawinenschnee in den Schluchten, abgeknickte Birken und Lärchen am Rand von steilen Gräben verraten, dass hier im Winter Lawinen das Regiment führen. Wir überqueren einen großen Seitenbach, dann steigen wir in vielen Serpentinen den immer steiler werdenden Osthang hinauf. Einer der Höhepunkte ist dabei die Querung einer tiefen Schlucht, bei der wir auf einem breiten Felsband über dem Abgrund wandeln. Oberhalb leitet der Weg wieder in die linke Karseite. Dann zieht er nach rechts und wir erreichen nach vielen steilen Treppenstufen die Verflachung mit den Gebäuden der Alpe Gradisc, 1703 m.

In dem schlagartig wieder lieblichen Gelände verrät nichts mehr die steilen Schluchten, die unterhalb liegen. Auf dem Almboden quert der Pfad nach rechts und beginnt erst im Wald wieder zu steigen. Über Stufen und teilweise über Felsplatten geht

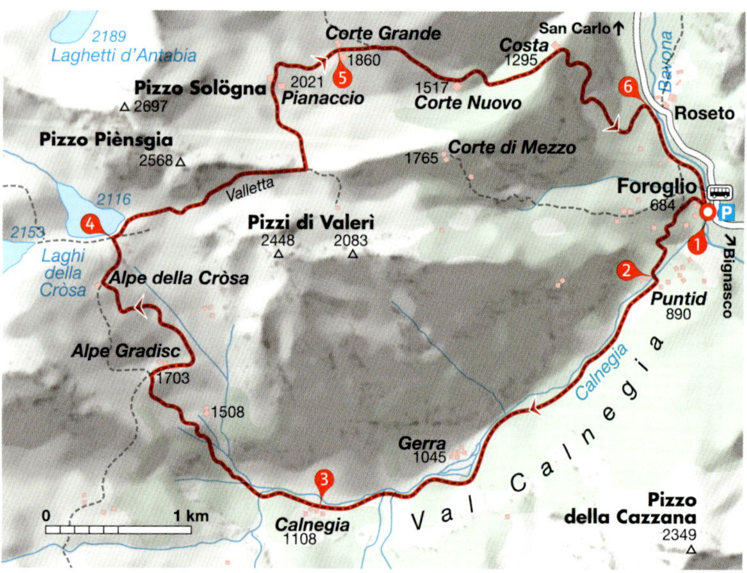

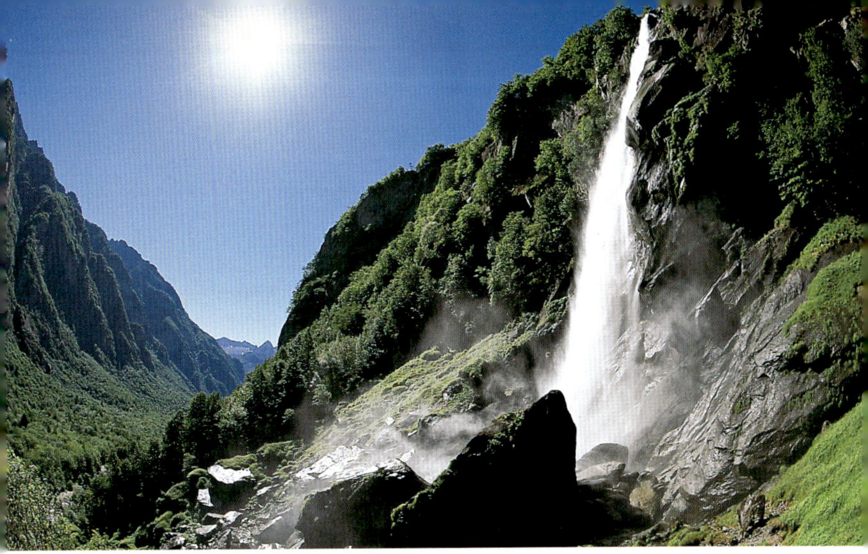

Mit einem gischtenden Wasserfall stürzt der Bach aus dem Val Calnegia nach Foroglio herab.

es ein riesiges Kar hinauf. Bei der Alpe della Cròsa kommen wir nochmals kurz in flaches Wiesengelände mit einem kleinen Almgebäude und steigen zuletzt wieder steiler hinauf auf den Felshöcker hoch über dem unteren der beiden Laghi della Cròsa. Ein großer, kunstvoll aufgeschichteter Steinmann etwas rechts des Weges ist dabei Orientierungspunkt. Von dem Felshöcker mit schönem Blick hinab zum See führt der Weg rechts hinunter zum unteren **Lago della Cròsa ❹**, 2116 m, den wir beim Seeauslauf erreichen.

Vom Seeauslauf gehen wir auf einem Steig in östlicher Richtung auf einen großen Felshöcker hinauf und jenseits in einen Wiesensattel am südöstlichen Ende des Sees. Hier zieht ein anfangs gut markierter Steig über ein Blockfeld hinauf in eine Scharte, 2304 m, mit einem markanten, cirka fünf Meter hohen Felsturm. Der Steig bleibt dabei anfangs auf der linken Seite des steilen Kars, quert weit oben den Graben nach rechts auf einen Wiesensporn hinaus und führt links in die tiefste Scharte hinauf. Erst jenseits der Scharte findet man einen großen roten Punkt. Nun geht es das wilde Tal Valletta hinab. Immer auf der linken Karseite führt der Steig anfangs direkt unter dem Felsansatz, dann über ein Blockfeld unter einem ungefähr 50 Meter hohen Felsturm im linken Grat hindurch. Hinter diesem gelangen wir höhengleich in eine kleine Scharte, 2085 m, die wir daran erkennen, dass hier einige kleine Lärchen stehen. In der Scharte befindet sich ein Schild. Jenseits steigen wir eine sehr steile Schrofenrinne hinab, dann queren wir links auf Felsbändern ins Kar und gehen über ein Blockfeld hinunter zu den Gebäuden der Alpe Pianaccio, 2021 m. Von den Gebäuden führt ein Pfad direkt hinab zur Alm **Corte Grande ❺**, 1860 m.

Über steile Pfade steigen wir anschließend im Wald hinab bis **Roseto ❻** und gehen auf dem Weg auf der rechten Talseite zurück nach **Foroglio ❶**.

15 Laghetti d'Antabia, 2115 m

Von San Carlo

7.20 Std. | 11,3 km | ↗1360 m | ↘1560 m

Zu einem Rifugio und einem See über dem Val Bavona

Unmittelbar vor dem Talschluss des Val Bavona in San Carlo zweigt das Val d'Antabia nach Südwesten ab. Gut drei Stunden sind es über die Alm Corte Grande bis auf den schönen Wiesenfleck Piano delle Creste. Hier steht die gleichnamige Hütte und darüber reihen sich auf zwei Karstufen drei Seen auf. Auch die Bergkulisse »stimmt«. Im Süden ragt der Piz Solögna in die Höhe und im Norden der Piz Basòdino. Mit seinen 3272 Metern ist dieser nicht nur der höchste Gipfel weit und breit, er weist auch zwei Gletscher auf. Der imposantere ist der Ghiacciaio del Basòdino auf der Nordseite, kleiner, aber steiler ist der Ghiacciaio d'Antabia, der herunterschaut auf das Rifugio Piano delle Creste. Die Szenerie ist also durchweg alpin. Mit dem Rifugio ergibt sich die Möglichkeit, die Wanderung auf zwei Tage auszudehnen und beispielsweise den Piz Solögna zu umrunden oder auch unter dem Piz Basòdino hindurch zum Tamierpass aufzusteigen und einen Blick hinunter ins italienische Valle Formazza zu werfen. Bei einer Tagestour sollte man zeitig starten, denn auch für den steilen Abstieg braucht man nochmals Kraft.

Der untere der Laghetti d'Antabia mit der Capanna Piano delle Creste.

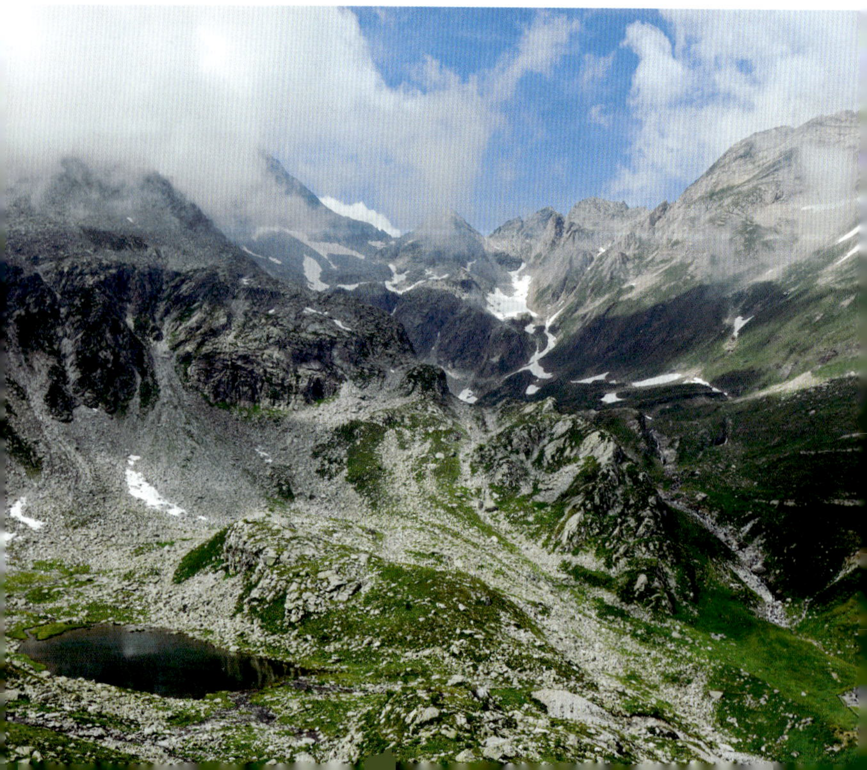

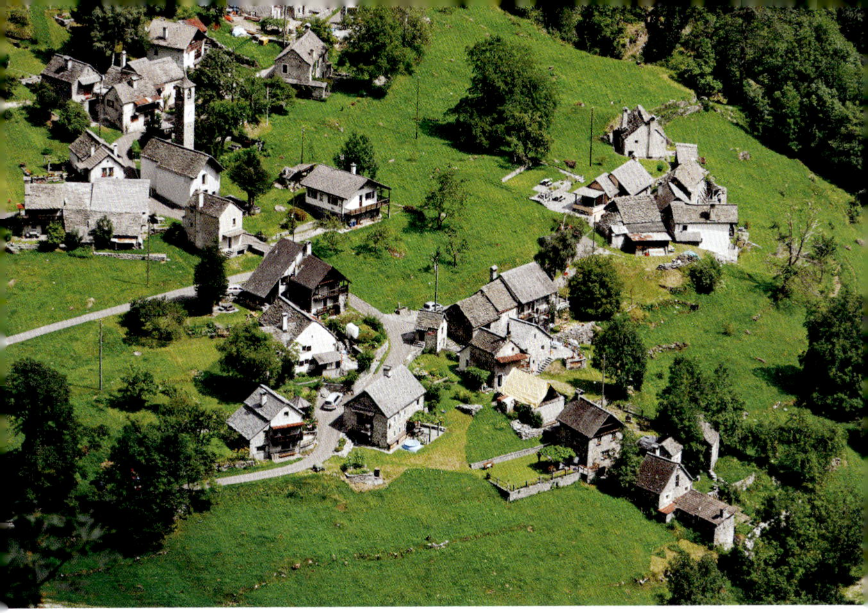

Blick zurück auf San Carlo, unseren Ausgangsort.

Talort: Bignasco, 443 m, im Maggiatal, Busverbindung von Maggia.
Ausgangspunkt: San Carlo, 938 m, im Val Bavona. Parkmöglichkeit vor der Brücke, Bushaltestelle jenseits der Brücke beim Gasthaus. Busverbindung von Bignasco.
Endpunkt: Roseto, 741 m. Busverbindung nach San Carlo (letzte Verbindung 16.39 Uhr) und Bignasco (letzte Verbindung 17.21 Uhr), zu Fuß nach San Carlo ca. 1 Std.
Anforderungen: Der Anstieg zur Hütte ist im unteren Teil steil und anstrengend mit vielen hohen Treppenstufen, aber noch einfach. Der Abstieg zur Alpe di Sológna verlangt etwas Trittsicherheit und Orientierungssinn, der weitere Abstieg ist steil und weniger gut ausgebaut als der Aufstieg.
Einkehr und Übernachtung: Rifugio Piano delle Creste (bewartet Mitte Juni bis Mitte Oktober, Tel. +41/(0)91/7551414).
Karten: Kümmerly + Frey »Tessin Sopraceneri« (Maßstab 1:60.000) und swisstopo Blatt 265 »Nufenenpass« (Maßstab 1:50.000).

Direkt vor der Brücke, die nach **San Carlo ❶**, 938 m, hinüberführt, zweigt links der beschilderte Wanderweg zur Alm Corte Grande und zum Piano delle Creste ab. In angenehmer Steigung gehen wir durch Laubwald zur nahen Hängebrücke und überqueren den Bach nach rechts. Abschnittsweise über steile Treppenstufen geht es nun anstrengend, aber zügig hinauf zu einer Kapelle, ca. 1140 m, bei der wir durch eine Lücke im Wald einen schönen Blick zurück auf San Carlo haben. Auf den nächsten ca. 150 Höhenmetern geht es flach weiter, dann beginnt ein typischer Tessiner Steinplattenweg, der uns über unzählige hohe Treppenstufen hinaufbringt zu einer Lichtung mit mehreren Almhütten, ca. 1480 m. Wieder im Wald wird das Rauschen des Wildbaches stärker, bis wir einen Felsenkessel, ca. 1550 m, erreichen, wo über einen hohen Felsabbruch ein Wasserfall herabstürzt. Am rechten Rand des Kessels

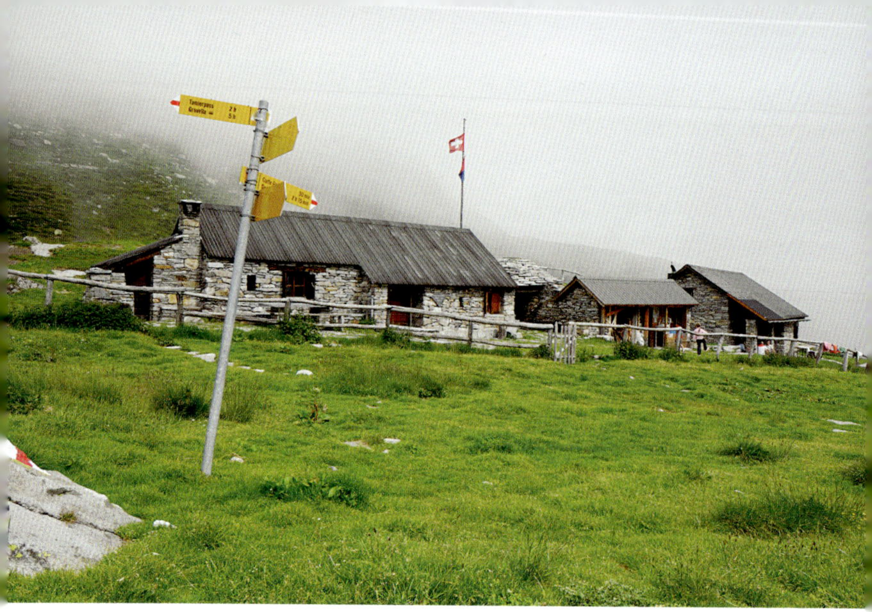

Geschafft! Die Gebäude des Rifugio Piano delle Creste sind erreicht.

geht es erneut steil über Felsplattenstufen hinauf und im Hochwald oberhalb des Felsabbruches auf der rechten Begrenzungsrippe des breiten, in den Fels geschliffenen Bachbettes weiter. Auf ungefähr 1730 m kann der Bachgraben im Bereich einer Geröllablagerung unschwierig gequert werden. Ungefähr auf 1800 m überqueren wir – diesmal mit Brücke – erneut ein großes, in den gebänderten Gneis geschliffenes Bachbett. Durch Lärchenwald und Erlengebüsch folgen wir dem Wanderweg weiter, bis wir die Lichtung und über den steilen Wiesenrücken die Gebäude der Alm Corte Grande, 1914 m, erreichen.

Linkshaltend folgen wir dem Wanderweg in eine breite Karschüssel, an deren linkem oberen Ende der von den Laghetti d'Antabia herabkommende Bach schluchtartig einmündet. Weiter stark linkshaltend führt der Weg mit geringer Steigung dort hinüber. Dabei wird ein Felsabbruch in einem Sekundärtälchen rechts davon überwunden und wir gelangen so bequem über einen unscheinbaren Sattel zum dahinter liegenden Schwemmboden. Das **Rifugio Piano delle Creste ❷**, 2108 m, steht nun in Sichtweite auf einem Absatz über dem Talboden. Der Weg leitet über den flachen Talboden und den anschließenden Rücken dorthin.

Von der Hütte folgen wir dem nach links abbiegenden Weg aufwärts zum Auslauf des untersten Sees, 2115 m,

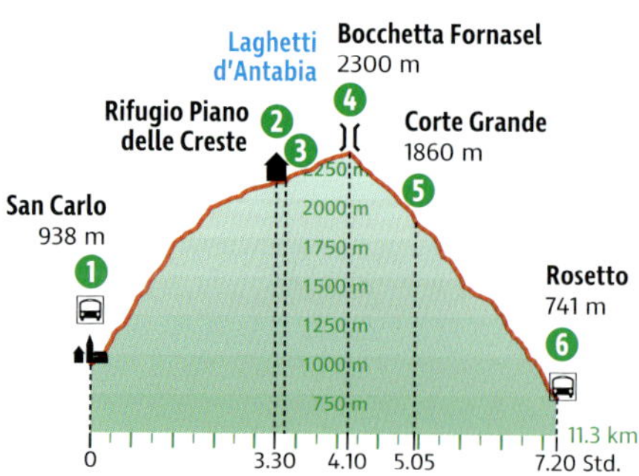

der **Laghetti d'Antabia** ❸. Nach Überschreiten des Baches gabelt sich der Weg. Wir halten uns links (wenig später am Fels angeschrieben) und steigen aus dem Tälchen nach links hinauf auf den begrenzenden Rücken und weiter zu einer Felsenkanzel, 2185 m. Nun gehen wir immer in östlicher Richtung nur noch mäßig steigend in leichtem Auf und Ab weiter, bis wir nach einem Felseneck ein Kar erreichen, in dem nochmals ein kleiner See, 2240 m, liegt. Links an ihm vorbei und das anschließende Blockfeld hinauf zur nahen Scharte, **Bocchetta Fornasel** ❹, 2300 m, die mit Steinmännern markiert ist. Jenseits geht es rechtshaltend hinab und über ein Felsband rechts hinaus auf eine Rippe, 2230 m, die mit einem riesigen Steinmann markiert ist. Auf der anderen Seite kommen wir über steiles Gras und kurz über Blockgelände auf eine Wiesenterrasse, die wir in südlicher Richtung, auf eine Felsenkanzel zuhaltend, überqueren. Hier biegt der Weg nach links ab und ermöglicht einen einfachen Durchstieg durch die Felsabbrüche. Anschließend gelangen wir über Wiesenterrassen mit kaum erkennbarem Weg (auf Markierungen an Steinen achten, große Abstände) zum neuen Gebäude von Sedone, 2018 m.

Hier weist ein Schild Richtung Roseto. Der nun deutlichere Weg führt bald durch lichten Wald links über dem Almgelände von **Corte Grande** ❺, 1860 m, vorbei, dann durch dichteren Wald steiler hinab zur Lichtung Corte Nuovo, 1517 m, mit einigen Häusern. Von dort gehen wir auf einem Pfad weiter steil hinab, dann in den Bachgraben hinein. Wir überqueren den Bach und gehen kurz höhengleich hinüber zum oberen Rand der Lichtung Costa, 1295 m. Die restlichen Höhenmeter überwinden wir auf steilem Weg hinab durch den Wald, bis wir bei **Roseto** ❻, 741 m, auf die Straße durch das Val Bavona treffen.

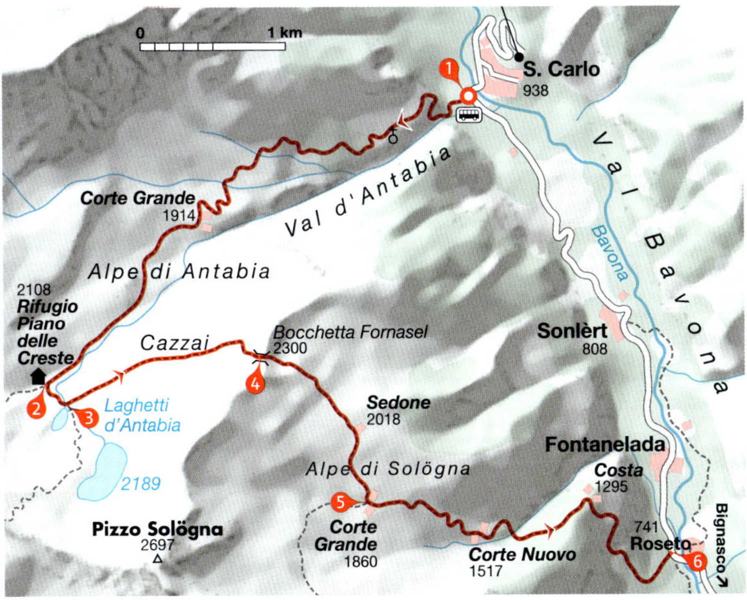

16 Lago Sfundau, 2465 m, und Lago Nero, 2387 m

Von San Carlo

5.10 Std. | 13,4 km | ↗ 900 m | ↘ 900 m

Zu den Stauseen unter dem Basòdino

Sieben größere Seen und unzählige kleine Seeaugen liegen eingeschlossen in dem verzweigten Kessel zwischen Basòdino, Pizzo San Giacomo, Cristallina und Poncione. In ihnen sammelt sich das Wasser der Gletscher und Schneefelder, um anschließend in wohldosierten Mengen durch Fallrohre hinabzustürzen und Kraftwerke zu versorgen. Unberührte Natur wird man um den Lago Robiei daher nicht erleben. Dennoch hat sich das Seengebiet als beliebtes Wanderziel etabliert. Lago di Robiei, Lago del Zött, Lago dei Matörgn, Lago dei Cavagnöö, Lago Bianco, Lago Sfundau und Lago Nero strahlen trotz manch künstlicher Dammkrone etwas Besonderes aus, und zum Bau der Staumauern wurde die Robiei-Seilbahn errichtet, die nun im Sommer auch den Wanderern zur Verfügung steht. Sie kürzt den Weg um etwa drei Stunden ab und macht so die Runde um die Seen zur gemütlichen Tour. Wer alle Seen erkunden möchte, wird trotzdem mehr als einen Tag benötigen. Die Capanna Basòdino ist dann eine geeignete Unterkunft. Unsere Rundtour verbindet vier der größeren Seen und liegt in der Schwierigkeit höher als die von den meisten Besuchern begangenen Werksstraßen. Wer den steilen Rücken zum Lago dei Cavagnöö begeht, muss sogar »schwarze« Passagen überwinden.

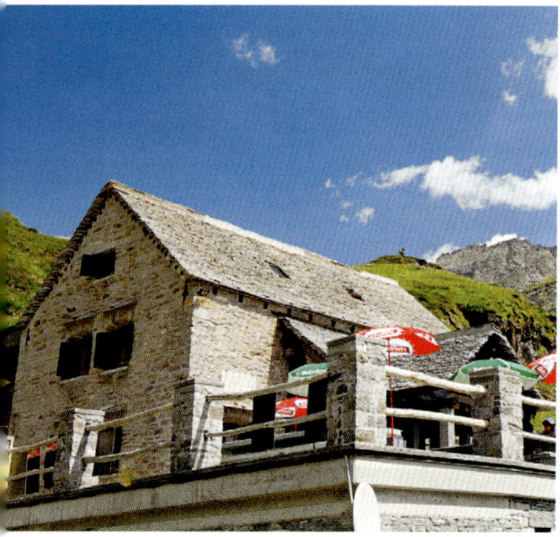

Die Capanna Basòdino liegt am Ende der Robiei-Runde.

Talort: Bignasco, 443 m, im Maggiatal, Busverbindung von Maggia.
Ausgangspunkt: Talstation der Robiei-Seilbahn, ca. 1000 m, bei San Carlo im Val Bavona. Busverbindung von Locarno. Seilbahnbetrieb von Mitte Juni bis Ende September stündlich ab 8 Uhr, Tel. +41/(0)91/7566677.
Anforderungen: Die Route verläuft teilweise über Blockfelder und kurze Felsplatten und auf schmalen Wegen in steilen Wiesenflanken. Der Weg über den Rücken zum Lago dei Cavagnöö führt über einen sehr steilen Wiesensteig mit kurzen Felspassagen, schwierig (kann über die Werksstraße umgangen werden).
Einkehr und Übernachtung: Albergo-Ristorante Robiei (Tel. +41/(0)91/7565020, www.robiei.ch); Capanna Basòdino (Tel. +41/(0)91/7532797).
Karten: Kümmerly + Frey »Tessin Sopraceneri« (Maßstab 1:60.000) und swisstopo Blatt 265 »Nufenenpass« (Maßstab 1:50.000).
Variante: Umgehung des Rückens zum Lago dei Cavagnöö auf der Werksstraße, einfach, ca. 10 Min. länger.

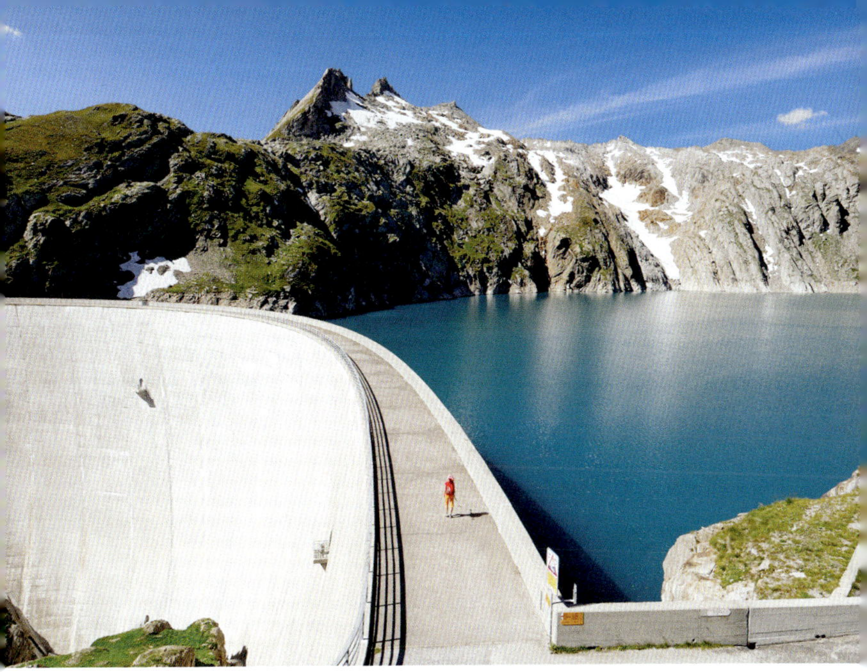

Nicht schön, aber imposant ist die Staumauer des Lago dei Cavagnöö.

Von der Talstation bei **San Carlo** ❶, ca. 1000 m, fahren wir mit der Seilbahn hinauf zur **Bergstation Robiei** ❷, 1890 m. Dort folgen wir einer Asphaltstraße zum Albergo-Ristorante Robiei, das als mehrstöckiger »Wasserturm« sofort ins Auge springt. Danach gehen wir an einer Straßengabelung rechts, gelangen nach ein paar Kehren zur Staumauer des Lago di Robiei, 1940 m, und überqueren diese. An ihrem Ende knickt die Straße nach links. Wenige Meter danach beginnt ein Wanderweg. Dieser führt kurz den Hang hinauf und folgt dann dem Seeufer, bis wir unmittelbar vor einem Wassereinlauf einen grobschottrigen Weg in ein paar kurzen Serpentinen hinaufsteigen in einen nahen Sattel. Jenseits wandern wir ca. 20 Höhenmeter zu einer Asphaltstraße hinab. Auf dieser geht es links hinauf zum Beginn eines markanten Rückens (Schild »Lago Cavagnöö«). Hier zweigt der weiß-blau-weiß markier-

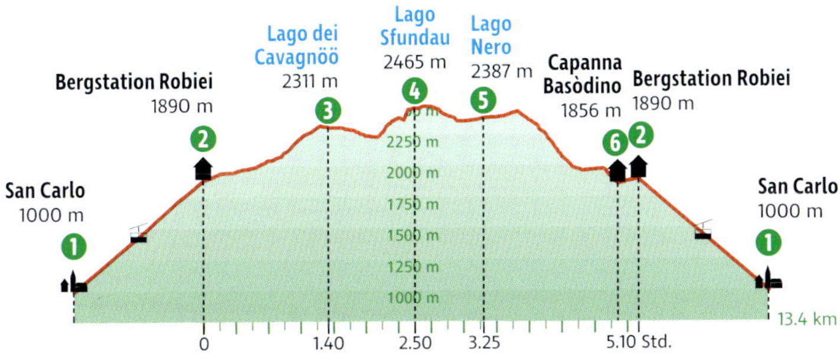

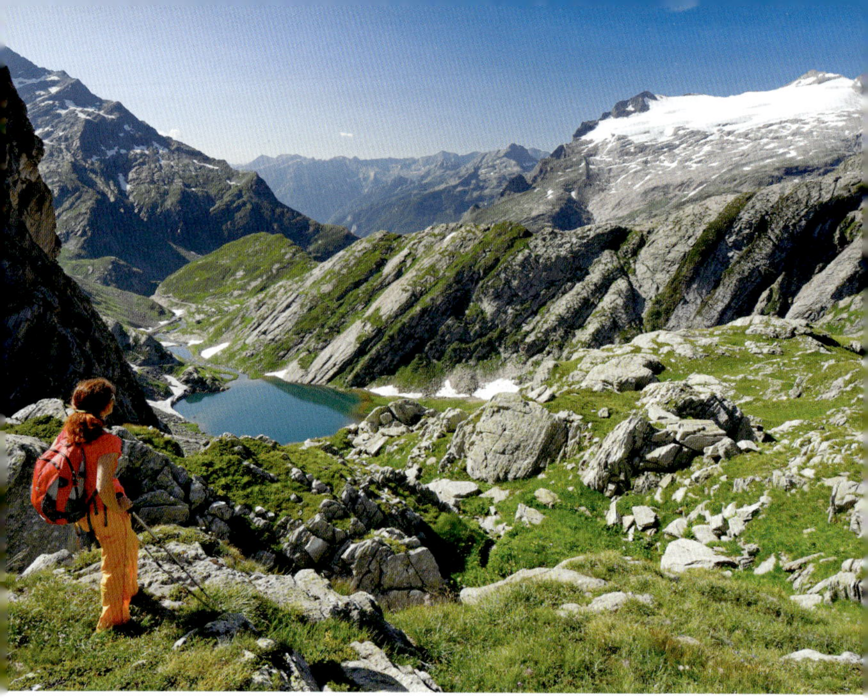

Vom Lago Bianco scheint sogar unser Felsrücken direkt unter den Basòdinogletscher zu ziehen.

te Steig zum Lago dei Cavagnöö nach links ab. Der Steig verläuft nun immer auf dem Rücken, etwa auf halber Strecke wird dabei der Mast einer Werksseilbahn passiert. Auf einer Höhe von ca. 2360 m sind wir am oberen Ende des Rückens. Bei einer beschilderten Verzweigung bei einem Werkssträßchen gehen wir rechts hinab und steigen über den Felsrücken hinunter auf die Staumauer des **Lago dei Cavagnöö** ❸, 2311 m. Die letzten Meter überwinden wir dabei in einer versicherten Felsrinne.

Wir überqueren die Staumauer, halten uns auf der anderen Seite rechts und wandern auf der Werksstraße ein paar Serpentinen hinab. Kurz bevor wir ein Seilbahngebäude erreichen, zweigt bei Cortino, 2210 m, ein beschilderter Weg zum Lago Sfundau nach links ab. Über das mit Felshöckern durchsetzte Wiesengelände steigt der Weg in wechselnder Steilheit auf bis zu einem kleinen Sattel. Hier halten wir uns rechts und kommen am Südende des **Lago Sfundau** ❹, 2465 m, zu einer Verzweigung, an der wir rechts Richtung Lago Nero gehen. Der Weg führt zu einem kleinen Sattel, ca. 2480 m, hinauf und leitet in der Folge über Wiesenterrassen hinunter zu einer Verzweigung. Hier könnte man zum Lago Bianco absteigen. Wir bleiben aber auf dem Weg geradeaus. Dieser beschert uns nochmals einen schönen Blick auf den Lago di Robiei und den Lago dei Cavagnöö. So gelangen wir zum **Lago Nero** ❺, 2387 m, gehen rechts daran entlang und über den Bach, der den Seeauslauf bildet. Nun geht es leicht steigend hinauf, über ein Blockfeld und zu einer Wegverzweigung, ca. 2450 m. An einem Stein ist unser weiterer Weg zur Capanna Basòdino nach schräg rechts angeschrieben. Im Felsgelände geht dieser im Auf und Ab das Kar weiter aus, fällt dann, führt zwischen zwei kleinen Seen hindurch und schließlich eine Wiesenrampe hinab. Kurz vor Erreichen des Talgrundes kommen wir zu den Steinhütten von Lielp, 2010 m, an denen es links vorbeigeht. Immer wieder einmal ist an Felsen »Basodino« angeschrieben. Die Wiesenflanken steigen wir nun immer talauswärts hinab. Bei einer Verzweigung, an der wir die Capanna Basòdino erstmals unter uns sehen, halten wir uns geradeaus hinab. Eine kurze schrofige Stelle mit Geländerseil gilt es noch zu überwinden, dann geht es über den Bach und wenige Meter hinauf zur **Capanna Basòdino ❻**, 1856 m. Auf einem als Wanderweg beschilderten Steig oder auf der Asphaltstraße gehen wir zurück zur **Bergstation Robiei ❷** und fahren mit der Seilbahn hinunter nach **San Carlo ❶**.

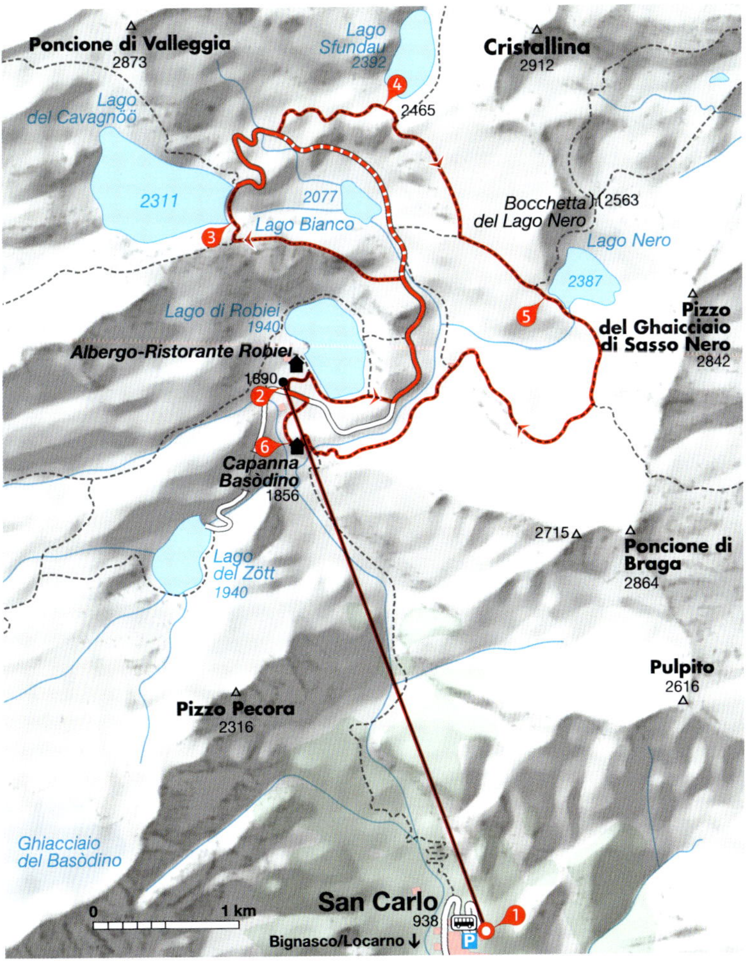

17 Capanna Cristallina, 2575 m

Vom Lago del Narèt

TOP | 5.50 Std. | 13,5 km | ↗ 980 m | ↘ 980 m

Hochalpine Rundtour um den Cristallina

Die moderne Schweizer Hüttenarchitektur mag für manchen gewöhnungsbedürftig sein. Ein Beispiel findet sich in dem Sattel nordöstlich des Passo di Cristallina: die Capanna Cristallina. Das neue Gebäude wurde 2002 errichtet, nachdem das wesentlich tiefer gelegene alte Haus im Winter 1999 von einer Lawine zerstört worden war. Die strengen Formen fallen schon von Weitem auf, innen wirkt das Haus modern und funktionell, bestens geeignet für einen mehrtägigen Aufenthalt, zum Wandern, Klettern oder Faulenzen. Zwei Aufstiege zur Capanna Cristallina sind üblich, ein langer und einfacher aus dem Bedrettotal und der hier vorgestellte kürzere, aber anspruchsvollere vom Lago del Narèt. Die Zufahrtsstraße zu diesem Stausee erlaubt es, auf über 2300 Metern zu starten und über einen Pass ins Tal nördlich unter dem Cristallina zu queren. Zur Hütte ist es dann nicht mehr weit. Um die Runde komplett zu machen, überschreiten wir aber noch einige Scharten, blicken aus unterschiedlichen Richtungen auf den Ghiacciaio del Basòdino und kommen an einer ganzen Reihe von Seen vorbei. Einer von ihnen ist der Lago Sfundau, in dem fast das ganze Jahr über mächtige Eisschollen treiben. Laut einer Sage soll er einst ein lieblicher See gewesen sein inmitten von saftigen Almen. Ein Hirte sei Schuld daran, dass der See sich in einen schwarzen Strudel verwandelte, sich immer tiefer eingrub und schließlich sogar die umliegenden Flanken zum Einstürzen brachte. Auch die Stauseenlandschaft des Robieigebiets streifen wir, allerdings ohne ihr wirklich nahe zu kommen.

Eisschollen auch im Sommer: der Lago Sfundau.

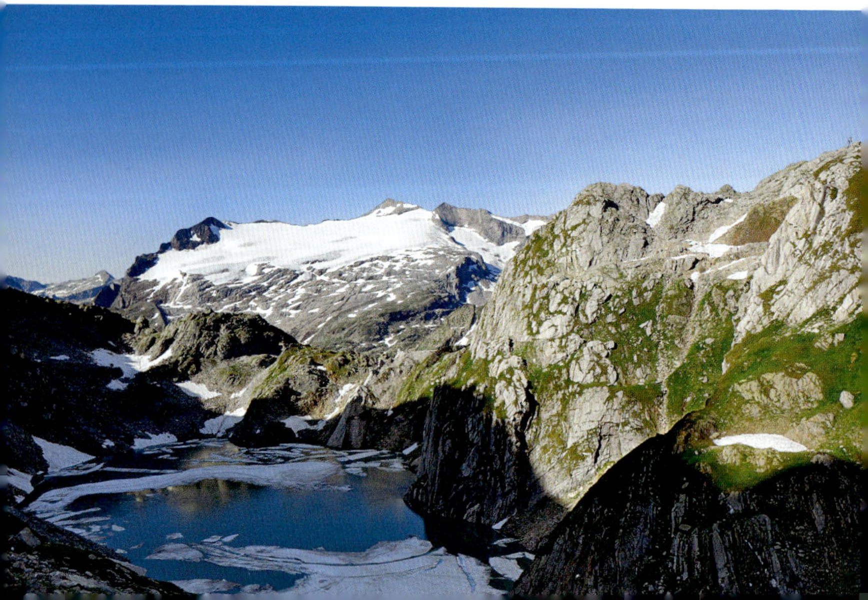

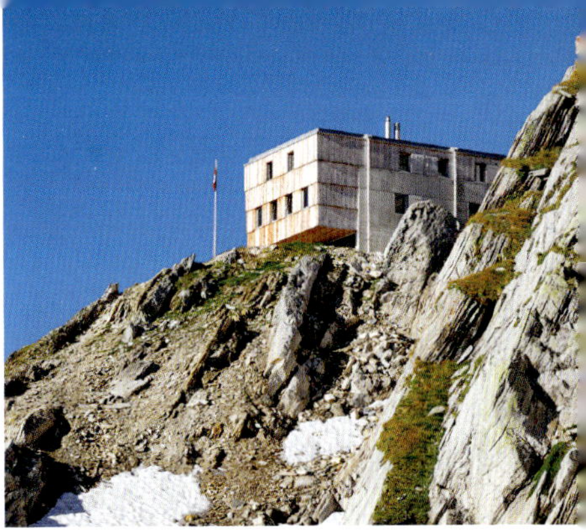

Mit der Capanna Cristallina kam moderne Architektur.

Talort: Fusio, 1289 m, im Val Lavizzara. Busverbindung von Maggia.
Ausgangspunkt: Lago del Narèt, 2313 m. Parkmöglichkeit am Südende des Sees bei einer Straßenverzweigung. Zufahrt von Fusio auf schmaler, steiler Bergstraße am Lago del Sambuco vorbei und nach links über die Staumauer.
Anforderungen: Bis zum Lago Nero gut markierte, häufig begangene Wanderwege (im Abstieg zur Capanna Cristallina eine kurze versicherte Stelle). Vom Lago Nero zur Bocchetta del Lago Nero mehrere Versicherungen, schmaler Steig durch steile Wiesenflanke. Im Val di Peccia teils weglos, aber markiert; Orientierungssinn nötig.
Einkehr und Übernachtung: Capanna Cristallina (bewirtschaftet von Ende Juni bis Anfang Oktober, 120 Plätze, Winterraum mit 24 Plätzen, Tel. +41/(0)91/8692330, www.capannacristallina.casticino.ch).
Variante: An der Bocchetta del Lago Nero auf dem linken Weg hoch über dem Val di Peccia direkt zum Passo del Sasso Nero, etwas kürzer, aber ohne den schönen Talweg.
Karten: Kümmerly + Frey »Tessin Sopraceneri« (Maßstab 1:60.000) und swisstopo Blatt 265 »Nufenenpass« (Maßstab 1:50.000).

Vom Parkplatz bei Punkt 2313 m am **Lago del Narèt** ❶ gehen wir zunächst rechts auf einer Schotterstraße am See entlang. Schon gleich kommen wir an eine Verzweigung, an der wir uns rechts auf dem beschilderten Wanderweg Richtung Passo del Narèt halten. Ein Stück bleiben wir noch auf Seehöhe, dann führt der Weg links hinauf zur breiten Scharte des **Passo del Narèt** ❷, 2438 m. Jenseits des Passes steigen wir ab, kommen an einer alten Baracke vorbei und wandern links hinunter zu einem Moränenrücken, wo sich der Weg verzweigt. Wir halten uns links in Richtung Capanna Cristallina. Teilweise durch Schrofengelände führt der Pfad hinunter zum Hauptbach, den er etwa auf 2250 m überquert. Der Hüttenweg aus dem Bedrettotal, auf den wir schon gleich bei einem Rücken treffen, leitet uns nun in der rechten Talseite hinauf zum Passo di Cristallina, 2568 m. Die neue **Capanna Cristallina** ❸ steht unmittelbar rechts darüber auf 2575 m Höhe. (Auf alten Karten ist noch die alte Hütte viel weiter unten verzeichnet.)
Von der Capanna Cristallina leitet der Weg Richtung Lago Sfundau auf der linken Seite des Tals nach Süden weiter. Es geht links an einem ersten

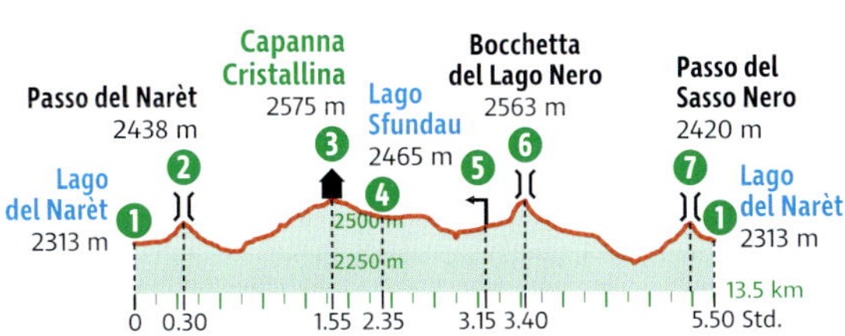

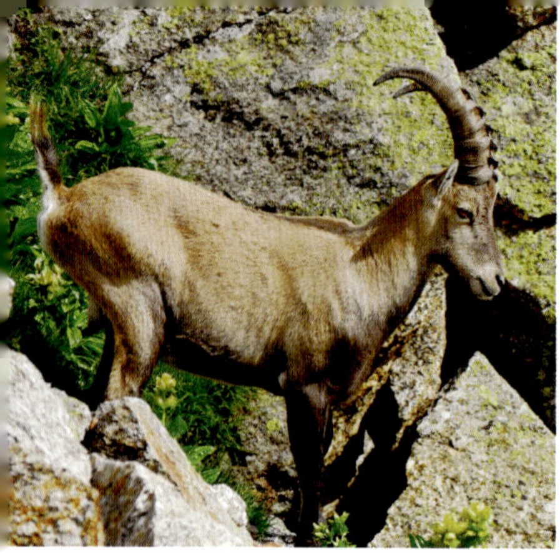

Bereit zur Flucht: Die Steinböcke im Tessin sind sehr scheu.

kleinen See vorbei, dann immer hinab und ein gutes Stück oberhalb vom **Lago Sfundau ❹** an diesem vorbei. Nun beginnt der Weg wieder leicht zu steigen. Bei der Verzweigung »Lago Sfundau«, 2465 m, folgen wir dem linken Weg hinauf in einen kleinen Sattel. Dann führt der Weg mit schönem Blick auf den Ghiacciaio del Basòdino, auf Lago dei Cavagnöö und Lago di Robiei zumeist fallend bis zu einer Verzweigung auf 2340 m. Wir bleiben hier aber auf dem Weg, der geradeaus weitergeht zum Lago Nero. Über schmale Wiesenterrassen mit Gletscherschliffplatten wandern wir im Auf und Ab um einige Geländekanten herum bis unmittelbar vor den Lago Nero.

An einer beschilderten Gabelung westlich des **Lago Nero ❺**, 2406 m, wenden wir uns links in die Flanke über dem See Richtung Bocchetta del Lago Nero. Teils auf schlechtem, abgerutschtem Weg, teils mit kurzen Seilversicherungen geht es am Nordwestufer hinauf. Der letzte Abschnitt in die Passhöhe verläuft dann wieder auf einem gutem Steig.

An der **Bocchetta del Lago Nero ❻**, 2563 m, führt der Richtung Naret beschilderte Weg links hinauf, wir halten uns hier aber auf dem Weg hinunter zum Piano di Peccia. Kurz führt der Steig über Granitblöcke hinab in den Talboden. Dort orientieren wir uns an den Markierungen, die grob den großen Strommast links vom Pizzo del Lago Scuro anpeilen. Immer links des eigentlichen Talgrundes geht es meist fallend, teils auch über kleine Kuppen durch schönes Felsgelände und an einigen weiteren malerischen Seen und mäandrierenden Bachläufen vorbei. Nach einem kleinen See mit einer Felsinsel passieren wir eine (erst spät sichtbare) Wasserfassung links unterhalb des Weges. Dieser verzweigt sich hier bei einem Steinmann. An Felsen ist der Hauptweg Richtung Peccia nach rechts hinab angeschrieben. (Die zeitsparende Abkürzung geht schräg links in Gehrichtung einen anfangs

Weit spannt sich das Panorama am Passo del Narèt.

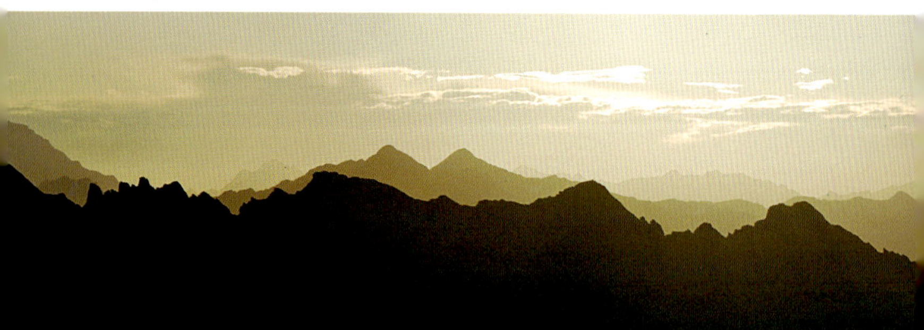

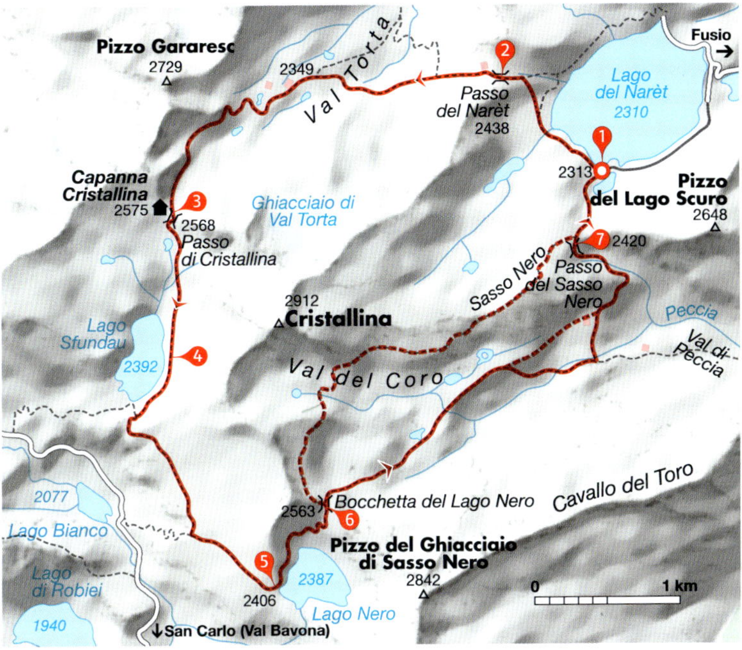

noch einmal markierten Steig weiter, dann geht es weglos durch einen verblockten Graben (kurz I) und links unter den Felsansätzen hindurch auf Steigspuren durch die steile Flanke zu den Steinhüttchen von Sasso Nero und hinter diesen wieder zum markierten Weg.)

Vom genannten Steinmann rechts steigen wir ab ins Haupttal und überqueren den Bach. Bald schon biegt der markierte Weg zum Passo del Sasso Nero nach links ab, führt über den Bach zurück auf seine linke Seite und auf die Steinhüttchen von Sasso Nero zu. Durch ein kleines Kar geht es hinauf in den **Passo del Sasso Nero** ❼, 2420 m. Von hier sehen wir schon den Ausgangspunkt unserer Wanderung, den Lago del Narèt. Über einen Wiesenhang, dann durch ein kleines Blockfeld und zum Schluss auf einer Werksstraße geht es hinunter am **Lago del Narèt** ❶.

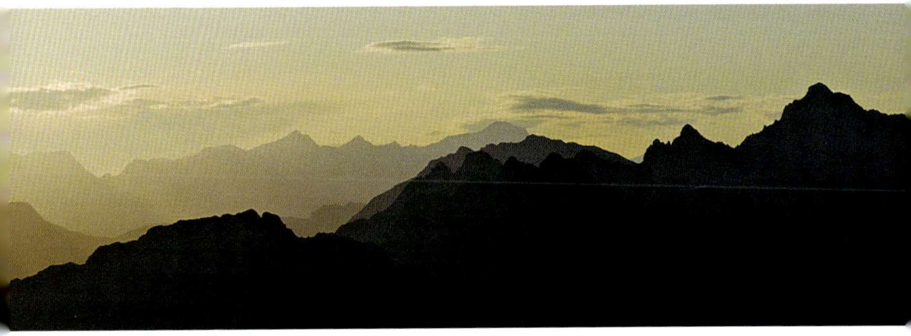

18 Lago di Mognòla, 2003 m

Von Fusio

4.15 Std. | 7,7 km | ↗ 800 m | ↘ 800 m

Wasserwege über Fusio

Fusio ist ein beliebter Ausgangsort für Wanderungen. Die Ortschaft selbst ist nur sehr klein: ein paar alte Gebäude, ein gut verstecktes Hotel, ein kleiner Laden. Da herrscht in dem Weiler Mogno, etwas talabwärts, deutlich mehr Kommen und Gehen. Doch Mogno hat seit 1996 seinen »Botta«. Der Architekturtourismus läuft daher perfekt, jeder Tessinbesucher will die Kirche des Schweizer Stararchitekten Mario Botta sehen, der immer wieder sakrale Gebäude gebaut hat. Die Kirche in Mogno ist ganz aus weißem Marmor aus dem Val di Peccia und grauem Granit aus dem Maggiatal erbaut. Die Vorgängerkirche war von einer Lawine zerstört worden. Da die Wanderung zum Lago di Mognòla nicht allzu lange dauert, ist sowohl für die Besichtigung der Kirche in Mogno Zeit als auch für einen Rundgang in Fusio. Zeit nehmen sollte man sich aber auch, um den restaurierten Waal zu besichtigen, der die Alpe do Sass und Cort Mezz mit Wasser versorgte. Nachdem der historische, einen Kilometer lange Acquedotto di Canaa lange Jahre nicht mehr in Betrieb war und verfiel, wurde er nun wiedererrichtet. Ein schöner blauer Bergsee, Ausblicke auf die Berge des Val Lavizzara, schöne Almen und eine Reihe an interessanten Infotafeln begleiten uns auf der Runde.

Talort und Ausgangspunkt: Fusio, 1289 m, im Val Lavizzara, Busverbindung von Maggia. Parkplatz links der Straße in Richtung Sambucco, kurz nach der Brücke, die ins Dorf führt, ca. 1280 m.
Anforderungen: Einfache Wanderung auf gut markierten Wegen, stellenweise steil, am Waal entlang teils schmal.
Karten: Kümmerly + Frey »Tessin Sopraceneri« (Maßstab 1:60.000) und swisstopo Blatt 266 »Valle Leventina« (Maßstab 1:50.000).
Tipp: Am Cort Font Vacarisc am Ende der Runde kann man Almprodukte kaufen.

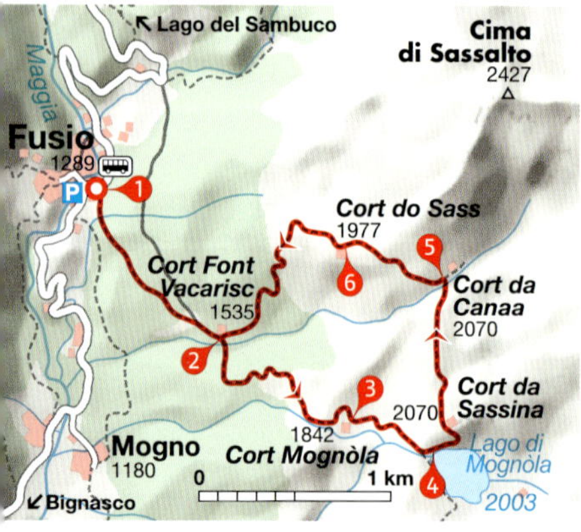

In **Fusio** ❶ zweigt von der Brücke ins Dorf kurz talein ein beschilderter Wanderweg Richtung Alpe Vacariscio und Mognòla nach rechts ab. Ein Wiesensträßchen führt zu einem letzten Haus hinauf, von dem links ein schmaler Weg in den Wald hinaufgeht. Auf diesem überwinden wir einen Waldsaum (unterbrochen von einer Wochenendsiedlung, die unterhalb bleibt) und überqueren dabei eine Schotterstraße. Nach einem etwas feuchten Wegstück kommen wir auf eine Wiese mit einigen

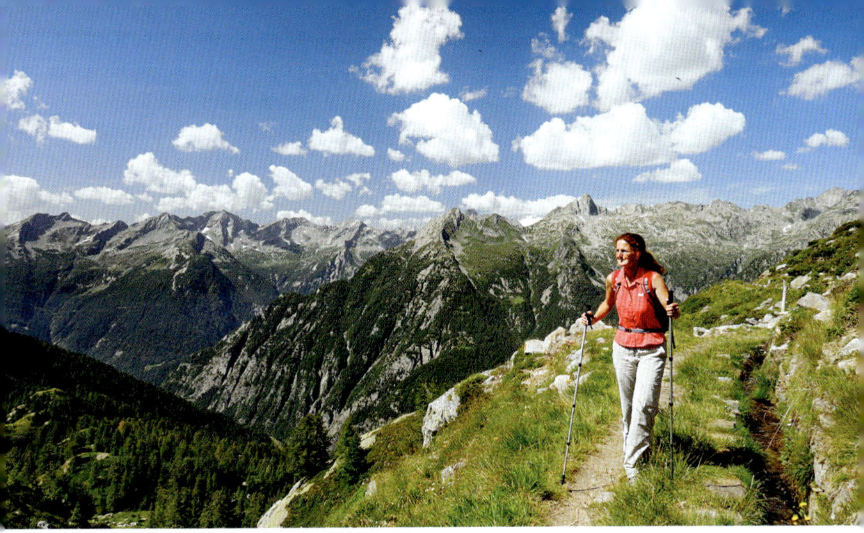

Wandern am Acquedotto di Canaa.

Häusern. Bei diesen trifft der Weg auf eine geschotterte Almstraße, der wir nach rechts bis zur Kehre folgen. Hier zweigt der »Sentiero Sull'alpe con noi« ab, der in der Folge eine große Runde über den Lago di Mognòla beschreibt und auf dem man neun Tafeln mit Wissenswertem findet. Unter dem Gebäude von **Cort Font Vacarisc ❷**, 1535 m, verzweigt sich der Pfad. Wir halten uns rechts, überqueren den Bach und kommen etwas später an einem weiteren Gebäude vorbei. Durch schönen Lärchenwald hinauf gelangen wir nach Cort da l'Ovi, 1617 m. Weiter geht es durch Wald schräg hinauf und an den Bach heran. So gelangen wir auf eine Verflachung mit der Alm **Cort Mognòla ❸**, 1842 m. Eines der Gebäude (rote Tafel) beherbergt eine kleine Ausstellung und ist für Besucher geöffnet.

Über einen steilen Wiesenhang kommen wir hinauf zum Auslauf des **Lago di Mognòla ❹**, 2003 m. Ein kurzes Stück gehen wir am linken Seeufer entlang (mit Canaa beschildert), dann steigen wir zur nächsten Infotafel hinauf. Hier folgen wir dem Weg links hinüber. Am nächsten Gebäude jenseits einer Geländekante (Cort da Sassina, 2070 m) führt der neue Weg unterhalb entlang und in der Folge fast höhengleich hinüber zum **Cort da Canaa ❺**, 2070 m. Wir überqueren den Bach, der hier in einen Waal abgeleitet wird. Diesem folgt der Weg nun hinüber und schließlich hinab zur Alm **Cort do Sass ❻** auf einem Sporn, 1977 m.

Weiter zügig abwärts geht es nach Pass da Cort Mezz, 1850 m. Hier ist ein kleiner Abstecher nach rechts zu einem Moorsee möglich. Der Weiterweg führt links hinunter, an einem Gebäude vorbei und steil bis **Cort Font Vacarisc ❷**, wo wir links am Haus vorbei auf den Aufstiegsweg treffen und auf bekanntem Weg zurück nach **Fusio ❶** gehen.

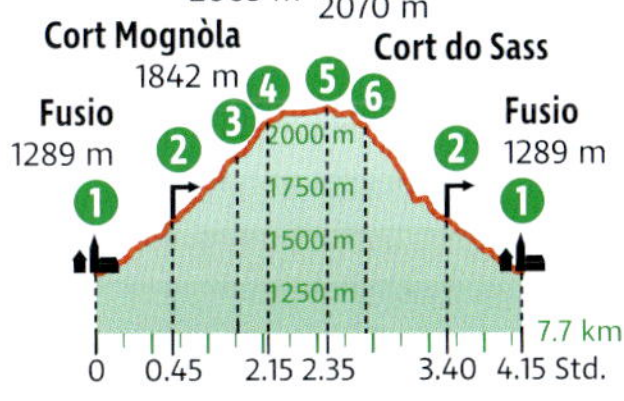

19 Lago Barone, 2391 m
Von Sonogno

9.20 Std. | 21,8 km | ↗1470 m | ↘1470 m

Ein- oder Zweitagestour über dem Val Vegornèss

Es geht immer noch ein Stückchen weiter! Das ist das Motto für die Tour zum Lago Barone. Denn in Sonogno scheint das Verzascatal zu enden. Tatsächlich endet hier aber nur die öffentliche Fahrstraße. Wenn man der Verzasca einfach weiter folgt, gelangt man auf einem Almsträßchen zum Weiler Cabioi. Nun beginnt der Weg stärker zu steigen, aber es geht weiter an der Verzasca entlang – auch wenn diese natürlich ein immer schmaleres Bächlein wird. Mal zur Linken, mal zur Rechten des Hauptbaches steigen wir auf, bis unter dem Piz Barone das Selbstversorgerhüttchen Capanna Barone erreicht ist. Die Verzasca aber sprudelt noch immer. Sie entspringt letztlich dem Lago Barone, den man in einer halben Stunde von der Hütte erreicht. Und noch einmal kann man die Tour verlängern, nämlich auf den Piz Barone. Er überragt den See fast um 500 Meter. Um diese Option wahrnehmen zu können, wird man aber vermutlich auf der Hütte übernachten, denn von Sonogno sind es bis zum Gipfel insgesamt knappe 2000 Höhenmeter. Der See dagegen ist von der Hütte nach 220 Höhenmetern erreicht und damit als Tagestour noch zu schaffen, auch wenn das Funkloch an der Capanna eine entspannte und besonders ruhige Nächtigung verspricht.

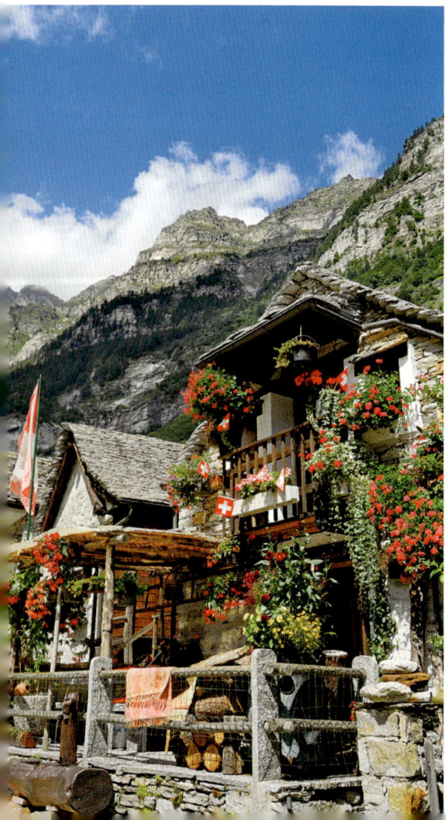

Talort und Ausgangspunkt: Sonogno, 919 m, am Ende der Straße durch das Verzascatal. Busverbindung von Gordola. Großer Parkplatz unmittelbar vor dem Ort (Fahrverbot) rechts, gebührenpflichtig.
Anforderungen: Einfacher Wanderweg, der lediglich auf wenigen kurzen Passagen etwas Trittsicherheit verlangt.
Übernachtung: Capanna Barone (Selbstversorgerhütte, 35 Betten, Küchenzeile, Aufenthaltsraum, Softdrinks, Bier und Wein vorhanden, Tel. Hüttenwartin +41/(0)91/7452887).
Karten: Kümmerly + Frey »Tessin Sopraceneri« (Maßstab 1:60.000) und swisstopo Blatt 266 »Valle Leventina« (Maßstab 1:50.000).

Einst Almsiedlung, heute Ferienhäuschen: Cabioi.

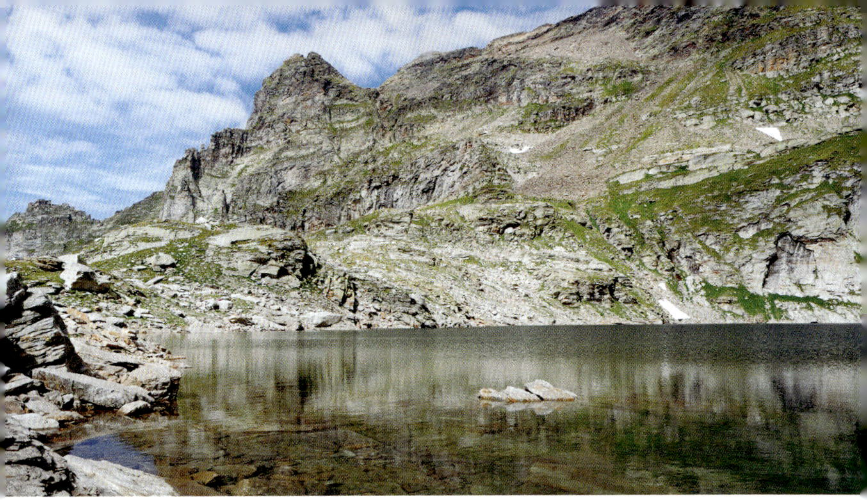

Am Lago Barone entspringt die Verzasca.

Vom hintersten Ende des Parkplatzes vor **Sonogno ❶**, 919 m, wandern wir in Anfahrtsrichtung auf der für den öffentlichen Verkehr gesperrten Asphaltstraße an der Verzasca entlang taleinwärts und nach der Rustici-Siedlung Secada, 992 m, über die Brücke auf die rechte Bachseite. Nun geht es auf einer ungeteerten Straße an der Almsiedlung Vald vorbei bis zu den Häusern von **Cabioi ❷**, 1079 m. Hier endet die Straße. Auf einer Brücke überqueren wir die Verzasca auf ihre linke Seite. An einigen schönen Wasserfällen vorbei windet sich der Wanderweg hinauf ins Almgelände. Durch Heidelbeersträucher und an letzten vereinzelten Lärchen vorbei steigen wir mäßig steil an. So gelangen wir wieder an den Bach. Gleich nach dem Gebäude von **Corte di Fondo ❸**, 1487 m, überqueren wir den Bach nochmals. Das nächste, lang gestreckte Almgebäude von Corte della Pianca sehen wir bereits rechts oben in der Flanke. Dort hinauf und weiter durch den Südhang – ein beliebtes Schlangenrevier – windet sich der Weg in etlichen Serpentinen. Schließlich steigen wir über eine Felskuppe, hinter der unvermittelt das Gebäude der **Alpe Piodoo ❹**, 1950 m, auftaucht. Die Alm wird im Sommer mit Kühen und Schweinen bestoßen. Auch die Capanna Barone erblicken wir von hier aus bereits, sie steht nochmals gut 200 Höhenmeter oberhalb im

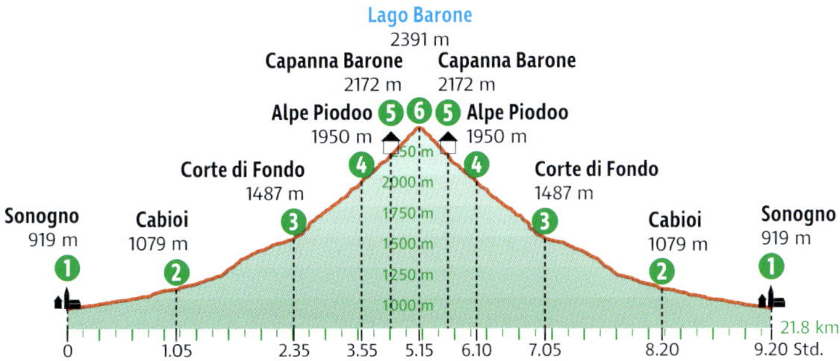

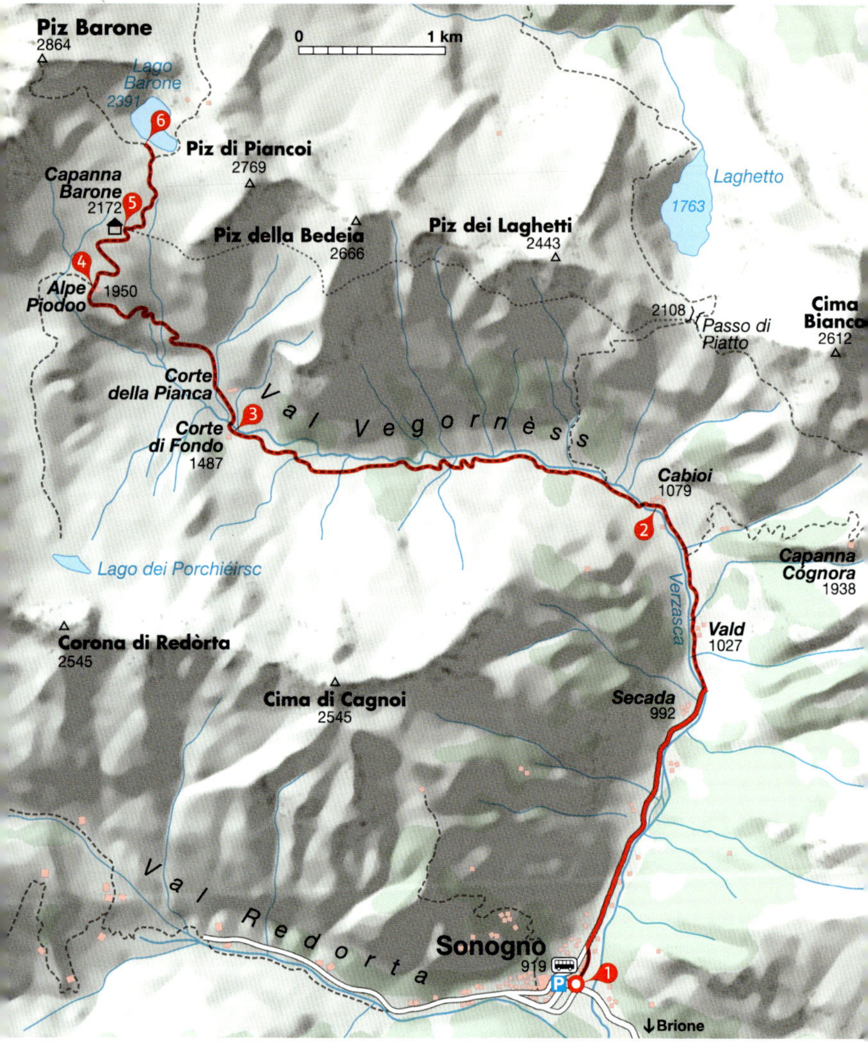

Hang. Erst links, dann rechts ausholend führt uns der Weg hinauf zu den beiden Gebäuden der **Capanna Barone ❺**, 2172 m.

Direkt an der Hütte treffen wir auf eine Wegverzweigung, an der zwei Wege nach rechts abbiegen. Der obere, weiß-rot-weiß markierte ist unser Weiterweg zum Lago Barone. Über Almmatten steigen wir auf diesem nochmals für eine halbe Stunde den gestuften Hang hinauf. Ein paar Meter vor Erreichen des Sees kommen wir zu einer Verzweigung. Links führt ein Weg zum Piz Barone, wir aber gehen die wenigen Schritte geradeaus hinunter zum Ufer des **Lago Barone ❻**.

Auf dem Aufstiegsweg steigen wir auch wieder ab.

Capanna Cógnora, 1938 m

Von Sonogno

6.00 Std. | 12,1 km | ↗1030 m | ↘1030 m

Steiler Aufstieg aus dem obersten Verzascatal

Eine ganze Reihe der Tessiner Berghütten wird nach einem besonderen Konzept bewirtschaftet: Sie haben zwar einen Hüttenwart, werden jedoch als Selbstversorgerhütten geführt. Dem Besucher stehen dabei neben einem Übernachtungsplatz im Lager auch eine Küche und je nach Hütte ein Vorrat an Grundnahrungsmitteln und Getränken zur Verfügung, die er am Ende seines Aufenthalts in die Hüttenkasse oder per Überweisung bezahlt. Ein schönes Beispiel für eine Selbstversorgerhütte dieser Art ist die Capanna Cógnora im Val Vegornèss. Der Aufstieg dort hinauf ist in drei recht unterschiedliche Abschnitte gegliedert. Einmal ist da der Talboden, durch den man von Sonogno aus flach dahinwandert, immer an der Verzasca entlang. Dann folgt ein steiler Steig unter Felsabbrüchen hindurch und auf der Begrenzungsrippe neben einer wildromantischen Bachschlucht. Schließlich bewegt man sich in einem abgeschiedenen Kar, eingerahmt von der Cima Bianca und dem Pizzo di Mezzodi. Hier befindet sich auch die Capanna. Ein ruhiges Ziel, bestens geeignet, um dort ein paar Tage auszuspannen oder auch nur als Tagestour die Hochgebirgsstille zu genießen.

Talort und Ausgangspunkt: Sonogno, 919 m, am Ende der Straße durch das Verzascatal. Busverbindung von Gordola. Großer Parkplatz unmittelbar vor dem Ort (Fahrverbot) rechts, gebührenpflichtig.
Anforderungen: Schmaler Wanderweg, auf längeren Passagen sehr steil. Da einige Abschnitte recht ausgesetzt und nur provisorisch versichert sind, ist gute Trittsicherheit unbedingt nötig.
Einkehr: Capanna Cógnora (sehr gut ausgestattete Selbstversorgerhütte, 18 Lager mit Matratzen und Decken, Holz- und Gasherd, Spüle, Geschirr, Softdrinks, Bier, Wein und eine Grundausstattung an Lebensmitteln vorhanden. Tel. Hüttenwart +41/(0)76/6795485).
Karten: Kümmerly + Frey »Tessin Sopraceneri« (Maßstab 1:60.000) und swisstopo Blatt 266 »Valle Leventina« (Maßstab 1:50.000).

Die Capanna Cógnora steht auf schönem Aussichtsposten.

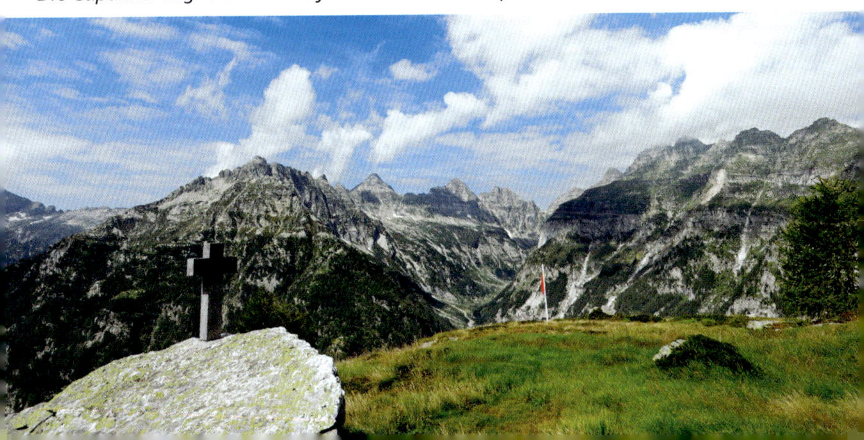

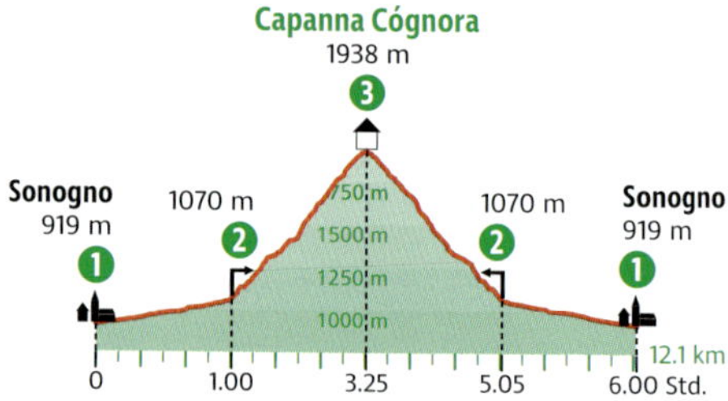

Vom hintersten Ende des Parkplatzes vor **Sonogno ❶**, 919 m, wandern wir in Anfahrtsrichtung auf der für den Verkehr gesperrten Fahrstraße taleinwärts und nach der Rustici-Siedlung Secada, 992 m, über die Brücke auf die rechte Bachseite. Nun geht es auf einer unbefestigten Straße an der Almsiedlung Vald vorbei bis vor die Almsiedlung Cabioi. Hier folgen wir am **Abzweig ❷**, ca. 1070 m, dem beschilderten Pfad zur Capanna Cógnora nach rechts. Er leitet uns rechts eines Bachlaufes ein sehr kurzes Stück auf die hohen Wasserfallstufen viel weiter oben zu und quert schon bei der ersten, kleinen felsigen Stufe auf die linke Bachseite. Dort steigen wir zu einem riesigen Felsen hinauf und über eine Reihe von Treppenstufen weiter zum Waldrand, wo noch ein letztes Rustico steht. Von hier folgen wir den Serpentinen durch Buchenwald aufwärts bis zu riesigen Felsabbrüchen. Unter diesen quert der Weg horizontal nach rechts und führt ausgesetzt durch eine steile Plattenzone zum Bachlauf. Bei Nässe kann dieser Abschnitt unangenehm zu begehen sein, die Versicherungen sind von mäßiger Qualität, Trittsicherheit ist hier nötig.

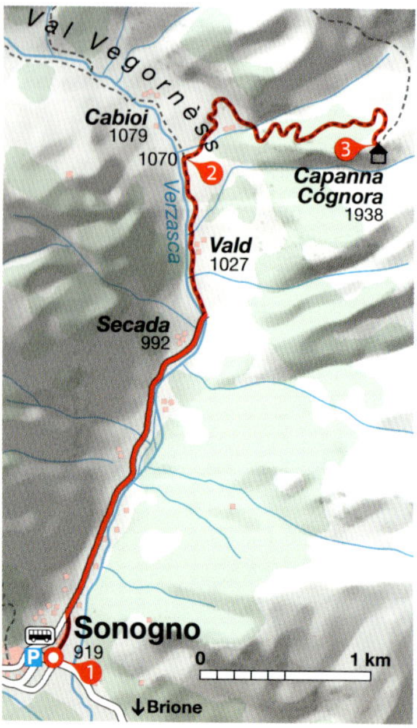

Über eine kleine Holzbrücke auf ca. 1320 m wechseln wir auf die rechte Bachseite und steigen am Rücken rechts des Baches sehr steil und abschnittsweise recht ausgesetzt hinauf. Dabei sehen wir immer wieder in die wild in die Felswand eingeschnittene Wasserfall-Schlucht zur Linken und auch in die kaum weniger eindrucksvolle Schlucht rechts des Rückens. Nach vielen Serpentinen gelangen wir unter einen Felsabbruch, ca. 1670 m, wo der Hüttenweg nach links ausweicht und im allmählich lichter werdenden Lärchenwald in eine breite Karschüssel leitet. Durch das stark mit Gras und Grünerlen bewachsene Kar steigen wir in einigen Serpentinen auf, bis der Weg sich allmählich nach rechts wendet. Nach einem Schräganstieg rechts hinaus steht hinter einem Grasrücken unvermittelt die **Capanna Cógnora ❸**, 1938 m.

Auf dem Aufstiegsweg steigen wir auch wieder ab.

Abends wird es in Sonogno ruhig, die meisten Besucher sind Tagesgäste.

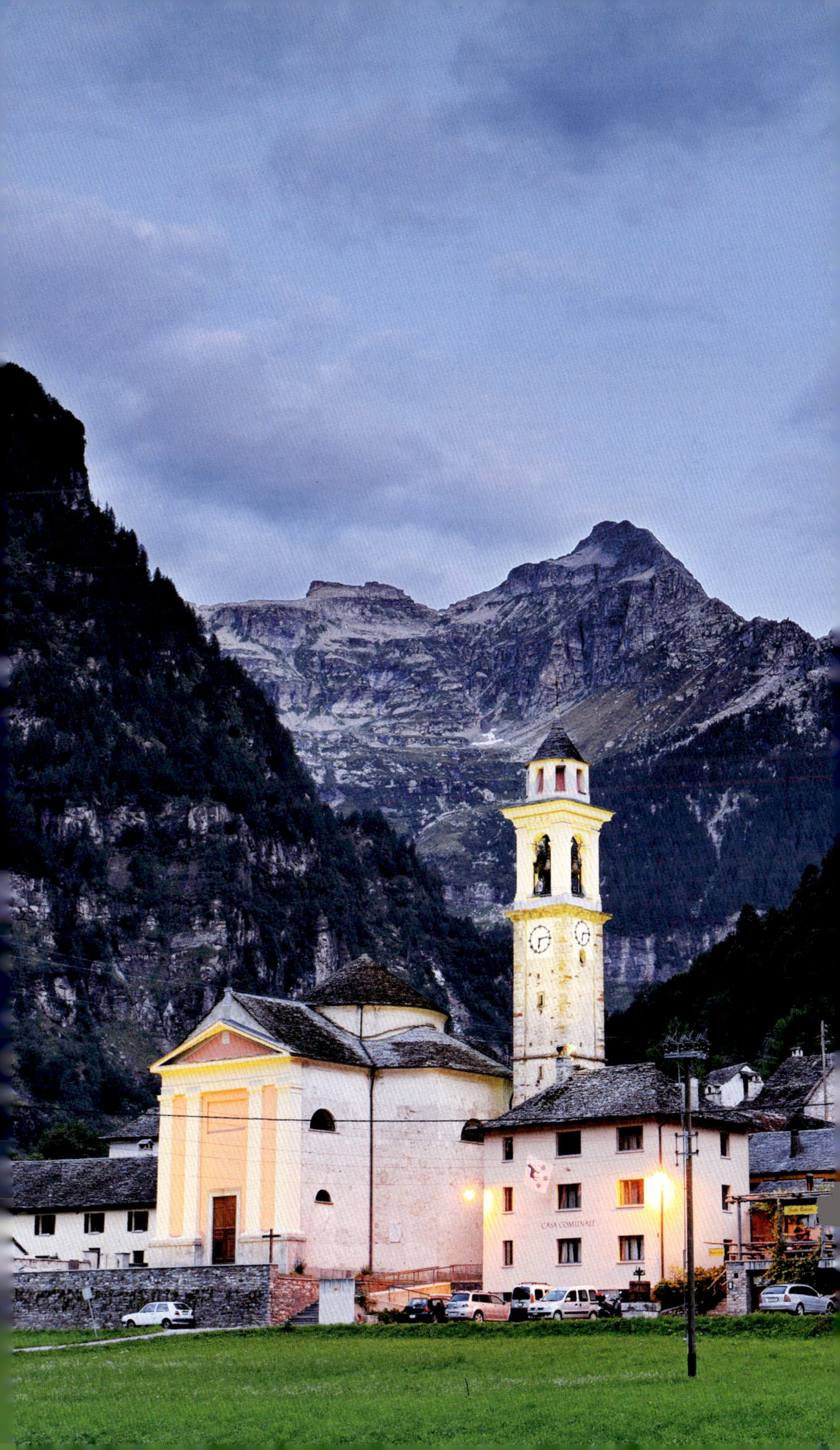
CASA COMUNALE

21 Capanna d'Efra, 2039 m
Von Frasco

6.10 Std. | 13,4 km | ↗ 1160 m | ↘ 1160 m

Hoch über dem Verzascatal
Kurz vor dem Talschluss des Verzascatals führt die Wanderung zur Capanna d'Efra in die Almregion und zu dem kleinen Lago d'Efra hinauf. Das eigentliche Almgebiet ist dem Südhang zugeneigt, um so möglichst viele Sonnenstrahlen abzubekommen. Früher gehörte der Aufenthalt auf den Almen im Verzascatal zum »Nomadenleben«, zu dem die Talbewohner wegen der spärlichen Flächen gezwungen waren. Da war einmal die Arbeit in den Weinbergen und Obstgärten in der Magadinoebene, dann der Talgrund des Verzascatals, schließlich die höher gelegenen Weiden um die 1300 Meter und zuletzt die Almen. Eine Erinnerung an diese Lebensweise ist der identische Ortsname von Gerra im Verzascatal und Gerra in der Magadino-Ebene. Beide gehören sie derselben Gemeinde an. Gelebt wird diese Form der Landwirtschaft heute nicht mehr, die Almen werden aber oft noch bewirtschaftet. Die Alpe d'Efra zum Beispiel wird mit Ziegen bestoßen und die Capanna d'Efra etwas weiter oben ist eine der schönen Selbstversorgerhütten, die im Tessin zum Verweilen einladen. Der wunderbar grün leuchtende See kurz unterhalb der Hütte tut ein Übriges, um die Tour attraktiv zu machen.

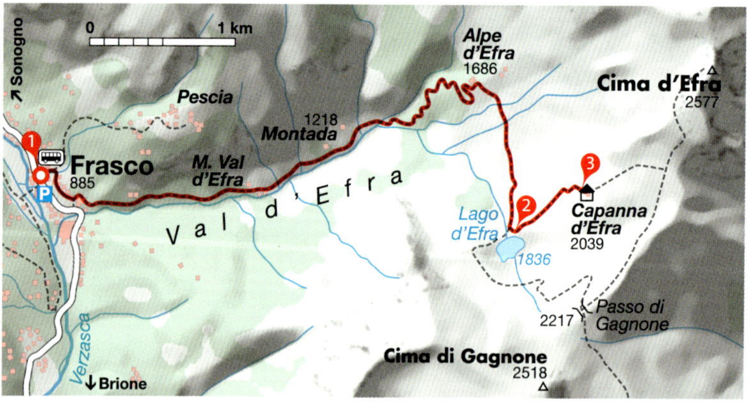

Talort und Ausgangspunkt: Frasco, 885 m, im Verzascatal, Busverbindung von Gordola. Parkmöglichkeit an der Kirche.
Anforderungen: Gut zu begehender Wanderweg mit kurzen felsigen Bachquerungen. Im oberen Teil sind Steilstufen mit Treppen ausgebaut.
Einkehr und Übernachtung: Capanna d'Efra (schön eingerichtete Selbstversorgerhütte, 24 Lager mit Matratzen und Decken, komfortable Küche mit Holz-, Gasherd, Spüle etc., Softdrinks, Bier, Wein vorhanden, eventuell Hüttenwart vor Ort, der Lebensmittel verkauft, Tel. +41/(0)79/2565669).
Karten: Kümmerly + Frey »Tessin Sopraceneri« (Maßstab 1:60.000) und swisstopo Blatt 276 »Val Verzasca« (Maßstab 1:50.000).

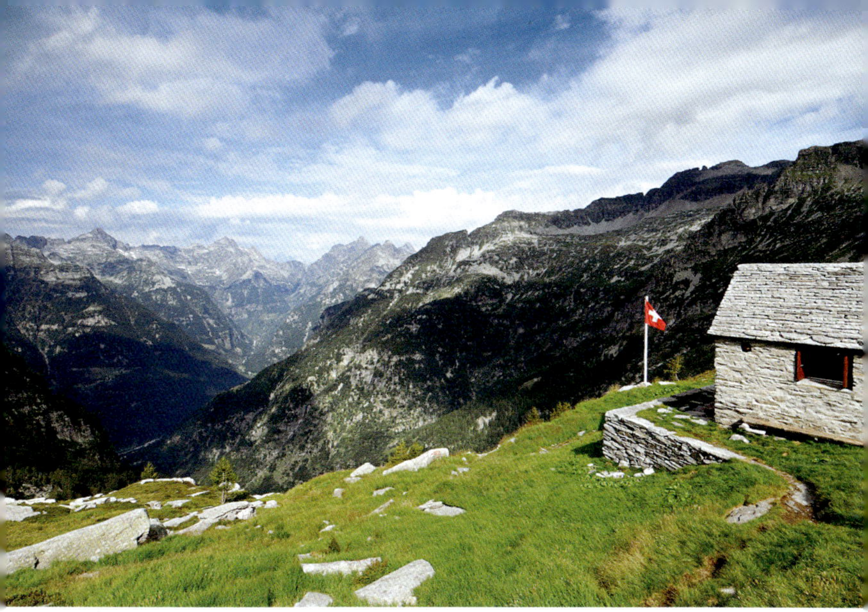

Lang, aber ohne Schwierigkeiten ist der Weg zur Capanna d'Efra.

Unser Wanderweg beginnt gleich gegenüber der Kirche von **Frasco** ❶, 885 m, beim Schild »Capanna d'Efra / Lago d'Efra«. Außerdem ist am Anfang des Weges an den Steintreppen der Schriftzug »Efra« ins Pflaster eingearbeitet. Wir steigen die Treppen hinauf und wandern rechts auf der schmalen Straße weiter. Dabei überqueren wir einen kleinen Bach und halten uns anschließend bei einer Gabelung links (Wegweiser). Die Straße führt leicht fallend zu den letzten Häusern, dann folgen wir einem Hohlweg leicht bergab. Schon gleich treffen wir wieder auf eine Straße und gehen auf dieser um ein Hauseck herum. Dann beginnt endgültig der rot-weiß markierte, anfangs gepflasterte Hüttenweg. Nach einem Bildstock halten wir uns auf dem rechten, unteren Weg und steigen auf diesem in wechselnder Steigung das tief und steil eingeschnittene Tal in seiner linken Flanke hinauf. Das Rauschen des Baches tief unter uns wird uns auf den nächsten zwei Kilometern begleiten. Wir wandern durch mediterranen Laubwald und können zwei restaurierte Kalkbrennöfen besichtigen.

Bald danach kommen wir auf einer Höhe von 1068 m an einer Rustico-Siedlung vorbei, die Almlichtung selbst ist praktisch zugewachsen. Wir steigen weiter an der linken Seite des Baches auf und gelangen nach der Alpe Montada, 1218 m, von der nur noch die Grundmauern stehen, in einen wilden Felskessel, in den mehrere Bachläufe mit Wasserfällen münden. Dabei überqueren wir einen

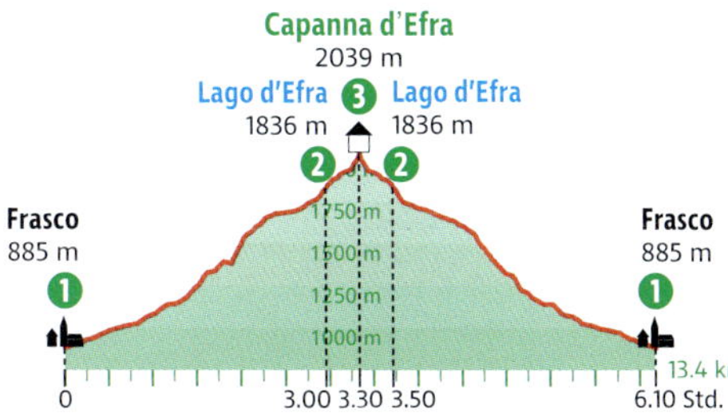

Seitenbach in seinem Felsbett, das wunderschön gebändert ist. Nach wenigen Minuten sind wir mitten im eigentlichen Kessel und steigen auf dem linken Begrenzungsrücken des Hauptbaches weiter auf. Leider erhaschen wir im lichten Laubwald nur ab und zu einen kleinen Einblick in die wilde Felsszenerie, die der Bach geschaffen hat. Ein Stück höher hält sich unser Weg weiter links und führt an einer Steinhütte vorbei vom Bachlauf weg. In Serpentinen geht es hinauf bis zu einem Gatter, das den Eintritt ins Almgelände signalisiert. Der Wald wird deutlich lichter und bald stehen wir auf der Almwiese mit der Alpe d'Efra, 1686 m.

Nun setzt der Weg zu einer längeren Querung an, die uns, zwischendurch auch leicht fallend, näher an den weit drüben im Kar rauschenden Bach bringt, der dem Lago d'Efra entspringt. Noch ein gutes Stück vor dem Bach beginnt der Weg wieder deutlich zu steigen. Teilweise über steinerne Treppenstufen geht es anstrengend eine Steilstufe hinauf zu einer Geländekante. Hinter dieser liegt völlig unvermittelt der **Lago d'Efra ❷**, 1836 m, den wir unmittelbar vor dem Ausfluss erreichen.

Das Wort Rifugio, in großen roten Buchstaben auf einen Felsen geschrieben, weist uns hier den Weg links den Rücken hinauf. Wir kommen an einer Holzhütte vorbei und folgen einer grasigen, unten sumpfigen Rampe nur mäßig steigend aufwärts. Dann wird der Weg deutlich steiler und ist mit Treppenstufen ausgebaut. Abwechselnd über Steilstufen und horizontale Grasterrassen geht es hinauf. Bald schon sehen wir die Schweizer Flagge über einer Geländekante im Wind flattern und steigen noch die letzten Meter an ein paar Steinhüttchen vorbei auf den Absatz hinauf, auf dem die **Capanna d'Efra ❸**, 2039 m, steht.

Der Abstieg erfolgt auf dem Aufstiegsweg.

Ein beliebter Rastplatz ist der grüne Lago d'Efra.

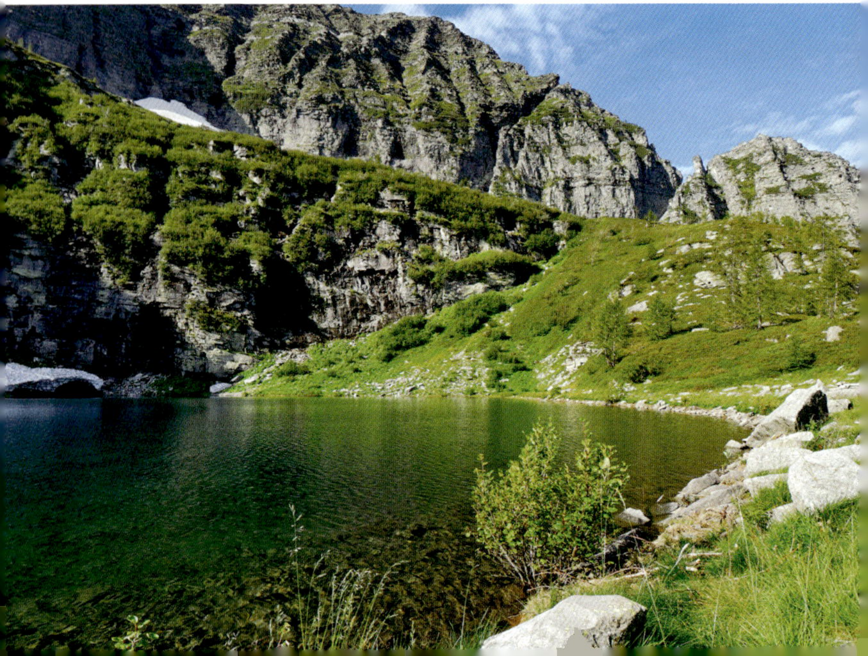

Von Sonogno nach Mergoscia

Über Lavertezzo

22

8.30 Std. | 26,3 km | ↗550 m | ↘1000 m

TOP

Talwanderung entlang der blau-grünen Verzasca

Manche Kinder kennen Sonogno besser als ihre Eltern, schließlich ist hier der dreizehnjährige Giorgio zuhause, der Held aus Lisa Tetzners und Kurt Helds Jugendbuchklassiker »Die schwarzen Brüder«. Das Autorenehepaar gab der spannenden Erzählung einen realistischen Hintergrund. Um die bittere Armut seiner Eltern abzumildern, wird Giorgio als Kaminkehrergehilfe nach Mailand verkauft. Tatsächlich belegen Quellen, dass Mitte des 19. Jahrhunderts allein in der Lombardei und im Piemont über 400 Tessiner Kaminkehrer als Saisonarbeiter ihr Geld verdienten. Den größten Anteil stellten die Bewohner aus dem Verzascatal. Die älteren brachten jeweils zwei bis drei junge Burschen mit, da diese in den engen Kaminen besser arbeiten konnten. Erst 1869 bildete sich in Mailand eine Gesellschaft zum Schutz dieser »Sklavenkinder«, 1870 setzte man im Tessin das Alter für die Kaminkehrerkinder gesetzlich immerhin auf 14 Jahre herauf. Dass das Verzascatal zu den armen Tälern zählt, erfährt man auch auf unserer Wanderung, die lang, aber auf bequemen Wegen vom Talschluss in Sonogno immer abwärts führt und erst zum Ende hin oberhalb des Stausees nach Mergoscia ansteigt. Möglichkeiten, die Wanderung abzukürzen, gibt es praktisch an jedem Ort, der berührt wird. Kleine Weiler säumen den Weg. Bei einer erhaltenen Wolfsfalle, der Lüera di Alnasca, wird man über die Wolfsjagd informiert, die bis ins 19. Jahrhundert hinein stattgefunden hat. Dies lässt uns erahnen, wie das Leben im Tal noch vor gut hundert Jahren war. Abgesehen davon sehen wir die rauschenden Wassermassen der Verzasca, die dem Tal den Namen gegeben hat: Verzasca kommt von »verde acqua« (grünes Wasser). Besonders schön ist die Verzasca bei Lavertezzo, wo sie vom Doppelbogen einer mittelalterlichen Steinbrücke, der Ponte dei Salti, überspannt wird und der Serizitgneis wunderbar gebändert ist. Besonders grün erscheint sie im Stausee Lago di Vogorno. Über die 390 m lange und 220 m hohe Staumauer führen die letzten Schritte der Wanderung. Wem der Grusel beim Gedanken an die jugendlichen Sklaven in den oberitalienischen Kaminen nicht gereicht hat, kann hier einen Blick über die Staumauer werfen, dem Schauplatz für den berühmten James-Bond-Stunt und heute Absprungrampe für Bungeesprünge. Die kosten allerdings etwas mehr als die 20 Franken, die der Kopfjäger seinerzeit für Giorgio zahlen musste.

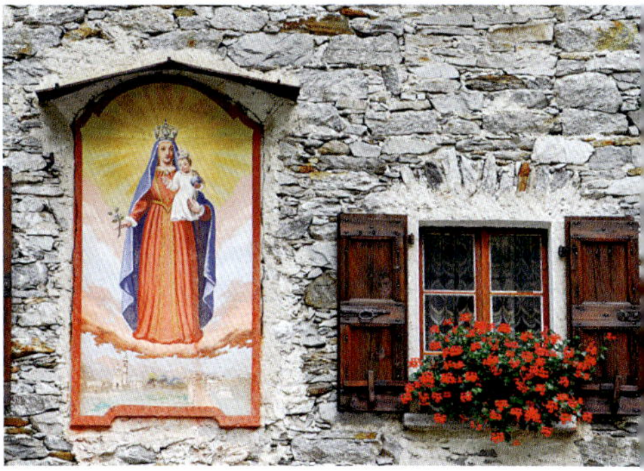

Beim Bummel durch Sonogno.

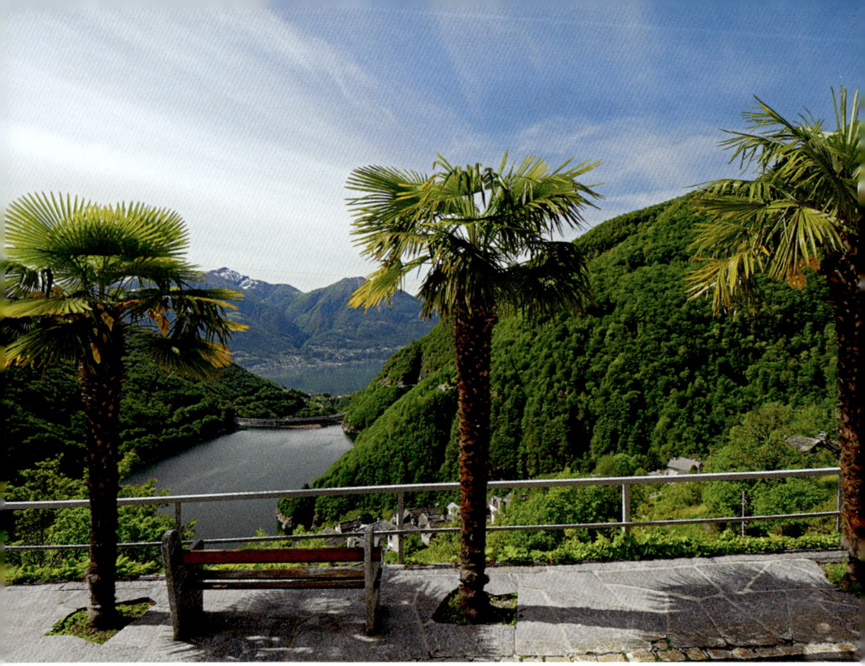

Von Mergoscia blickt man über den Lago di Vogorno zum Lago Maggiore.

Talort und Ausgangspunkt: Sonogno, 919 m, am Ende der Straße durch das Verzascatal. Busverbindung von Gordola. Großer Parkplatz unmittelbar vor dem Ort (Fahrverbot) rechts, gebührenpflichtig.
Endpunkt: Diga di Verzasca, 474 m. Busverbindung nach Sonogno und Gordola.
Anforderungen: Einfache Wege.
Einkehr und Übernachtung: In den Ortschaften Frasco, Lavertezzo, Corippo und Mergoscia.
Karten: Kümmerly + Frey »Tessin Sopraceneri« (Maßstab 1:60.000) und swisstopo Blatt 276 »Val Verzasca« (Maßstab 1:50.000).
Tipps: Wegen des unterschiedlichen Ausgangs- und Endpunktes ist eine Anfahrt mit dem Bus besonders zu empfehlen. Viele Bademöglichkeiten in Gumpen (Achtung, Strömung beachten!). Besuch des Verzasca-Museums in Sonogno (www.verzasca.com/museo).

Vom Parkplatz gehen wir in nahe **Sonogno ❶**, 919 m, und unterhalb der Kirche auf einer Straße der Beschilderung Richtung Lavertezzo folgend links zum Sportplatz. Hier überqueren wir einen Bach und wandern links talauswärts hinab. Bei der Fußgängerbrücke nach **Frasco ❷**, 885 m,

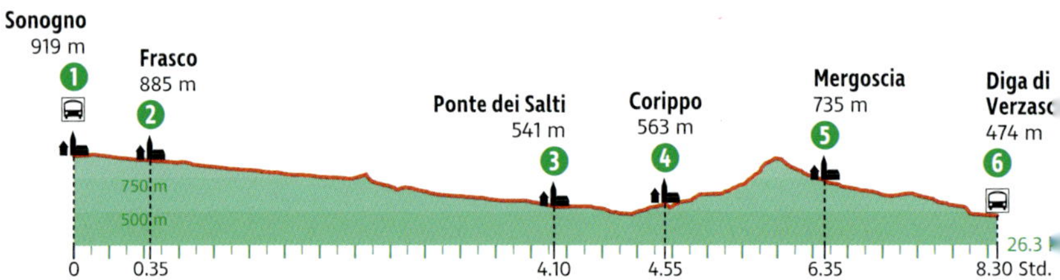

bleiben wir auf der rechten Bachseite, bis wir unterhalb von Frasco auf die Fahrstraße treffen. Auf dieser gehen wir links über die Brücke und sogleich wieder rechts auf den Wanderweg, der Beschilderung Richtung Lavertezzo folgend. Dieser leitet uns, teils über Wiesengelände, zu einem Picknickplatz mit Unterstandshütte beim Wasserfall von Froda.

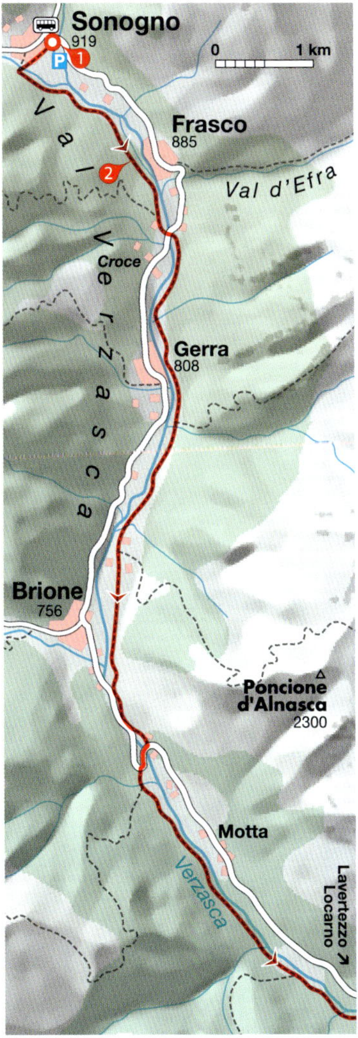

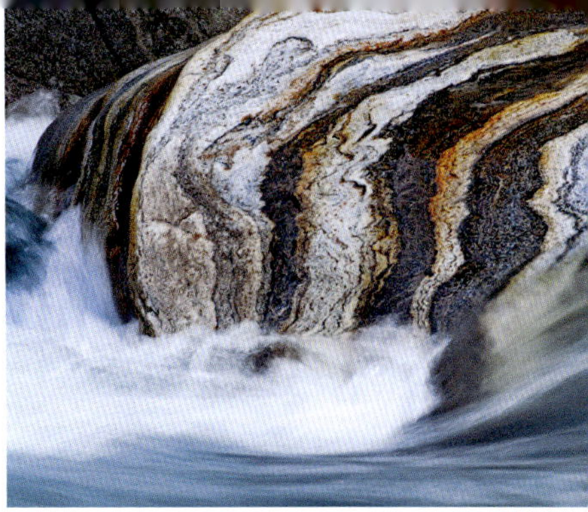

An der Verzasca.

Bald darauf kommen wir zu einer historischen Wolfsfalle links oberhalb des Weges, kurz danach folgen in einem Felssturzgelände drei Verzweigungen hintereinander. An den ersten beiden wählen wir den linken, oberen Weg, an der dritten den rechten (jeweils mit Lavertezzo beschildert). Nach einem Abschnitt mit stärkerem Gefälle gelangen wir auf die Fahrstraße. Hier gehen wir nach rechts über die Verzasca und auf der Fahrstraße kurz weiter bergauf, bis vor der Kehre bei einem Künstlerhaus der Wanderweg nach links talauswärts abzweigt. Gleich darauf halten wir uns bei ein paar Häusern wiederum links, der Beschilderung nach Lavertezzo folgend. Über zwei Bachläufe und an Rustici vorbei erreichen wir eine Brücke, die links nach Motta führt. Wir bleiben auf der rechten Bachseite, passieren ein Hirschgehege und gelangen über weitere kleine Wasserläufe an die Basis eines gischtenden Wasserfalls. Durch abwechslungsreiches Gelände gehen wir bis zu einer großen Almlichtung und erreichen kurz darauf bei Oviga die berühmte **Ponte dei Salti** 3, 541 m, eine doppelbogige Steinbrücke, die nach Lavertezzo hinüberführt.

Weiter auf der rechten Bachseite gelangen wir zum nahen Weiler Oviga

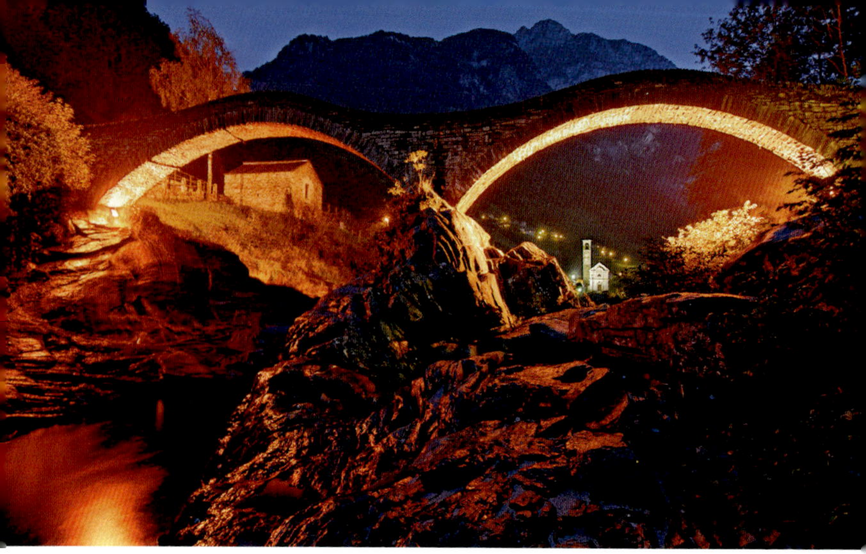

Die Ponte dei Salti vor Lavertezzo.

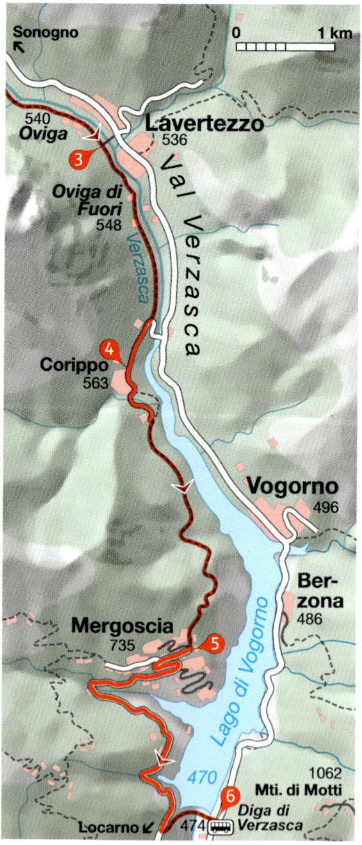

di Fuori, 548 m, und gehen geradeaus auf der rechten Talseite weiter zur Zufahrtsstraße nach **Corippo ❹**, 563 m, das als Ensemble denkmalgeschützt ist. Auf dieser steigen wir rechts zu den nahen Häusern hinauf. Gleich nach der Kirche gehen wir links hinab zur Brücke über einen Seitenbach der Verzasca und jenseits immer leicht steigend bis zu einer Verzweigung bei verfallenen Häusern. Hier wandern wir rechts bergan in einen unscheinbaren Sattel und höhengleich über Wiesengelände nach Perbioi, 885 m. Nun geht es links bergab nach Lissoi und auf der Fahrstraße nach **Mergoscia ❺**, 735 m.

Zwei Serpentinen bringen uns hinab nach ai Mulini, links auf der alten Straße einen neuen Tunnel umgehend. Nach einem Sendemast zweigt der Wanderweg links ab zur Staumauer über die Verzasca. Bei **Diga di Verzasca ❻**, 474 m, erreichen wir die Straße im Verzascatal. Mit dem Postbus können wir zu unserem Ausgangspunkt in **Sonogno ❶** zurückfahren.

Capanna Corno Gries, 2338 m

Von der Nufenenpassstraße

23

3.15 Std. | 9 km | ↗ 610 m | ↘ 690 m

TOP

Moderne Architektur unter dem höchsten Schweizer Pass

Der Nufenenpass gilt als der höchste Schweizer Pass, zumindest wenn man nur jene Pässe betrachtet, die ganz auf eidgenössischem Gebiet liegen. Lange Zeit war er daher auch nicht ausgebaut. Erst im Jahr 1969 wurde er für den allgemeinen Verkehr freigegeben und verbindet nun das Val Bedretto mit dem Wallis. Auf der Tessiner Seite des Nufenenpasses liegt die Capanna Corno Gries. Im Jahr 2008 wurde der Hüttenneubau eingeweiht. Wie schon durch die Cristallinahütte ist durch die Grieshütte moderne Architektur in die hochalpine Landschaft gekommen: Auf einem kleinen Quader sitzt ein deutlich größeres Trapez mit Flachdach auf. Die Wanderung zur Capanna Corno Gries nimmt nur wenig Zeit in Anspruch und kann von daher gut erweitert werden. Der Passo del Corno mit seinem schönen Blick auf die fernen Gletscherberge und auf den Griessee auf der anderen Seite des Passes ist nicht weit. Der Griessee, ein Stausee, liegt schon im Kanton Wallis, sein Wasser aber fließt durch einen Stollen ins Tessin ab. Grenzschlängeln kann man weiterhin, wenn man eine Runde zur Westrampe der Nufenenpassstraße macht und in Richtung Obergoms absteigt. Mit dem Postbus gelangt man zurück zum Ausgangspunkt auf der Tessiner Seite.

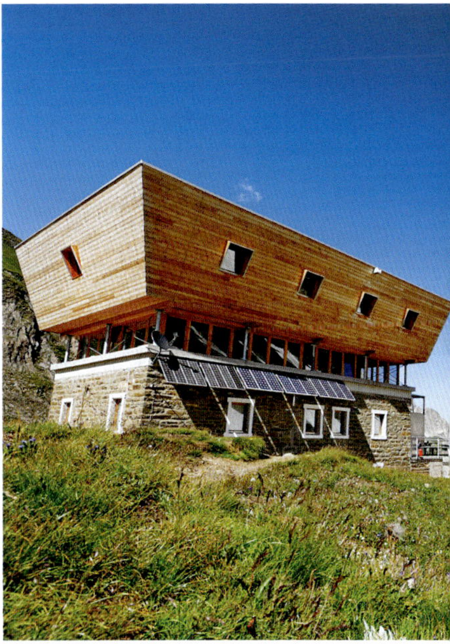

Die neue Capanna Corno Gries.

Talort: Airolo, 1175 m, im Valle Leventina, Bahnverbindung von Bellinzona.
Ausgangspunkt: Parkplatz an der Nufenenpassstraße, wenig unterhalb der Alpe di Cruina, 2002 m. Busverbindung von Airolo.
Endpunkt: Postbushaltestelle »Ladstafel«, 1920 m. Bus zurück zum Ausgangspunkt viermal täglich, etwa um 15.53 Uhr und zuletzt um 17.35 Uhr. Postauto, Tel. +41/(0)58/4482008.

Anforderungen: Im Aufstieg einfache Wanderung auf bequemem Weg. Der Abstieg zur Ladstafel ist eine neue Umgehung einer Felssturzzone und führt teils durch steileres Schrofengelände.
Einkehr und Übernachtung: Capanna Corno Gries (von Juli bis September geöffnet, 50 Plätze, Winterraum, Tel. +41/(0)91/8691129).
Karte: Swisstopo Blatt 265 »Nufenenpass« (Maßstab 1:50.000).

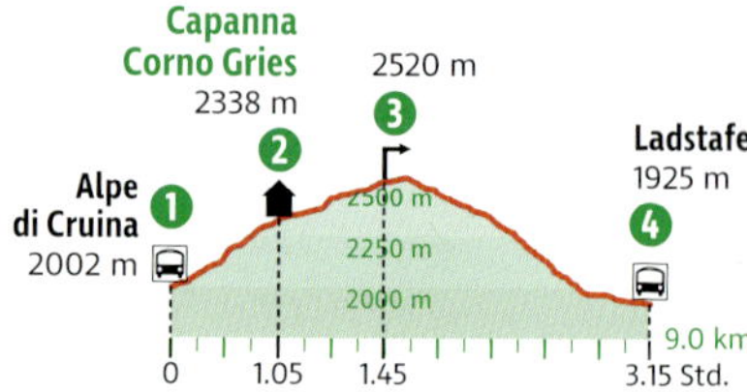

Von den Parkmöglichkeiten unterhalb der **Alpe di Cruina ❶**, 2002 m, überqueren wir die Straße und wandern dem gelben Schild Richtung Capanna Corno Gries folgend kurz über eine Weide zu einer beschilderten Verzweigung (Alpe di Cruina, 2002 m). Der Fußweg zur Grieshütte führt nun auf der rechten Seite eines Baches geradeaus den Hang hinauf. Bald trifft er auf den von rechts kommenden Hüttenweg und führt auf diesem in vielen flachen Serpentinen hinauf zum schon von unten sichtbaren futuristisch wirkenden Hüttenbau der **Capanna Corno Gries ❷**, 2338 m.

Von der Hütte führt der Weg zum Griessee über Felsschutt und später Moränengelände nur noch mäßig steigend taleinwärts weiter. Auf Höhe des länglichen Corno-Gries-Sees steigt der Pfad rechts des Sees wieder stärker an zu einer vermessenen **Gabelung ❸**, 2520 m (Val Corno / Calcesto). Auf dem rechten, oberen Steig wandern wir in Richtung Mändeli und Ulrichen weiter leicht bergauf. Schon bald kommen wir aber in kuppiges Gelände, wo wir schließlich tief unten den blaugrünen Stausee, der vom Griesgletscher gespeist wird, erblicken. Leicht fallend führt der Weg hier nach rechts hinüber und zu einer Baracke, an der der Abstieg in Richtung Ulrichen beschildert ist.

Griesgletscher und Griessee liegen bereits im Wallis.

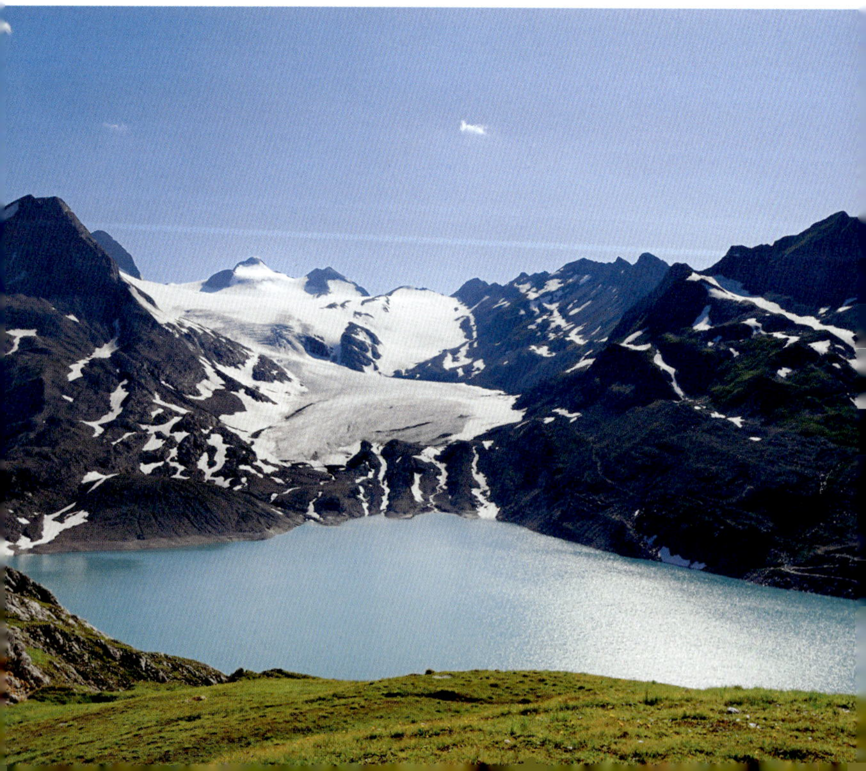

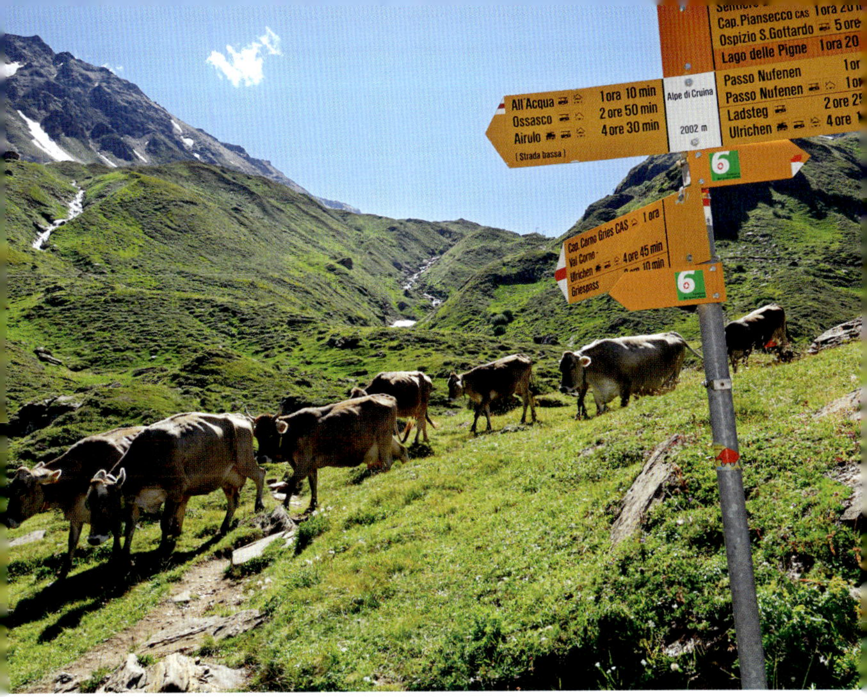

Die Alpe di Cruina ist noch bestes Weidegebiet.

Die Walliser Seite der Nufenenpassstraße sieht man von hier bereits. Man folgt der alten Werkstraße für eine Serpentine, dann kann man auf einem Fußweg steiler absteigen, quert die Straße und steigt immer nach Norden ab bis zur Seilbahnstation Mässmatte. Hier geht es über den flachen Talboden zwischen Straße und Bach hinaus zu den Gebäuden von **Ladstafel**, **4**, 1925 m wo sich die Bushaltestelle befindet.

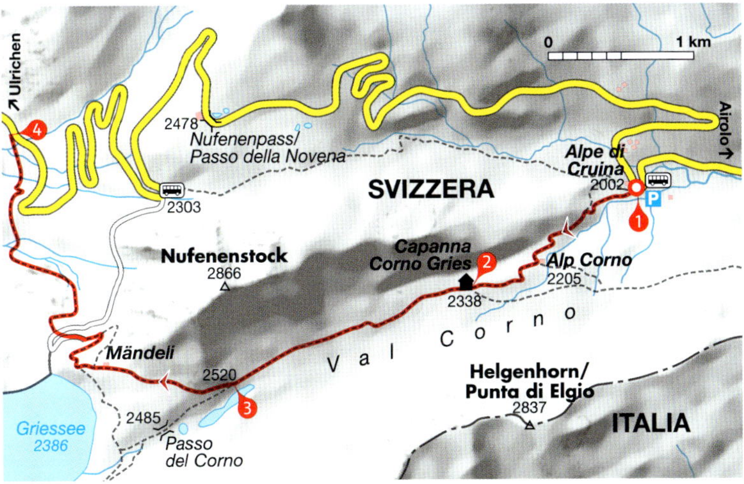

24 Von Ronco nach Airolo
Über die Alpe di Pesciüm

5.30 Std. | 15,8 km | ↗700 m | ↘1000 m

Auf der Strada degli alpi durch das Bedrettotal

Die Strada degli alpi ist ein Höhenweg, der hoch über dem Ticino vom Nufenenpass Richtung Airolo führt. Wenn man von der Alpe Pesciüm mit der Seilbahn hinabfährt, ist die Tour wenig anstrengend und technisch einfach. Nach einigen Jahren der Schließung gibt es diese Möglichkeit nun auch im Sommer wieder (von Ende Juni bis Mitte Oktober).

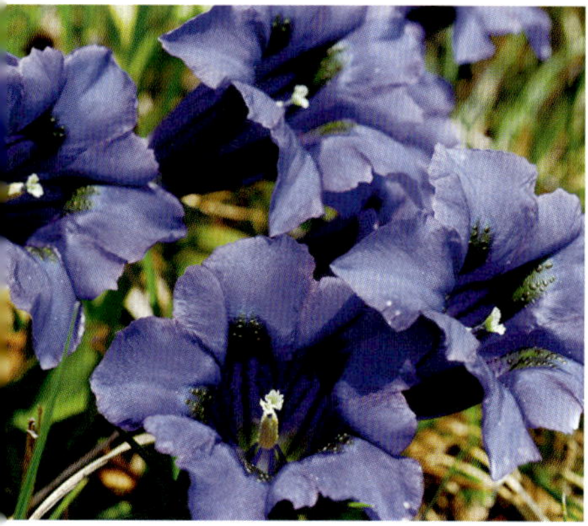

Abseits der Almen ist die Vegetation blumenreich.

Längst ist die Wanderung zu einem Klassiker geworden. Lediglich zuletzt muss man bezüglich der Schönheit etwas Abstriche machen, denn dann ist der Verkehrslärm zu hören sowie Schießübungen, und der Anblick der Verkehrsinfrastruktur (der Gotthardtunnel für Autos und Eisenbahn, die Gotthardpass- und die Nufenenpassstraße) ist unschön. Auf der überwiegenden Wegstrecke bestimmen aber der Blick auf den Piz Rotondo und den Witenwasserenstock sowie die Almen den Eindruck. Diese sind alle noch bewirtschaftet und die Gebäude demzufolge zweckmäßig.

Immer hoch über dem Ticino, dem »schnellen Wasser«, das dem Kanton seinen Namen gegeben hat, führt die Wanderung talab. Aufgrund des hohen Startpunkts muss man nur wenige Höhenmeter gewinnen. Absteigen ins Tal kann man an verschiedenen Stellen, auch der Einstieg kann frei gewählt werden, etwa statt an der Alpe di Valleggia noch weiter oben bei San Giacomo. Hier wäre fast ein groß ausgebauter Passübergang Italien – Schweiz entstanden. Mussolini hatte im Jahr 1926 die Straße durch das Val Formazza und das Val Toggia ausbauen lassen und sich sogar verpflichtet, die Kosten für die Fortführung auf Schweizer Seite zu übernehmen. Die Schweiz beteiligte sich nicht am Projekt und baute stattdessen in den 1960er-Jahren die Nufenenpassstraße.

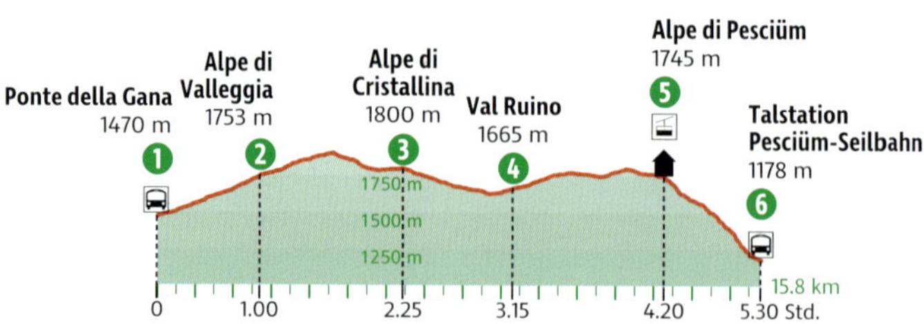

Talort: Airolo, 1175 m, im Valle Leventina, Bahnverbindung von Bellinzona.
Ausgangspunkt: Ponte della Gana, 1470 m, im Bedrettotal. Parkmöglichkeit an der westlichen Ortszufahrt von Ronco. Busverbindung von Airolo.
Endpunkt: Talstation der Pesciüm-Seilbahn, 1178 m. Busverbindung zum Bahnhof von Airolo und nach Ronco (letzte Verbindung um 17.10 Uhr).
Anforderungen: Bei Benützung der Seilbahn einfache Wanderung auf meist flachen Wegen, überwiegend Almstraßen. Bei Abstieg zu Fuß kurz auf schmalem, ausgesetztem Steig, Trittsicherheit nötig. Insgesamt sehr gut beschildert.
Einkehr und Übernachtung: Alpe di Pesciüm (Tel. +41/(0)91/8805210).
Variante: Abfahrt mit der Pesciüm-Seilbahn, Ende Juni bis Mitte Oktober, 8.15–16.30 Uhr, Tel. +41/(0)91/8738040.
Karten: Kümmerly + Frey »Tessin Sopraceneri« (Maßstab 1:60.000) und swisstopo Blatt 265 »Nufenenpass« (Maßstab 1:50.000).

Vom Parkplatz bei **Ponte della Gana** ❶, 1470 m, überqueren wir die Straße, gehen kurz talabwärts und steigen die gesperrte Almstraße an letzten Wochenendhäusern vorbei. Kurz darauf überqueren wir einen Bach. Mit einer großen Kehre (Bosco Signoi, 1592 m), an der die von All'Acqua kommende Strada degli alpi einmündet, geht es hinauf zum unteren Ende der Alpe di Valleggia, 1674 m. Auf dem Almsträßchen steigen wir weiter auf zu einer bereits von unten sichtbaren Verzweigung, 1725 m, und halten uns in Gehrichtung weiter zum lang gestreckten Almgebäude der **Alpe di Valleggia** ❷, 1753 m. Flach geht es den Talboden weiter zu einer Verzweigung. Wir bleiben auf der Strada degli alpi, die hier rechts hinaufgeht. Die Almstraße steigt in der Folge immer leicht an und verläuft kurz vor der Alpe di Folcra in einem Tälchen mit einem kleinen Bach. Schließlich biegt sie nach rechts ab zum Almgebäude der

Um die Almgebäude sind die Fluren oft überdüngt.

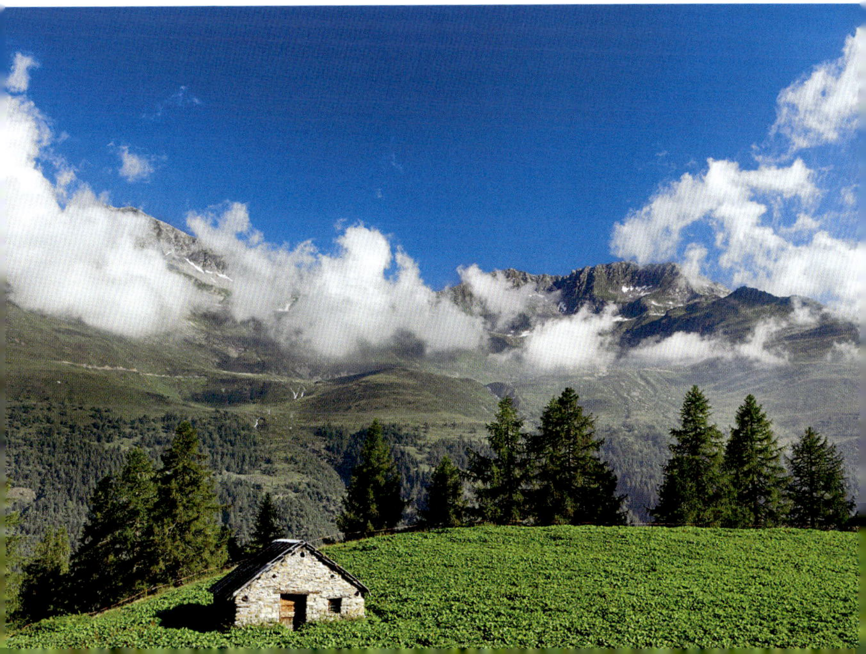

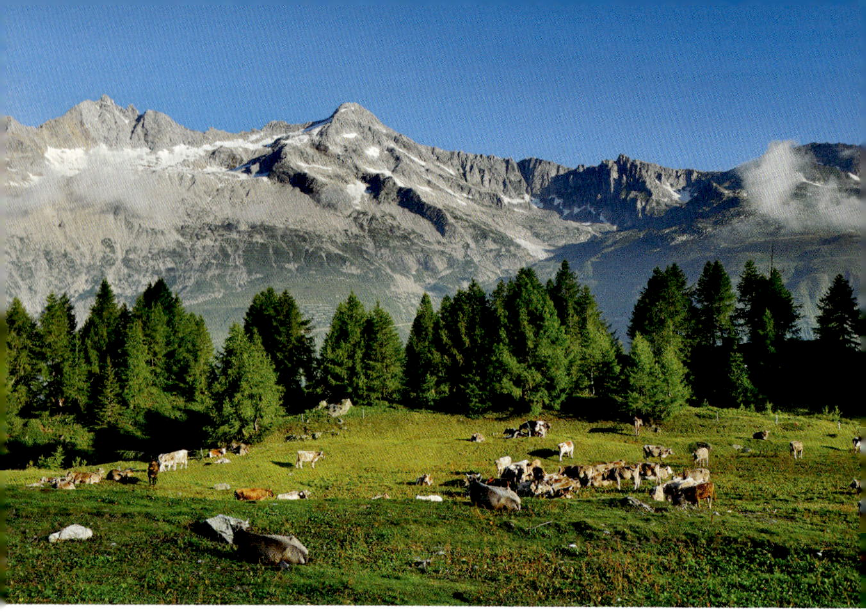

Immer neue Gipfel »ziehen« auf der Nordseite des Bedrettotals vorüber.

Alpe di Folcra, wir aber bleiben auf einem Fußweg am Bach entlang (unbeschildert und hier nicht eindeutig markiert). So gelangen wir gleich darauf an den unteren Rand einer Wiesenfläche und wandern über diese flach zu einem kleinen Sattel, 1905 m. Leicht fallend überqueren wir die Almfläche mit ihrem lichten Lärchenbestand und kommen bei dem großen Almgebäude von Stabiello wieder auf ein Almsträßchen, auf dem wir kurz zu einer Gabelung absteigen. Wir gehen leicht fallend nach rechts weiter und kurz hinauf zur stattlichen **Alpe di Cristallina ❸**, 1800 m.

Nun folgt ein längerer Abstieg. Nach der Alpe di Cristallina überqueren wir einen Bach und wandern auf dem Almsträßchen durch lichten Wald hinab zum Piano di Pescia,

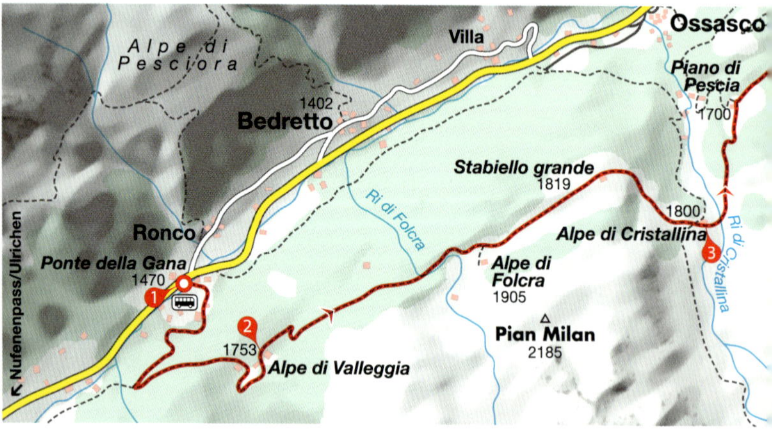

1700 m. Bei den Almgebäuden verlassen wir das Sträßchen und gehen in unserer ursprünglichen Richtung höhengleich weiter. Kurz noch über die Wiese, dann durch lichten Wald und immer wieder über Wiesenstreifen geht es auf und ab bis zur nächsten Almstraße und auf dieser hinauf ins **Val Ruino ④**, 1665 m.

Ab hier steigen wir auf bis Piano delle Formiche, 1776 m, und gehen im Auf und Ab weiter zur Alm im Val Pozzuolo, 1765 m (das Gebäude selbst bleibt oberhalb liegen). Auf einer Almstraße wandern wir weiter nach Pesciüm. Dabei passieren wir noch die Alm Cassina Nuova, 1799 m, und den Picknickplatz Alpe di Pesciüm, 1784 m. An diesem geht es auf der rechten Almstraße weiter. Kurz vor Erreichen der **Alpe di Pesciüm ⑤**, 1745 m, führt ein markierter Weg links zu den Gebäuden hinab. Vor diesen wieder links geht es auf einem schmalen Steig talwärts Richtung Airolo und Nante. Der Steig leitet durch steilen Hochwald unter der Felswand entlang, auf der die Alpe di Pesciüm thront. Auf den Wiesenhängen von Cucurei di dentro, 1559 m, kommen wir wieder in lieblicheres Gelände. Hier biegen wir der Beschilderung Richtung Airolo folgend nach links ab, gehen bei Culiscio, 1520 m, unter den Kabeln der Seilbahn hindurch und steigen durch Wald auf einem Hohlweg zur **Talstation der Pesciüm-Seilbahn ⑥**, 1178 m, ab. Am Parkhaus geht es links vorbei hinab zur Landstraße, wo wir links sogleich an die Bushaltestelle »Funivia« kommen.

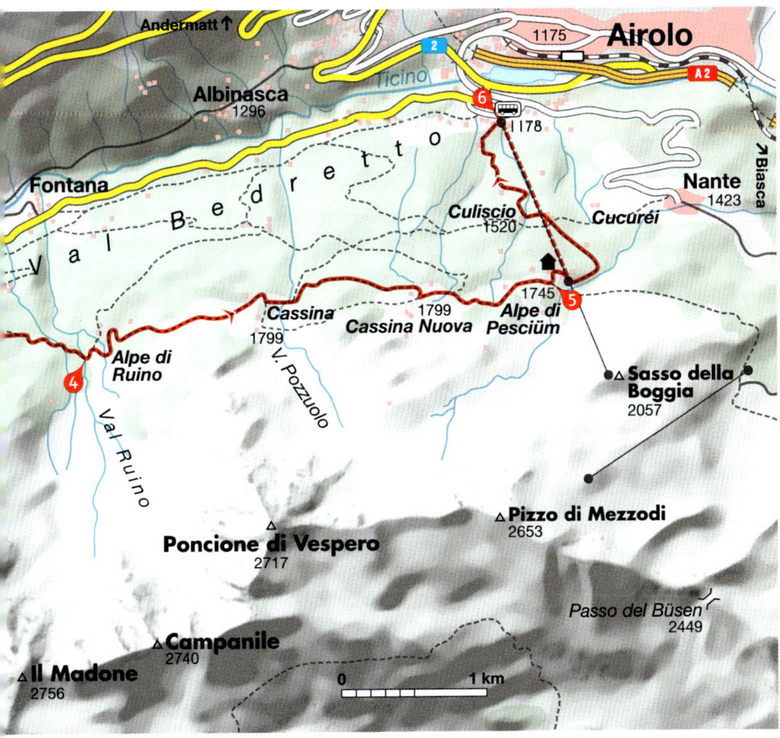

25 Pizzo Centrale, 2999 m
Vom Gotthardpass

5.45 Std. | 12,0 km | ↗910 m | ↘910 m

Aussichtsgipfel über dem Gotthard

»Auf Mitten des Godthardtes ist ein eintzig Hauß, der Hospital genannt, allwo untenvor ein Capelle ist, darinnen die auff dem Godthardt erfrohrne Leüthen gestelt werdten«, so berichtet es der Spediteur Hans Jakob Faesch (1638–1706) im Jahr 1682. Der Gotthardpass war damals schon seit Jahrhunderten eine bedeutende Verkehrsverbindung in den Süden. Seinen Namen hat er vom Gotthardhospiz, das um 1230 vom Kloster Disentis hier errichtet und nach Godehard, dem heiliggesprochenen Bischof von Hildesheim, benannt worden war. Aus der Mitte des 14. Jahrhunderts gibt es Zählungen, die für den Gotthard den Übergang von 10.000 Personen und 9.000 Saumtieren pro Jahr bezeugen. Befahrbar wurde der Pass erst 1830. So konnte die Strecke zwischen Andermatt und Airolo mittels Fünfspänner bald auf unter vier Stunden reduziert werden – eine Revolution! Wer heute schnell reisen will, benutzt die Gotthardautobahn durch den Tunnel, eröffnet 1980, oder die Bahnstrecke durch den Gotthard-Eisenbahntunnel, eröffnet 1882. Der alte Passübergang über das Hospiz hat Nostalgiecharakter. Dazu tragen auch die Festung und das Nationalmuseum bei; beide Orte lohnt einen Besuch nach der Tour auf den Pizzo Centrale. Der Gipfel gilt zu Recht als Paradeaussichtsberg über das Tessin, das Wallis und die Glarner Berge, denn nach allen Himmelsrichtungen reicht der Blick ungehindert. Für diesen Genuss nehmen wir sogar eine Dreiviertelstunde Zustieg auf der Straße zum Sella-Stausee in Kauf, die manche motorisierten Zeitgenossen zu Fuß nicht zu schaffen scheinen – die Sperrschilder sind deutlich.

Aufgereiht: Täschhorn, Dom, Lenzspitze und Nadelhorn vom Pizzo Centrale.

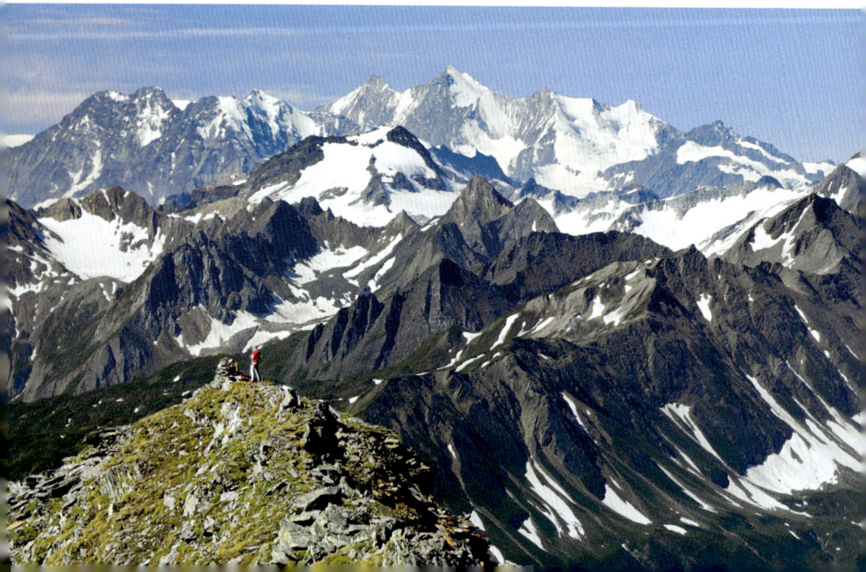

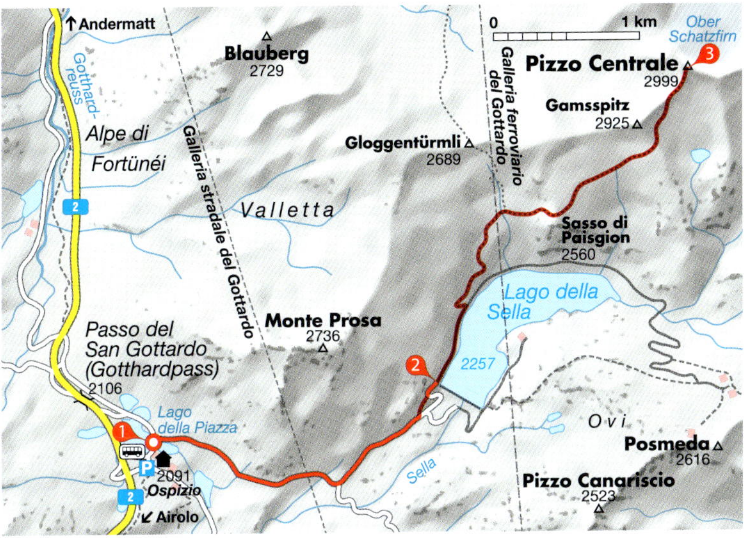

Talort: Airolo, 1175 m, im Valle Leventina, Bahnverbindung von Bellinzona.
Ausgangspunkt: Gotthardpass, Parkplatz am Lago della Piazza, 2091 m, Zufahrt von Airolo auf der Gotthardstraße, Busverbindung von Airolo.
Anforderungen: Bis zum Lago della Sella geht man auf einer breiten Straße, dann auf einem schmalen, teilweise steilen Weg. Im Mittelteil ist ein Schrofenabsatz zu überwinden, der Gipfelaufbau ist steil und schrofig. Nicht zuletzt wegen der relativ großen Höhe ist die Tour an der Grenze zu schwierig.
Karten: Kompass Nr. 108 »Gotthard/S. Gottardo – Grimsel – Susten – Oberalp« (Maßstab 1:50.000) sowie swisstopo Blätter 255 »Sustenpass«, 256 »Disentis/Mustér« und 265 »Nufenenpass« (Maßstab 1:50.000).

Vom Parkplatz nördlich des Gotthard-Museums beim **Lago della Piazza ❶**, 2091 m, wandern wir links dieses Sees auf einer für den Verkehr gesperrten Asphaltstraße in östlicher Richtung zum Lago della Sella. Auf dieser Straße geht es immer geradeaus hinauf, erst kurz vor der Staumauer lässt sich eine kurze Kehre auf einem markierten Wanderweg abkürzen. (Die an einem Felsen angeschriebene Abzweigung zum Pizzo Centrale unmittelbar vorher empfehlen wir nicht, da dieser Aufstieg erheblich länger und teilweise weglos ist.) Auf der Straße geht es links am **Lago della Sella ❷**, 2257 m, entlang, bis etwa auf halber Länge

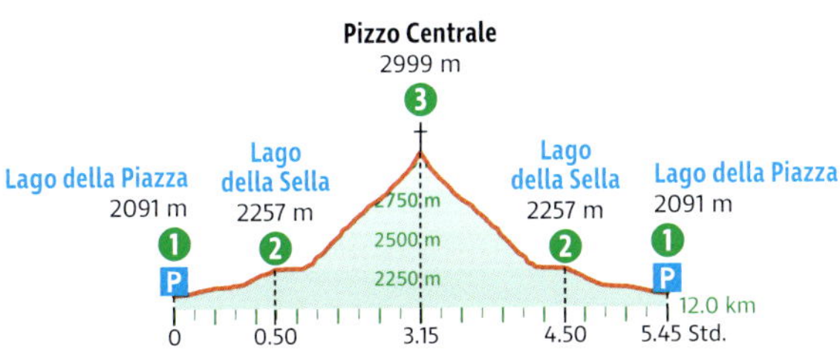

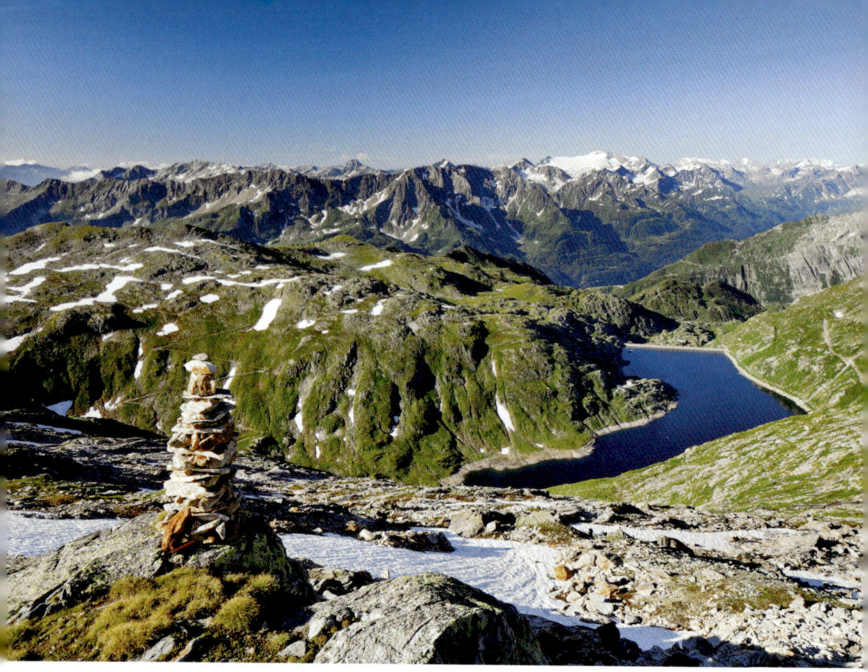

Basòdino und Lago della Sella vom Südrücken des Gamsspitz gesehen.

des Sees links eine neue Almstraße in den Hang geschoben ist. An einem Felsen ist hier der Pizzo Centrale blau angeschrieben.

Auf dieser Almstraße steigen wir zwei Serpentinen auf, dann führt rechts kurz nach der zweiten Kehre ein anfangs steiler Steig (Gemsstock / Pizzo Centrale blau angeschrieben) den Wiesenhang hinauf. Ein langer Aufstieg schräg rechts hinauf bringt uns an die Vorderkante der Mulde unter dem markanten Gloggentürmli, ca. 2500 m. Hier verzweigt sich der Weg: Links hinauf führt ein Steig zum Gemsstock und nach Guspis (weiterhin weiß-blau markiert), wir gehen rechts (unbeschildert) Richtung Pizzo Centrale. In östlicher Richtung quert der unscheinbare Pfad durch Blockgelände auf einen Wiesenstreifen zu, der zwischen zwei Schuttreißen hinaufzieht. Hier steigen wir auf zunehmend deutlichem Weg hinauf zu einer großen roten Markierung und steil rechts durch den Schrofenabsatz auf die schon von unten sichtbare Schulter Sasso di Paisgion, 2560 m.

Über Gletscherschliffgelände und Almmatten geht es nur mehr leicht steigend auf den vom Gamsspitz herabziehenden Südrücken. Diesen erreichen wir etwas rechts ausholend bei einem riesigen Steinmann. Nun steigt der Pfad nur noch wenige Meter am Rücken an und quert dann in der Südostflanke des Gamsspitz hinüber und hinauf in die Scharte zwischen Gamsspitz und Pizzo Centrale. Hier sind oft noch bis in den Sommer Altschneefelder zu queren. An der Scharte beginnt der Südwestrücken des Pizzo Centrale. Über Felsschutt und Schrofen windet sich der Steig hinauf bis zum Gipfel des **Pizzo Centrale ❸**, 2999 m, den wir von rechts kommend erreichen (Gipfelkassette). Der Abstieg erfolgt auf dem Aufstiegsweg.

Capanna Cadlimo, 2570 m

Von Cadagno oder von der Seilbahn von Piotta

26

6.30 Std. | 19,2 km | ↗750 m | ↘750 m

TOP

Unterwegs im Parco Alpino Piora

Die drei Täler Val Piora, Val Termine und Val Cadlimo bilden den Parco Alpino Piora. Das Gebiet ist in mancher Hinsicht etwas Besonderes. Schon der Weg zum Ausgangspunkt der Wanderung stellt einen ersten Superlativ dar. Die meisten Wanderer kommen nämlich mittels der Standseilbahn von Piotta herauf und diese ist mit einer Steigung von 88 Prozent eine der steilsten weltweit. Wer früh startet, kann aber auch bis Cadagno fahren, die Tour wird damit etwas kürzer. Seilbahnfahrer erreichen schon nach kurzer Wegstrecke den Lago Ritóm: Blaugrün liegt er im vorderen Val Piora. Mit 137 Hektar ist er der größte Tessiner Bergsee. Er wurde Anfang des letzten Jahrhunderts aufgestaut, um der Stromerzeugung zu dienen. Die Alpe San Carlo und das Hotel Piora mussten dafür weichen. Seenreich ist das Naturschutzgebiet überhaupt. Mehr als ein Dutzend Seen findet man, an vielen geht die Wanderung vorbei. Und alle haben sie ihr ganz eigenes Gesicht, zum Beispiel der aussichtsreiche Lago di Tom zu Beginn der Runde, der dunkle Lago Scuro oder der Lago Cadagno, auf dessen Grund Schwefelquellen sprudeln. Auch für Blumenliebhaber, Tierbeobachter und Mineralienfreunde ist das Gebiet interessant. Die einen erfreuen sich am Anblick von gelbem Augentrost, Graslilien, Schlauchenzian, Steinbrech, Hauswurz und Arnika, die anderen schauen den Murmeltieren oder den Adlern zu und Mineralienfreunde kennen das Val Piora als Fundstelle einer riesigen Kluft mit Zepterquarzen. Und nicht zuletzt: Aus dem Val Piora kommt der beliebte Bergkäse Piora. Den sollte man auf keinen Fall versäumen. Auf der Capanna Cadlimo und der Capanna Cadagno ist Gelegenheit zum Probieren, einen Vorrat mitnehmen kann man dann direkt an der Alpe di Piora.

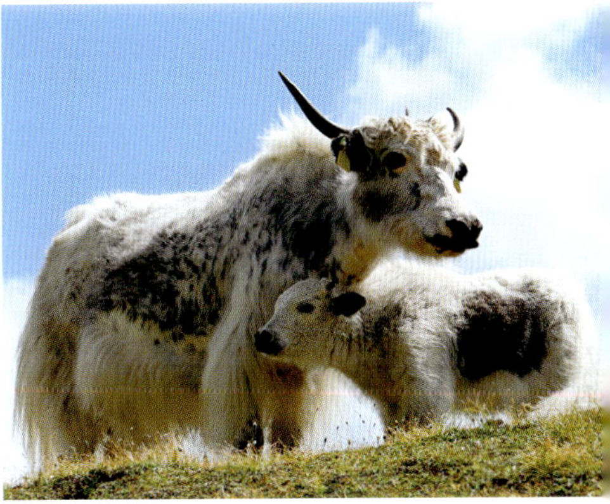

Yaknachwuchs im Val Cadlimo.

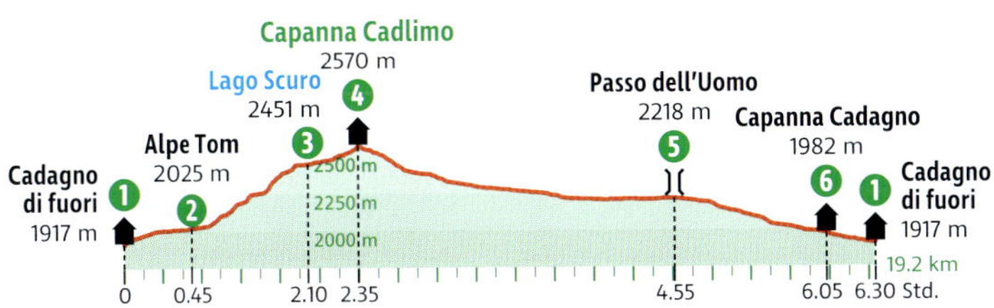

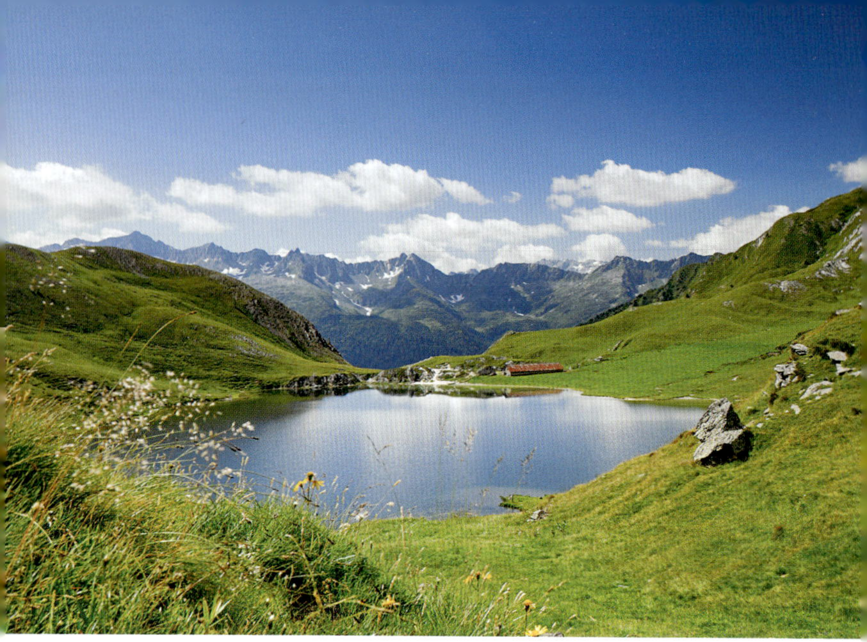

Blick auf den Lago di Tom mit der Alpe Tom.

Talort: Airolo, 1175 m, im Valle Leventina, Bahnverbindung von Bellinzona.
Ausgangspunkt: Cadagno di fuori, 1917 m, gebührenpflichtiger Parkplatz (8 SFr pro Tag). Zufahrt von Piotta über Altanca und den Stausee Ritóm auf einer Stichstraße. Diese darf bis 9 Uhr und ab 17 Uhr befahren werden. In der übrigen Zeit benützt man die Standseilbahn von Piotta (Busverbindung von Airolo) aus und geht zu Fuß am Ritómsee entlang nach Cadagno. Ritóm-Seilbahn, Mitte Mai bis Oktober, ab 8.35 Uhr, Tel. +41/(0)91/8683151, www.ritom.ch.
Anforderungen: Ab dem Lago Scuro häufig noch Altschneefelder und teilweise plattiges Felsgelände. Trittsicherheit notwendig.
Einkehr und Übernachtung: Cadagno di fuori, Capanna Cadlimo (von Anfang Juli bis Ende September geöffnet, 85 Plätze, Tel. +41/(0)91/8691833, www.cadlimo.ch), Capanna Cadagno (von Anfang Juni bis Mitte Oktober geöffnet, 78 Plätze, Tel. +41/(0)91/8681323, www.capanna-cadagno.ch).
Karten: Kompass Nr. 108 »Gotthard/S. Gottardo – Grimsel – Susten – Oberalp« (Maßstab 1:50.000) sowie swisstopo Blätter 256 »Disentis/Mustér« und 266 »Valle Leventina« (Maßstab 1:50.000).

Vom Parkplatz sogleich links zu der Almsiedlung **Cadagno di fuori ❶**, 1917 m, und auf dem beschilderten Wanderweg links den Wiesenhang nach Westen hinauf Richtung Tomsee. Über einen Wiesensattel, 2085 m, gelangen wir hinab zum Lago di Tom, mit der **Alpe Tom ❷**, 2025 m. Um den See geht es nun im Uhrzeigersinn herum. (Mit weniger Höhenverlust kommt man direkt vom Sattel auch rechts oberhalb des Sees, teils auf Steigspuren, ins Kar.) Im Kar hinter dem See quert der Weg unter einer Felswand nach rechts hinaus und führt mit einer großen Kehre hinauf in die Verflachung mit den beiden Tanedaseen, 2245 m und 2300 m. Hier holt der Weg links aus und leitet nach einer kurzen Querung hinauf in einen Sattel, ca. 2470 m. Der **Lago Scuro ❸**, 2451 m, ist mit einem kurzen Abstieg schon gleich erreicht. Links geht der Weg um den schönen See herum und steigt über Felsgelände auf zu einer Mulde (die Hütte ist darüber schon sichtbar) mit einem großen flachen See, vor dem es nach rechts über plattiges Felsgelände über die kaum wahrnehmbare Bocchetta Cadlimo hinaufgeht zur **Capanna Cadlimo ❹**, 2570 m.

Von der Hütte führt der beschilderte Weg ins Val Cadlimo beständig hinab. Über kuppiges Gelände, an vielen kleinen Seeaugen und grasenden Yaks vorbei geht es immer links des Talgrundes hinab, bis wir schließlich zu den unscheinbaren Almgebäuden der Stabbio Nuovo, 2250 m, kommen. Wenig danach kommt ein Wasserschloss in Sicht, 2229 m (Val alla Cadlimo Presa). Hier biegen wir rechts ab, überqueren auf einer Steinbrücke den Bach und steigen auf einem Plattenweg beständig auf. Über einige Rücken gelangen wir vom Val Cadlimo ins Val Termine hinüber. Eine leicht fallende Querung bringt uns kurz vor dem **Passo dell'Uomo ❺** bei 2200 m auf den Weg, der vom Lukmanierpass zum Passo dell'Uomo führt. Dieser ist schon gleich nach der Einmündung

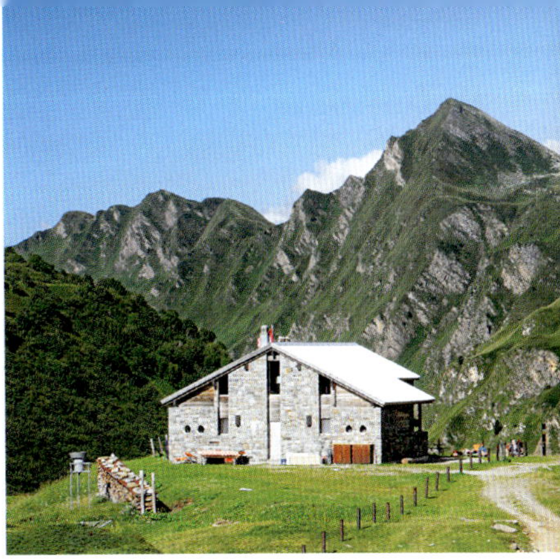

Die Capanna Cadagno auf ihrer schönen Wiesenkuppe.

unseres Wegs bei einem großen Almgebäude, 2218 m, erreicht.

Nun geht es das breite Tal auf einem Almsträßchen geradeaus weiter leicht fallend hinab nach Segna, 2200 m. Hier wenden wir uns nach rechts, um durch das Val Piora abzusteigen. Dazu überqueren wir schon bald auf einer Brücke den Bach und gehen auf der rechten Bachseite auf einer Wiesenterrasse teils hoch über der Schlucht, die der Bach in den Wiesengrund gegraben hat, immer leicht fallend zur **Capanna Cadagno ❻**, 1982 m. Auf einer Almstraße steigen wir an der Alpe di Piora, 1964 m, vorbei ab und schließen die Runde beim Lago Cadagno in **Cadagno di fuori ❶**.

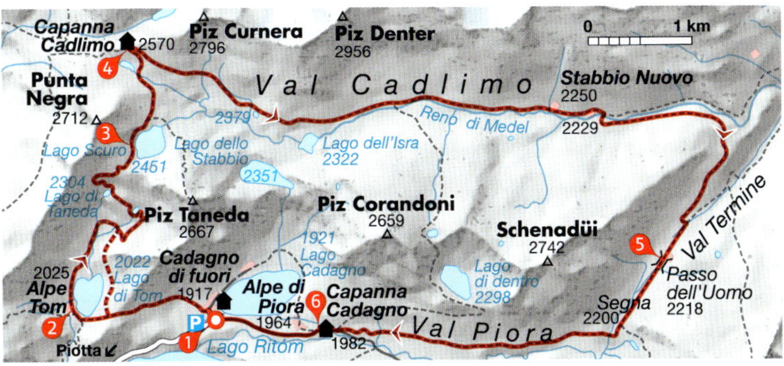

27 Cap. Campo Tencia und Cap. Leit, 2260 m

Von Dalpe über den Passo Lei di Cima

TOP | 8.00 Std. | 19,6 km | ↗1370 m | ↘1370 m

Auf der Seenterrasse über dem Valle Leventina

So riesig wie der Ritómsee auf der Nordseite des Valle Leventina sind die Seen auf der Südseite nicht, aber auch hier bestimmen sie den Landschaftseindruck. Der größte, der Lago Tremorgio, soll der Sage nach entstanden sein, als das Schloss von Herzog Tremor aus dem Gefolge Karls des Großen hier im Wasser versank – er selbst wurde in eine Akelei verwandelt. Neuer, aber auch nicht wirklich belegt, ist die Theorie, der See sei durch einen Meteoriteneinschlag entstanden. Wir berühren diesen See bei unserer Runde nicht direkt, dafür kommen wir am Lago Leit vorbei und blicken auf den Lago di Morghirolo hinab. Eine schöne Rundtour führt uns von der Ortschaft Dalpe, hoch über dem Valle Leventina, durch das Val Piumagna mit seinem großen, abschließenden Karkessel zur Capanna Campo Tencia und über den Lei-di-Cima-Pass unter dem Piz Campolungo und dem markanten Piz del Prevat hindurch zur Capanna Leit am Leitsee. Von hier ist es nur noch ein gemütlicher Abstieg über Almen und durch schöne Wälder zurück nach Dalpe. Einmal kann man dabei sogar auf den Gartenstühlen vor einer Alm die Füße hochlegen und die Sonne genießen.

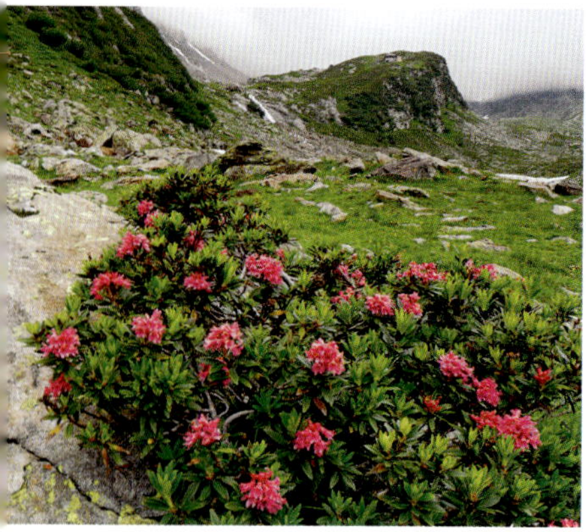

Über Almrosenfelder geht es zur Capanna Campo Tencia.

Talort: Rodi-Fiesso, 979 m, im Valle Leventina, Bahnverbindung von Bellinzona und Airolo.
Ausgangspunkt: Parkplatz am südlichen Ortsrand von Dalpe beim Crai-Supermarkt, 1192 m, Zufahrt von Rodi-Fiesso, Busverbindung von Rodi. Alternativ Wanderparkplatz im Val Piumogna, 1365 m, auf schmaler, steiler Bergstraße von der markanten Linkskurve vor Dalpe beim Bauunternehmer Dotti rechts; von hier ausgeschildert.
Anforderungen: Zur Capanna Tencia Almstraße und einfacher Wanderweg. Der Übergang zur Capanna Leit verlangt teilsweise etwas Trittsicherheit. Der Abstieg ist einfach.
Einkehr und Übernachtung: Piumogna-Bar (Verkauf von Almprodukten, Übernachtungsmöglichkeit, Tel. +41/(0)91/8671403); Capanna Campo Tencia (Mitte Juni bis Mitte Oktober geöffnet, 70 Schlafplätze, Tel. +41/(0)91/8671544, www.campotencia.ch); Capanna Leit (Anfang Juni bis Mitte Oktober geöffnet, 60 Plätze, Winterraum offen, Tel. +41/(0)91/8681920, www.capanna-leit.ch).
Karten: Kümmerly + Frey »Tessin Sopraceneri« (Maßstab 1:60.000) und swisstopo Blatt 266 »Valle Leventina« (Maßstab 1:50.000).

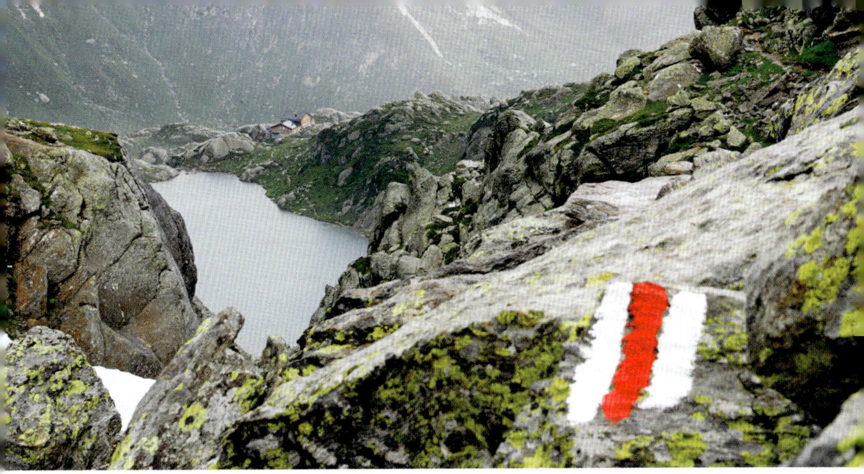

Tief unten: der Leitsee mit der gleichnamigen Hütte.

Vom Parkplatz in **Dalpe ❶**, 1192 m, folgen wir der Beschilderung zur Capanna Campo Tencia bergwärts und biegen damit nach dem ersten Haus links ab. Teils auf einem Hohlweg, teils auf einem breiten Steinplattenweg steigt der Wanderweg durch den Wald auf zu einer Marienkapelle (Cimafroda, 1370 m). Der Weg biegt hier links auf die Almstraße nach Piumogna ein. (Auf dieser kommt man herauf, wenn man den oberen Wanderparkplatz als Ausgangspunkt wählt.) Bei **Polplano ❷**, 1365 m, gabelt sich die Straße: Links liegt jenseits des Bachs der Parkplatz, rechts gehen wir auf der gesperrten Straße weiter bis zur Almsiedlung Piumogna, 1404 m. Nach den ersten Häusern zweigt der Wanderweg zur Capanna rechts von der Straße ab (und damit auch vom Weg zur nahen Piumogna-Bar). Wir folgen diesem zunächst flach über Wiesen, dann durch lichten Lärchenwald. Immer auf der rechten Bachseite bleibend erreichen wir **Sgnoi ❸**, 1650 m. Am unteren Rand der Lichtung überqueren wir den Bach. Der Weg steigt nun in vielen Serpentinen durch den Wald ins Almgelände auf, das sich bald als riesiger Talkessel auftut, eingefasst von Felswänden, über die etliche Wasserfälle herabbrechen. Kurz geht es über einen Rücken hinauf, dann queren wir zum Bach und steigen auf der linken Bachseite den Wiesenhang hinauf zur schon sichtbaren **Capanna Campo Tencia ❹**, 2140 m.

Vom Hüttengebäude führt der Weg zur Capanna Leit geradeaus kurz den

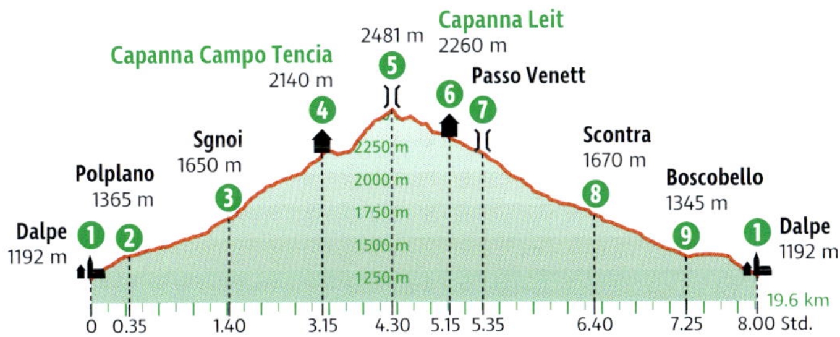

Hang hinauf (am Felsen angeschrieben), dann überschreiten wir einen kleinen Sattel, wo sich die Wege zum Lago di Morghirola (links) und zur Capanna (rechts) verzweigen. Ein kurzer Abstieg bringt uns zurück in das Tal nördlich der Capanna Campo Tencia. Wir überqueren hier den Bach und steigen den Hang in einigen Serpentinen auf bis zu einer Kuppe mit dem Almgebäude der Alp Lei di Cima. Über Blockgelände führt der Weg zu einer nahen, schmalen **Scharte ❺**, 2481 m, hinauf. Jenseits geht es 100 Höhenmeter hinab, dann steigt der Pfad in eine zweite Scharte, 2431 m, auf. In der linken Flanke des vor uns stehenden markanten Felsgipfels führt der Weg von hier hinab zur bereits sichtbaren **Capanna Leit ❻**, 2260 m, am Leitsee. Am See geht es rechts entlang und zur Hütte.

Unterhalb der Hütte zweigt rechts der Weg zum Passo Venett ab und führt höhengleich, dann fallend zur deutlichen Einsattelung in der jenseitigen Karbegrenzung. Vom **Passo Venett ❼**, 2138 m, steigen wir in einigen Serpentinen, dann rechts ausholend ab. Nach einem Unterstandshüttchen kommen wir auf eine Almstraße. Dieser folgen wir bis zur ersten größeren Almwiese, über die der markierte Wanderweg direkt hinunterführt. Beim vermessenen Punkt Alpe Cadonighino, 1750 m, kommen wir wieder auf die Straße. Wir folgen dieser nur kurz und zweigen dann auf ein Sträßchen nach links ab (markiert, aber unbeschildert). Bei **Scontra ❽**, 1670 m, biegen wir wieder auf die Almstraße ein und folgen ihr nun in etlichen Kehren bis **Boscobello ❾**, 1345 m. Hier gehen wir an der Gabelung rechts und erreichen schon bald die Marienkapelle bei Cimafroda, wo wir uns nach links wenden und zurück nach **Dalpe ❶** gelangen.

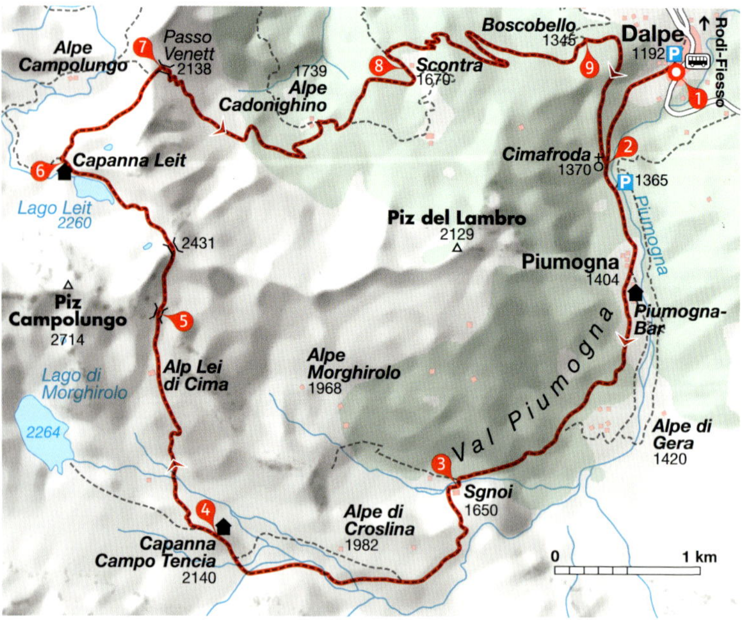

Von Anzonico nach Rossura

28

Auf der Strada alta

5.00 Std. | 15,1 km | ↗ 670 m | ↘ 670 m

Abseits der Hauptstraßen durch die Leventina

Der Ticino, der dem Kanton den Namen gegeben hat, ist in seinem Verlauf oftmals tief eingeschnitten. In früheren Zeiten stellten solche Talabschnitte beachtliche Verkehrshindernisse dar. Eine der Lösungen war die Strada alta di Leventina. Sie verläuft auf halber Höhe und verbindet Airolo mit Biasca so, dass die Schluchten im Talgrund umgangen werden. Heute ist die Strada alta ein dreitägiger Höhenwanderweg, der auf über 40 Kilometern teils auf Wanderwegen, teils auf Nebenstraßen verläuft. Einer der schönsten Abschnitte liegt ziemlich in der Mitte des Streckenabschnitts zwischen Anzonico mit seinen schönen alten Holzhäusern sowie der Kirche San Giovanni Battista und dem Ort Rossura, wo die romanische Kirche Santi Lorenzo e Agata einen Abstecher wert ist. Begangen wird die Strada alta – oder Abschnitte derselben – normalerweise talabwärts. Zwischen Anzonico und Rossura kann man eine empfehlenswerte Rundtour machen oder auch den Rückweg mit öffentlichen Verkehrsmitteln abkürzen.

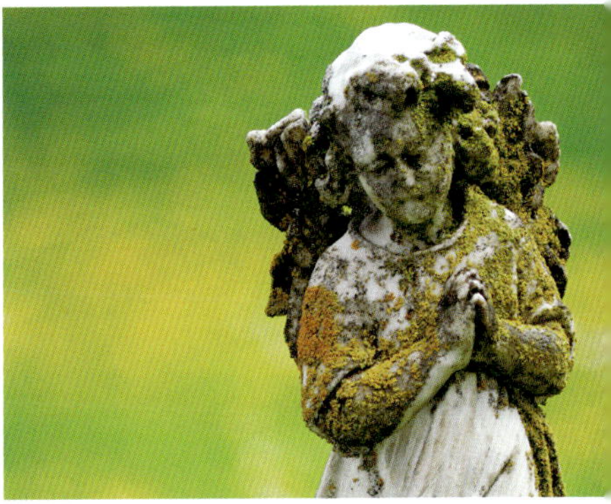

Gut beschützt auf der Strada alta.

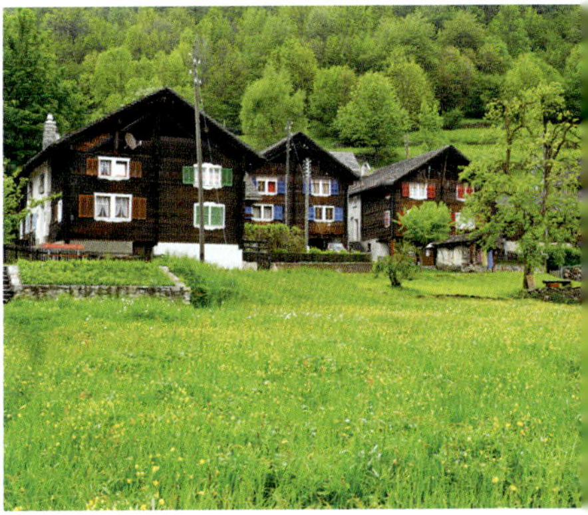

Die altehrwürdigen Gebäude von Rossura.

Talort: Faido, 706 m, im Valle Leventina, Bahnverbindung von Bellinzona und Airolo.
Ausgangspunkt: Anzonico, 979 m, erreichbar auf einer Bergstraße von Lavorgo südlich von Faido, Busverbindung von Faido.
Anforderungen: Almstraßen, Bergsträßchen und Wald- und Wiesenwege.
Einkehr und Übernachtung: Verschiedene Möglichkeiten in den Orten Anzonico, Calonico, Rossura, Ravatói.
Karten: Kümmerly + Frey »Tessin Sopraceneri« (Maßstab 1:60.000) und swisstopo Blatt 266 »Valle Leventina« (Maßstab 1:50.000).
Tipp: Besuch der Kirchen am Weg, speziell von San Giovanni Battista in Anzonico und Santi Lorenzo e Agata in Rossura.

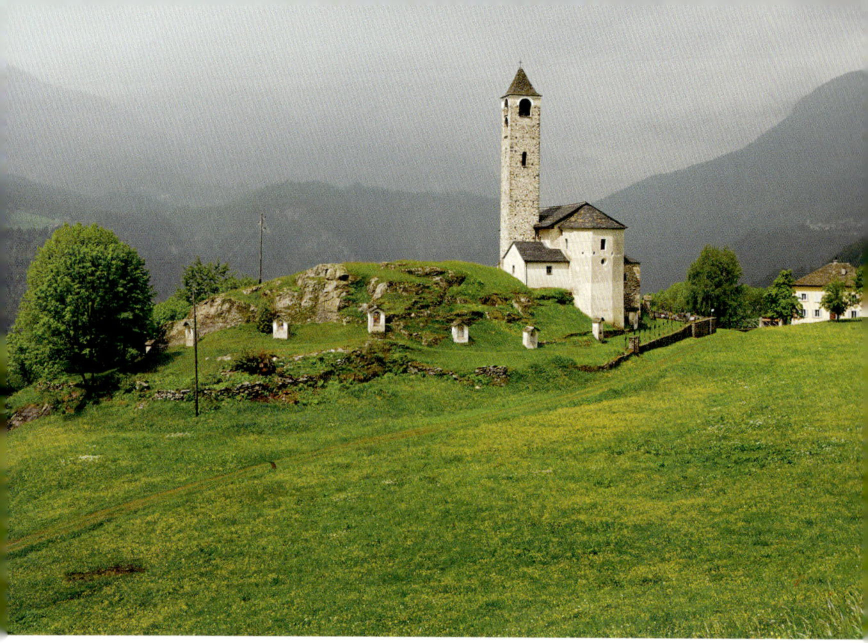

Santi Lorenzo e Agata kurz vor einem Sommergewitter.

In **Anzonico** ❶ gehen wir vom Restaurant Bellavista, 979 m, in nordwestlicher Richtung auf der Dorfstraße aufwärts (beschildert Rossura) und nach den letzten Häusern auf einem Wirtschaftsweg in den Kiefernwald hinein. Hier verzweigt sich der Weg bei der Ortsbezeichnung Lombarda, 990 m. Wir wandern auf dem unteren Weg weiter, queren die Asphaltstraße nach Calonico und kommen am Restaurant **Grotto pro Bell** ❷, 898 m (Bushaltestelle), vorbei. Über Wiesen gelangen wir leicht steigend in den Ort **Calonico** ❸, 961 m.

Mit schönem Blick auf die auf einem Felsabsatz thronende Kirche geht es auf der Asphaltstraße Richtung Norden hinauf, beschildert ist Tengia/Rossura. Kurz nach der ersten Serpentine zweigt ein Almweg nach links ab. Diesem folgen wir zuerst über Almen bzw. Ferienhäuser mit tollem Blick auf die gegenüberliegende Talseite, dann in vier Serpentinen. Bei den Wiesen von Paschirolo, 1208 m, ist zunächst der höchste Punkt erreicht. Leicht fallend geht es weiter, über einen großen Bach und durch saftige Wiesen, bis wir schon bald die ersten Häuser von **Tengia** ❹, 1103 m, sehen. Von Tengia können wir auf dem Verbindungssträßchen oder zuletzt auch etwas oberhalb auf dem Wanderweg ins nahe **Rossura** ❺, 1050 m, gehen (Busverbindung). Die Kirche Santi Lorenzo e Agata in Rossura ist unser nördlichster Punkt.

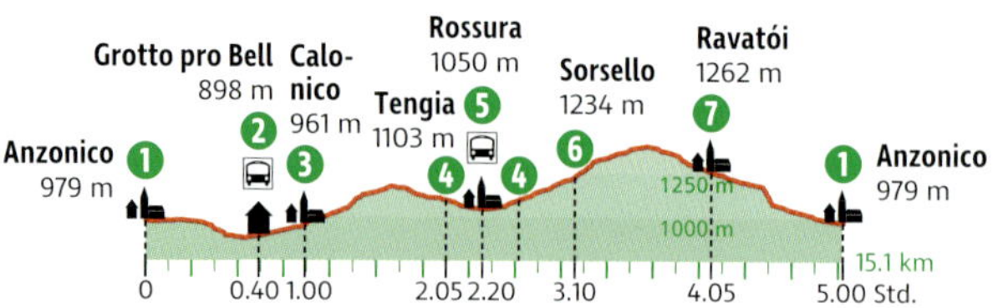

Von Rossura gehen wir zurück nach **Tengia** ❹. Dort zur Kirche hinauf und den Schildern folgend auf einer gesperrten Asphaltstraße weiter Richtung Sorsello. Diese verlassen wir nach der ersten Kehre auf einem Karrenweg, der durch Wiesen nach **Sorsello** ❻, 1234 m, führt, dabei wird die Straße einmal bei einer Marienkapelle gequert.

In Sorsello halten wir uns rechts. Der Weg quert gleich den Bach, der hinter Sorsello als Wasserfall die Felsen herabstürzt, und führt am oberen Rand der Wiese südostwärts in den Wald hinein. Immer leicht steigend kommen wir zu der Wochenendsiedlung Monti di Co, 1362 m. Schließlich werden wir bei weiteren Häuschen (Gianon, 1380 m) rechts hinab geleitet, durchqueren das Moor Palude di Co und steigen jenseits auf steilerem Weg hinunter. Bei **Ravatói** ❼, 1262 m, treffen wir auf eine Asphaltstraße, der wir rechts hinab folgen. Nach 200 m zweigen wir links nach Anzonico auf eine Almstraße ab. Bei der Verzweigung kurz darauf bleiben wir auf dem oberen Weg und gelangen an vielen Wochenendhäusern vorbei hinab und in den Kiefernwald hinein. Hier treffen wir bei Lombarda auf den Aufstiegsweg, dem wir zurück nach **Anzonico** ❶ folgen.

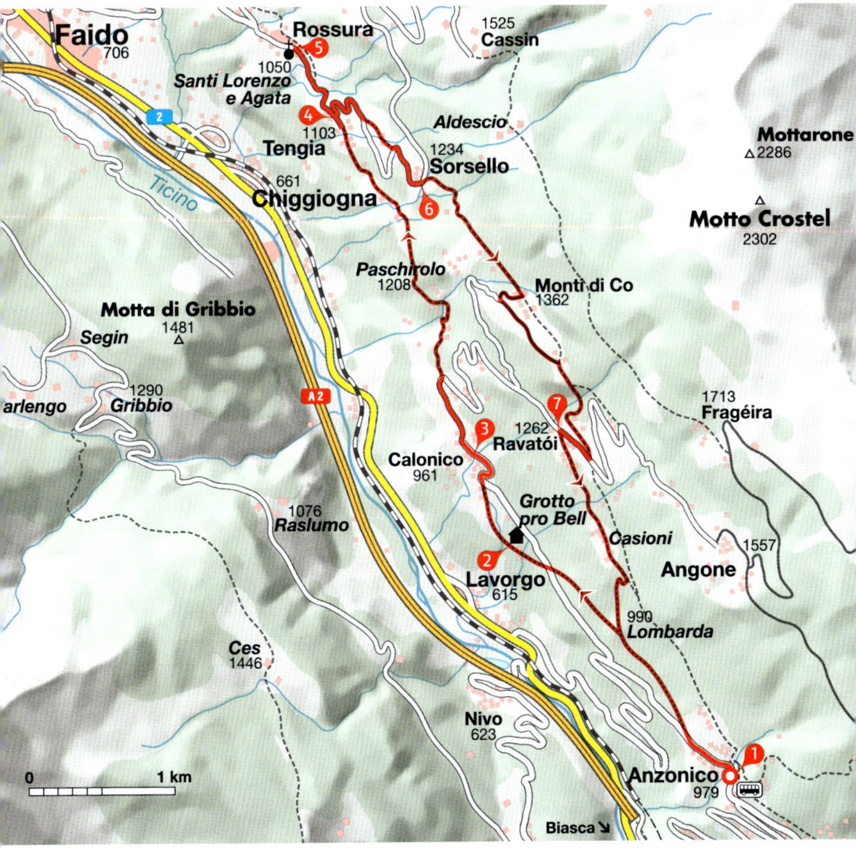

29 Passo delle Colombe, 2381 m

Vom Lukmanierpass

5.00 Std. | 13,4 km | ↗ 610 m | ↘ 610 m

Rund um den Piz dell'Uomo

Der Passo delle Colombe ist einer von drei Pässen, die auf engstem Raum die Leventina auf der Höhe von Quinto mit dem Lukmanierpass verbinden. Der nördlichste heißt Passo dell'Uomo, über ihn führt der Anstieg. Der mittlere und höchste ist der Passo delle Colombe, und nur einen Kilometer südlich davon befindet sich der Passo del Sole. Der Beginn der Tour aber ist direkt am Lukmanierpass. Dass der Übergang einst eine bedeutende Rolle gespielt hat, kann man an einer alten Römerstraße erkennen, und im Mittelalter zogen die deutschen Kaiser auf ihrer Reise nach Rom über den niedrigsten Schweizer Pass, »Kaiserpass« wird er daher auch genannt.

Interessant ist die Wanderung wegen der Pflanzen. Wie die Tour zur Capanna Cadlimo verläuft der Weg zum Passo delle Colombe durch den Parco Alpino Piora. Der letzte Wegabschnitt schließlich führt durch das Valle Santa Maria am Fluss Brenno entlang zurück zum Lukmanierpass. Kaum zu glauben, dass der Brenno weiter talabwärts früher ein gefürchteter Fluss war! Die schlimmsten Verwüstungen richtete er an, als sich sein Wasser im 16. Jahrhundert nach einem Bergsturz ein Jahr aufstaute und bei dem anschließenden »Dammbruch« große Teile von Biasca zerstört wurden. Die Gefahren der Wassermassen werden auch in einer alten Sage verarbeitet, die es über die Alpe Pertusio gibt. Bis in die 1930er-Jahre existierte hier ein See, dessen Ufersand Menschen verschlungen haben soll.

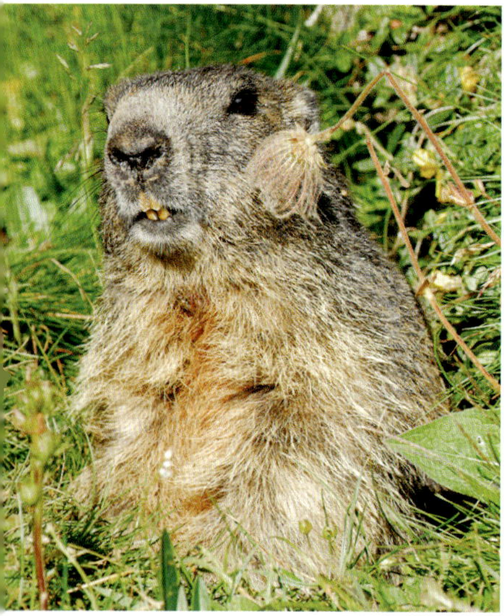

Murmeltier im Parco Alpino Piora.

Talort: Olivone, 889 m, im Bleniotal, Zufahrt über Biasca oder den Lukmanierpass, Busverbindung von Biasca.
Ausgangspunkt: Lukmanierpass (Passo del Lucomagno), 1914 m, nordwestlich von Olivone, Busverbindung von dort.
Anforderungen: Im Aufstieg einfach, beim Abstieg schmale Pfade durch mittelsteiles Wiesengelände.

Einkehr und Unterkunft: Hospiz Lukmanierpass (Mitte Mai bis Oktober geöffnet, Tel. +41/(0)81/9475134, www.lukmanierpass.ch).
Karten: Kompass Nr. 108 »Gotthard / S. Gottardo – Grimsel – Susten – Oberalp« (Maßstab 1:50.000) sowie swisstopo Blätter 256 »Disentis/Mustér« und 266 »Valle Leventina« (Maßstab 1:50.000).

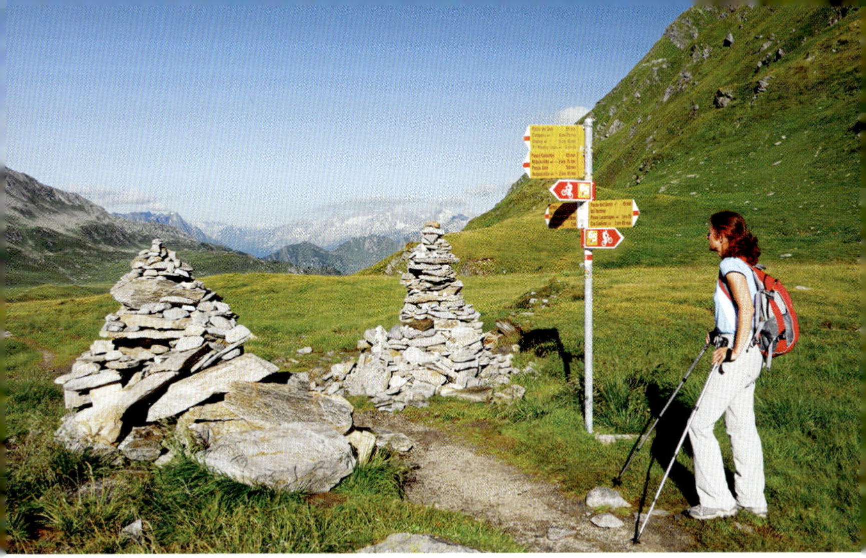

Die Wanderung ist bestens ausgeschildert: bei Segna.

Vom Parkplatz am **Lukmanierpass** ❶, 1914 m, geht es links am Gebäude des Hotels vorbei und auf einer gesperrten Schotterstraße am Südende des Lai da Sontga Maria entlang bis zu dem vermessenen Punkt Val Termine, 1924 m. Unser Ziel ist geradeaus ausgeschildert. Den breiten Taleinschnitt geht es auf einer grob geschotterten Straße nun immer gerade hinauf, bis wir kurz nach der Abzweigung ins Val Cadlimo das große Almgebäude auf der Passhöhe des **Passo dell'Uomo** ❷, 2218 m, erreichen.

Jenseits folgen wir der Almstraße nur leicht fallend bis Segna, 2200 m. Hier verlassen wir das breite Tal und biegen nach links auf die Almstraße zum Passo delle Colombe ab. Diese führt links an einem See vorbei und steigt an, dabei ist sie teils in den Felsen gehauen. Auf einer Wiesenterrasse verzweigen sich die Wege zum Passo delle Colombe und zum Passo Sole. Wir wählen den linken Weg, der den gutmütigen Wiesenhang hinaufzieht. Dabei sind teilweise zwei Pfade markiert, die mehr oder weniger gerade auf den Pass zuleiten. Kurz bevor wir die Passhöhe erreichen, kommen wir an einem schönen See vorbei, von dem sich in beide Richtungen ein prächtiges Bergpanorama bietet.

Vom **Passo delle Colombe** ❸, 2381 m, geht es hinab zur Alpe Casaccia. Dazu steigen wir auf einem stark erodierten Pfad durch den Wiesenhang ab. In den Wiesen Piano dei Canali halten wir uns in dem mit Felsblöcken übersäten Mittelteil und

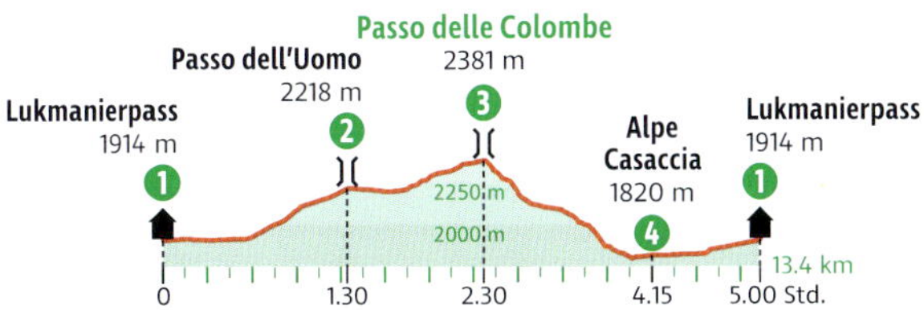

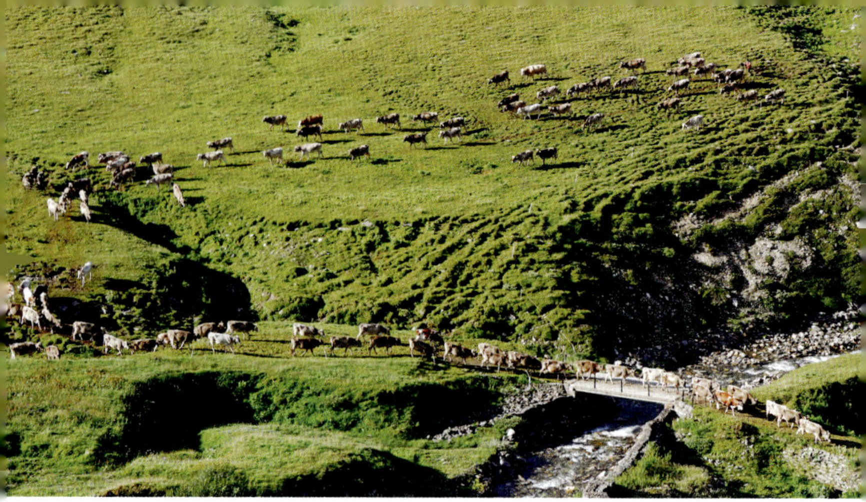

Viehtrieb im großen Weideareal des Val Piora.

gelangen über die linke Taleinrahmung durch schönen Lärchen- und Zirbenbestand hinab zur Alpe Gana, 1820 m. Am Almgebäude wandern wir rechts vorbei, folgen kurz einem Almsträßchen und biegen dann aber gleich links ab über eine Brücke. Auf einem Wanderweg gelangen wir durch Zirbenwald bei der **Alpe Casaccia ④**, 1820 m, zur Lukmanierpassstraße. Mit etwas Abstand zur Straße wandern wir nach links auf einem Almsträßchen hinauf und kommen über die Alpe Pertusio schließlich zurück zum Ausgangspunkt am **Lukmanierpass ①**.

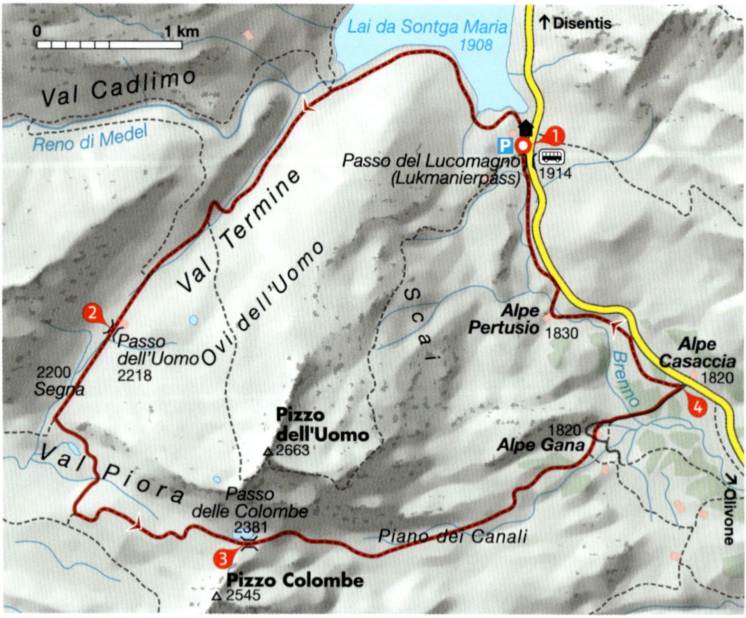

Von Acquacalda nach San Carlo Negrentino

Über den Passo Bareta, 2267 m

30

6.50 Std. | 16,8 km | ↗ 680 m | ↘ 1570 m

Vom Valle Santa Maria ins Bleniotal

Erstaunlich, dass das Bleniotal nicht stärker besucht wird. Im Tal gibt es diverse sehenswerte Orte und auf den Höhen locken das Almgelände und der Blick auf den vergletscherten Gipfel des Rheinwaldhorns gleichermaßen. Der Übergang von Acquacalda über den Passo Bareta nach San Carlo Negrentino bei Leontica verbindet dies alles – die Ruhe des oberen Valle Santa Maria, die Almen während der Höhenwanderung und das kulturelle Highlight am Ende der Tour, in Negrentino, wo die vielleicht schönste, jedenfalls eine der ältesten Kirchen des Tessins steht: San Carlo. Wer die Wanderung auf zwei Tage ausdehnen will, kann sogar den kompletten Sentiero alto di Blenio begehen und von Airolo über den Passo del Sole nach Acquacalda und von San Carlo weiter bis Biasca wandern. Siebzehn Stunden ist man dann unterwegs. Bei der An- oder Abreise wird man auch durch Torre kommen. Der kleine Ort südlich von Olivone könnte bekannter sein als der Vierwaldstätter See, denn schon 1182, Jahre vor dem Rütlischwur, hatten die Talbewohner den Schwur von Torre geleistet und sich gegen die Obrigkeit aufgelehnt. Steinerner Zeuge der Wehrhaftigkeit der Bleniesi ist noch immer die Ruine der Burg Serravalle, die von ihnen damals geschleift wurde.

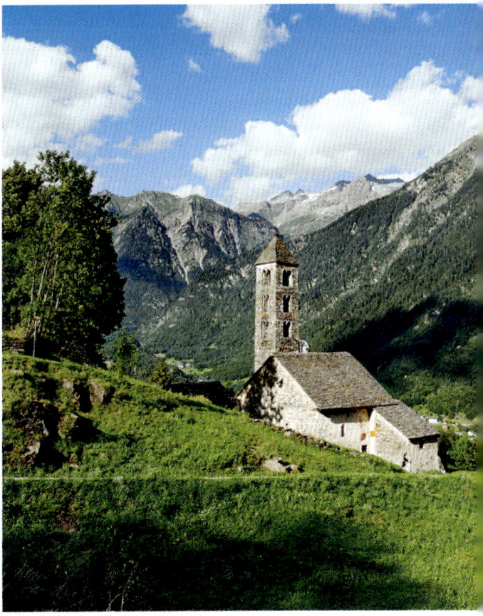

Die romanische Kirche San Carlo Negrentino.

Talort: Olivone, 889 m, im Bleniotal. Zufahrt über Biasca oder den Lukmanierpass, Busverbindung von Biasca.
Ausgangspunkt: Acquacalda, 1758 m, an der Lukmanierpassstraße, westlich von Olivone. Busverbindung von dort, Parkmöglichkeit südlich der Straße.
Endpunkt: Leontica, 873 m. Busverbindung nach Acquarossa um 13.04, 15.04, 17.04, 18.04 und 18.48 Uhr, von dort über Olivone nach Aquacalda.
Anforderungen: Unschwierige Wanderung, jedoch auf weiten Strecken auf schmalen Pfaden, teils spärlich markiert, vor allem im ersten Teil des Abstiegs.
Einkehr und Unterkunft: Capanna Daioss / Pian Daioss (von Ende Mai bis Mitte Oktober bewartet, ganzjährig geöffnet, Tel. +41/(0)76/4000301).
Karten: Kümmerly + Frey »Tessin Sopraceneri« (Maßstab 1:60.000) und swisstopo Blatt 266 »Valle Leventina« (Maßstab 1:50.000).

Von der Parkmöglichkeit an der Passstraße bei **Acquacalda** ❶, 1758 m, geht sogleich ein mit Passo Bareta beschilderter Wanderweg links hinab zum Almgelände von Pian Segno. Hier treffen wir auf eine Almstraße, gehen auf dieser rechts und über zwei kleine Bäche. Direkt danach kommt man auf einem Steig links zu der eigentlichen Siedlung Alpe Pian Segno, 1668 m.

Auf einer Almstraße wandern wir kurz talabwärts an den Gebäuden vorbei, dann zweigen wir bei Piano, 1655 m, auf einem Fußweg rechts nach Brönich ab. Dort hinauf wandern wir durch schönen Wald und kommen wenig nach der verlassenen Alm bei Ri di Gana Rossa, 1753 m, zur Verzweigung Passo Bareta – Stabbio Nuovo. Wir halten uns links und steigen in der Folge immer in südöstlicher Richtung den riesigen Hang hinauf. Auf einer Höhe von ca. 2065 m wird der Anstieg kurz unterbrochen: Wir kommen auf eine

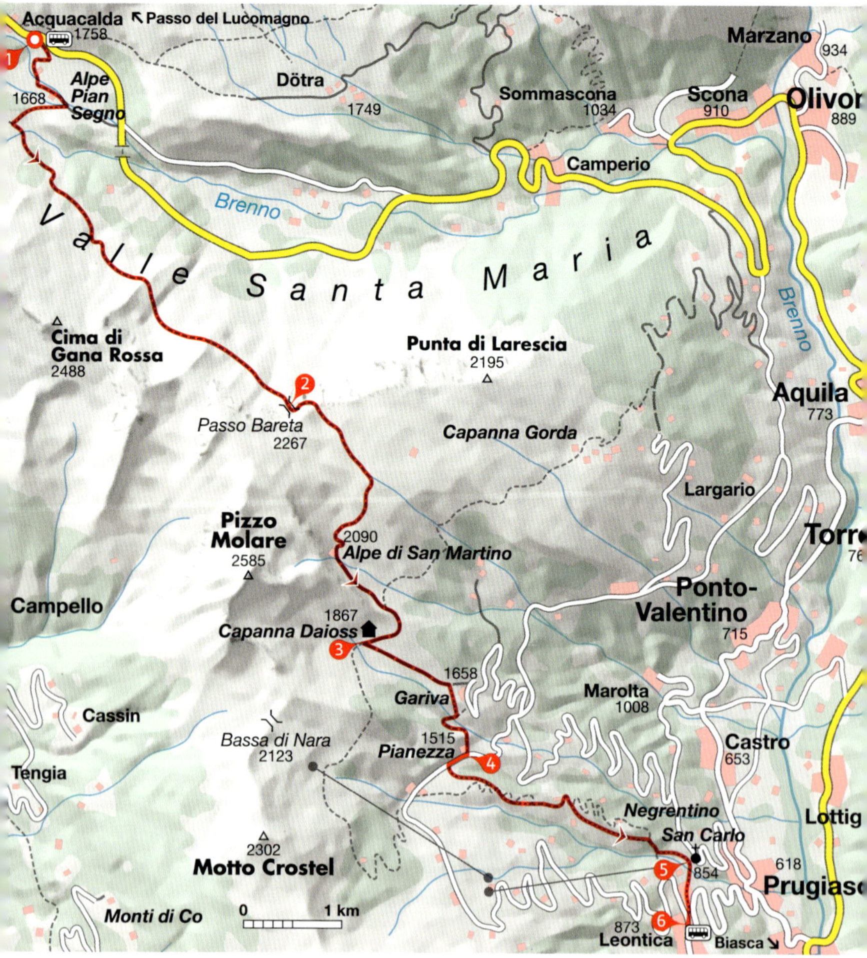

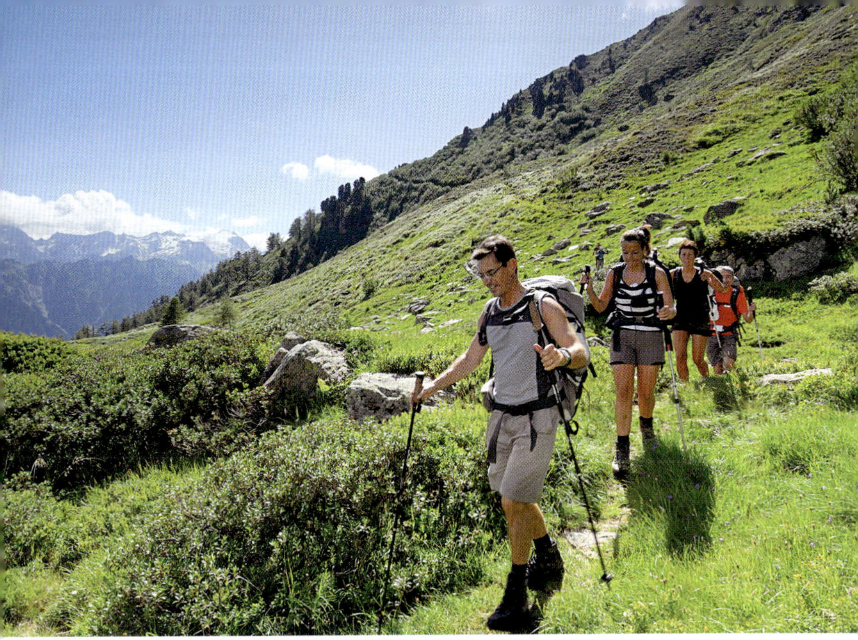

Auf dem langen Weg zum Passo Bareta.

Kuppe, steigen etwa 40 Höhenmeter ab und erreichen mit einem Aufstieg auf 2115 m eine Rippe mit einem auffälligen Steinobelisken. Ein weiterer Abstieg mit etwa 60 Höhenmetern folgt, dann führt der Pfad deutlich steigend zum nahen **Passo Bareta 2**, 2267 m.

Hier ist der höchste Punkt erreicht. Gleich nach der Passhöhe, von der es in kuppiges Gelände geht, folgt eine Gabelung: Links kann man zur Capanna Gorda absteigen, wir gehen geradeaus Richtung Campo weiter. Schräg rechts haltend verlieren wir zunächst kaum an Höhe. Über Felsplatten, Quarzadern überquerend, an Mooraugen und Quellaustritten vorbei führt der Steig. Auf Höhe der Alpe di San Martino, 2090 m, wird der Steig immer undeutlicher. Wir gehen hinab zum Almgebäude und steigen in den Graben ab, der rechts des Gebäudes verläuft. Nun queren wir den Hang zum unteren Rand des auffälligen Kalkfelsbandes, das sich hier durch den Wiesenhang zieht. Dort, wo der Weg auf die Felsmauer trifft, stoßen wir nochmals auf eine beschilderte Verzweigung (Campo,

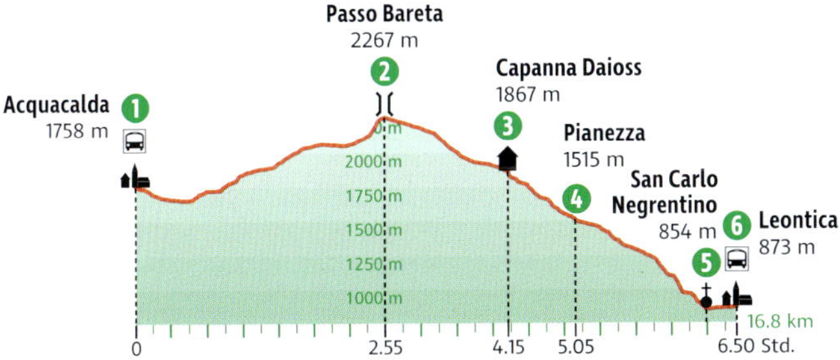

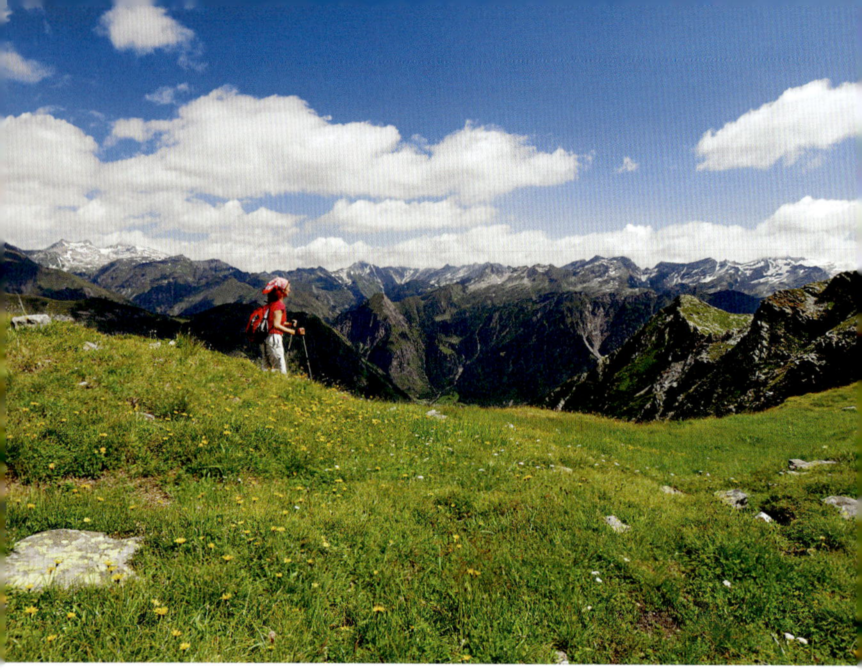

Blick auf den Grenzkamm Tessin – Graubünden nahe dem Passo Bareta.

1960 m). Wir bleiben auf dem Weg geradeaus, steigen unwesentlich auf und zweigen noch vor Erreichen der Almstraße, die oberhalb des Felsbandes verläuft, auf einem markierten Steig nach schräg links ab. Nach einem kurzen Abstieg durch Lärchenwald queren wir schöne Almwiesen und kommen so zum Almgebäude **Capanna Daioss ❸**, 1867 m.

Von dort wandern wir links auf einer Almstraße hinunter Richtung Gariva, können bald aber nach rechts auf eine kleinere Almstraße abzweigen. Diese verläuft kurz parallel und quert dann den Wiesenhang nach rechts hinab nach Gariva Süd, 1658 m. Hier knickt der Weg nach rechts ab, führt durch einen Waldsaum und quert zwei malerische, kleine Schluchten. Auf einem Querweg durch den Wald und einen Wiesenhang hinab erreichen wir die Wochenendsiedlung **Pianezza ❹**, 1515 m. Hier kommen wir kurz auf eine Asphaltstraße, der wir ca. 200 m nach rechts folgen, um bei einem alten Brennofen (Val Mara, 1518 m) links Richtung Leontica abzubiegen. Am Bach entlang hinab, bis wir in einer Kehre auf eine Schotterstraße treffen. Wir folgen ihr eine Serpentine, dann können wir ab Portiera, 1427 m, auf wunderbaren Wiesenwegen immer rechts der Straße zügig absteigen. Nur auf kurzen Abschnitten verläuft der Wanderweg auf dieser Straße (immer gut markiert). Auf Fußwegen geht es zwischen der Straße (links) und einem Graben (rechts) hinab bis zum vermessenen Punkt Fornace, 910 m, und in wenigen Minuten zur Kirche **San Carlo Negrentino ❺**, 854 m.

Auf einer futuristischen Hängebrücke überqueren wir den Graben nach rechts, gehen kurz hinauf zur Straße und auf dieser links zum nahen Ort **Leontica ❻**, 873 m. Bei der Kirche befindet sich die Bushaltestelle.

Capanna Adula, 2012 m

Von Dangio

31

6.30 Std. | 13,9 km | ↗1220 m | ↘1220 m

Durch das Val Soi auf das Rheinwaldhorn zu

Mit 3402 Metern ist das Rheinwaldhorn der höchste Gipfel der Adulaalpen. Beim Aufstieg zur Capanna Adula wandert man zwar direkt auf diesen Berg zu, allerdings bekommt man ihn während der Tour leider nicht zu Gesicht. Zudem ist er auf drei Seiten vergletschert – durch Bresciana-, Länta- und Paradiesgletscher – und daher nur mit Steigeisen, Pickel und entsprechender Erfahrung zu erreichen. Der Aufstieg zur unteren der beiden Adulahütten dagegen ist nicht schwierig. Wir wählen den schnellsten Weg, der in Dangio im Bleniotal beginnt, unweit von Olivone, der ehemaligen Pferdewechselstation auf dem Weg zum Lukmanierpass. Die deutlich längere Variante kommt durch das Val di Carassino herauf. Das Ziel selbst, die Capanna Adula CAS, thront in jedem Fall wie ein Adlerhorst über dem Tal und bietet dem Hüttenbesucher einen beeindruckenden Rundblick. Wer sich vor der Tour bereits literarisch einstimmen will oder nach der Runde etwas Lesestoff »als Dessert« möchte, sollte sich mit dem im Bleniotal spielenden Krimi »Guntens stolzer Fall« von Werner Schmidli versorgen.

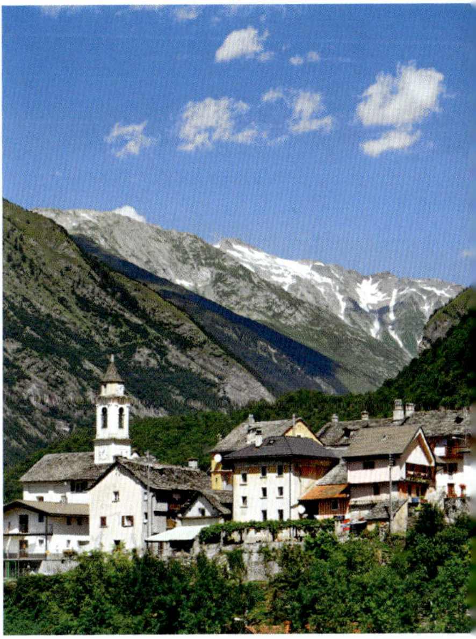

Dangio am Auslauf des Val Soi.

Talort: Olivone, 889 m, im Bleniotal. Zufahrt über Biasca oder den Lukmanierpass, Busverbindung von Biasca.
Ausgangspunkt: Parkplatz »Touristenparkplatz für Adula«, ca. 800 m, am nördlichen Ortsrand von Dangio. Bushaltestelle Dangio-Torre an der Abzweigung des Wanderweges, Busverbindung von Olivone.
Anforderungen: Einfache Wanderung auf Hüttenweg, im obersten Abschnitt zum Teil Steintreppen und unmittelbar vor der Hütte eine versicherte Stelle, insgesamt aber noch einfach.
Einkehr und Unterkunft: Capanna Adula CAS (von Juni bis Oktober bewartet, 50 Plätze, Winterraum offen, Tel. +41/(0)91/8721532, https://capannaadula.casticino.ch).
Variante: Abstieg durch das Valle di Carassino über die Alpe Bresciana, Alpe Cassimoi und Alpe Carassino nach Compietto und weiter bis Olivone, 3.20 Std., ausgeschildert, einfach.
Karten: Kümmerly + Frey »Tessin Sopraceneri« (Maßstab 1:60.000) und swisstopo Blatt 266 »Valle Leventina« (Maßstab 1:50.000).

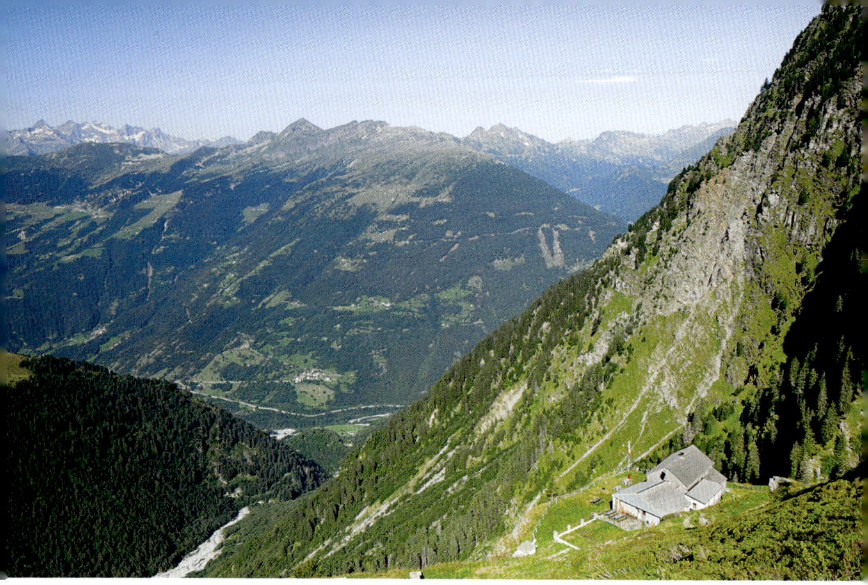

Zwei Ziele im Blick: die Capanna Adula und gegenüber die Südosthänge unter dem Passo Bareta.

Vom Parkplatz in **Dangio ①**, 800 m, gehen wir auf der Dorfstraße durch den Ort aufwärts, bis unmittelbar nach dem Café della Posta links der beschilderte Wanderweg zur Capanna Adula abzweigt. Durch eine Gasse wandern wir hinauf zu einem Brunnen. Hier geht es rechts weg und zur nahen Marienkapelle. Ein Fußweg führt links an dieser vorbei bergan und überquert dabei in der Folge zweimal die Straße, die zum Weiler Cregua führt. Teilweise auf einem schön eingewachsenen Hohlweg führt der Weg an Rustici vorbei, bis er beim vermessenen Punkt Valle di sopra, 1010 m, bei einem kleinen Parkplatz wieder auf diese Straße trifft. Die Capanna Adula ist nun auf der ab hier für den Verkehr gesperrten Straße nach rechts angeschrieben. Auf der Schotterstraße gehen wir flach talwärts ins Val Soi und zweigen schon bei der ersten Serpentine rechts ab. Auf einem steilen Hohlweg kürzen wir einige Serpentinen der Straße ab und erreichen diese erst wieder bei ein paar Häusern. In angenehmer Steigung folgen wir der Straße nun vier Kehren, durch eine Furt und an einer Sitzgruppe aus Granitblöcken vorbei. Kurz darauf geht es leicht bergab und an einer unbeschilderten Gabelung auf der linken, oberen Straße weiter. So gelangen wir bald nahe an den Bach heran. Immer ein Stück oberhalb davon führt die Straße talein. Die schon sichtbare Alm-

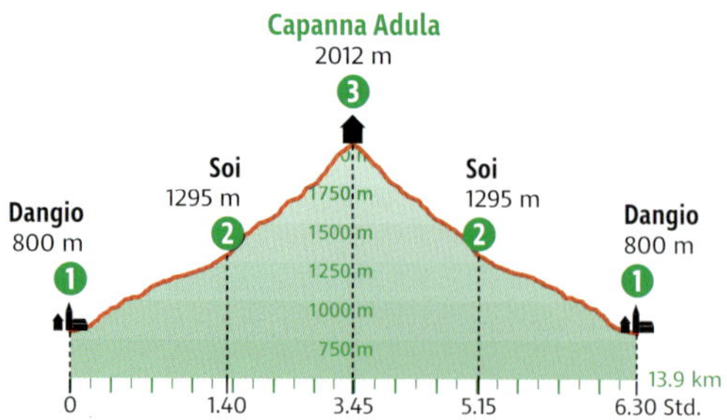

siedlung **Soi** ❷, 1295 m, erreichen wir nach ein paar kurzen Kehren der Straße. In gerader Richtung geht es nun auf einem schmalen Wanderweg der Beschilderung Capanna Adula folgend zwischen den Almgebäuden den Wiesenhang hinauf, dann immer in Falllinie sehr steil am Wiesenrand bzw. im Waldsaum. Am oberen Rand der Lichtung steigen wir im Hochwald wieder in gemäßigteren Serpentinen auf einem Saumweg auf. Oberhalb von ca. 1700 m wird der Weg wieder deutlich steiler und leitet bis kurz unter die Oberkante einer Steilwand zu einer Verzweigung. Wir halten uns rechts und steigen über eine kurze versicherte Stelle schräg rechts hinaus zur wenig oberhalb liegenden **Capanna Adula** ❸, 2012 m.

Der Abstieg folgt dem Aufstiegsweg.

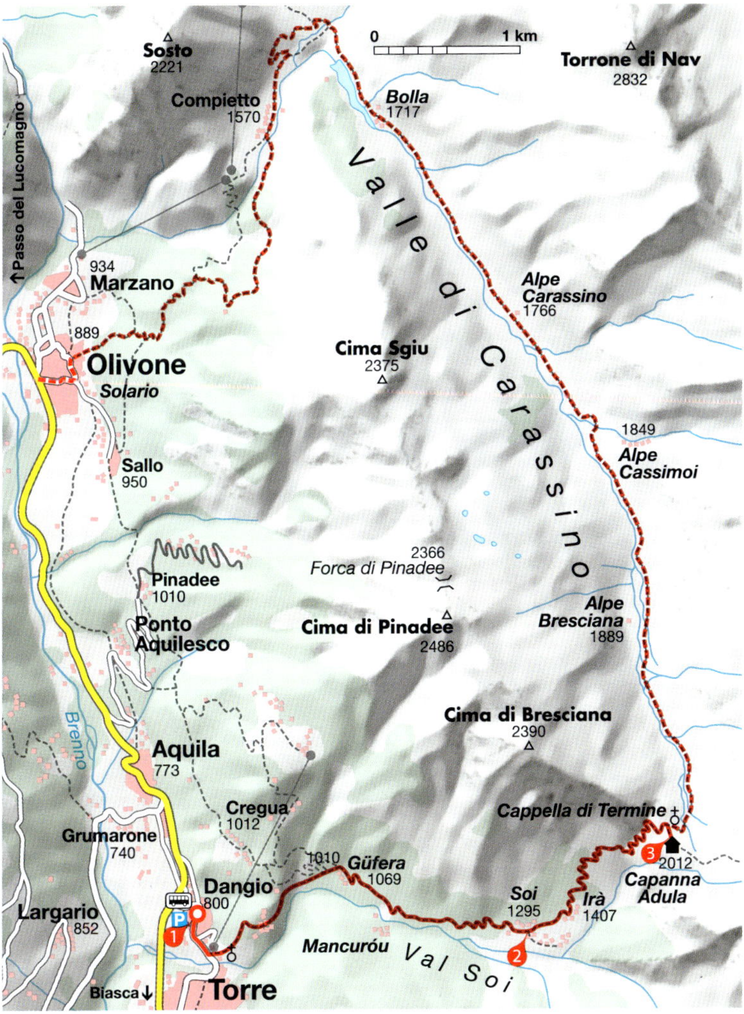

32 Cima de Nomnom, 2633 m

Über die Capanna Buffalora

8.10 Std. | 13,9 km | ↗ 1570 m | ↘ 1570 m

Romantische Hüttenwanderung im Val Calanca

Das Val Calanca ist das westliche Paralleltal des Misox. Ebenso wie dort wird auch hier italienisch gesprochen, obwohl das Tal politisch zum Kanton Graubünden gehört. Doch im 15. Jahrhundert hatten sich die beiden Täler dem Grauen Bund angeschlossen, aus dessen Interessenssphäre später der gleichnamige Schweizer Kanton entstand. »Calanca« hat die Bedeutung »abschüssig, steil« und damit ist tatsächlich der deutlichste Wesenszug des Tals getroffen. Es ist stark eingeschnitten, einen breiten Talboden findet man hier nirgendwo. Einst war das Gelände von Süden sogar so beschwerlich zu überwinden, dass das Tal von Norden her besiedelt wurde. Ein wenig seiner ursprünglichen Wildheit zeigt das Val Calanca immer wieder. 2007 riegelte ein großer Felssturz den hinteren Teil ab, da die einzige Straße nicht mehr passierbar war. Für Bergsteiger ist das Calancatal neben einer Reihe von Gipfeln auch aufgrund des Calanca-Höhenwegs interessant, der als mehrtägige Tour über die Gipfel und Flanken zwischen Calanca und Misox führt. Die Capanna Buffalora, die wir als Etappenziel ansteuern, ist eine der Hütten auf diesem Höhenweg. Die Cima de Nomnom dagegen ist auch für die Begeher des Calanca-Höhenwegs eine Zugabe, wenn auch eine sehr aussichtsreiche!

An der Alm Calvaresc sot.

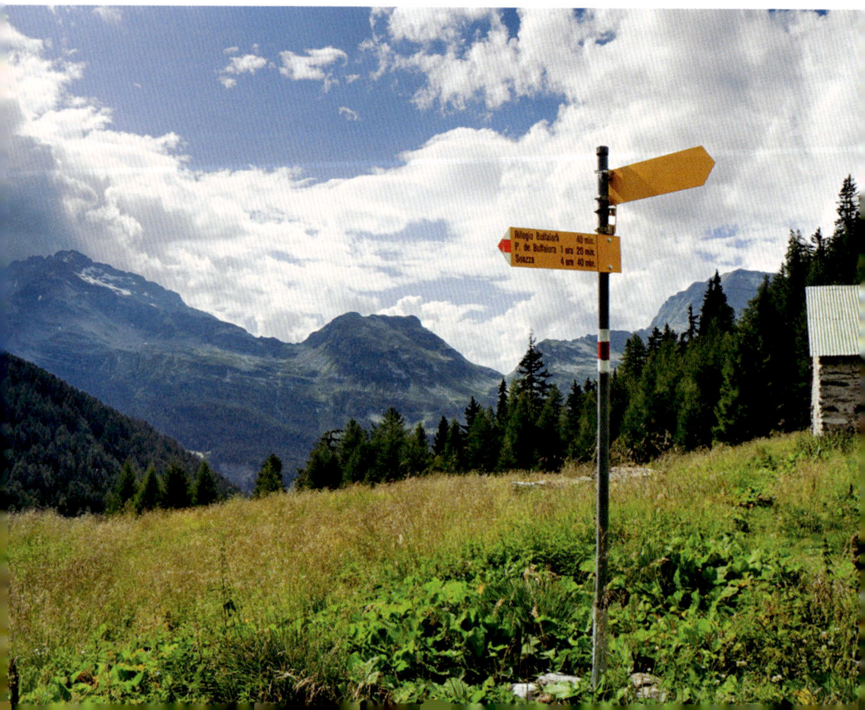

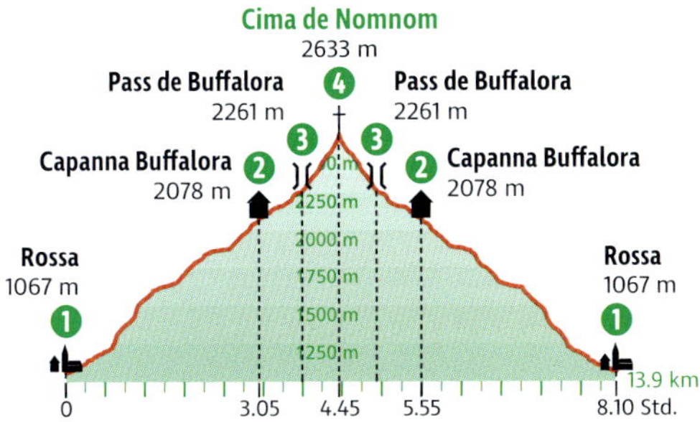

Talort: Roveredo, 314 m, an der Straße Bellinzona – San Bernardino, Busverbindung von Bellinzona.
Ausgangspunkt: Rossa, 1067 m, im hinteren Val Calanca. Parkmöglichkeiten nach der Brücke, Busverbindung von Roveredo mit Umsteigen in Grono.
Anforderungen: Zur Capanna Buffalora teilweise schmaler und steiler, aber noch einfacher Hüttenweg. Weiter zum Gipfel teilweise Blockgelände, vom Pass de Buffalora nur noch Steigspuren.
Einkehr und Unterkunft: Capanna Buffalora (von Mitte Juni bis Mitte Oktober bewartet, 30 Plätze, Tel. +41/(0)91/8281467).
Karten: Kümmerly + Frey Nr. 27 »Splügen – San Bernardino« (Maßstab 1:60.000) sowie swisstopo Blätter 267 »San Bernardino« und 277 »Roveredo« (Maßstab 1:50.000).

An der Brücke in **Rossa** ❶, 1067 m, beginnt der beschilderte Wanderweg Richtung Capanna Buffalora und Pass de Buffalora. Er führt in den Ort, biegt gleich nach rechts ab und in der Folge immer steigend die westseitigen Wiesenhänge hinauf zu einer ersten Alm. Weiter steigend überqueren wir einen Graben und kommen in einen zweiten, tief eingeschnittenen Graben. Der Weg leitet nun in steilen Serpentinen die linke Seite des Grabens hinauf zu den Gebäuden der Alm Carnalta, 1440 m. Der anschließende Hochwaldgürtel bringt uns hinauf zu einer weiteren kleinen Alm im sehr steilen Wiesengelände (Ör). Anschließend steigt der Pfad, der hier stellenweise nur noch sehr schmal ist, über die Waldflanken hoch über dem Grund des Val de l'Ör taleinwärts. Einmal überschreiten wir dabei eine sprudelnde Quelle, die direkt auf dem Weg entspringt. So gelangen wir schließlich auf die Wie-

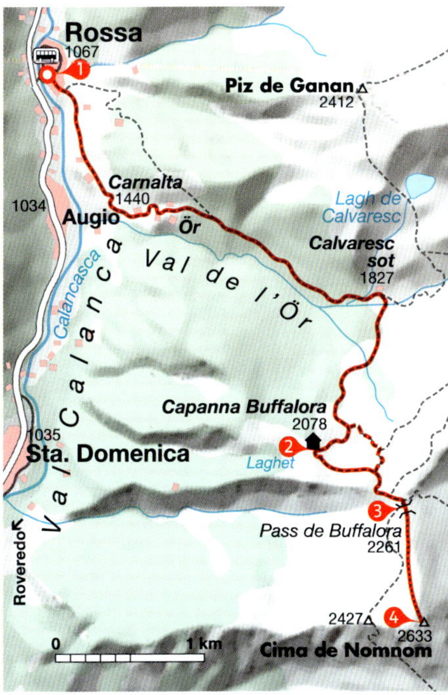

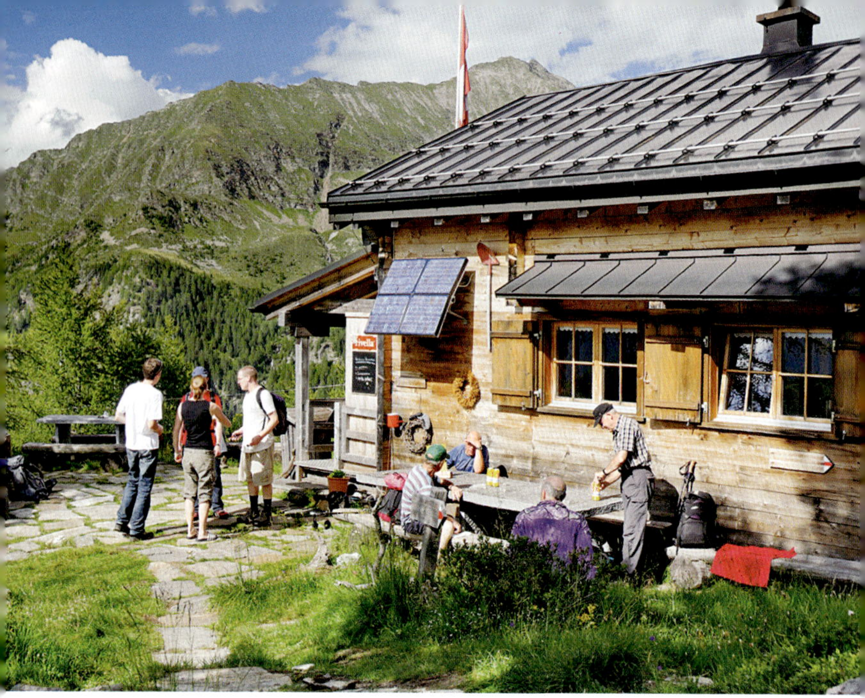

Kurzer Plausch an der Capanna Buffalora, bevor es zur Cima de Nomnom geht.

senfläche von Calvaresc sot, 1827 m. Direkt nach den Gebäuden kommen wir zu einer unscheinbaren Verzweigung. Der rechte Weg ist unser Weiterweg zur Hütte, er quert den Almboden flach nach rechts hinüber. Jenseits steigt er über schönen Lärchenwald wieder an, durchquert noch ein kleines Moorgebiet und leitet auf die **Capanna Buffalora ❷**, 2078 m, zu, die auf dem Rücken rechts drüben steht.

Von der Hütte gehen wir den Rücken weiter hinauf. Angeschrieben ist die Alp de Bec, die bereits jenseits des Passes liegt. Die nahe Abzweigung nach rechts zum Laghet bleibt unberücksichtigt. Wir steigen erst durch lichten Wald, dann über ein Blockfeld aufwärts. Schließlich leitet der Steig nur noch wenig steigend nach links heraus und quert zu einem kleinen Wiesenabsatz mit Steinmann. Geradeaus geht es über den anschließenden Wiesenhang zu einem Sattel hinauf und jenseits in Gehrichtung durch eine Flanke in wenigen Minuten hinüber zum eigentlichen **Pass de Buffalora ❸**, 2261 m.

Auf dem Pass steht die Cima de Nomnom nun direkt vor uns. Der Steig zum höchsten Punkt verläuft immer direkt über den Nordrücken oder etwas rechts davon. Anfangs sind die Steigspuren gelb-rot markiert, dann verlieren sie sich. Immer über den Rücken mit unterschiedlicher Steigung, aber ohne besondere technische Schwierigkeiten gelangen wir zum höchsten Punkt der **Cima de Nomnom ❹**, 2633 m.

Auf dem Aufstiegsweg geht es auch wieder hinab. Wer direkt ins Tal absteigen möchte, ohne zur Hütte zu gehen, kann vom Steinmann in der Wiesenflanke auch auf dem schwach markierten Steig direkt in das Moorgebiet vor der Hütte gelangen.

Capanna Miralago, 1275 m

Durch das Val Cama

5.10 Std. | 10,8 km | ↗920 m | ↘920 m

Schattige Sommertour zu einem Bergsee

Gerade richtig für einen warmen Sommertag ist die Wanderung zur Capanna Miralago. Das schöne Gebäude mit den roten Fensterläden steht direkt am Gebirgssee Lagh de Cama, die steinernen Tische und Bänke sind zur Seeseite gewandt, ein Ahorn spendet Schatten, das Seeufer lädt zum Spaziergang ein. Der Aufstieg von Cama herauf verläuft durch schattigen Hochwald. Schon nach den ersten paar Serpentinen ist der Verkehrslärm aus dem Tal vergessen und man taucht ins stille Val Cama ein. Für Kurzweil sorgen unzählige Erklärungstafeln, auf denen nicht nur die momentane Höhe und die Ortsbezeichnung zu lesen sind, sondern auch teils interessante, teils kuriose Informationen. Bei »Roda Rota« etwa erfahren wir, dass hier einst an einem Eselskarren ein Rad kaputtgegangen sein soll. Auf Höhe der winzigen Lichtungen erhält man Informationen zu den Almen, die dort betrieben wurden. An der Alp Miralago erfährt man vom Tauschhandel der Gemeinden Verdabbio und Cama, bei dem die Alp gegen ein Berggebiet bei der Kirche San Maurizio getauscht wurde. Neben der Capanna Miralago steht unweit auch die Capanna Righetti-Fibbioli für Übernachtungen zur Verfügung. An besonders heißen Tagen hat man also direkt am schönen Gebirgssee Lagh da Cama gleich zwei Hütten und eine Alm, um dem Ort mit dem Schweizer Hitzerekord zu entgehen: Grono nahe dem Ausgangspunkt.

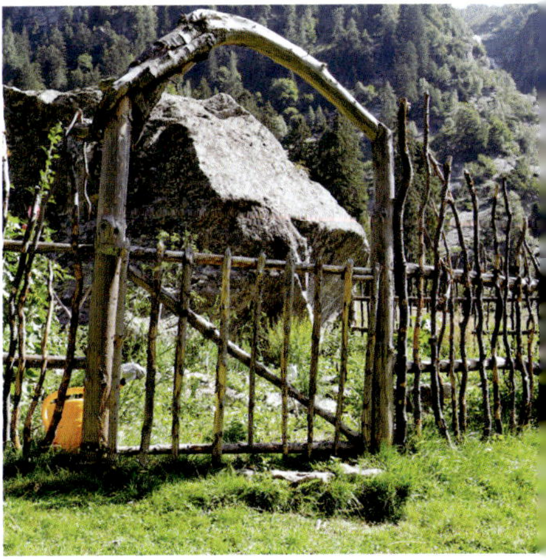

Liebevoll gepflegter Garten auf der Alp de Lagh.

Talort: Cama, 344 m, an der Straße Roveredo – San Bernardino. Bushaltestelle am Municipio, Busverbindung Roveredo.
Ausgangspunkt: Parkplatz Ogreda, 360 m, östlich von Cama und der Autobahn am Eingang des Val Cama, aus Cama beschildert.
Anforderungen: Problemloser Wanderweg bis zum See.
Einkehr und Unterkunft: Capanna Miralago (Juli bis Ende August geöffnet, 34 Plätze, Tel. +41/(0)78/7594227); Capanna Righetti-Fibbioli (im Juli und August geöffnet, 24 Plätze, Tel. +41/(0)78/6741409); Alp de Lagh (Selbstversorgerhütte, 13 Schlafplätze, Tel. +41/(0)91/8273144, www.valcama.ch).
Karten: Kümmerly + Frey Nr. 27 »Splügen – San Bernardino« (Maßstab 1:60.000) und swisstopo Blatt 277 »Roveredo« (Maßstab 1:50.000).

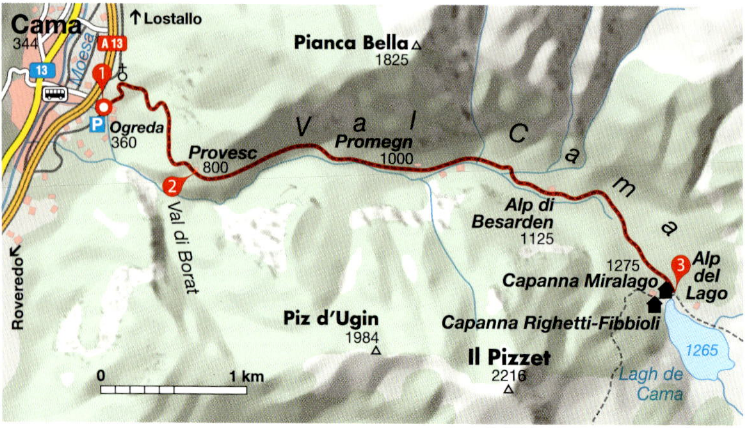

Der Aufstiegsweg zur Capanna Miralago verläuft durch das Val Cama und ist nicht zu verfehlen. Vom Parkplatz in **Ogreda ❶**, 360 m, östlich von Cama, führt der beschilderte Wanderweg sogleich in den Kastanienwald. Nach einer ersten Stufe erreichen wir eine kleine Marienkapelle und steigen steil an bis Bedola, 655 m, einem Aussichtspunkt über dem Tal.

Der Weg schlängelt sich weiter hinauf, um nach Querung des Val de la Mola, 760 m, zu einer ersten Alm zu kommen. Nur wenig oberhalb ist bei **Provesc ❷**, 800 m, ein kleiner Picknickplatz mit Brunnen für eine erste Rast bestens geeignet. Nun wandern wir ein Stückchen taleinwärts, ohne besonders an Höhe zu gewinnen. Der nächste markante Punkt ist bei Sass de la Vegia, 980 m, erreicht, wo es durch einen Felsdurchschlupf in einem großen Felssturzgelände geht – der Sage nach die Heimat einer bösen Hexe. Nur wenig später leitet bei Promegn, 1000 m, ein Wehr die Wassermassen aus dem Bach ab.

Der Wanderweg führt weiter taleinwärts und quert dabei immer wieder Seitenbäche. Der Ria de Brion, 1085 m, ist einer der markantesten, hier geht es sogar über eine Brücke, auch wenn der Bach selbst in der Regel trocken liegt. Vor Erreichen des Sees geht es noch an zwei winzigen Almgeländen vorüber, die eher Lichtungen gleichen: Besarden, 1125 m, wo immerhin noch ein Gebäude steht, und Tambo, 1170 m. Ein letzter Aufschwung und ein paar Meter über einen Wiesenstreifen leiten nun zur **Capanna Miralago ❸**, 1275 m, und zum See Lagh de Cama. Die Capanna Righetti-Fibbioli erreicht man auf einer Brücke nach rechts über den Seeabfluss. Bis zum hinteren Ufer des Sees kann man weitergehen, einen Weg um den See gibt es nicht.

Auf dem Aufstiegsweg steigen wir auch wieder ab.

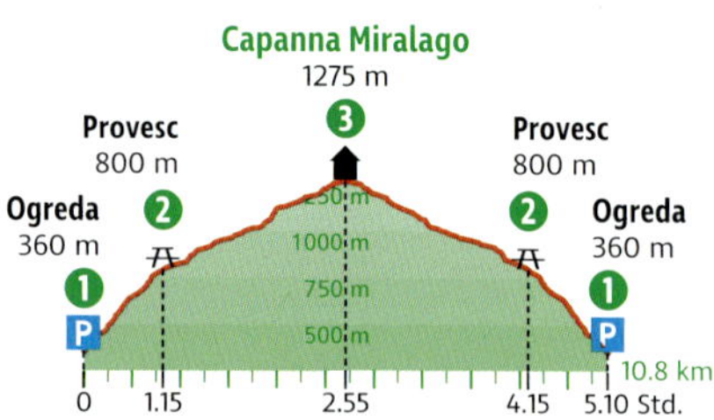

Traumhafte Lage: die Capanna Miralago am Lagh de Cama.

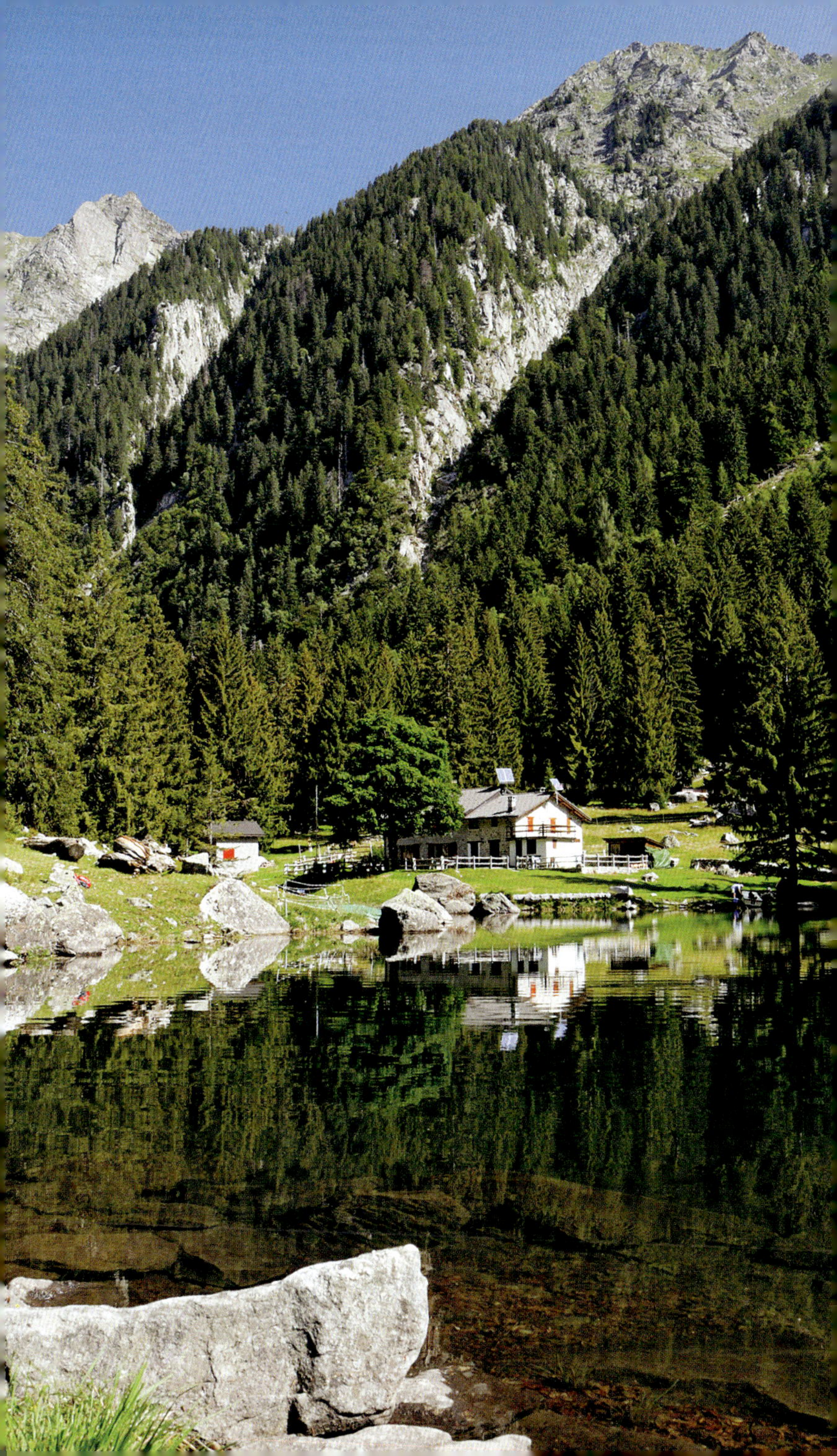

34 Marmontana, 2316 m
Über die Alp d'Albion

5.30 Std. | 14,7 km | ↗ 720 m | ↘ 720 m

Rundtour mit Zweiseenblick

Im »Dreiländereck« zwischen Italien und den beiden Kantonen Graubünden und Tessin gelegen erhebt sich der Marmontana. Er steht nordöstlich des Passo San Jorio, der die Verbindung zwischen dem Nordufer des Comer Sees und der Magadinoebene am Lago Maggiore darstellt. Entsprechend sind es auch diese beiden Seen, die man von seinem Gipfel aus überblickt. Obwohl Roveredo, der Talort unserer Tour, mit 314 Metern ausgesprochen niedrig liegt, halten sich die Anstrengungen in Grenzen, denn zum Ausgangspunkt fährt man etwa 1500 Höhenmeter auf einer schmalen Bergstraße hinauf – ein eigenes Erlebnis. Dann folgen malerisches Almgelände, ein aussichtsreicher Gratverlauf, das zünftige Rifugio San Jorio, das schon auf italienischem Gebiet steht, und der Tiefblick nicht nur auf die beiden großen Seen, sondern auch auf kleine Seeaugen in der näheren Umgebung. Ruhig ist die Tour dennoch, denn außer für Wanderer und einige Mountainbiker ist der Passo San Jorio praktisch unbedeutend geworden. Das war früher anders, einst wurden über ihn die Seide aus Como Richtung Deutschland und umgekehrt Produkte aus Eisen aus dem Val Morobbia zum Comer See transportiert.

Talort: Roveredo, 314 m, an der Straße Bellinzona – San Bernardino, Busverbindung von Bellinzona.
Ausgangspunkt: Parkmöglichkeit vor dem Tunnel zur Alpe di Cadinello, 1828 m. Anfahrt von Roveredo der Beschilderung Centro Communale / Laura folgend auf steiler, schmaler Bergstraße (10 km bis Laura und weitere 5 km bis zum Sperrschild am Tunneleingang). Busverbindung bis Laura, 1370 m (von dort 1.30 Std. zusätzlicher Aufstieg).
Anforderungen: Bis zur Alp d'Albion einfacher Saumweg, dann schmaler Bergpfad bis zum Pass di Cugn. Zum Gipfel nur Wegspuren im steilen Grasgelände, etwas Trittsicherheit nötig. Abstieg zum Rifugio San Jorio auf schlechtem Weg, dann wieder einfach. Anfangs rot-gelb, dann weiß-rot-weiß markiert.
Einkehr: Rifugio San Jorio (von Mitte Juni bis Mitte September geöffnet, 25 Plätze, Tel. +39/0349/7279924); Capanna Gesero (von Mitte Juni bis Anfang Oktober geöffnet, 40 Plätze, Tel. +41/(0)91/8271271).
Karten: Kümmerly + Frey Nr. 27 »Splügen – San Bernardino« (Maßstab 1:60.000) und swisstopo Blatt 277 »Roveredo« (Maßstab 1:50.000).

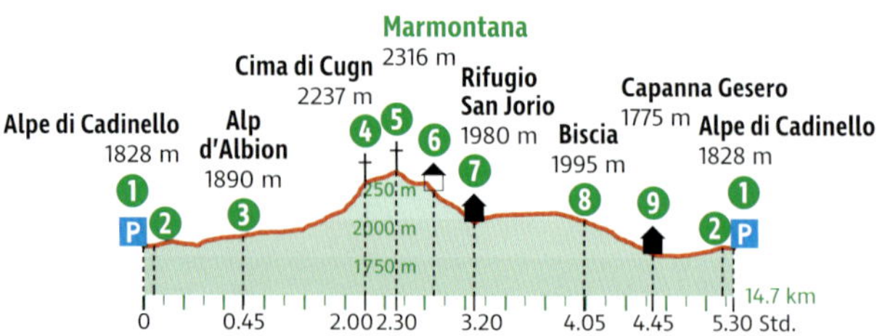

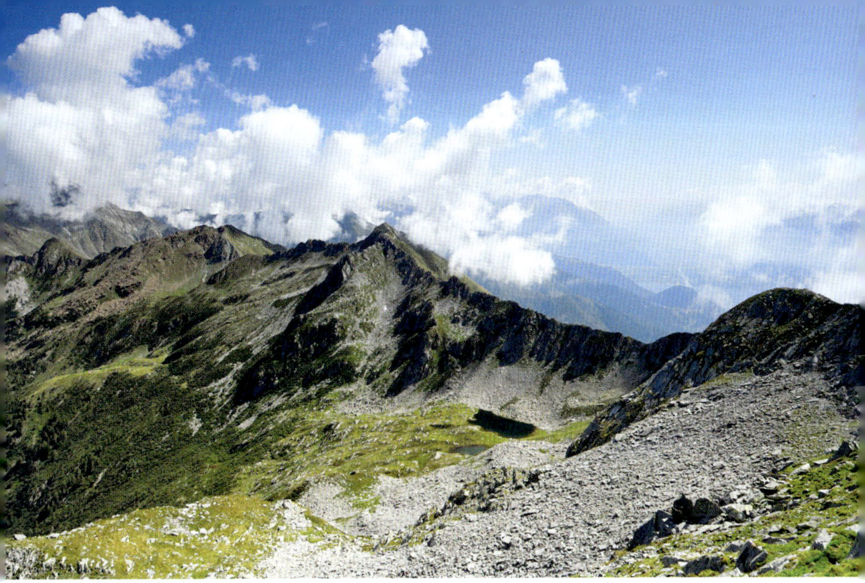

Vom Marmontana schaut man auf den italienischen Teil der Tessiner Berge.

Vom **Parkplatz ❶** gehen wir durch den unbeleuchteten, bei Autoverkehr sehr engen Tunnel (auch die Umgehung links ist wegen des stellenweise abgerutschten Wegs nicht zu empfehlen) und kommen jenseits zu einer weiteren Parkmöglichkeit (allerdings bereits hinter dem Fahrverbotsschild) mit einem Wegweiser zur **Alpe di Cadinello ❷**, 1828 m. Hier zweigt unser Weg links den Hang hinauf ab und verliert sich schon gleich im Wiesengelände. Wir gehen einfach den Hang hinauf in den nahen Sattel und wenden uns dort nach rechts. Links des nun ansteigenden Rückens führt ein Saumpfad durch die Nordostflanke. Er quert den Karkessel der Alp di Cadin ein gutes Stück oberhalb des Gebäudes aus, biegt nach rechts um einen Felssporn und erreicht schon bald die Alm Ca'Emma, 1897 m. Nach wenigen Minuten ist bereits die **Alp d'Albion ❸**, 1890 m, mit ihrer schönen Kapelle erreicht.

Nun wandern wir auf einem schmalen Pfad über den Bach und im Weiteren mit etwas Auf und Ab wenig steigend durch die mit Erlen bestandene Bergflanke. Kurze Blockfelder überwinden wir auf dem schmalen, aber guten Weg ohne Probleme. Das Erlengebüsch weicht offenem Grasgelände, das mit Felsrücken durchsetzt ist. Eine Almhütte auf 2065 m lassen wir rechts oben liegen und gelangen auf 2090 m zur Einmündung eines Weges aus dem Val d'Albionasca. Auf diesen biegen wir nach rechts ab und unmittelbar danach links auf einen breiten Almweg. Nun geht es immer auf die schon seit Langem sichtbare, große Alm im Gratsattel zu. Den letzten steileren Hang überwinden wir auf der Almstraße in vier Serpentinen hinauf zum Gebäude, 2160 m, auf der Nordseite des Grates. Auf der Südseite liegt das Rifugio Cima di Cugn. Vom Sattel folgen wir der Wegspur nach links am Rücken entlang (einmal weiß-rot-weiß markiert) hinauf zur unscheinbaren **Cima di Cugn ❹**, 2237 m, wo sich bereits ein sehr schöner Blick auf den Lago Maggio-

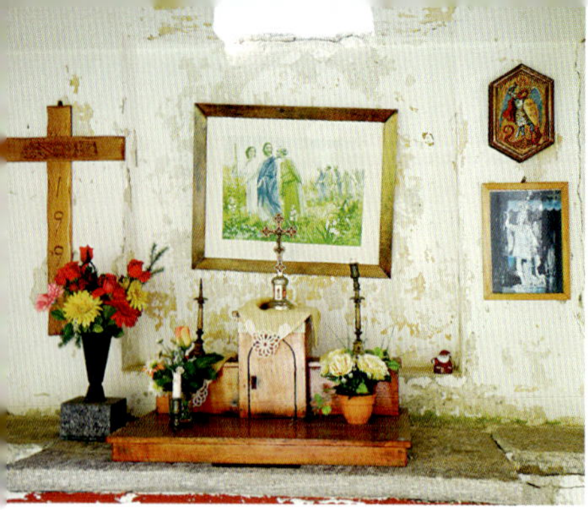

An der Alp d'Albion.

re auftut. Wir folgen dem Grat weiter und stiegen auf sehr spärlichen Steigspuren ca. 50 Höhenmeter ab in einen Sattel und jenseits am Rücken hinauf zum Gipfel des **Marmontana ❺**, 2316 m.

Für den Abstieg gehen wir auf dem Rücken zurück in den Sattel und wandern höhengleich auf Steigspuren durch die Flanke bis unmittelbar vor das **Rifugio Cima di Cugn ❻** (Capanna delle Aquile), ca. 2180 m. Ein schlechter Weg (rot markiert) in der steilen Grasflanke bringt uns hinab zum **Rifugio San Jorio ❼**, 1980 m. Rechts an der Hütte vorbei geht es kurz hinauf zum Passo San Jorio, 2010 m.

Jenseits halten wir uns an der Wegverzweigung auf dem rechten, oberen Weg, der auch gleich zu steigen beginnt. Auf ca. 2050 m erreichen wir ein Unterstandshüttchen, an dem ein unmarkierter Weg einmündet. (Dieser führt von der Almhütte auf 2065 m im jenseitigen Kar hierher.) Unser Weg leitet im Wesentlichen höhengleich, aber mit einigem Auf und Ab zu einer Schulter, 2040 m (Hochspannungsmasten). Jenseits gehen wir flach hinüber zum schon sichtbaren Almgebäude von **Biscia ❽**, 1995 m. Hinter dem Gebäude beginnt eine flache Almstraße, der wir in weitläufigen Bögen zur **Capanna Gesero ❾**, 1775 m, folgen. Auf der Zufahrtsstraße geht es erst leicht steigend, bald aber fallend bis auf 1755 m weiter und dann wieder bergauf zur **Alpe di Cadinello ❷** und zum **Parkplatz ❶**.

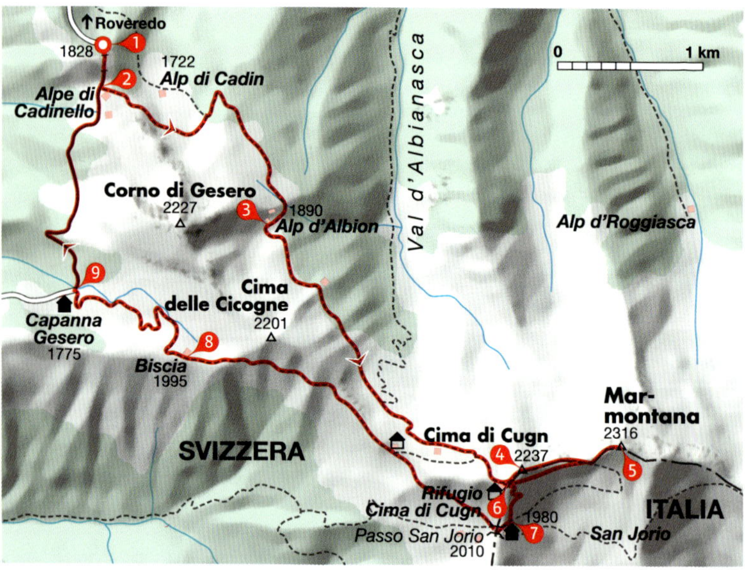

Monte Gambarogno, 1734 m

Rundtour von der Alpe di Neggia

35

4.00 Std. | 10,2 km | ↗ 640 m | ↘ 640 m

Beschauliche Wanderung am ruhigen Nachbarberg des Monte Tamaro

Der Monte Gambarogno ist einer jener Aussichtsberge, die über dem Lago Maggiore thronen und an klaren Herbsttagen das Herz höher schlagen lassen. Gerne wird angesichts der Einsamkeit dieses Bergstocks der nahe Ort Indemini zitiert. Erst im Jahr 1920 erhielt das Bergdorf überhaupt eine Straße. Vorher gingen die Bewohner ein- bis zweimal pro Woche nach Locarno zum Einkaufen und um ihre Produkte zu verkaufen. Zwei Wege sind dabei möglich: über den Sattel bei der Kirche Sant'Anna, über den auch unsere Tour führt, oder über den Passo di Neggia, wo die Rundtour beginnt. Trotz des beschwerlichen Lebens war Indemini damals ein lebendiges Dorf. Über 400 Personen lebten zu guten Zeiten dort. Heutzutage sind es nur noch etwas über vierzig. Arbeit gibt es hier oben nur in der Landwirtschaft und die ist nicht wirklich rentabel. Auf die italienische Seite nach Maccagno führt eine lange, enge Straße, der Grenzübergang ist nachts sogar geschlossen. Und nach Locarno muss man zuerst über den Passo di Neggia und die unzähligen Serpentinen hinab in die Magadinoebene. Für den Wanderer aber ist nach der Besteigung des Monte Gambarogno noch ausreichend Zeit, um dem Dorf einen Besuch abzustatten.

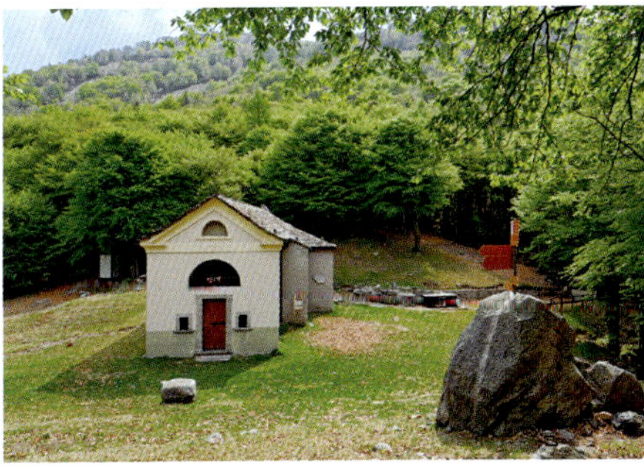

Die kleine Lichtung mit der Kirche Sant'Anna.

Talort: Magadino, 199 m, am Nordufer des Lago Maggiore, Bahnverbindung von Locarno und Bellinzona (mit Umsteigen).
Ausgangspunkt: Alpe di Neggia, 1395 m, am Passo di Neggia. Von Vira auf steiler, schmaler Passstraße erreichbar. Zufahrt ebenso durch das Valle Veddasca. Grenze 7 bis 21 Uhr offen. Busverbindung von Magadino.
Anforderungen: Meist einfach. Zwischen Pastorone und Alpe di Neggia teils ausgesetzt, Trittsicherheit nötig, zwei kurze Stellen drahtseilversichert.
Einkehr und Unterkunft: Alpe Cedullo (von Mai bis Oktober geöffnet, 9 Plätze und Indianerzelt, Käsereiprodukte, Tel. 0041/(0)91/7941383); Rifugio Sant'Anna (im Anbau der Kirche Sant'Anna, Selbstversorgerhütte mit Feuerstelle und einem Brunnen).
Karten: Kompass Nr. 90 »Lago Maggiore – Lago di Varese« und swisstopo Blatt 286 »Malcantone« (beide Maßstab 1:50.000).

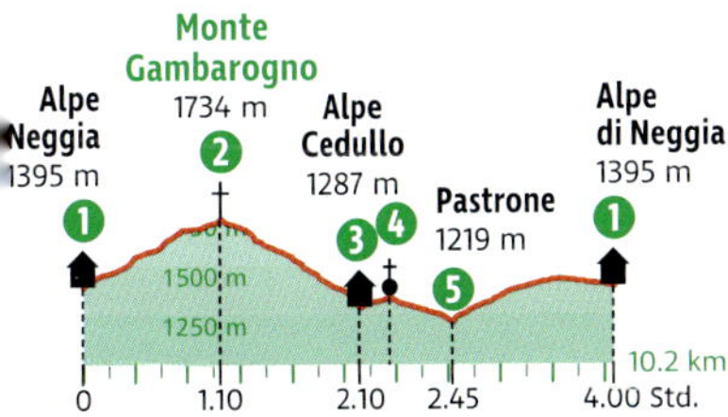

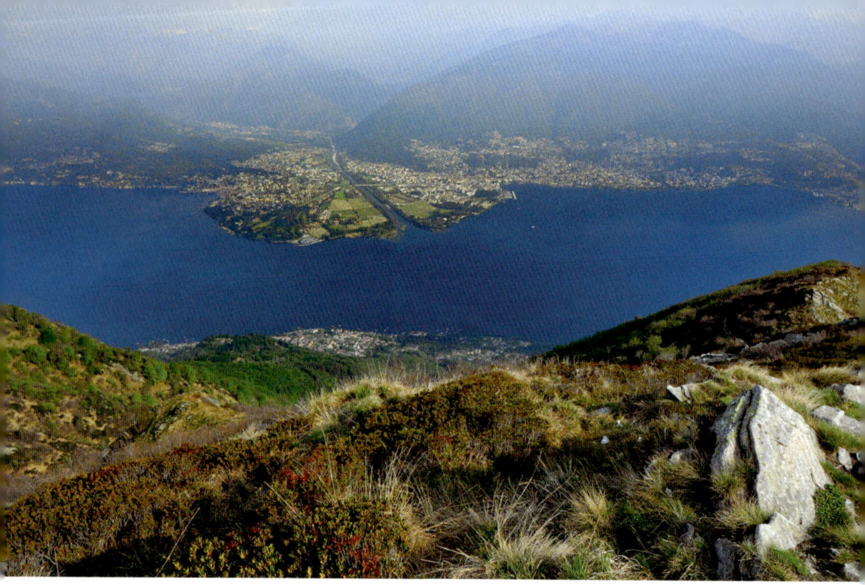

Weit reicht der Schwemmfächer der Maggia mit Ascona und Locarno in den Lago Maggiore.

Von der **Alpe di Neggia** ❶, 1395 m, gehen wir den Osthang hinauf, anfangs über eine Wiese (Stangenmarkierung), dann auf deutlichem Wanderweg in etlichen Serpentinen bis zu zwei Militärhütten. Hier halten wir uns links eben hinaus zum Kreuz auf dem Vorgipfel, 1688 m. Zurück zu den Hütten und kurz weiter am Hang entlang zu einer Verzweigung. Hier steigen wir links hinauf zu einer weiteren Hütte, hinter der es noch wenige Meter zum Hauptgipfel des **Monte Gambarogno** ❷, 1734 m, hinaufgeht.

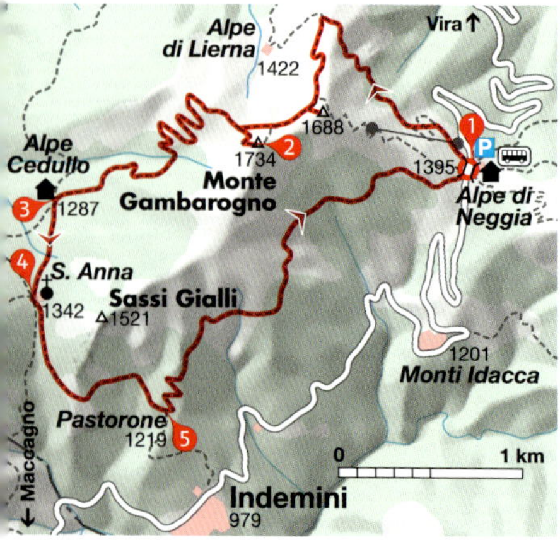

Vom Gipfel gehen wir zurück zur Verzweigung und spitzwinklig nach links durch die Nordflanke. Dann wandern wir durch den Westhang hinab mit schönem Blick auf den Lago Maggiore und schließlich durch Wald. An einer Wasserfassung geht es auf dem oberen Weg weiter hinab zur **Alpe Cedullo** ❸, 1287 m. Leicht steigend führt der Weg nun in südlicher Richtung zum weiten Sattel mit der Kirche **Sant'Anna** ❹, 1342 m. Hier steigen wir links in Richtung Indemini hinab, zunächst steil, später nur noch mäßig fallend durch den steilen Südhang. Bei **Pastorone** ❺, 1219 m, zweigt der Weg zurück zur Alpe di Neggia links ansteigend ab. Er führt hinauf bis auf ca. 1470 m und anschließend teils ausgesetzt durch die steile Flanke mit nur noch wenig Auf und Ab zurück zur **Alpe di Neggia** ❶.

Monte Tamaro, 1961 m

Vom Passo Monte Ceneri

36

5.40 Std. | 13,3 km | ↗ 870 m | ↘ 850 m

Klassische Überschreitung zwischen Lago Maggiore und Lago di Lugano

Ohne den Monte Tamaro kommt kein Tessinbuch aus. Das sagt etwas aus über die Beliebtheit dieses Berges und natürlich auch über den Besucherandrang. Immerhin muss man trotzdem keine Angst haben, in einer Menschenmenge zu wandern. Etliche Kilometer zieht sich der Verbindungsweg zwischen Monte Tamaro und Monte Lema und so verteilen sich die Bergsteiger recht gut. Startpunkt kann entweder Rivera sein etwas südlich des Passo Monte Ceneri oder auch Miglieglia. Beide liegen im sogenannten Malcantone. Das Gebiet hat seinen Namen von den Hammerschmieden, die am Fluss Magliasina bis in die 1950er-Jahre betrieben wurden. Von beiden Orten erschließen Bergbahnen die Gipfelhöhe. Am Monte Lema erreicht man damit knapp den höchsten Punkt, am Monte Tamaro endet die Bahn an der Alpe Foppa, wo man die Kapelle Santa Maria degli Angeli von Mario Botta bestaunen kann. Wenn möglich sollte man einen Tag mit guter Fernsicht abwarten. Sowohl die beiden großen Seen, Lago Maggiore und Lago di Lugano, liegen einem zu Füßen als auch die großen Städte des Tessins, Locarno, Bellinzona und Lugano. Wir wählen die Auffahrt zum Monte Tamaro, denn dann kann man nach dem anfänglichen Anstieg fast immer bergab wandern. Das ist an den nach Süden ausgerichteten Hängen vergnüglicher als aufzusteigen. Bei guter Sicht sollte man den Zwischengipfel Monte Gradiccioli keinesfalls auslassen, er bietet eine mindestens genauso gute Sicht wie der Monte Tamaro und ist zudem wesentlich ruhiger.

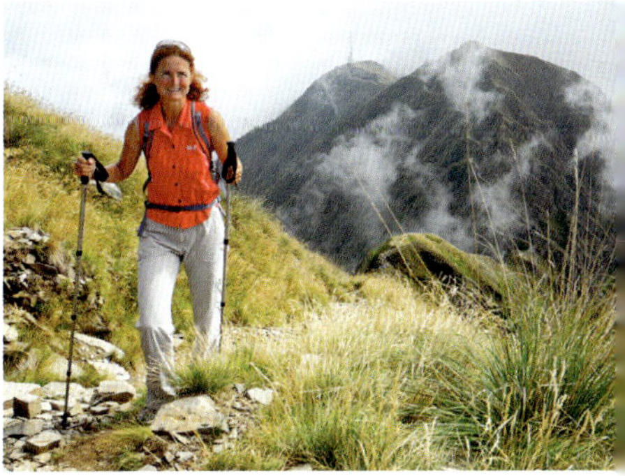

Die letzten Meter zum Monte Tamaro.

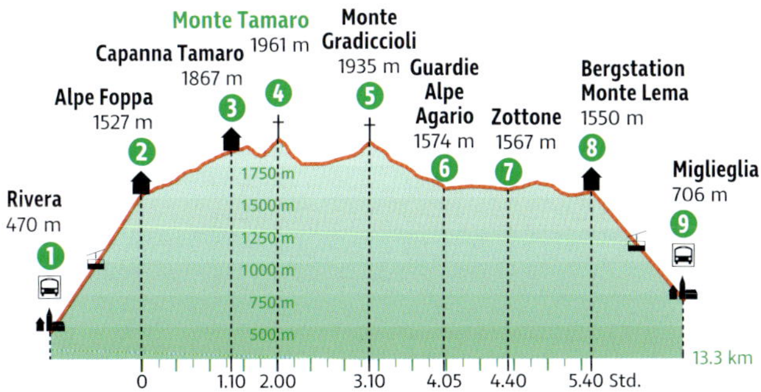

Talort: Lugano, 277 m, Bahnhof.
Ausgangspunkt: Rivera, 470 m. Bahnverbindung von Bellinzona und Lugano. Von Rivera mit der Seilbahn Monte Tamaro auf die Alpe Foppa, 1527 m, Betriebszeit von 8.30 bis 17 Uhr (Talfahrt), im Juli und August bis 18 Uhr, Tel. +41/(0)91/9462303, www.montetamaro.ch, Kombitickets Auffahrt auf den Monte Tamaro, Talfahrt vom Monte Lema und Rückfahrt mit Bus erhältlich.
Endpunkt: Miglieglia, 706 m. Abfahrt dahin mit der Lemabahn, Tel. +41/(0)91/6091168, Betriebszeit 8.15 bzw. 8.45–17.15 bzw. 17.45 Uhr halbstündlich, www.montelema.ch.
Anforderungen: Überwiegend einfache Wanderwege. Der Aufstieg zum Monte Tamaro ist einfach, der Übergang meist einfach, verläuft aber auf schmalem Weg. Zwischen der Alpe Agario und dem Monte Lema teils schmal und ausgesetzt, kurze Stellen mit Geländerseil gesichert. Mindestmaß an Trittsicherheit notwendig.
Einkehr und Unterkunft: Ristorante Alpe Foppa (Tel. +41/(0)91/9462251); Capanna Tamaro (von Juni bis Oktober geöffnet, 53 Plätze, Tel. +41/(0)91/9461008); Guardie Alpe Agario (Getränke); Ostello Vetta bei der Bergstation des Monte Lema (von Anfang April bis Anfang November geöffnet, 40 Plätze, Tel. +41/(0)91/9671353).
Variante: Abstieg von der Bergstation am Monte Lema zu Fuß (1.40 Std.): Der Weg beginnt links des Restaurants Vetta. Oben verläuft er in vielen flachen Serpentinen hinab, unten teils auf der Fahrstraße, teils auf Fußwegen, zuletzt durch ein Villenviertel.
Karten: Kompass Nr. 90 »Lago Maggiore – Lago di Varese« und swisstopo Blatt 286 »Malcantone« (beide 1:50.000).

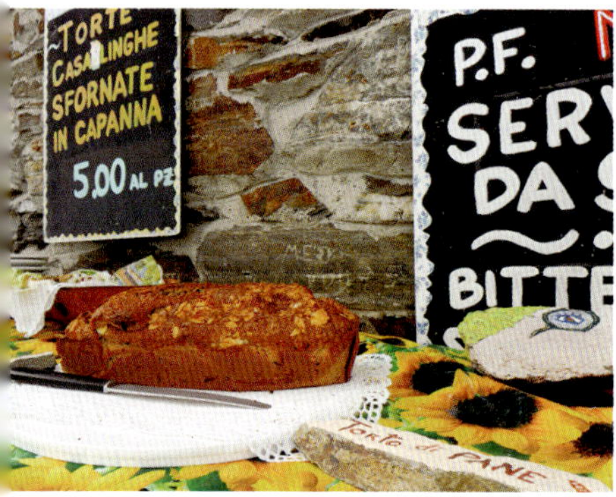

Stärkung an der Capanna Tamaro.

Von der Talstation der Tamarobahn in **Rivera ❶**, 470 m, fahren wir hinauf zur Bergstation bei der **Alpe Foppa ❷**, 1527 m. Dort folgen wir der Beschilderung Richtung Monte Tamaro. Ein breiter Fahrweg führt uns einen Wiesenhang hinauf zu einem Sattel, 1590 m. Jenseits folgen wir dem grobschottrigen Fahrweg in einer Reihe von Serpentinen durch die Nordflanke aufwärts zu einer schon von Weitem sichtbaren Sendeanlage. Um diese herum führt der Weg auf die Südseite. Anfangs links, kurz darauf rechts des Rückens geht der Weg zur nahen **Capanna Tamaro ❸**, 1867 m. Nach ein paar Minuten auf einem Flachstück kommen wir zu einer Abzweigung Richtung Alpe Durango, halten uns jedoch am Rücken bzw. etwas rechts davon und steigen etwa 50 Höhenmeter auf. Das Rifugio Tamaro ist zu sehen, wir kommen aber nicht daran vorbei, da der Weg unter diesem durch den Hang führt. Nun steigen wir etwa 100 Höhenmeter ab in die Scharte vor dem Gipfelgrat, dessen Verlauf de Weg hinaufführt zum **Monte Tamaro ❹**, 1961 m.
Vom Gipfel verläuft der Weg immer auf dem Höhenrücken Richtung Monte Lema. Dazu steigen wir – meist auf gutem Weg – den Südrücken des Monte Tamaro ab bis in den Wiesensattel Bassa di Indemini, 1723 m. Hier geht es leicht steigend einen sanften Wiesenrücken hin-

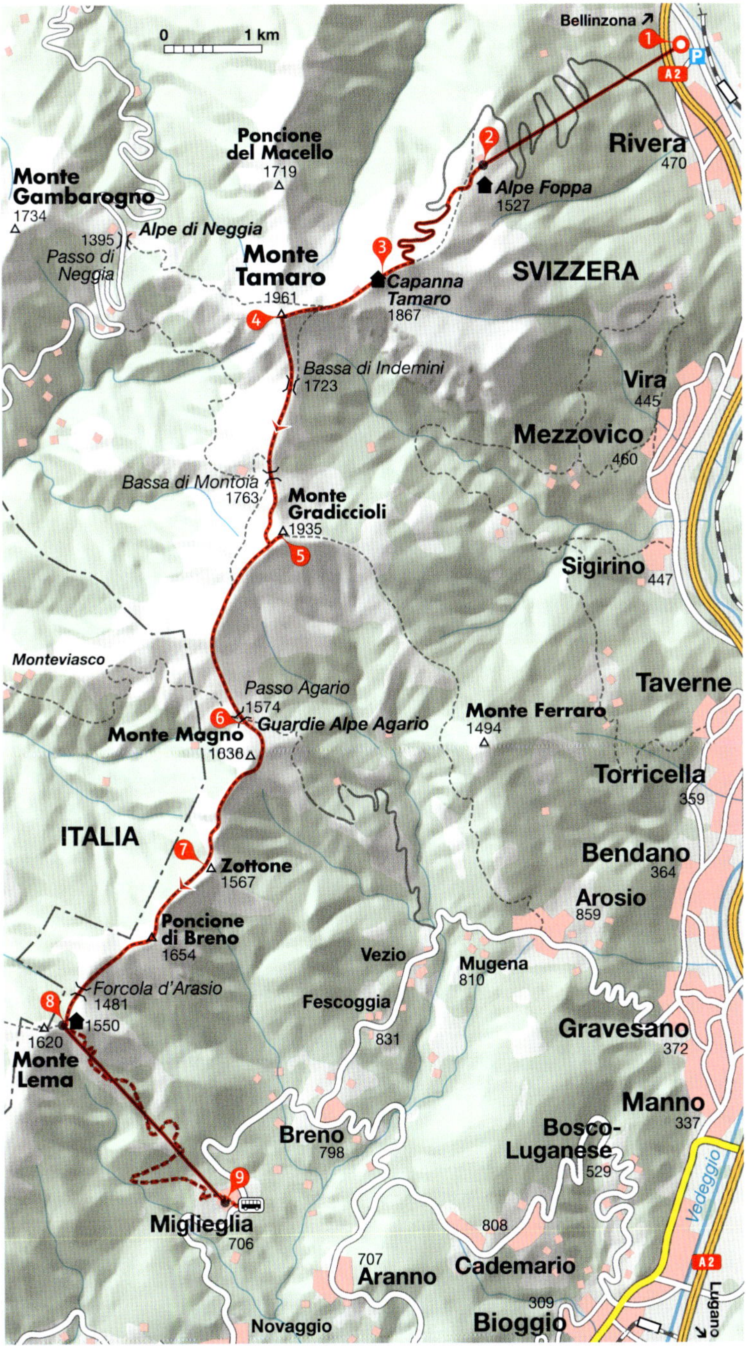

0 1 km
Bellinzona
A2
Rivera
470
Poncione del Macello
1719
Monte Gambarogno
1734
Alpe Foppa
1527
Alpe di Neggia
1395
Passo di Neggia
Monte Tamaro
1961
Capanna Tamaro
1867
SVIZZERA
Bassa di Indemini
1723
Vira
445
Mezzovico
460
Bassa di Montoia
1763
Monte Gradiccioli
1935
Sigirino
447
Monteviasco
Passo Agario
1574
Guardie Alpe Agario
Monte Ferraro
1494
Taverne
Monte Magno
1636
Torricella
359
ITALIA
Zottone
1567
Bendano
364
Arosio
859
Poncione di Breno
1654
Vezio
Mugena
810
Forcola d'Arasio
1481
Fescoggia
Gravesano
372
1550
1620
Monte Lema
831
Manno
337
Breno
798
Bosco-Luganese
529
Vedeggio
Miglieglia
706
808
707
Aranno
Cademario
A2
Lugano
309
Bioggio
Novaggio

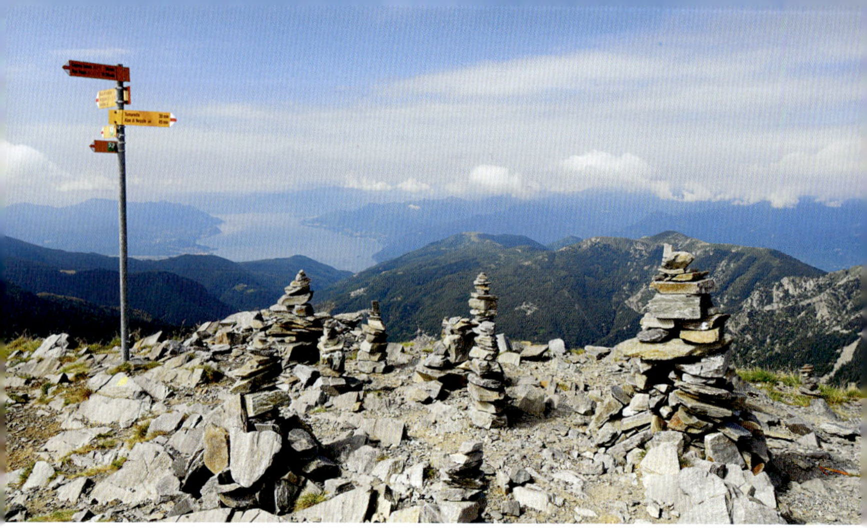

Vom Tamarogipfel überblickt man das Südende des Lago Maggiore.

auf, hinter dem der Sattel Bassa di Montoia, 1763 m, liegt. Bei einem Unterstandshüttchen nahe dem Sattel muss man sich entscheiden, ob man auf den Monte Gradiccioli geht (beschildert, 30 Min.) oder auf der Westseite ohne besonderen Höhenunterschied um diesen herum (unbeschildert, aber der breitere Weg). Wir wählen den Weg über den Gradiccioli. Dieser verläuft deutlich steigend durch Erlengebüsch, Almrosen und Heidelbeersträucher. Wir bleiben entweder direkt am Nordrücken (schwieriger) oder folgen dem deutlicheren Steig, der vor dem Gipfel in die rechte Flanke leitet. Der Steig durchquert die Flanke steigend und führt vom flachen Südwestrücken noch kurz zum Granitkreuz am höchsten Punkt des **Monte Gradiccioli ❺**, 1935 m, hinauf.

Wir wandern den Südwestrücken über Wiesengelände mit sehr schönem Blick auf den Lago Maggiore und die Dörfer des Valle Veddasca hinab. Schließlich mündet auch von rechts die Umgehung wieder ein. Wir steigen ab zum Passo di Agario mit der kleinen Hütte **Guardie Alpe Agario ❻**, 1574 m (auf Selbstbedienungsbasis Getränke erhältlich). Von hier gehen wir höhengleich durch die linke Flanke des Monte Magno weiter. Leicht steigend kommen wir bald schon wieder an den Grat, folgen ihm im Wesentlichen und wandern dann in der rechten Flanke weiter zum vermessenen Punkt **Zottone ❼**, 1567 m, mit einem weiteren Unterstand. Anfangs in der rechten Flanke bleibend, dann auch direkt am Grat (Geländerseil) steigt der Weg kontinuierlich an. Erst am Poncione di Breno (großer Steinmann) verläuft er rechts unterhalb von diesem wieder durch die Flanke. So gelangen wir in einen kleinen Wiesensattel, von dem wir in die Forcola d'Arasio, 1481 m, absteigen. Den Nordrücken gehen wir in ein paar Minuten schräg zur nahen **Bergstation am Monte Lema ❽**, 1550 m, hinauf. (Auf den eigentlichen Gipfel, 1620 m, geht es in ca. 10 Minuten von der Bergstation aus nach rechts.)

Mit der Seilbahn fahren wir ins Tal hinab nach **Miglieglia ❾**, 706 m, und mit dem Zubringerbus zurück zum Ausgangspunkt in **Rivera ❶**.

Monte Campo dei Fiori, 1227 m

Überschreitung von Santa Maria zum Forte Orino

6.15 Std. | 18,5 km | ↗ 820 m | ↘ 820 m

Kultur und Botanik am »Heiligen Berg« über Varese

Heilige Berge gibt es viele. Einer der »ältesten« befindet sich über Varese. Am 8. Juni 922 soll der Sacro Monte erstmals urkundlich erwähnt worden sein. Um 1600 entstand dann eine Art »Prachtstraße« mit insgesamt vierzehn Prozessionskapellen, von denen keine der anderen gleicht. Über diesen Weg steigt auch unsere Wanderung auf in den Ort Santa Maria del Monte. Hierher könnte man auch auf einer Fahrstraße gelangen, aber das Flair des alten Rosenkranzwegs ist einfach etwas Besonderes. Weiter geht es überwiegend auf der Südseite des als Campo dei Fiori bezeichneten Höhenzuges. Im Dunst lösen sich Varese und die Laghi di Varese, di Monate und di Comabbio auf, dahinter läuft das Gebirge endgültig aus. Der Blick nach Norden auf die Berge des Tessins wird nur selten frei: anfangs, wenn der Weg auf der Nordseite verläuft, und später nochmals bei den Gipfelbesteigungen von Punta di Mezzo und Forte Orino. Im Nahbereich bietet die Wanderung aber vieles. Vor allem der Frühling ist eine empfehlenswerte Jahreszeit, wenn an den Südhängen die Orchideen blühen und die duftenden Narzissen im Wind schaukeln – nicht umsonst heißt der Höhenzug »Campo dei Fiori«, Blumenfeld.

Talort: Varese, 382 m, Bahnhof.
Ausgangspunkt: Parkplatz an der Prima Cappella am Fuße des Sacro Monte, ca. 600 m. Vom Ortsteil San Ambrogio in Varese der Beschilderung Sacro Monte bis zum Torbogen der »Ersten Kapelle« folgen. Parkplätze vor und nach dem Torbogen, ebenso zwei Serpentinen weiter unten bei der Seilbahn (Schild Funicolare). Busverbindung von Varese.
Anforderungen: Überwiegend einfach, der Gratabschnitt nach der Punta di Mezzo ist jedoch ausgesetzt.
Einkehr: Diverse Möglichkeiten in Santa Maria del Monte.
Variante: Umgehung des ausgesetzten Stücks: Vom Gipfel den Wiesenhang wieder zum breiten Weg absteigen und diesem nach Westen bis zur Einmündung des Weges vom Grat (Nr. 7) folgen.
Karten: Kompass Nr. 90 »Lago Maggiore – Lago di Varese« und swisstopo Blatt 296 »Chiasso« (beide Maßstab 1:50.000).

Am Beginn der Wanderung bei der Prima Cappella.

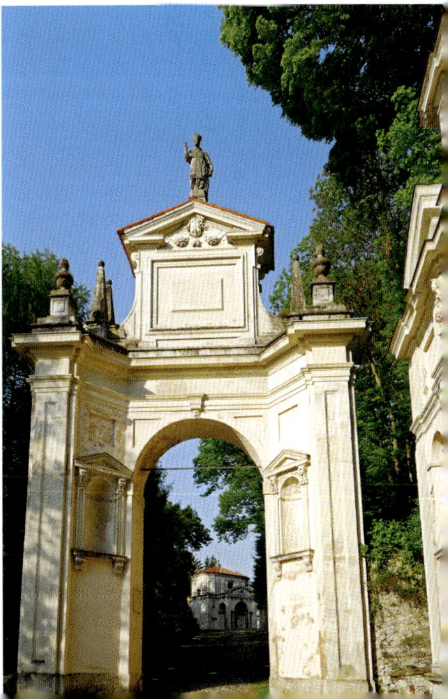

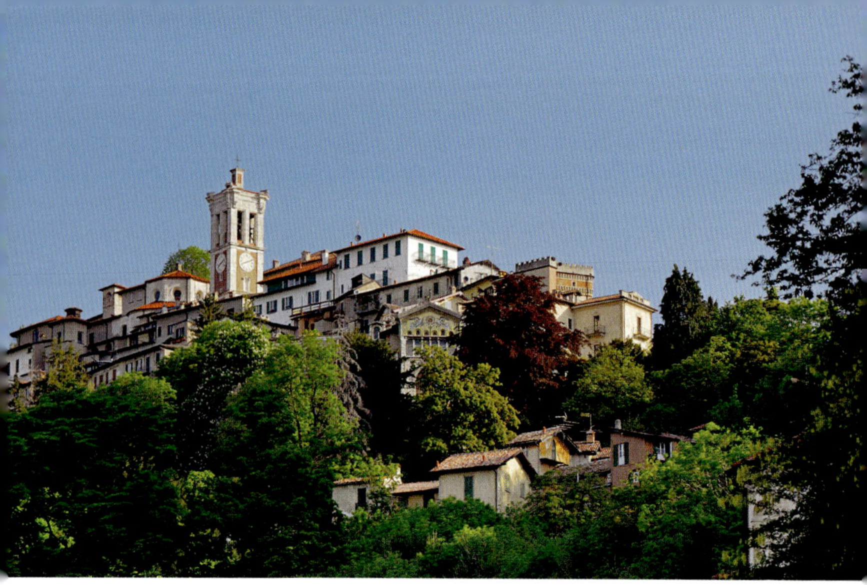

Majestätisch wirkt Santa Maria del Monte.

Von der **Prima Cappella ❶**, 600 m, geht es auf einer breiten »Prachtstraße« den Wallfahrtsweg an den 13 weiteren Kapellen vorbei nach **Santa Maria del Monte ❷**, 883 m, hinauf. Am Moses-Denkmal entweder rechts vorbei (Weg Nr. 1) oder links in die Ortschaft hinauf und kurz vor der Kirche eine Unterführung unter der Kirche hindurch zum Klosterplatz und jenseits hinaus zur Zufahrtsstraße. Auf dieser kurz zum Buswendeplatz und geradeaus, nun wieder auf Weg Nr. 1, auf einer Teerstraße weiter. Gleich darauf zweigt rechts ein Wanderweg ab. Auf diesem steigen wir durch lichten Wald, immer der Beschilderung Weg Nr. 1 folgend, hinauf zum **Monte Tre Croci ❸**, 1124 m, mit seinen drei Kreuzen. Dahinter folgen wir geradeaus weiter dem Rücken zu einem eingezäunten Gelände, an dessen Ende es links am Zaun entlang kurz bergab geht. Dann knickt der Weg wieder nach rechts ab und leitet höhengleich unter dem Militärsender entlang und fallend zu einem Parkplatz. Hier nach rechts auf den Weg Nr. 7 und auf der Nordseite des Kammverlaufes nach Westen, bis der Weg wieder auf die Südseite wechselt und wir eine Lichtung erreichen. Hier zweigt ein Weg nach rechts über den steilen Wiesenhang ab, der zur **Punta di Mezzo ❹**, 1227 m, führt.

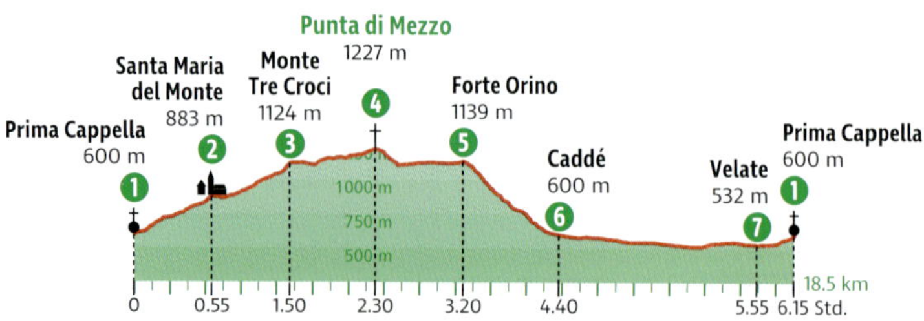

Knapp unter dem Gipfel geht es nach Westen weiter und schon bald teilweise ausgesetzt am schmalen Grat entlang. Dann führt der Weg nach links in die Flanke und steil hinab zum breiten Weg Nr. 1. Auf diesem nun beständig durch die Südflanke bis zu einer Kehre, von der ein schmaler Weg an einer Unterstandshütte vorbei direkt zum Gipfel **Forte Orino** ❺, 1139 m, hinaufgeht.

Zurück zur Kehre und auf dem Weg Nr. 13 (grün-gelb markiert) steil durch Narzissenwiesen und Kastanienwald hinab. An zwei beschilderten Verzweigungen halten wir uns jeweils links (Nr. 13), dann beim Linksknick des Weges Nr. 13 geradeaus und schon gleich bei einer weiteren Verzweigung links zur Lichtung **Caddé** ❻, 600 m. Ab dort immer höhengleich am Bergfuß entlang der Beschilderung Nr. 10 Richtung Velate nach Osten folgen. Schließlich erreichen wir eine Teerstraße, auf der

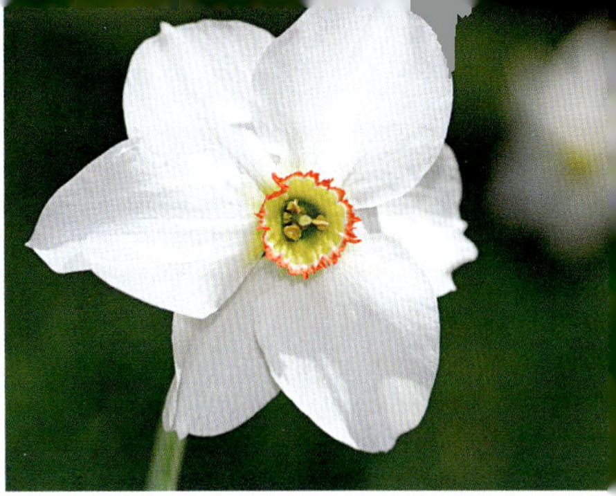

Die Narzissenblüte ist die beste Zeit für den Campo dei Fiori.

wir links kurz aufsteigen, bis der Weg Nr. 10 wieder höhengleich durch Villenviertel nach **Velate** ❼, 532 m, führt. Immer geradeaus zu einem Stoppschild und links hinauf (Weg Nr. 10), wo schon bald der Weg Nr. 10 rechts von der Straße abzweigt, einen Bachgraben überquert und auf Hohlwegen hinaufführt zum Parkplatz der Zahnradbahn. Hier hinauf zur Kirche und kurz weiter zum Ausgangspunkt an der **Prima Cappella** ❶.

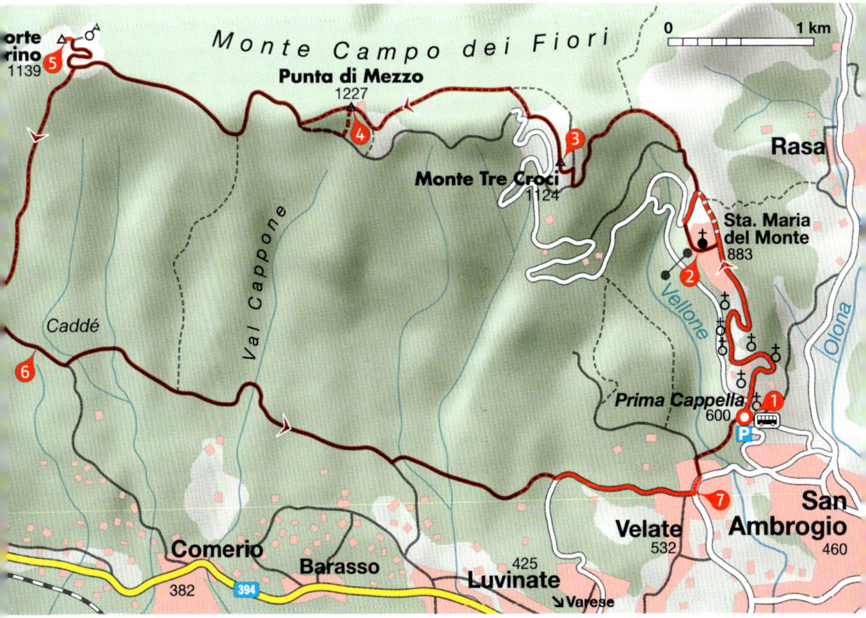

38 Monte San Giorgio, 1100 m

Von Meride

TOP | 3.20 Std. | 8,9 km | ↗ 540 m | ↘ 540m

Auf einem alten Wallfahrtsweg zum Weltkulturerbe
Ein mit Steinplatten ausgelegter Weg windet sich von Meride hinauf Richtung San Giorgio. Auf ihm haben früher die Ochsengespanne das bitumenhaltige Gestein ins Tal transportiert. Den Wanderern weist der Plattenweg die Richtung durch den bewaldeten Südhang. Wenig spektakulär erscheint der Aufstieg, wenn man die alten Häuser von Meride mit ihren Innenhöfen und Loggien zurückgelassen hat. Auch wenn nach der Lichtung Cassina eine Plane ein Stück Waldboden abdeckt, vermutet man zunächst nichts Besonderes. Tatsächlich wurde der Monte San Giorgio aber im Jahr 2003 zum Unesco-Welterbe deklariert. Er gilt als bedeutendste Fundstelle für Versteinerungen aus der Mitteltrias. Fische und Meeressaurier aus der Zeit von vor 240 bis 230 Millionen Jahren werden am San Giorgio gefunden, meist als vollständige Skelette, nicht nur als Fragmente. Die größten Exemplare messen sechs Meter Länge. Sehen kann man von diesen Funden wenig, es sei denn, man begibt sich ins Paläontologische Museum nach Zürich. Sehr schön und für sich allein bereits ein guter Grund, den Gipfel zu besteigen, ist der Blick von der Wallfahrtskirche am höchsten Punkt hinab auf den Luganer See, dessen Arme die Landzunge von Morcote umschließen.

Im Halbschatten zieht der Wallfahrtsweg zum Gipfel.

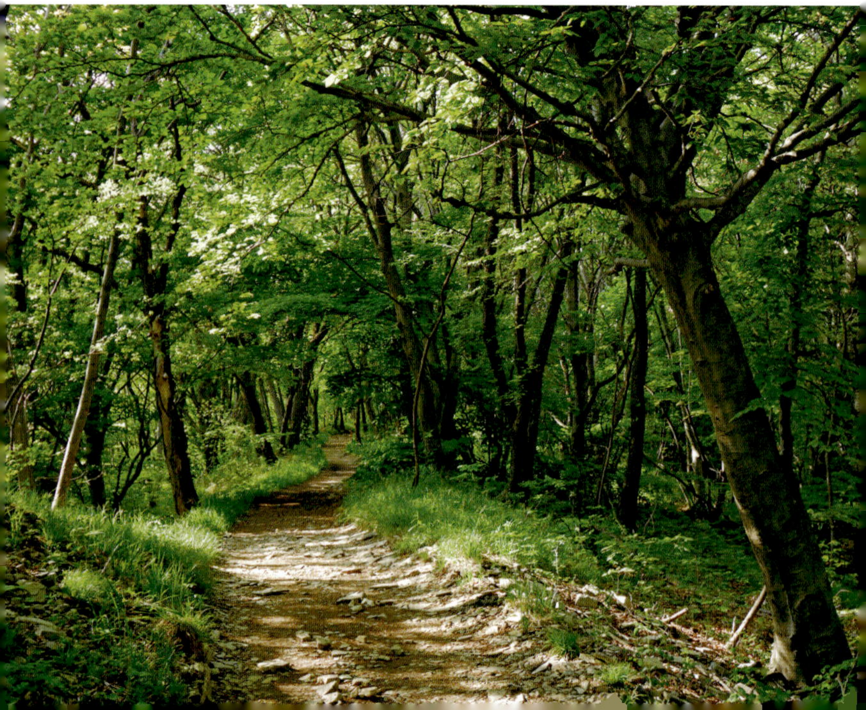

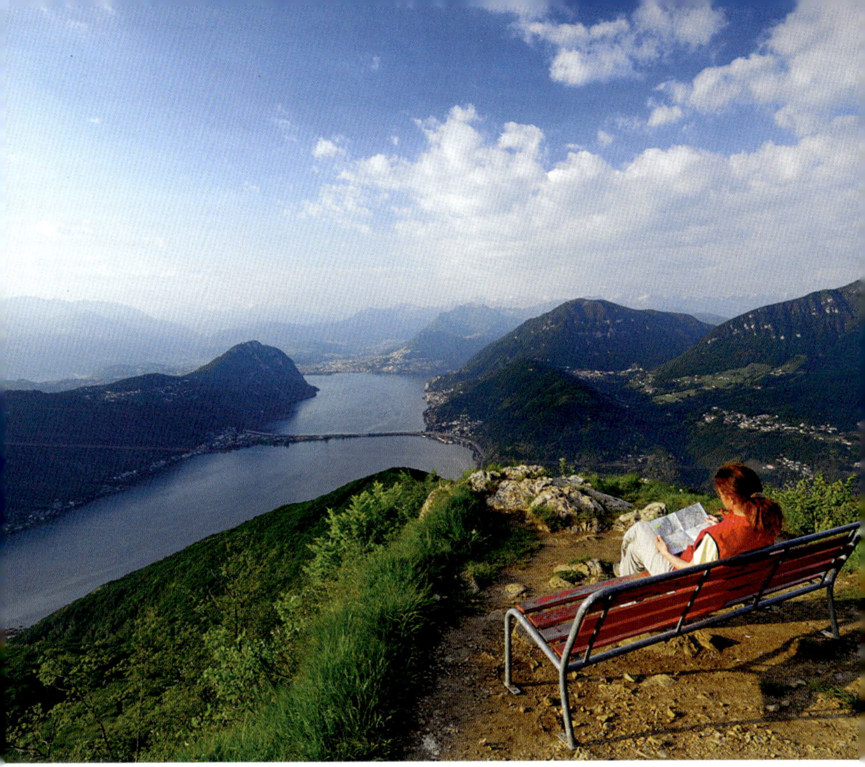

Rast am Monte San Giorgio

Talort und Ausgangspunkt: Meride, 573 m, im Süden des Monte San Giorgio. Parkplätze am südlichen Ortsrand, 560 m. Zufahrt von Mendrisio über Rancate, Busverbindung von Mendrisio.
Anforderungen: Leichte Bergwanderung auf einem breiten Wallfahrtsweg bis zum Gipfel, Abstieg auf einem einfachen Wanderweg.
Einkehr: Bei der Kirche am Gipfel Unterstandsraum mit Getränkedepot zur Selbstbedienung.
Karten: Kompass Nr. 90 »Lago Maggiore – Lago di Varese« sowie swisstopo Blätter 286 »Malcantone« und 296 »Chiasso« (beide Maßstab 1:50.000).

Vom Parkplatz bei **Meride ①**, 560 m, gehen wir in die Ortschaft, an der Post rechts und nach wenigen Metern spitzwinklig links hinauf zur Kirche San Silvestro. Hier wandern wir rechts auf dem beschilderten Hohlweg im Laubwald hinauf und später über einen Rücken mit Blick auf eine fast parkähnliche Landschaft weiter bis zur Hütte und zur Hubertuskapelle (mit Unterstandsraum) von **Cassina ②**, 902 m. Rechts von der Kapelle geht es auf beschildertem Weg weiter, an der Saurierfundstelle vorbei und schließlich über einen steilen Wiesenhang mit vielen Orchideen hinauf zur Kirche auf dem **Monte San Giorgio ③**, 1097 m.

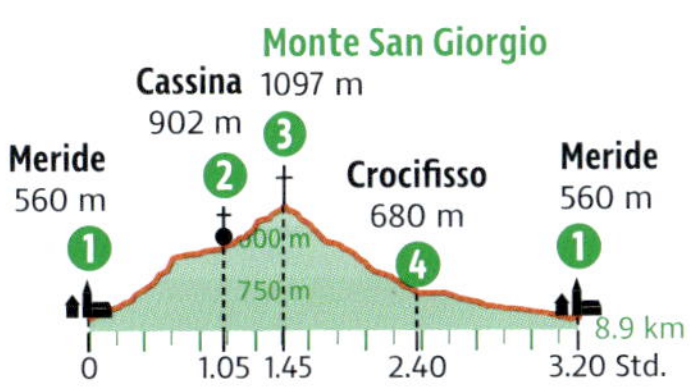

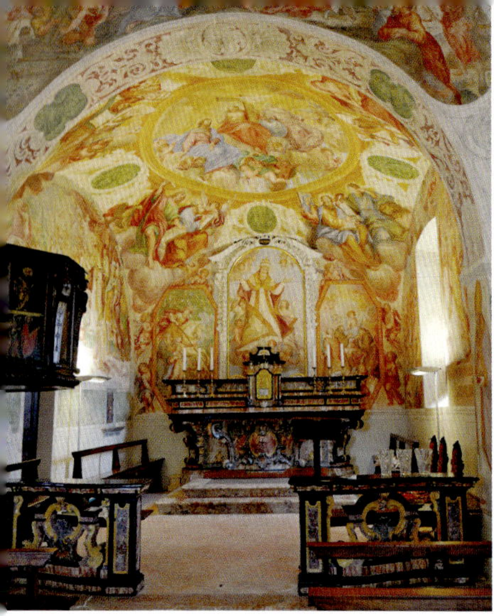

Bekannt für ihre sakrale Kunst ist die Gegend um Mendrisio.

Im Abstieg gehen wir ein Stück auf demselben Weg zurück. Nach dem Wiesenhang halten wir uns an der ersten Verzweigung rechts Richtung Crocifisso. An einem Sattel geht es schräg links weiter hinab, bis von links ein Lehrpfad einmündet. Wenige Meter auf diesem geradeaus weiter, kurz vor einem weiteren Sattel abermals links und hinab nach **Crocifisso ❹**, 680 m.
Hier überqueren wir die Teerstraße und gehen kurz auf einem Waldweg zu einem Wanderparkplatz. Wir folgen dem Naturlehrpfad links hinab durch Wald und später an Gehöften vorbei, bis wir schließlich auf einer Straße zurück nach **Meride ❶** gelangen.

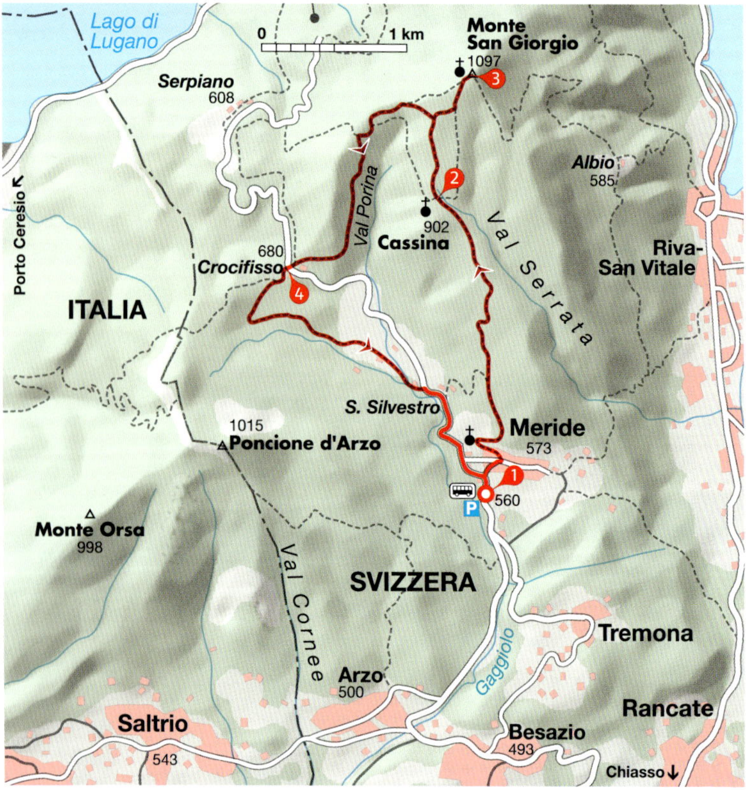

Monte San Salvatore, 912 m

Von Lugano

3.10 Std. | 10,3 km | ↗ 210 m | ↘ 820 m

Kulturwandern zwischen den Armen des Lago di Lugano

Wer es eilig hat, schafft die Strecke von Lugano bis Morcote am Südzipfel der Landzunge Ceresio in etwa drei Stunden. Aber es wäre glatt eine Sünde, sich nicht mehr Zeit zu nehmen. Schon der Name des Ausgangspunktes stimmt auf das Kommende ein. Im Ortsteil Paradiso beginnt die Standseilbahn auf den Monte San Salvatore. Oben bietet die Aussichtsplattform der Kirche San Salvatore eine großartige Rundsicht, die man genießen sollte, denn besser wird der Blick nicht mehr. Dann geht es immer am Höhenrücken entlang. Die Geräusche der Zivilisation lässt man zum großen Teil zurück, denn die Autobahn von Locarno führt unter dem San Salvatore hindurch und ist durch etliche Tonnen Gestein abgeschirmt. Man kann sich also ganz aufs Wandern und auf die Kunstschätze am Wegrand konzentrieren: die mittelalterliche Kirche Santa Marta in Carona, die barocke Wallfahrtskirche Madonna d'Ongero und den Renaissancebau der Wallfahrtskirche Santa Maria del Sasso, an die wir zuletzt kommen. Nach einer Besichtigung des ehemals bedeutenden Handelsplatzes Morcote fährt man am Schönsten mit dem Schiff unter der Brücke von Melide hindurch zurück.

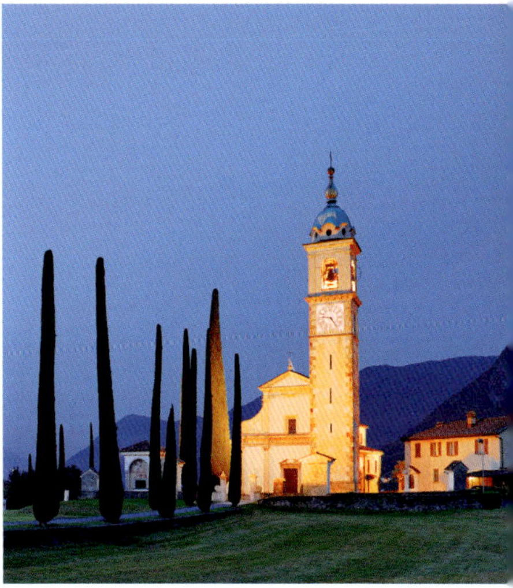

Sant'Abbondio am Fuße des San Salvatore.

Talort und Ausgangspunkt: Paradiso, Stadtteil von Lugano, 277 m. Bahnverbindung von Bellinzona und Chiasso. Auffahrt von Paradiso mit der Standseilbahn zur Bergstation am Monte San Salvatore, 882 m. Betriebszeit von Mitte März bis Anfang November 9–17 (bzw. 23) Uhr, Tel. +41/(0)91/9852828, www.montesansalvatore.ch.

Endpunkt: Morcote, 272 m. Nach Lugano per Schiff (von Ende März bis Ende Oktober um 11.53, 13.00, 15.10, 16.40, 17.00 und 21.58 Uhr, www.lakelugano.ch, Tel. +41/(0)91/222111) oder von der Piazza Grande mit dem Bus nach Paradiso (letzter Bus um 19.35 Uhr).

Anforderungen: Einfache Wanderung auf Wanderwegen, Forststraßen und Steintreppen (Letzteres vor allem im Abstieg).

Einkehr: Bei der Bergstation des Monte San Salvatore (www.montesansalvatore.ch); Grotto in Carona (Tel. +41/(0)91/6499192); in Morcote.

Karten: Kompass Nr. 90 »Lago Maggiore – Lago di Varese« und swisstopo Blatt 286 »Malcantone« (beide Maßstab 1:50.000).

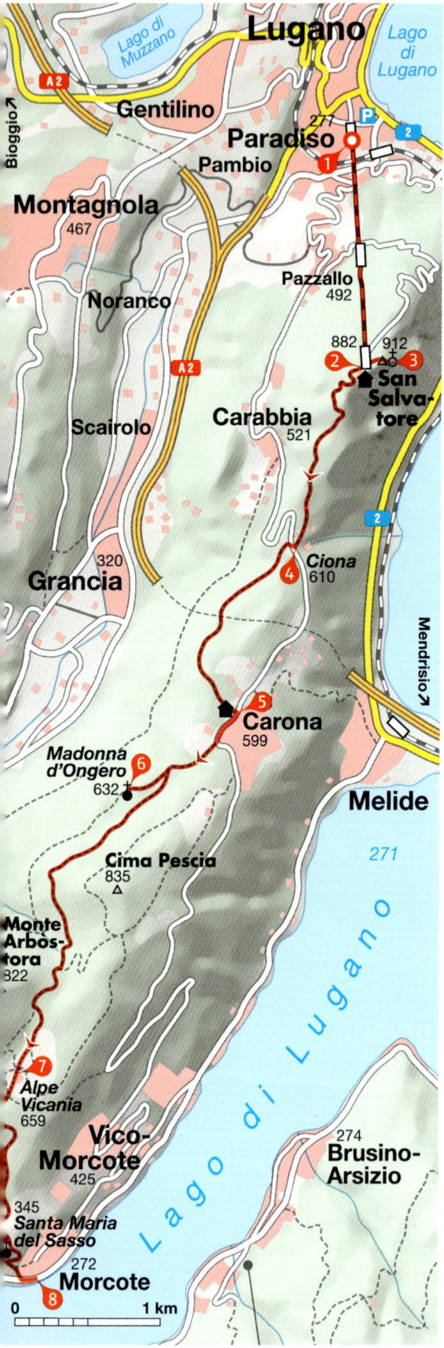

Von **Paradiso ❶**, 277 m, fahren wir mit der Standseilbahn hinauf zur der **Bergstation ❷**, 882 m. Dort wenden wir uns zuerst nach links und folgen der Beschilderung zu den Aussichtspunkten über Treppen hinauf zur Kirche auf dem **Monte San Salvatore ❸**, 912 m. Vom Vorplatz der Kirche und von ihrem Dach (Aufgang von außen auf der Westseite) hat man den schönsten Blick auf Lugano und den Luganer See.

Wir gehen zurück zur **Bergstation ❷** und rechts am Restaurant vorbei. Auf dem beschilderten Wanderweg steigen wir sogleich in einigen steinigen Serpentinen durch den Buchenwald auf dem Südrücken ab. So gelangen wir zu den ersten Häusern von **Ciona ❹**, 610 m (Via San Salvatore).

Kurz gehen wir durch die Gassen des Ortes, dann kommen wir auf einen großen Parkplatz. Hier überqueren wir die Durchgangsstraße und biegen unterhalb einer Villa auf den beschilderten Wanderweg ein (Via Roccolo). Auf der Westseite geht es, erneut durch dichten Wald, an Ciona vorbei. Erst beim Roccolo (Vogelfangturm) trifft der Weg wieder auf eine Asphaltstraße. Dieser folgen wir Richtung Vico Morcote (Autobeschilderung) bis zu einer Straßenverzweigung beim Grotto del Pan Perdü in **Carona ❺**.

Dort halten wir uns rechts hinauf (beschildert Morcote und San Grato), gehen zwischen Friedhof und Schwimmbad hindurch und zweigen nach dem Schwimmbad nach rechts ab. Der Weg verläuft durch Wald weiter bis kurz vor die Kirche **Madonna d'Ongero ❻**, 632 m, wo er sich verzweigt. Wir wählen den linken Weg Richtung Morcote über die Alpe Vicania. Die Kirche kann man mit einem kleinen Abstecher auf dem rechten Weg besuchen.

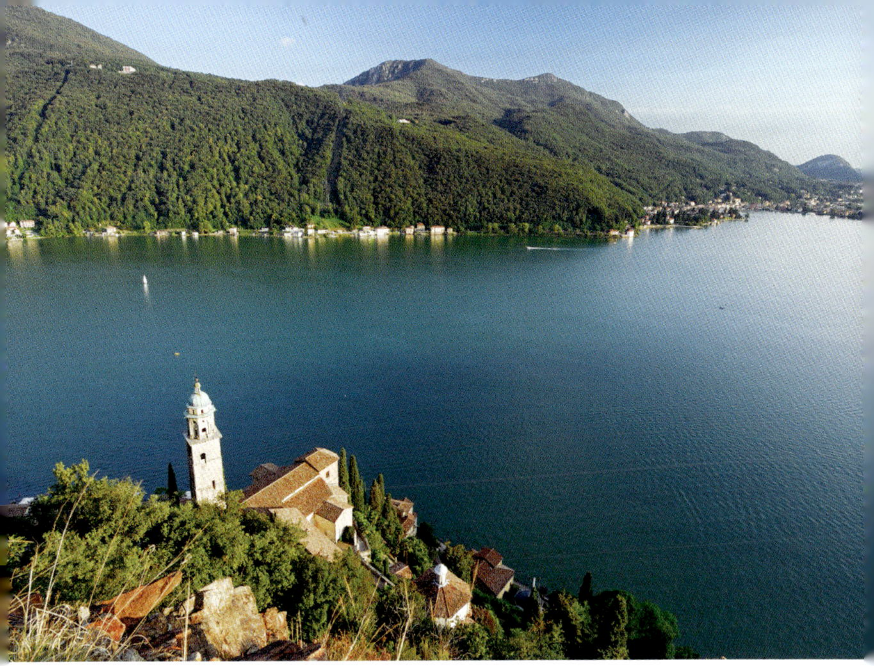

Morcote am südlichen Ende der Landzunge im Luganer See.

Beständig steigend geht es durch Wald weiter, bis wir nochmals an eine beschilderte Verzweigung kommen. Wir wandern rechts weiter zur Alpe Vicania. Kurz vor Erreichen des Almgebäudes führt der Weg ins Wiesengelände hinaus, hier ist spärlich beschildert bzw. markiert. Wir halten uns an der Verzweigung am Beginn der Wiese auf der linken Almstraße und erreichen gleich eine Kuppe mit einer schönen Buche, an der wir über einen Wiesenweg gerade zum Gebäude hinabgehen. Unterhalb des Gebäudes der **Alpe Vicania ⑦**, 659 m, wandern wir nur kurz auf der Zufahrtsstraße nach links, dann verzweigt sich der Weg beim Eingangstor einer Villa erneut. Wir wählen den nach schräg unten führenden Fußweg Richtung Morcote. Auf einem gepflasterten Weg geht es nun in unzählbaren Stufen hinab. Erst kurz vor Erreichen der Kirche Maria del Sasso kommen wir an einem Wegknick zu einer kleinen Aussichtsbank rechts unterhalb. Der weitere Abstieg bringt uns links hinab, am Friedhof vorbei, zur Kirche Santa Maria del Sasso, 345 m. Durch die kleine Gartenanlage hindurch leiten die Steintreppen links hinab nach **Morcote ⑧**, 272 m, wo wir nahe der Piazza Grande die Uferstraße erreichen.

Ein kleines Stück an der Uferstraße nach links kommen wir zur Schiffsanlegestelle. Der Bus nach **Paradiso ①** fährt an der Piazza Grande ab.

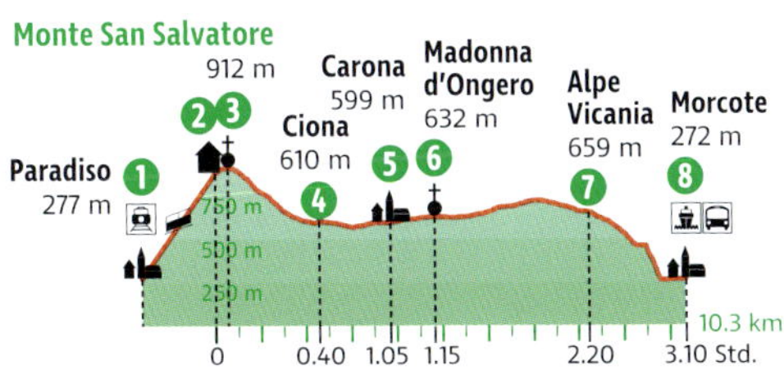

40 Monte Brè, 933 m
Von Lugano

2.30 Std. | 7,0 km | ↗ 40 m | ↘ 660 m

Auf den Hausberg von Lugano

Nur gute neunhundert Meter ist der Monte Brè hoch und doch ein respektabler Berg. Vom Ufer des Luganer Sees sind es immerhin eineinhalb Stunden Aufstieg. Man kann entweder direkt in Lugano starten oder in Gandria, dem viel gepriesenen Fischerdorf nahe der Grenze zu Italien. Lugano ist zunächst als Finanzplatz bekannt, blickt aber auch auf eine lange Geschichte als Fremdenverkehrsort zurück. So verwundert es nicht, dass der Hausberg schon lange mit einer Standseilbahn zu erreichen ist. 2012 feierte sie immerhin ihr hundertjähriges Bestehen. Sobald der Gipfelbereich mit seinem schönen Blick über den See und die Stadt sowie der Ort Brè hinter einem liegen, beginnt der ruhige Teil der Wanderung. Dieser führt uns mit einem nicht allzu langen Abstieg nach Gandria. Spätestens ab hier wird man sicherlich mehr Zeit veranschlagen dürfen als die reine Gehzeit. Versteckte Hauseingänge und malerische Treppen, Terrassen mit Seeblick und manch verführerischer Essensduft werden den Schritt hemmen. Auf dem Weiterweg am Ufer des Luganer Sees entlang bis nach Lugano wird sich daran nichts mehr ändern. Neben einer Reihe von Einkehrmöglichkeiten ist es der Jugendstilpark der Villa Heleneum, der sich für eine längere Pause anbietet.

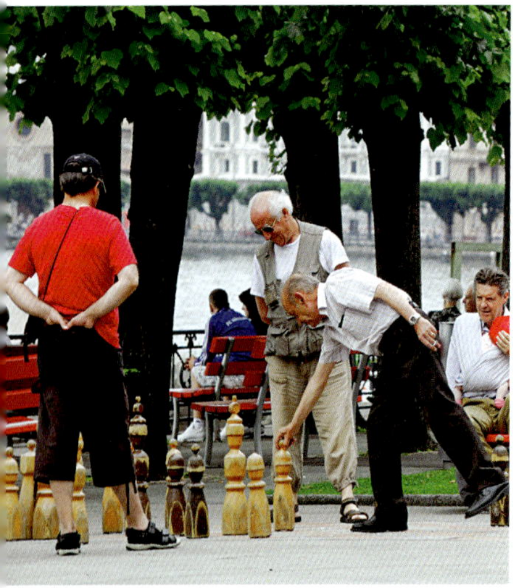

Im Stadtpark von Lugano.

Talort und Ausgangspunkt: Cassarate, 300 m, Stadtteil von Lugano (Bahnhof). Von Cassarate aus Auffahrt mit der Standseilbahn zur Bergstation auf dem Monte Brè, 915 m. Betriebszeit von März bis Dezember 9–17 bzw. 23 Uhr, Tel. +41/(0)91/9713171, www.montebre.ch.
Anforderungen: Durchweg auf Wanderwegen, meist gut gangbar, im Abstieg kurz steilere Abschnitte im Wald, aber noch einfach.
Einkehr und Übernachtung: Ristorante Funicolare (Tel. +41/(0)91/9713633); Ristorante Vetta Monte Brè etwas abseits der Route südlich unterhalb der Seilbahnstation (Tel. +41/(0)91/9712045); Albergo Brè Paese im Ort Monte Brè (keine »Goetheeinkehr«); außerdem diverse Möglichkeiten in Gandria und auf dem weiteren Weg am Ufer des Luganer Sees.
Karten: Kompass Nr. 91 »Lago di Como – Lago di Lugano« und swisstopo Blatt 286 »Malcantone« (beide 1:50.000).

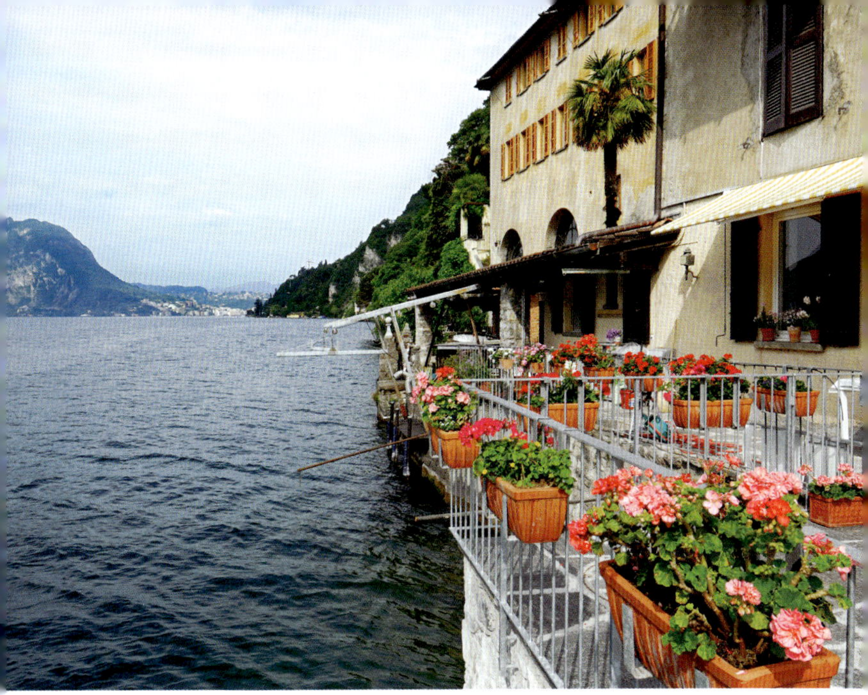

Die Wanderung führt durch den viel gepriesenen Ausflugsort Gandria.

Von **Cassarate** ❶, 300 m, fahren wir mit der Standseilbahn hinauf zur **Bergstation** ❷. Von dort steigen wir über wenige Treppenstufen hinauf zur Kirche Santa Maria Assunta und zum Aussichtsturm am höchsten Punkt des Gipfelrückens des **Monte Brè** ❸, 933 m.

Von dort steigen wir auf einem Steinplattenweg (beschildert als Scalinata alla torretta) in gerader Verlängerung des Aufstiegswegs hinab nach **Monte Brè** ❹, 790 m. Im Ort gehen wir wenige Meter auf der Straße nach rechts auf den Südhang zu, dann zweigt gleich ein als Lehrpfad bezeichneter Wanderweg Richtung Gandria nach links ab. Nun steigen wir immer den Hang hinab. Einmal kommen wir dabei auf ein Asphaltsträßchen, auf dem wir ein Stück höhengleich nach rechts gehen und dabei einen schönen Blick auf den Monte San Salvatore genießen. Am Ende der Straße biegt der Wanderweg wiederum nach links hinab in den Wald. Unterhalb eines Hauses gelangen wir zu einer Verzweigung und halten uns, dem Schild nach Gandria folgend, nach links. In vielen Serpentinen verlieren wir an Höhe und kommen nach Trabbia, 460 m. Wir gehen hier links, um nach einem kurzen Flachstück und einigen Treppenstufen bei Gandria Strada, 340 m, am Ristorante Gandria die Durchgangsstraße zu überqueren und in den malerischen Ort **Gandria** ❺, 292 m, abzusteigen.

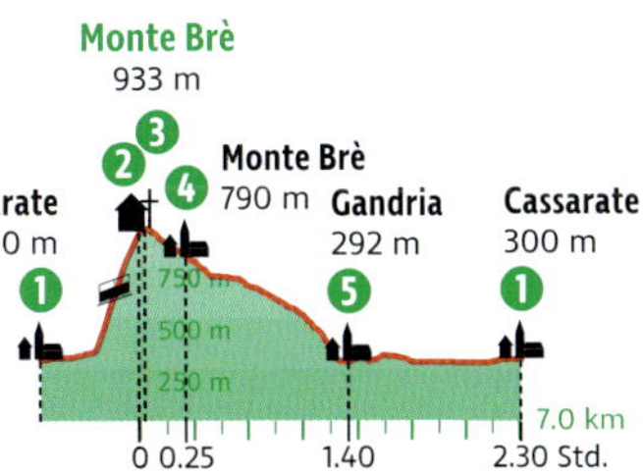

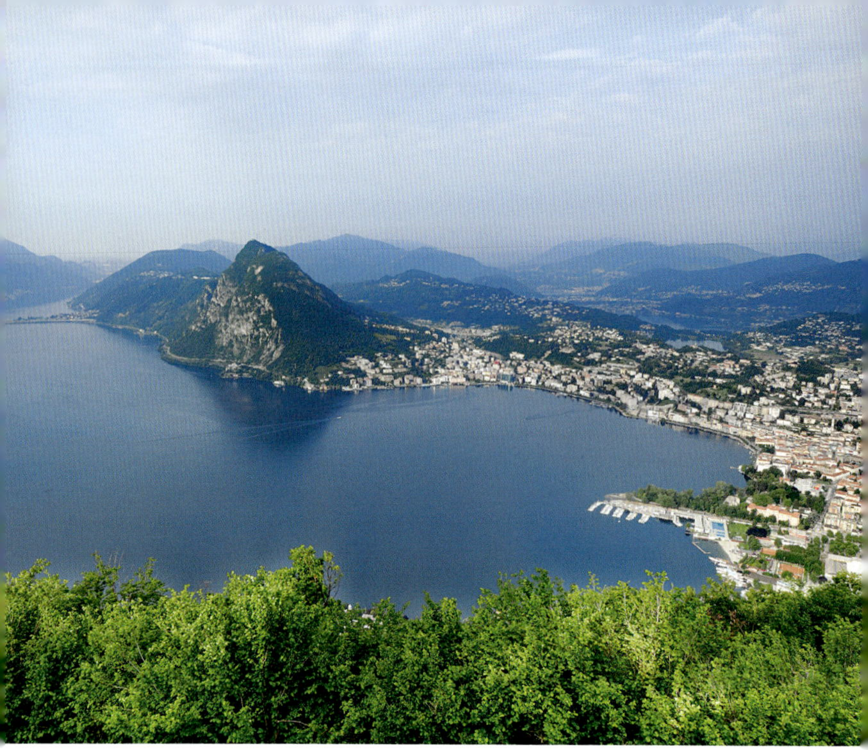

Lugano mit dem »Zuckerhut« San Salvatore vom Monte Brè aus.

Von Gandria gehen wir immer auf dem Uferweg entlang (beschildert Castagnola). Dieser hält sich deutlich unterhalb der Straße und nur knapp über dem See. Wir kommen an einigen Restaurants und Hotelanlagen vorbei, bis wir vor der Villa Heleneum einen Parkplatz erreichen. Der Besuch der Villa ist ein hübscher Abstecher (freier Eintritt in den Park), der Weiterweg führt aber auf der Via Cortivo leicht steigend zur Verbindungsstraße Lugano – Gandria, hier als Via Riviera bezeichnet. Auf dieser geht es kurz hinab, bis wir rechts über die Via Pico zur Talstation der Bahn in **Cassarate** ❶ gehen können (Hinweisschild »Funicolare«).

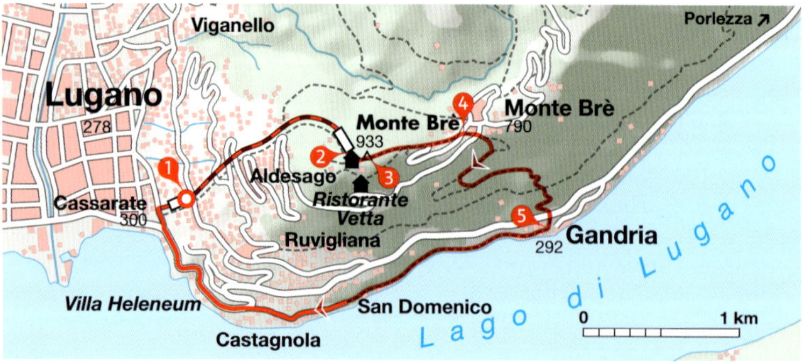

Via dei Monti Lariani

Von Sorico nach Cernobbio

7 Tage | 129,5 km | ↗ 5760 m | ↘ 5770 m

TOP

Höhenweg über dem Westufer des Comer Sees

Der Weg durch die Monti Lariani ist ein Erlebnis für sich. Sechs bis sieben ganze Tage wandert man hoch über dem Ufer des Comer Sees durch das Almgelände und zu kleinen Bergdörfern. Ob man im Süden bei Cernobbio beginnt oder in Sorico ganz im Norden des Sees, ist Geschmackssache. Die Eindrücke sind so oder so bestimmt vom grandiosen Blick auf den See. Im Norden wird er von den südlichen Bergeller Bergen und den Bergamasker Alpen eingerahmt, im Süden schaut man hinüber zu den Felsnadeln der Grigne. Man bewegt sich meist auf einer Höhe von 800 bis 1200 Metern, eben dort, wo die Almen liegen. Um das Val Menaggio und das Valle Albano bei Garzeno zu überschreiten, müssen wir allerdings tiefer absteigen. Abstecher zu den Gipfeln sind möglich, aber man kann sich auch auf den Standpunkt stellen: Der Weg ist das Ziel. Das ist in den Monti Lariani absolut glaubwürdig, denn viele Wegstellen an Almen oder im lichten Lärchenwald sind einfach wunderbar. Der Höhenweg gleicht zumeist einem Pfad, nur wo er die schönen Ortschaften verbindet, nutzt er alte, etwas breitere Steinwege. Dass er nicht häufiger begangen wird, mag daran liegen, dass die Tagesetappen eine gute Kondition voraussetzen. Wer sich gar ohne Wegbeschreibung aufmacht und sich gänzlich auf die Beschilderungen vor Ort verlässt, wird reichlich zusätzliche Zeit für die Wegsuche einplanen müssen – und auf die Hilfsbereitschaft der liebenswürdigen Menschen vor Ort zurückgreifen. Ihren Namen haben die Monti Lariani übrigens vom Comer See, der auch als Lario bekannt ist und damit Namensgeber für die westlich angrenzenden Berge ist.

Krönender Abschluss: das Monte-Rosa-Massiv und der spitze Zahn des Matterhorns (Mitte) vom Monte Bisbino.

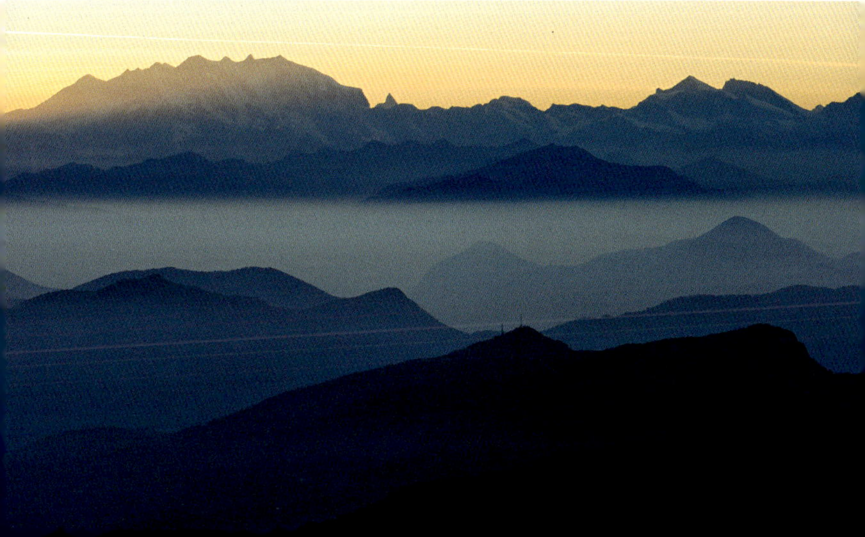

Talort: Como, 201 m, Bahnhof.
Ausgangspunkt: Sorico, 213 m, am Nordufer des Comer Sees, Busverbindung von Como.
Endpunkt: Cernobbio, 201 m. Busverbindungen von der Piazza Mazzini am Westufer des Comer Sees entlang zum Ausgangspunkt und nach Como. Am schönsten ist die Rückfahrt von Como mit dem Schiff nach Colico und dem Bus nach Sorico (im Sommer um 10 und 15.30 Uhr, Fahrzeit ca. 4 Std.), oder mit Flügelboot (acht Verbindungen von 8.45 bis 19.10 Uhr, Fahrzeit knapp 2 Std.).
Höhenunterschiede: 1. Etappe 880 m im Aufstieg; 2. Etappe 430 m im Aufstieg, 830 m im Abstieg; 3. Etappe 610 m im Aufstieg, 650 m im Abstieg; 4. Etappe 690 m im Aufstieg, 590 m im Abstieg; 5. Etappe 1040 m im Aufstieg, 550 m im Abstieg; 6. Etappe 760 m im Aufstieg, 740 m im Abstieg; 7. Etappe 80 m im Aufstieg, 1080 m im Abstieg; insgesamt 5760 m im Aufstieg, 5770 m im Abstieg.
Anforderungen: Die Route verläuft durchgehend auf Wegen, teilweise sind diese sehr schmal, wenige Stellen sind mit Geländerseil gesichert. Trittsicherheit ist nötig. Die Via dei Monti Lariani ist weiß-rot-weiß markiert und mit speziellen Tafeln gekennzeichnet. Diese sind aber oft nicht an den Verzweigungen angebracht und zum Teil an kaum zu sehenden Positionen, wie der Rückseite von Häusern und Brunnen. Teilweise sind zwei parallele Trassen markiert, die Wegnummer wechselt zudem je nach Etappe. Vorsicht auch bei Wegen mit ähnlichen Markierungen, der Sentiero 4 Valli etwa hat die durchgestrichene 3, die Via Lariani teils die einfache 3. Aufgrund vieler kleiner Gegenanstiege (oft wenige Meter, die nicht im Höhenprofil darstellbar sind) ist der Weg zum Teil anstrengend.
Einkehr und Unterkunft: Agriturismo Giacomino in Fordeccia (geöffnet von März bis Oktober, Tel. +39/0344/84710); Rifugio Alpino Dalco in Montalto (geöffnet von Pfingsten bis Anfang November an Wochenenden, Tel. +39/0344/84572); Trattoria Falco in Peglio (ganzjährig geöffnet, Tel. +39/0344/85444); Ostello in Dosso del Liro (Tel. +39/0344/89941, www.ostellodosso.com); diverse in Garzeno; Agriturismo Labbio (ganzjährig geöffnet, Tel. +39/0344/80120, www.agriturismolabbio.it); Albergo Ristorante Breglia (ganzjährig geöffnet, Tel. +39/0344/37250, www.breglia.it); Agriturismo La Vecchia Chioderia (Tel. +39/0344/30152, www.lavecchiachioderia.it); diverse in Croce; Rifugio Boffalora (geöffnet von Ostern bis 1. November, nur Freitag bis Montag, Tel. +39/0344/56486); diverse in San Fedele; Baita di Orimento (geöffnet von Mai bis September, Tel. +39/0335/6380242, www.baitadiorimento.it); Capanna Giuseppe e Bruno (geöffnet von Juni bis September, nicht Montag, Tel. +39/031/830235); Rifugio Alpe di Colonno (ganzjährig geöffnet, Tel. +39/0335/7160402); das Rifugio Binate ist dauerhaft geschlossen; Rifugio dei Murelli (geöffnet von Mitte Juli bis Mitte September, Tel. +39/0335/8434493); Rifugio Bugone (geöffnet von Mitte Juni bis Mitte September, Tel. +39/031/0350027); diverse in Cernobbio.
Hinweise: Viele Brunnen an Almen erlauben es zwischen Sorico und Croce, die Wasservorräte immer wieder aufzufüllen. Wer sich trotz der Wegbeschreibung verläuft, fragt am besten nicht nach der Via dei Monti Lariani, sondern nach dem nächsten Etappenziel, denn der Weg ist vor Ort kaum bekannt. Für eine Begehung von Süd nach Nord ist diese Wegbeschreibung ungeeignet.
Karten: Kompass Nr. 91 »Lago di Como – Lago di Lugano« und Nr. 92 »Chiavenna – Val Bregaglia« sowie swisstopo Blätter 277 »Roveredo«, 286 »Malcantone«, 287 »Menaggio« und 297 »Como« (alle Maßstab 1:50.000).
Tipp: Für den letzten Tourentag bietet sich der Monte Bisbino (1325 m) als Gipfel an. Dafür rechnet man ungefähr 30 Minuten für den Anstieg und etwas kürzer für den Abstieg. Der Blick auf den Monte Rosa und seine Nachbarn ist äußerst lohnend.

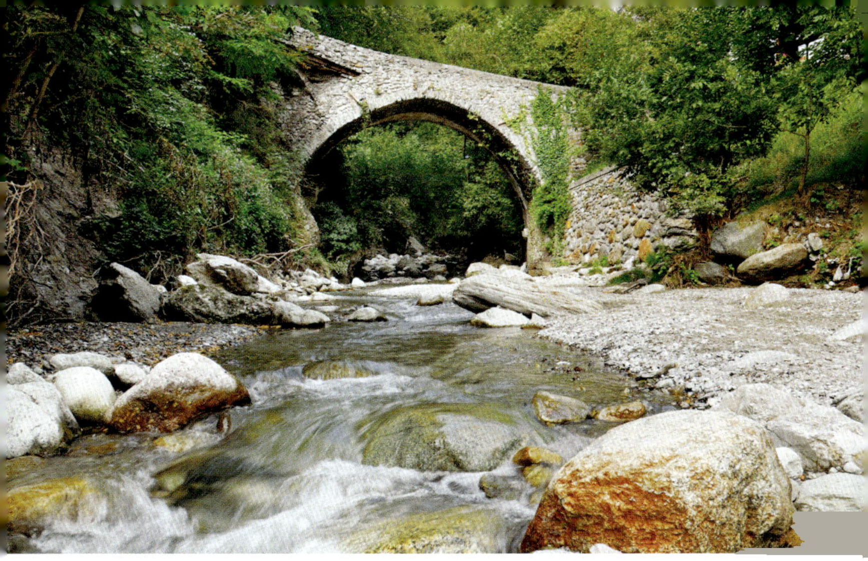

An der Mühle von Chioderia.

1. Etappe: Von Sorico nach Fordeccia

In **Sorico ❶**, 213 m, beginnt gegenüber der Grundschule die Via dei Monti Lariani (Weg Nr. 4, intensiv, aber nicht sinnvoll markiert). Wir biegen in die Via San Miro ein und steigen auf einem alten Steinplattenweg hinauf zur Kirche San Miro, gehen durch den Kirchhof und nach dem anschließenden Haus links auf einen beschilderten Hohlweg, der nach Selve, 469 m, führt. Kurz nach dem Dorfplatz geht es rechts in die Via Motta und wir kommen über einen Hohlweg zu Wochenendhäusern, nach denen wir uns rechts halten. In vielen Serpentinen leitet der Weg durch ein bewaldetes Tälchen hinauf zu einer markanten Felsstufe. Diese wird unproblematisch mittels Stufen überwunden. Jenseits kommen wir schon bald auf ein Almsträßchen, gehen unter einer Stromleitung hindurch und zweigen dann nach links ab. Wir überschreiten einen kleinen Sattel, gehen rechts an ein paar Häusern vorbei und steigen – nun wieder auf einem Sträßchen – durch Kastanienwald auf, bis wir nach der Abkürzung einer Serpentine auf einem Fußweg nach **Peledo ❷**, 796 m, kommen.

Etwas links verläuft die Asphaltstraße nach Fordeccia, wir zweigen hier aber auf einer flach verlaufenden Forststraße nach rechts ab. Auf dieser wandern wir immer geradeaus (vor einem Steinbruch geht der Originalweg nach links hinauf) durch schönen Kastanienwald, bis wir am unteren Rand einer Alm zu einer Wasserfassung kommen. Hinter dieser zweigt in einer Linkskurve rechts ein Sträßchen ab. So kommen wir zur Casina Gaia und schräg rechts weiter zu einer Almlichtung mit einigen Häusern und schönen Nussbäumen. Der teilweise stark eingewachsene Pfad führt in vielen Serpentinen weiter den Hang hinauf nach Sassolt, 950 m, und links hinüber auf eine Schulter mit Häusern (Colorino). Auf einem Almsträßchen, das nach links hinüberzieht, geht es weiter bis **Fordeccia ❸**, 1094 m, und zuletzt schräg über eine Wiese zur Bar Fordeccia und zum Agriturismo.

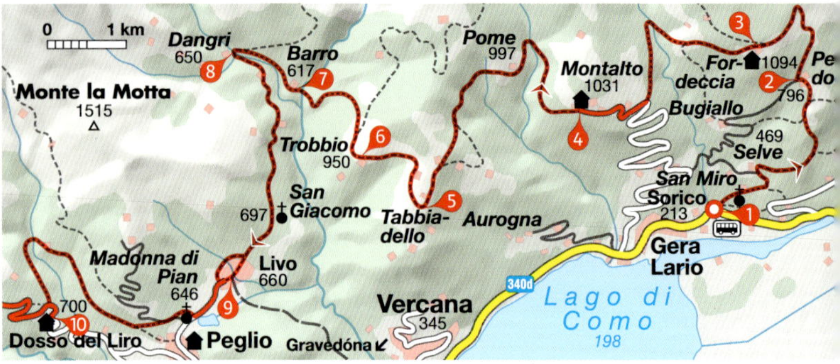

2. Etappe: Von Fordeccia nach Dosso del Liro

An der Bar Fordeccia treffen wir auf die Straße und gehen auf dieser links hinab, bis wir unterhalb des Ortes an eine Kehre kommen. Hier zweigen wir von der Straße ab und gehen geradeaus (beschildert) weiter. (Der Weg, der schon im Ort abzweigt, ist völlig eingewachsen.) Nach den Häusern von Piazza Lunga, 965 m, queren wir einige Bachgräben aus und kommen so auf einen freien Rücken kurz vor Montalto. Hier treffen wir auf eine Asphaltstraße (Via Savrera) und folgen ihr hinauf zur dritten Kehre. Auf der geschotterten Via Montalto wandern wir nun geradeaus zur Siedlung **Montalto** ❹, 1031 m, die auf einer wunderbaren Aussichtsterrasse hoch über dem See liegt.

Gleich nach dem Brunnen auf Höhe des ersten Hauses rechter Hand verlassen wir die Straße nach schräg links zwischen Häusern hindurch zu einem Parkplatz. Die folgende Straße geht es hinab bis zu einer Kehre, hier gehen wir geradeaus auf einem Fußweg weiter. Anfangs nur mäßig fallend, dann steiler steigen wir ab zum Bach im Val San Vincenzo, den wir auf einer neuen Eisenbrücke überqueren. Jenseits steigen wir erst schräg links auf, dann auf einer Rippe gerade hinauf nach Incisa, 950 m, und nach Pome, 997 m.

In der Folge queren wir auf gutem Weg eine Reihe steiler Bachgräben, dann geht es durch einen lichten Birkenwald. Hier folgen wir an einer unbeschilderten Verzweigung dem oberen Weg. Unter Kastanienriesen wandern wir weiter nach Roncai und höhengleich nach **Tabbiadello** ❺, 980 m. Nach Überquerung einer Betonstraße gehen wir um einen

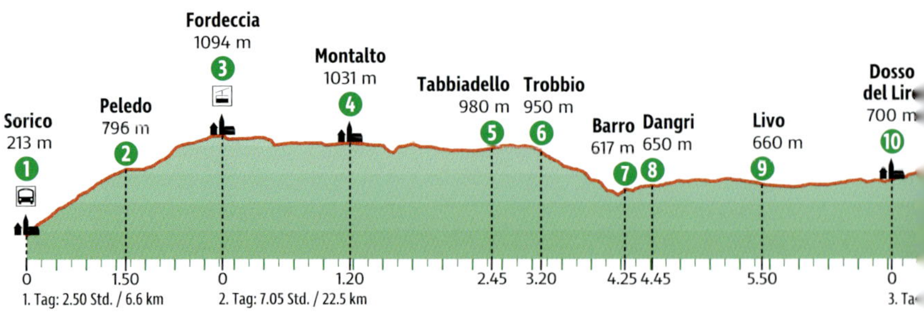

Wiesenrücken herum und halten uns an der folgenden Verzweigung (beschildert) links, sodass wir leicht fallend unterhalb einiger eingezäunter Grundstücke entlang das Wiesengelände verlassen und in der stark bewachsenen Bergflanke immer leicht fallend zu ein paar Häusern hinübergelangen. Weiterhin leicht fallend kommen wir an einem Kastaniensaum entlang zu einer großen Almlichtung, an deren Beginn wir bei einer unscheinbaren Verzweigung den linken, stärker fallenden Ast nehmen und somit die obersten Häuser von **Trobbio 6**, 950 m, erreichen.
Die sehr große Almsiedlung durchqueren wir diagonal abwärts, bis wir an den untersten Häusern bei ein paar auffälligen Ebereschen auf eine Pfadspur treffen, die waagerecht auf einem Wiesenabsatz nach Westen hinüberführt zu einer Markierung und einem Wegweiser. Ab hier folgen wir dem nun eindeutigen Weg durch den mit Kastanien bestandenen Wiesenhang schräg abwärts zum ersten Haus von Puii, 800 m, und unterhalb der folgenden Häusergruppe entlang. Nach einem kurzen Flachstück geht es zwei Serpentinen durch lichten Kastanienbestand hinab und nach einer letzten Ruine auf dieser Almfläche in eine wilde Bergflanke. Nach der dritten Bachquerung (kleine Gegenanstiege) verzweigt sich der Weg: Wir steigen links hinab durch einen Kastanienhain, wo der Weg schon bald im Linksbogen zu einer immer deutlicher ausgeprägten Gratrippe schwenkt und am Kamm entlang zu ein paar Häusern führt, die wir links unterhalb umgehen. Nun wird der Weg steiler und nach dem letzten Haus leitet er im Rechtsbogen um den Rücken herum. Mit etwas Auf und Ab erreichen wir schließlich steil

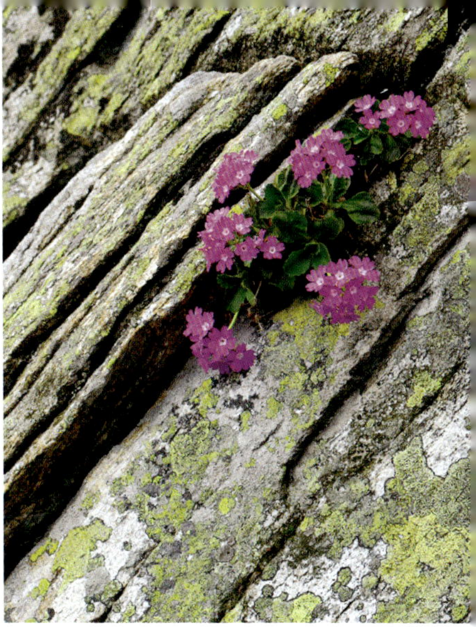

Blickfang am Wegrand.

absteigend ein Bachbett, ca. 540 m. Wir gehen etwa 10 Meter im Kiesbett bachaufwärts und biegen dann links ab, um nach wenigen Metern durch Gebüsch den Bach zu erreichen (Markierung). Nach Überqueren des Baches gelangen wir rechts von einer kleinen, moosbewachsenen Felswand wieder auf den Weg und folgen diesem hinauf in den Sattel der Almsiedlung **Barro 7**, 617 m.
An den Häusern vorbei geht es jenseits des Sattels taleinwärts kurz flach weiter und dann hinab in ein Bachbett. Hier gehen wir ganz kurz in der Krautzone aufwärts, steigen schon gleich nach Überqueren des Kiesbetts eines Seitenbaches rechtwinklig rechts heraus und auf deutlichem Weg zu Häusern im Wald wenig oberhalb hinauf. Unter den Häusern folgen wir dem Weg links bachaufwärts und gelangen schräg ansteigend an einer ganzen Reihe von Häusern und Stadeln vorbei schließlich zur Steinbrücke von **Dangri 8**, 650 m. Auf der anderen Bachseite ist am Beginn der Fahr-

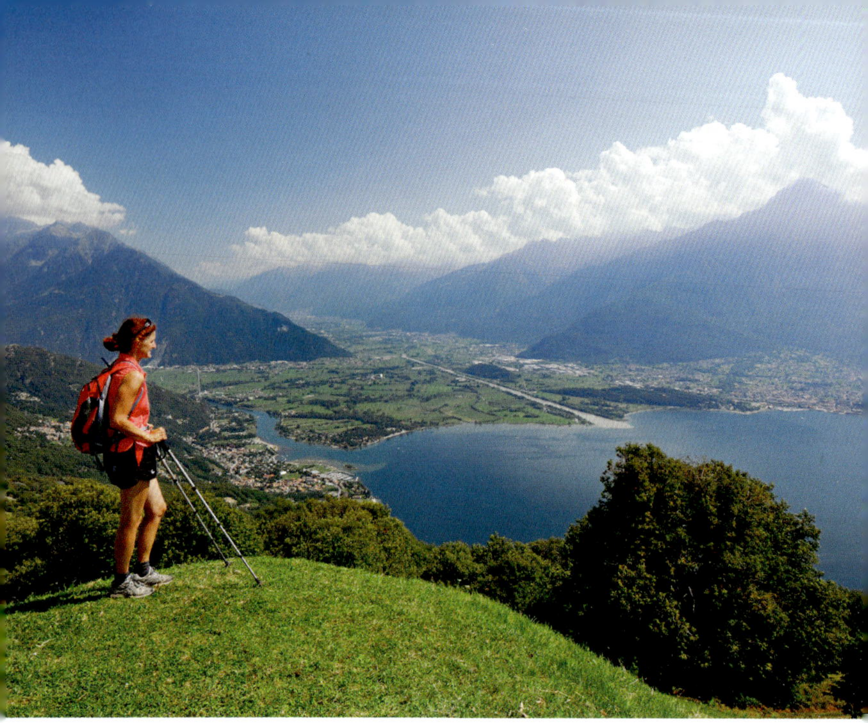

Tief unten das Nordufer des Comer Sees mit der Mündung von Mera und Adda.

straße San Giacomo und Livo angeschrieben. Auf dieser geht es mit etwas Auf und Ab hinauf zum Scheitelpunkt der Straße bei der Kirche San Giacomo, 697 m, und ab hier auf der Teerstraße hinab nach **Livo ⑨**, 660 m. Wer ins Ortszentrum möchte, hält sich an der Gabelung am Ortsanfang links, gelangt direkt zur Kirche und von dort schräg rechts zum Rathaus und weiter zum Ortsrand. Direkter kann man den Ort durchqueren, indem man sich an der Gabelung rechts hält. Beide Routen treffen sich am jenseitigen Ortsrand an der Straße nach Peglio. Für den weiteren Weg zur Kirche Madonna di Pian kurz vor Peglio empfehlen wir, 800 m auf der Teerstraße Richtung Peglio direkt dorthin zu gehen.

Vor der Kirche Madonna di Pian, 646 m, biegen wir rechts auf die Straße Via ai Monti ab (beschildert), verlassen sie aber bereits nach ca. 50 m wieder, um links auf einem Sträßchen höhengleich oberhalb von Peglio und später von Dosso del Liro zu queren. Dabei wählen wir an einer Verzweigung das rechte, obere Sträßchen (Holzschild) und kommen so nach Arecc, 702 m. Nach einer kurzen Steigung und dem Queren eines Seitenbaches verlassen wir das Sträßchen auf einen Wanderweg nach links (Schild). Durch eine steile, bewaldete Flanke geht der schmale Steig nun, immer fallend, weit in den Bachgraben hinein. Oberhalb eines Wehres überqueren wir den Bach schließlich auf einer Hängebrücke, steigen jenseits hinauf und wandern anschließend im leichten Auf und Ab an den oberen Rand von **Dosso del Liro ⑩**, 700 m. Unterkünfte finden sich auf der Dorfstraße, auf die wir hier in einer Kehre treffen, bergab.

3. Etappe: Von Dosso del Liro nach Garzeno

Von der Kehre steigen wir auf der Dorfstraße hinauf zu den letzten Häusern und verlassen die Straße nach einem Parkplatz auf der rechten Seite auf betonierten Stufen, die nach rechts hinaufleiten. Wir steigen auf einem Reitweg beständig an, queren die Asphaltstraße einmal und gehen, wenn wir das zweite Mal auf sie treffen, auf ihr. Nach einer Art Vereinsheim halten wir uns links von der Straße weg auf einer kleinen Schotterstraße (beschildert mit Monti Lariani, Rifugio Vincino) bis zu ihrem Ende und gerade weiter auf einem schmalen Wanderweg durch die Farnflanke. An einer kleinen Alm vorbei führt der Pfad, teilweise ist er stark eingewachsen und kaum markiert. Nach dem Bachgraben kommen wir nach Pianezza, 987 m, und gehen durch Erlen-, Haselnuss- und Brombeergestrüpp oberhalb der Schlucht des Hauptbaches weiter und hinab zum Hauptbach, dem Liro. An seinem rechten Ufer führt der Weg ein kleines Stück flussaufwärts, dann über eine Steinbrücke (Vincinobrücke, 828 m) und jenseits in einigen Serpentinen den Hang hinauf zu den Häusern **Baite di Piazza ⑪**, 998 m.

Der Weg zum Rifugio Vincino führt hier rechts weiter, wir halten uns geradeaus. Ohne besondere Höhendifferenz wandern wir talauswärts und treffen bei einer Lichtung auf das Ende einer Schotterstraße. Der Weiterweg ist von hier schwer zu finden, er verläuft anfangs etwa 5 bis 10 m über der Schotterstraße in der Wiese und im Farndickicht (Markierung nur bei einer Wasserfassung anfangs der Wiese unterhalb der Häuser). Verfehlt man den Weg, so hält man sich auf der Straße und geht bei der nächsten Lichtung gerade hinauf zu den Steinhäusern. Hinter diesen verläuft der Pfad höhengleich. Nach einem kleinen Bach gelangen wir zu einer unbeschilderten Verzweigung, hier nehmen wir den oberen, schwächeren Weg und kommen gleich zu einer Alm und nach wenigen Minuten zum Parkplatz für **Piazzolo ⑫**, 970 m.

Auf dem Almsträßchen geht es gerade weiter, bei der ersten Kehre ist die Via dei Monti Lariani geradeaus angeschildert. Höhengleich wandern wir auf einem Sträßchen nach Boiena und Belmonte. Kurz danach, nach einer Bachquerung, verlassen wir die Straße (beschildert) und steigen im Wald nach links ab. Wir queren einige Bäche und treffen auf eine Almlichtung mit einer verfallenen Siedlung. Bei den oberen Häusern führt ein Steig nur leicht fallend zu einem Lawinengraben, dann leitet er zum Bach im Valle San Jorio. Auf der Ponte di Budanghel, 985 m, überqueren wir den Bach und steigen jenseits im Auf

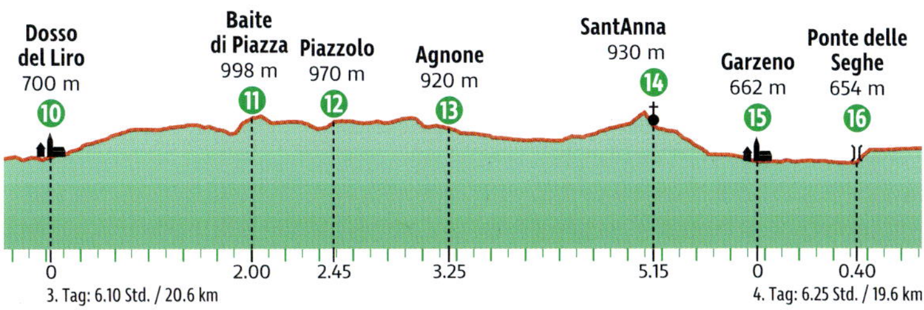

und Ab (einmal unbeschilderte Verzweigung, wo wir den linken, unteren Weg wählen) zu den Wiesen von Badalucco, 980 m, auf. Nun immer höhengleich über die Wiesen (eine blind endende Markierung führt rechts hinauf!), dann durch Wald zur Lichtung von **Agnone** ⑬, 920 m. Wieder auf einem Almsträßchen gelangen wir zu den Häusern von Agnone und folgen hier dem linken, fallenden Sträßchen weiter in den Wald hinein. Knapp 100 m nach einem Felsüberhang (Marienaltar) zweigen wir auf einen Fußweg schräg links ab und gehen meist höhengleich durch Wald. Nach einer kleinen Schlucht erreichen wir Nessa, 840 m.

Hier gelangen wir auf eine Asphaltstraße, auf der wir fallend talauswärts gehen zu den Häusern von Stabie rechts. Hier führt der Weg rechts von der Straße weg, schräg links durch die Siedlung hinauf und nach einem Wiesenhang unterhalb der gleich in Sicht kommenden Häuser entlang. Wir treffen auf eine schmale Almstraße, die uns hinüberbringt zu einer Asphaltstraße. Dieser folgen wir rechts hinauf bis zur nächsten Kehre. Ein markierter Weg (Holzschild) führt hier geradeaus weiter und bringt uns durch schönen Kastanienwald, schon bald recht steil, hinauf zu einer Hangkante. Der nun ausgesetzte Steig fällt ab hier bis zur Lichtung von Cagnao, 901 m. Wir überqueren die Wiese und den anschließenden Bach und kommen so an einen alten, gepflasterten Weg, den wir rechts hinaufgehen zur nahen Asphaltstraße. Wir folgen dieser kurz rechts aufwärts bis zur Osteria del Gallo Forcello. Direkt anschließend ist auf der linken Straßenseite wenig unterhalb die Kirche **Sant'Anna** ⑭, 930 m, aus dem 18. Jahrhundert. Der Weg führt oberhalb der Kirche höhengleich

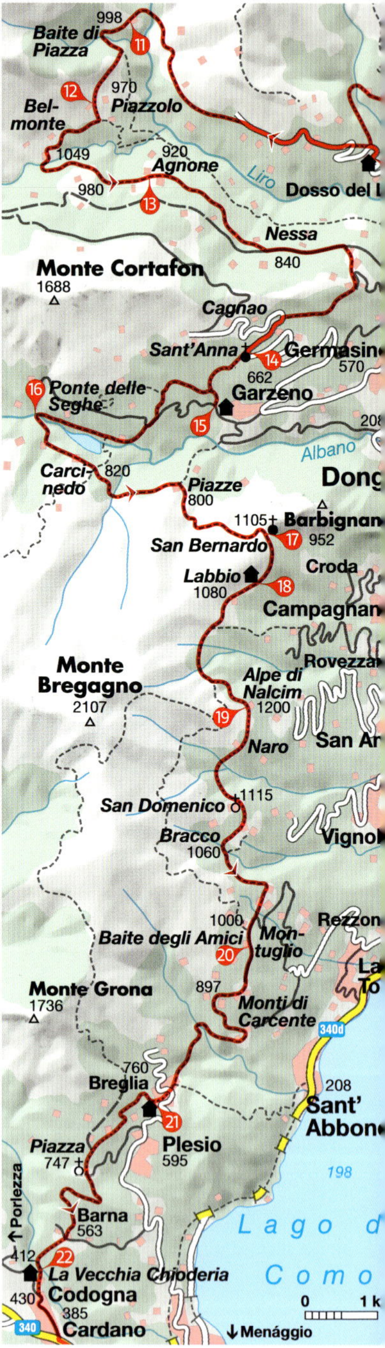

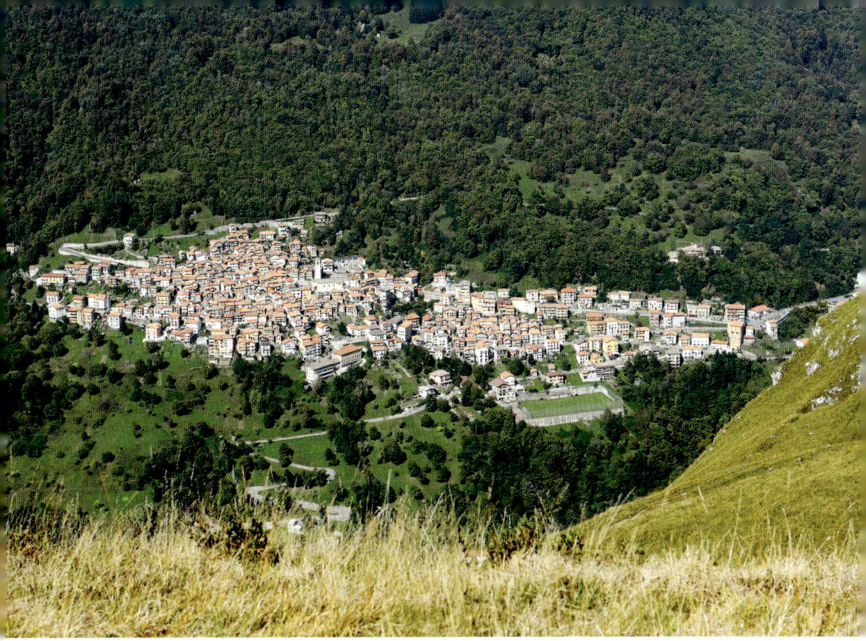

Blick zurück von San Bernardo auf Garzeno.

entlang, überschreitet einen kleinen Wall und führt durch den Eichenwald hinunter. Dann geht es oberhalb einer Almsiedlung entlang und erneut durch Kastanienwald hinab. So kommen wir nach L'Avolo, 865 m. Am oberen Rand der Siedlung gelangen wir auf einen Steinweg, auf dem wir kurz nach links durch die Siedlung gehen. Beim letzten spitzgiebeligen Häuschen biegen wir scharf nach rechts ab, um unmarkiert gerade über die Wiese hinunterzugehen. Am Waldrand kommen wir wieder auf einen deutlichen Weg, nach schräg rechts geht es weiter hinab. Auf einer kleinen Lichtung (rechts unten Wasserfassung) ist der Weg nochmals undeutlich. Hier geht es gerade über die Wiese hinab und nach links durch einen letzten Waldsaum zur Straße am oberen Rand von Garzeno. Diese wird nun überquert, um dann auf Stufen durch die engen Gassen gerade hinunterzusteigen zum Kirchplatz von **Garzeno** ⑮, 662 m.

4. Etappe: Von Garzeno nach Breglia

Vom Kirchplatz in Garzeno führt der Weg (so gut wie nicht markiert, ab jetzt Weg Nr. 3) auf der Via Lamiolo in westlicher Richtung aus dem Ort hinaus. Nach den letzten Häusern treffen wir auf eine schmale Asphalt- und gleich schon Schotterstraße, der wir höhengleich ca. zwei Kilometer (an einer Verzweigung die linke Straße) bis **Ponte delle Seghe** ⑯, 654 m, folgen. Wir überqueren hier den Torrente Albano auf einer schönen Steinbrücke nach links und halten uns jenseits links bachabwärts, wo wir durch das Gelände einer kleinen Fischzucht gehen. Nach Querung eines Seitenbaches beginnt der Weg stark zu steigen (wieder als Nr. 3 markiert). Er führt zu einem Materiallift am untersten Wieseneck und in der Folge hinauf zu den Häusern auf der Almlichtung Carcinedo, 820 m. Wir wandern nun nach Südosten, queren einen Bachgraben und kommen

leicht fallend zu den Häusern von Martinegh, 790 m. Danach geht es kurz östlich über eine Wiese, durch einen Waldsaum und abwärts ins oberste Eck der Lichtung von Mollen. Wir gehen hinab zu den ersten Häusern und rechts zum Brunnen, 770 m. Leicht steigend geht es über die Wiesen weiter. Wir übersteigen eine Rippe im Wald hinab in einen tief eingeschnittenen Bachgraben. Jenseits geht es steil und felsdurchsetzt hinauf, dann wandern wir wieder eben durch Kastanienwald zum Unterrand von Cremesino, 810 m.
Am Ostrand des Weilers geht es auf einer Fahrstraße kurz hinab zu einer Verzweigung. Hier halten wir uns rechts ansteigend zu den nächsten Häusern, wo wir die Straße in einer Kehre in gerader Richtung verlassen und der Markierung durch den Weiler Cartello, ca. 810 m, folgen. Damit umgehen wir die größere Siedlung Piazze, 800 m, oberhalb der Häuser und gelangen auf einem Steig höhengleich zu einer Wasserfassung in einem Graben, wo ein deutlicher Weg von Piazze heraufkommt und uns ins freie Gelände hinaufbringt. Wir queren nun immer steigend den großen Nordhang hinauf in eine Wiesenscharte mit der Kirche **San Bernardo** ⑰, 1105 m.
Etwas rechts oberhalb der Kirche führt bei einem Picknickplatz der Weg auf die Ostseite des Hangs und setzt zu einer langen, fallenden Querung mit Blick auf den See an. Nach einem Querweg durch schönen Birkenwald kommen wir an eine beschilderte Verzweigung, an der wir den rechten Weg nehmen. Dieser führt durch Kastanienwald oberhalb der Häuser von **Labbio** ⑱, 1080 m, entlang.
Leicht steigend geht es durch Almwiesen und immer wieder an schönen Almen vorbei, einmal vor einer von Ahorn und Kirschbäumen gesäumten Alm rechts ausholend. Kontinuierlich steigend leitet der Weg an letzten Häusern vorbei ins Val Grande, wo wir etliche Gräben durchqueren. Dabei kommen wir einmal unmittelbar nach einem Bach zu einer unbeschilderten Gabelung und wählen den rechten, steileren Weg. Allmählich wird das Gelände freier und wir gelangen zur **Alpe di Nalcim** ⑲, 1200 m. Ein Höhenweg verbindet sie mit der Almsiedlung Naro, 1190 m. Jenseits folgt ein Abschnitt im Lärchenwald, dann geht es steil hinab und wir queren eine Reihe von tief eingeschnittenen Gräben, wobei der Aufstieg aus dem zweiten Graben sogar mit einer dünnen Kette gesichert ist. So gelangen wir auf die Alm Piazzucco, 1130 m, die wir schräg durchqueren auf die Kapelle San Domenico, 1115 m, zu. Von dieser wandern wir schräg rechts über einen schrofigen Absatz hinab nach Bracco, 1060 m.

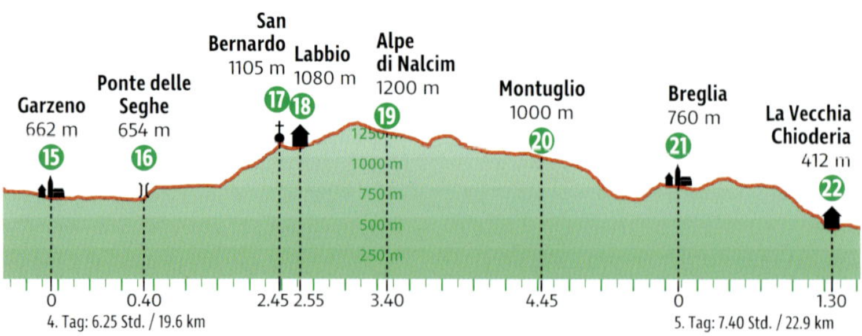

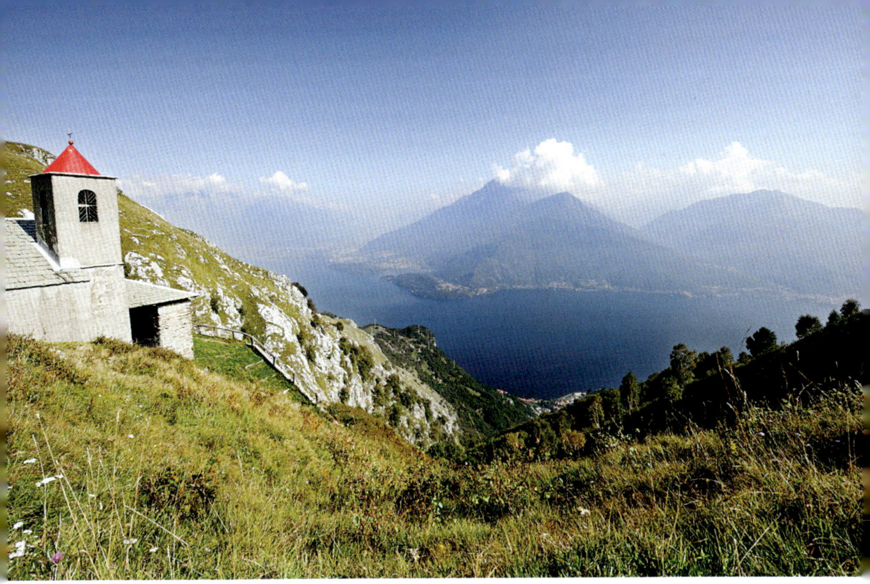

»Höhepunkt« der vierten Etappe: San Bernardo.

Durch die große Almsiedlung geht es hinab zu einer geschotterten Zufahrtsstraße. Diese überqueren wir und steigen schräg rechts durch einen kleinen Graben zur Alm Luina, 1035 m. Ein guter Weg führt von hier durch Kastanienwald und an verfallenen Almen vorüber in einen Birkenwald hinein. An einer Verzweigung dort nehmen wir den rechten Weg. Auf der nächsten Almterrasse treffen wir auf einen Karrenweg, dem wir nach rechts höhengleich folgen bis zu einer Asphaltstraße. Diese führt hinab nach **Montuglio** ⑳, 1000 m. Bei einem Parkplatz zweigt unser Weg rechts ab, führt unterhalb der Gebäude entlang und trifft ein Stück nach dem letzten Haus auf die Asphaltstraße zu den Monti di Treccione. Auf dem Weg dort hinüber kommen wir bei Pian del Lac an einem schönen Picknickplatz vorbei. Nach der Siedlung Monti di Treccione, 950 m, führt ein bequemer Weg hinab zu den Monti di Carcente, 897 m, und im Linksbogen um die Siedlung herum. Ein Steinplattenweg leitet durch den Wald hinab nach Carcente, 700 m. Rechtshaltend geht es durch die Ortschaft und jenseits durch die Schluchten im Val di Greno. Kurz nach dem Bach halten wir uns dabei an einer unbeschilderten Verzweigung auf dem oberen Weg. Beständig steigend gelangen wir so in den Ort **Breglia** ㉑, 760 m. Gassen führen zur Dorfstraße, diese wird nur überquert. Gleich links stößt man auf das Albergo.

5. Etappe: Von Breglia zum Rifugio Boffalora

Jenseits von Breglia führt die Via dei Monti Lariani in den Wald. Nach einer Bachquerung wählen wir den rechten Weg an einer Wasserfassung vorbei. Auf und ab geht es zu einer Streusiedlung hinüber, vor der sich der Weg verzweigt (unbeschildert), beide Varianten treffen schon bald wieder zusammen. Der Weg führt durch die Siedlung hinauf, an der Abzweigung zum Rifugio Menaggio vorbei und höhengleich hinüber zu einer Asphaltstraße. Auf dieser halten wir uns links hinab bis zur Marienkapelle (Cappella del Bergum) in Piazze, 747 m. Hier geht es rechts flach (!) weiter und an letzten Häusern vorbei durch ein Tälchen hindurch. Nach einem verfallenen Picknickplatz steigt der Weg ganz kurz und noch vor dem nächsten Wochenendhaus gehen wir weglos rechts um den Garten herum. Nach wenigen Metern wird der Weg wieder erkennbar. Der alte, teils verfallene Hohlweg führt durch den Wald hinab, an einer alten Brunnenfassung mit Tonnengewölbe vorbei nach Barna, 563 m.

Wir gehen links um die Kirche herum und an der Casa del Padre Mio rechts vorbei zur Piazza del Tavolo. Hier rechts und sogleich links hinab. Nach den Häusern folgt der Weg dem kleinen Dorfbach, der »die Müllabfuhr von Barna entlastet«. Links von einer Schlucht steigen wir ab ins Valle Sanagra, hier geht es bei einer Fischzucht links zum nahen **Agriturismo La Vecchia Chioderia ㉒**, 412 m. Rechts geht es über eine Steinbrücke und aufsteigend nach Codogna, 430 m.

Am Sportplatz vorbei und dann links gelangen wir zur Piazza Camozzi. Nun folgen wir der Dorfstraße hinab nach Cardano, einige Serpentinen der Straße können abgekürzt werden. So kommen wir, noch in Cardano, 385 m, auf die Verbindungsstraße Menaggio – Lugano. Auf dieser halten wir uns links und gelangen zum nahen Ort **Croce ㉓**, 392 m (ab Croce als Weg Nr. 2 markiert). Vor der Kirche biegen wir nach rechts in die Via A. Wyatt ein. Schon bald können wir nach dem Dorfbrunnen die Straße nach rechts auf einem markierten Fußweg verlassen. Auf diesem wandern wir durch die Siedlung hinauf, überqueren die Straße und steigen auf einem teilweise stark eingewachsenen Hohlweg hinauf bis zu einer Asphaltstraße. Dieser folgen wir kurz nach links zur Kapelle **Madonna di Paullo ㉔**, 580 m.

Unmittelbar vor dieser halten wir uns links auf einer schmalen Almstraße. Diese geht es zunächst flach, ab einer Schranke steiler hinauf und an einer Almsiedlung vorbei zu den Häusern von Mié, 685 m. Die Almstraße steigt im Wald weiter auf, dann leitet sie flach hinüber zu den Monti di Nava, 885 m. Ab hier halten wir auf die Felsabbrüche unter dem Monte Crocione zu, der nun mit seinem großen Kreuz in Sicht kommt. Von Monti di Nava wandern wir auf der Almstraße erst leicht fallend weiter, dann in etlichen Serpentinen hinauf zu den weitläufigen Monti di Brente. Der Blick geht dabei hinüber zur Landspitze Bellagio, nach Tremezzo und nach Lenno mit der Villa Balbianneno.

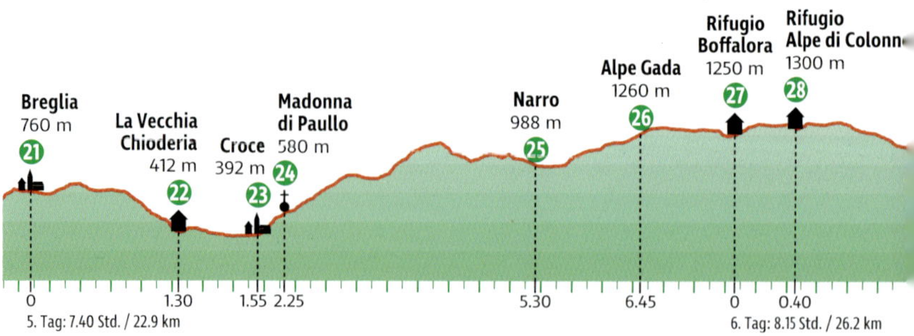

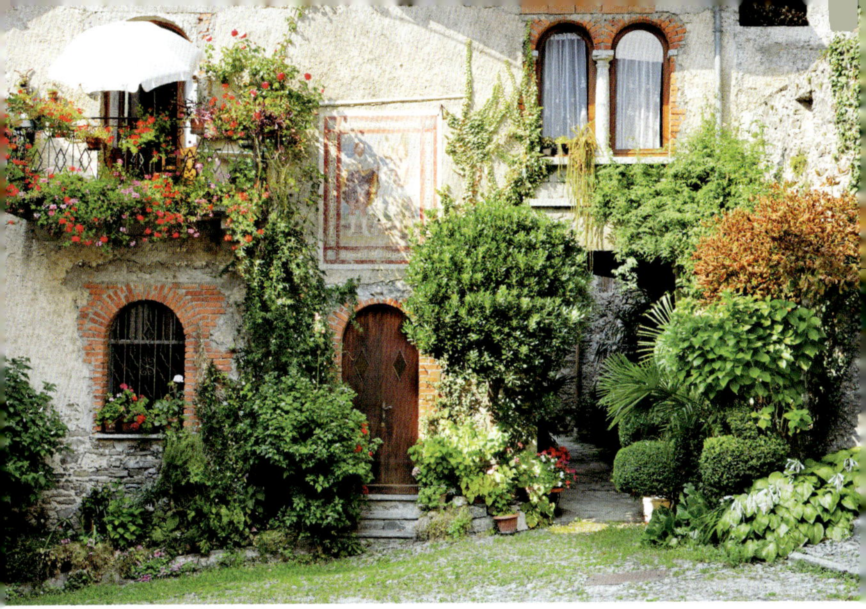

Wie aus einer anderen Zeit: Barna.

Von den oberen Häusern von Monti di Brente, 1000 m, an denen die Straße zunächst unterhalb vorbeigeht, gelangen wir bald zu einer Kurve, ab der die Straße zum Pfad wird. Dieser führt in den Wiesenhang oberhalb der Siedlung und knickt nach links ab, um wieder auf die Felsabbrüche zuzuführen. Bei einer Schlucht stoßen wir an die Felsen. Ein alter Militärstollen (ca. 1100 m) leitet nun ca. 150 m durch den Fels. Jenseits steigen wir in ein paar flachen Serpentinen auf der ehemaligen Straße durch eine Felsschuttflanke auf, dann führt die Trasse höhengleich unter einer Felswand nach Südwesten. An einer beschilderten Verzweigung biegen wir nach links ab (San Fedele) und kommen auf einem schmalen Pfad nach einigen verfallenden Häusern in ein Schluchtensystem hinab, das der Pfad mit einigem Auf und Ab ausquert. So gelangen wir zu den Almhütten Monti di Ossino, 1010 m. Auf einem Almsträßchen halten wir uns links ca. 100 m hinab zu einer beschilderten Verzweigung, hier rechts und nun wieder steigend auf einem teilweise stark eingewachsenen Hohlweg weiter, um einige Bachgräben auszugehen. Kurz vor einer Ruine auf einem Sporn biegt der Weg nach rechts hinauf ab (beschildert Narro, San Fedele). An einer beschilderten Verzweigung in einem Bachgraben geht es geradeaus weiter und wir kommen zur Almsiedlung **Narro** ㉕, 988 m.

Hier biegen wir bald rechts ab und kommen zu einer Almstraßenverzweigung, an der wir uns geradeaus (beschildert Piazza) halten. Ein Stück bleiben wir auf gleicher Höhe, dann mündet links die von Lenno heraufkommende asphaltierte Straße ein. Auf dieser geht es teilweise sehr steil hinauf, an den Häusern von Garbagno, 1150 m, vorbei und über den Bachlauf des Sorgente Crusen. Auf 1200 Meter kommen wir an die Almsiedlung Piazza, anschließend steigt ein Saumpfad weiter, bleibt aber immer im schönen Buchenwald unterhalb der großen Weideflächen in Kammnähe. Nach der Querung weiterer Bachläufe gelangen wir an eine unbeschilderte Verzweigung, an der wir uns auf dem rechten, oberen Weg halten. Nur wenig später gelangen wir zu einer beschilderten Verzweigung. Der linke Weg bringt uns Richtung Rifugio Boffalora. An einer verfallenen Siedlung vorbei, dann durch Buchenwald kommen wir zur **Alpe Gada** ㉖, 1260 m, wo wir uns geradeaus halten.

Nach den Häusern verzweigt sich der Pfad (unbeschildert, kaum markiert), die beiden Möglichkeiten verlaufen eine ganze Weile parallel, wir halten uns auf dem unteren (der obere führt zu einer Wasserfassung mit Brunnen). Nach einem Waldstück kommen wir auf eine Lichtung, schon gleich zu einer Asphaltstraße und auf dieser zum **Rifugio Boffalora** ㉗, jenseits des nahen Sattels, 1250 m.

6. Etappe: Vom Rifugio Boffalora zum Rifugio Murelli

Am Rifugio Boffalora halten wir uns – bis La Zerla ist der Weg kaum markiert – auf der Straße, die um den Höhenrücken rechts herumführt zur **Alpe di Colonno** ㉘, 1300 m. Kurz vor Erreichen der Alm (bei zwei Teichen links der Straße) führt rechts ein unbeschilderter Weg zum Gipfelkreuz über der Alm hinauf. Hier treffen wir auf einen Feldweg, dem wir am Rücken entlang in den Buchenwald hinein folgen. Bald nur noch auf einem schmalen Steig geht es rechts des Rückens weiter, wobei wir Aufschwünge im Kammverlauf jeweils rechts umgehen. Beim dritten Aufschwung kommen wir an die Rippe eines Grates mit der verfallenen Alm Bassetta Bassa/La Bassetta, 1200 m, links des Weges. Der folgende Wiesenhang wird links abwärts auf zwei Ahornbäume zu ausge-

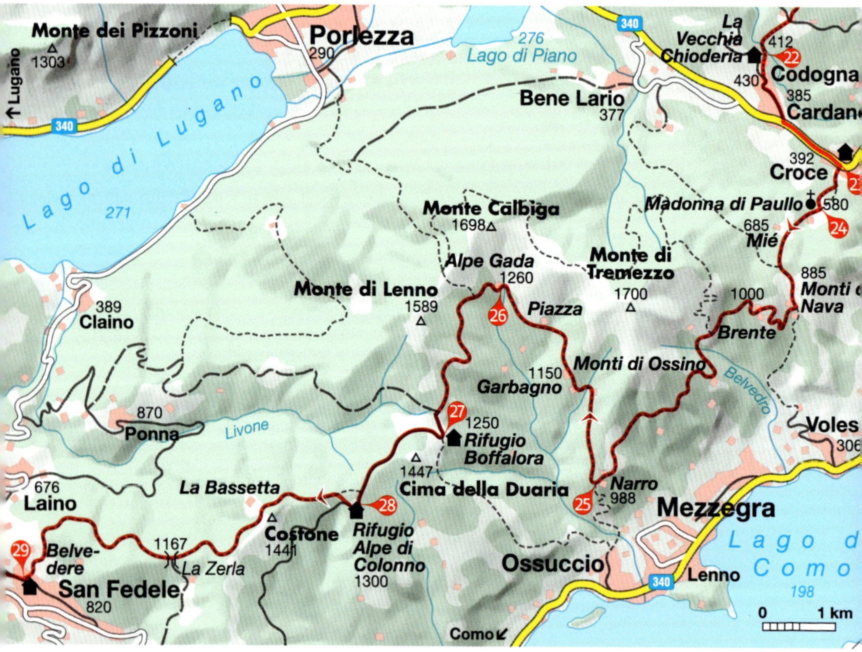

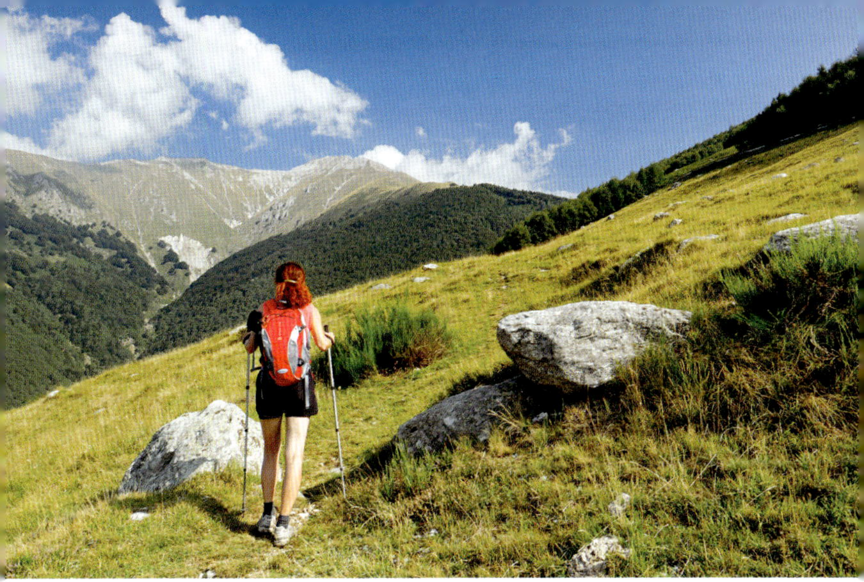

Von Alm zu Alm: auf der Via dei Monti Lariani.

quert, die am Oberrand eines niedrigen Birkenwaldes stehen. Hier geht es auf einem deutlichen Weg durch die Waldschneise leicht abwärts am Hang entlang. An der gleich darauf folgenden Wegkreuzung gehen wir geradeaus. Weiter unten im Buchenwald führt der Weg rechts ausholend um einen Sporn herum und ist ab hier vereinzelt wieder markiert (Nr. 2). Stetig fallend kommen wir auf einem Rücken zur Lichtung am Sattel La Zerla, 1167 m. Hier halten wir uns in der rechten Flanke (beschildert). Kurz geht es auf einem Sträßchen weiter, dann rechts wieder auf einem Wanderweg. Weiter in westlicher Richtung wandern wir immer hinab und kommen zu einer Wegeinmündung. Wir gehen links (Weg Nr. 2), in einem Linksbogen um eine Rippe herum und gelangen auf dem nun breiten Weg zur Lichtung von Belvedere, 940 m. Über Kopfsteinpflaster steigen wir ab zum nahen Ortsrand von **San Fedele 29**, 820 m. An der ersten T-Kreuzung halten wir uns rechts, gehen sofort wieder links hinab und kommen im Rechtsbogen zu einem Stoppschild. Hier geht es halb rechts abwärts (Via Mons. Ulderico Belli) am Friedhof

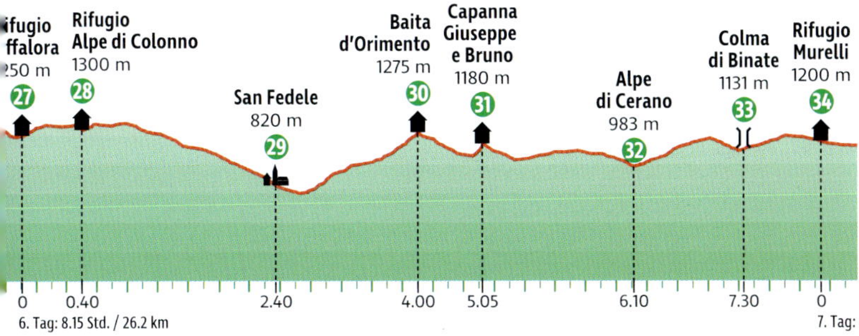

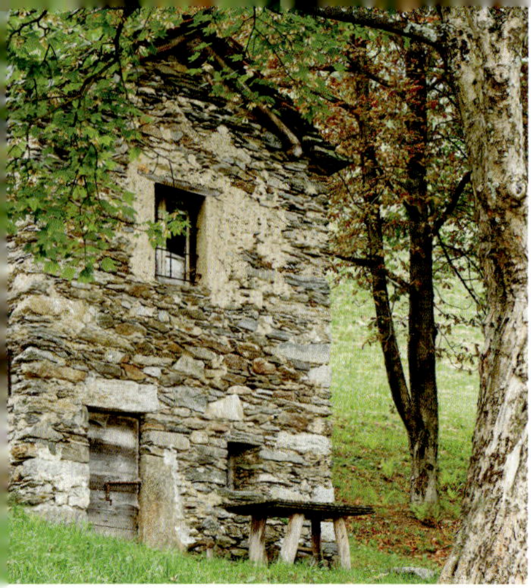

Die meisten alten Almgebäude haben ihre Einfachheit erhalten: bei Stabbie.

vorbei zur Hauptstraße (der Ortskern liegt weiter links). Der Weg ist ab hier mit Nr. 1 beschildert.
Direkt gegenüber beginnt die Via Monte Generoso (beschildert Orimento und Weg Nr. 1). Wir gehen auf dieser Straße hinauf zu einer Verzweigung und halten uns links Richtung Alpe Grande. Ca. 400 m nach der Hauptstraße zweigt der Wanderweg (beschildert Alpe Grande, Orimento) rechts ab. Ein undeutlicher Steig führt über Wiesen erst steil, dann flacher bergauf, einmal wird eine Schotterstraße überquert. Auf Höhe eines Wochenendhauses halten wir uns links und steigen unterhalb von Lärchen und Fichten aufwärts, bis ein deutlicher Hohlweg durch den anschließenden Waldgürtel leitet. Jenseits geht es über Farnwiesen zu einigen Hütten, gleich danach zweigt in einer engen Straßenkurve im Wald rechts ein kleines Sträßchen ab, das bald zum Pfad wird und aus dem Wald hinaus zu einem Wegweiser bei einer Teerstraße führt. Auf dieser gehen wir hinauf zur nahen Alpe Grande, ca. 1050 m. An der Straßenverzweigung bei der Alm gehen wir geradeaus, an einem großen Parkplatz vorbei und nach der Brücke rechts auf den Wanderweg (beschildert Orimento). Auf einem Hohlweg geht es an einem Stadel vorbei und durch Buchenwald hinauf zu einer Lichtung mit einem Hüttchen, oberhalb dessen sich der Weg rechts auf dem Rücken hält. Bald darauf verlassen wir den Rücken nach links, an einem Brunnen vorbei und durch einen Bachgraben und steigen an zum Sattel Bocca d'Orimento mit der **Baita d'Orimento** ㉚, 1275 m.
Für den weiteren Weg zur Capanna Giuseppe e Bruno gehen wir vom Sattel ca. 10 m zurück, bis der Herweg auf einen Karrenweg einmündet. Auf diesem steigen wir nun an einem Gebäude vorbei und durch Wald ab. An Verzweigungen halten wir uns erst geradeaus und steigen dann nach rechts an. Teils auf einem Hohlweg, teils über Wiesen geht es mit schönem Blick auf San Fedele und Pigra und zum Luganer See beständig aufwärts. Der Weg verliert sich in den Wiesenflanken immer mehr, wir halten auf die Capanna Giuseppe e Bruno zu, die links etwas unterhalb auf einem Absatz in der Nordostflanke des Pizzo della Croce (Crocione) steht. Zuletzt auf etwas deutlicherem Weg wieder leicht fallend bis über das Gebäude und auf der Wiese hinab.
Von der **Capanna Giuseppe e Bruno** ㉛, 1180 m, folgen wir der Asphaltstraße links hinab (die erste Serpentine lässt sich auf einem kaum erkennbaren Steig abkürzen), bis kurz nach dem Ristoro Alpino, 1100 m, rechts ein Wanderweg von der Straße abzweigt (beschildert Cerano). Nach Wiesen und kurzem Villengelände kommen wir an eine beschilderte Verzweigung. Rechtshaltend führt

nun ein schöner Höhenweg immer wieder an Almen vorbei. An einer unbeschilderten Verzweigung im Wald auf dem oberen Weg bleibend gelangen wir zur Alm Ermogna mit einer schönen Nevera (Käsekeller) und einem kleinen Teich. Im nahen Wald verzweigt sich der Weg mehrmals: Erst geradeaus auf einem mit Steinplatten ausgelegten Weg, dann schräg rechts (Hauptweg) und schließlich scharf links (eine Kehre ausgehend, Nr. 5 blau angeschrieben) kommen wir zu einer Verzweigung, an der die Alpe di Cerano fälschlicherweise rückwärts ausgeschildert ist. Auf dem Hauptweg gehen wir weiter hinab und kommen so auf eine große Wiesenterrasse mit Picknickplatz und einer früheren, jetzt geschlossenen Einkehr am rechten Rand der Lichtung, Pian delle Alpi / **Alpe di Cerano** ㉜, 983 m.

Auf der Asphaltstraße, die die Wiesen quert, gehen wir rechts und auf Höhe der ehemaligen Trattoria links zum Waldrand. Hier beginnt der beschilderte Karrenweg zum Rifugio Prabello, das nordwestlich unter dem Sasso Gordona liegt. Immer dem Hüttenweg folgend (Verzweigungen sind beschildert) kommen wir auf einen breiten Saumweg. Rechts ginge es zum Rifugio Prabello, links gelangen wir nach einer weiteren Verzweigung (rechtshaltend) zu den Befestigungsanlagen am Sasso Gordona (links oberhalb einer Infotafel) und hinab zum Sattel Colma Crocetta, 1128 m. Folgt man ab hier der Beschilderung, so geht man auf dem Sträßchen links des Kamms hinab bis nach Treviglio, 1058 m, und steigt von dort rechts rückläufig sehr steil wieder hinauf zur Colma di Binate. Alternativ gehen wir weglos geradeaus auf Wiesen über den kleinen Hügel mit einer Kapelle und jenseits kurz hinab zur **Colma di Binate** ㉝, 1131 m.

Auf der Südwestseite des Rückens führt nun ein Sträßchen zum schon sichtbaren mehrstöckigen Rifugio Binate, 1200 m, hinüber, das aber leider geschlossen ist. Hier genießt man einen wunderbaren Blick auf den Monte Rosa und die Walliser Berge.

Weiter auf dem Sträßchen steigen wir rechts des Kammes zu einem Sattel auf und jenseits auf einer Asphaltstraße etwas hinab in Richtung des Rifugio Murelli. Kurz vor der Hütte gabelt sich die Straße, wir nehmen den rechten Ast zum **Rifugio Murelli** ㉞, 1200 m, am Colma Murelli.

Wandern zwischen knorrigen Kastanienriesen.

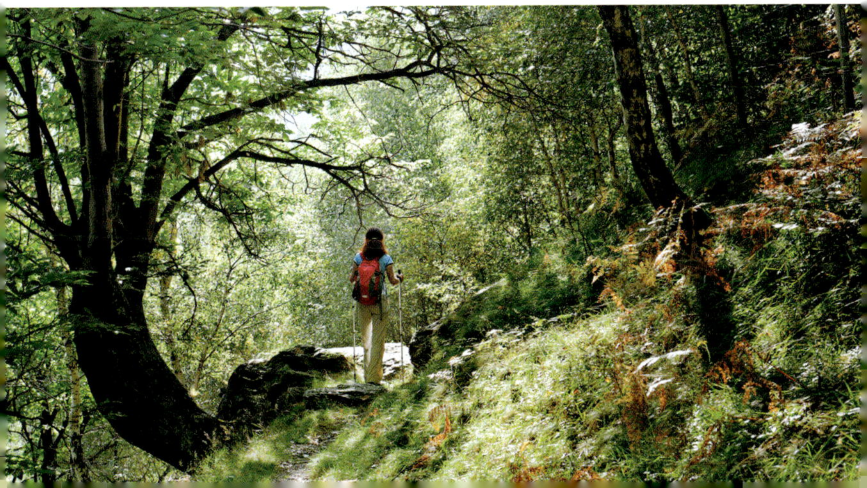

7. Etappe: Vom Rifugio Murelli nach Cernobbio

Vom Rifugio Murelli gehen wir weiter auf der Straße rechts des Kammes, an den Gebäuden von Fo Storc vorbei zur Colma del Bugone mit dem **Rifugio Bugone ㉟**, 1119 m.

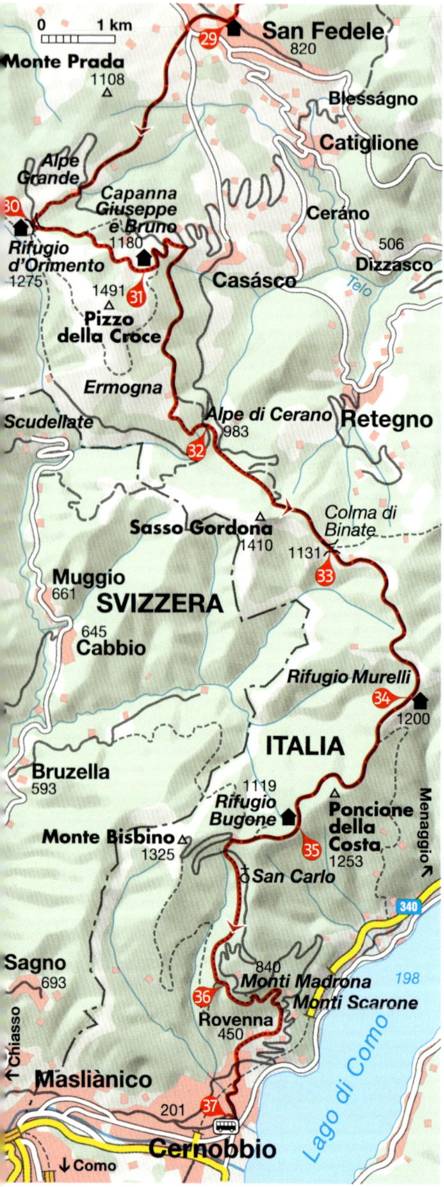

Kurz danach verzweigt sich bei einem weiteren Gebäude der Weg: Entweder man geht rechts auf der Fahrstraße weiter oder links hinauf auf einem Fußweg, der später zum Karrenweg wird. Bei den Gebäuden von Ca Bossi, 1188 m, treffen beide Wege wieder zusammen. Um diese geht es links herum, dann gabelt sich der Weg nochmals. Wir folgen kurz dem linken Weg, bis dieser den tiefsten Punkt erreicht. Dort folgen wir einem unbeschilderten Karrenweg nach links hinab. (Geradeaus käme man in wenigen Metern zur Asphaltstraße auf den Monte Bisbino.) Wir kreuzen die Straße zum Monte Bisbino, kommen an der Kapelle San Carlo vorbei und steigen weiter auf einem Steinplattenweg ab, bis wir wieder auf die Straße treffen und ihr kurz in den Ort **Monti Madrona ㊱**, 840 m, folgen.

Hier zweigen wir von der Straße nach rechts ab (beschildert) und gehen auf einem Karrenweg mit Blick hinab auf Cernobbio und Como weiter. Wir kommen an der verfallenen Alm Culzaga, 660 m, vorbei und gehen durch die Siedlung Monti Scarone, 600 m. Nachdem wir knapp oberhalb der Straße entlanggekommen sind, gehen wir an einer unbeschilderten Verzweigung steil nach links auf einen Plattenweg. Auf einer Nebenstraße gelangen wir hinab in die Gärten vor Rovenna. Wo die Straße nach rechts abknickt, bleiben wir auf dem Fußweg schräg links hinab und kommen so unmittelbar vor dem Kirchplatz nach Rovenna, 450 m.

Wir wenden uns noch vor der Kirche nach rechts und sogleich wieder links hinab zur Piazza Vittoria und biegen hier in die Via Massaua ein. Diese führt zur Via Colonna, die

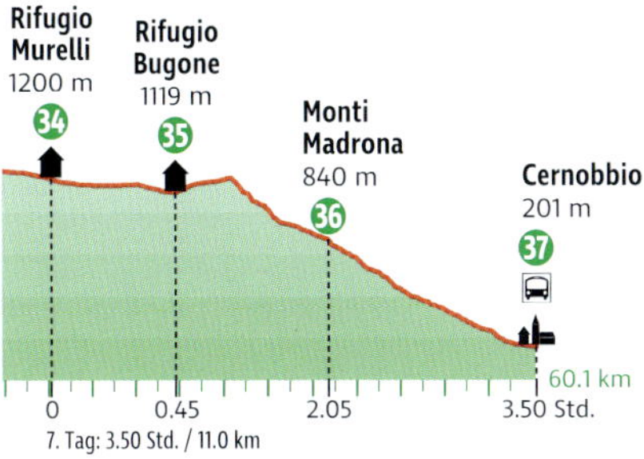

kommen wir auf eine größere Straße (links Rovenna beschildert), diese überqueren wir in die Via Casnedo. Nach ein paar Treppen knickt diese nach rechts ab und führt zur Kirche von Casnedo. Hier gehen wir nach links auf ein Fußgängersträßchen (Via Monte Grappa). Dieses bleibt links von der Autostraße und mündet in die von oben kommende Via alla

rechts ausholend hinableitet zur Hauptstraße. Ungefähr 20 m vor Erreichen der Hauptstraße biegen wir rechts rückläufig in einen gepflasterten Muliweg (Via Stomaino, aber erst unten beschildert) ein, der durch einen Graben auf die von oben schon erkennbare orangefarbene Kirche von Casnedo zuleitet. Bei der Via XXIV Maggio schräg rechtshaltend

Valle Arme ein. Schon bald kommt rechts ein winziger Dorfbrunnen, hier gehen wir rechts auf einem Fußweg hinunter zur nächsten Straße (Via della Libertà), halten uns rechts und folgen ihr an der Polizeistation vorbei, über einen Kreisverkehr hinweg zur großen Piazza Mazzini in **Cernobbio 37**, 201 m. Hier endet die Via dei Monti Lariani.

Die letzten Höhenmeter hinab nach Cernobbio.

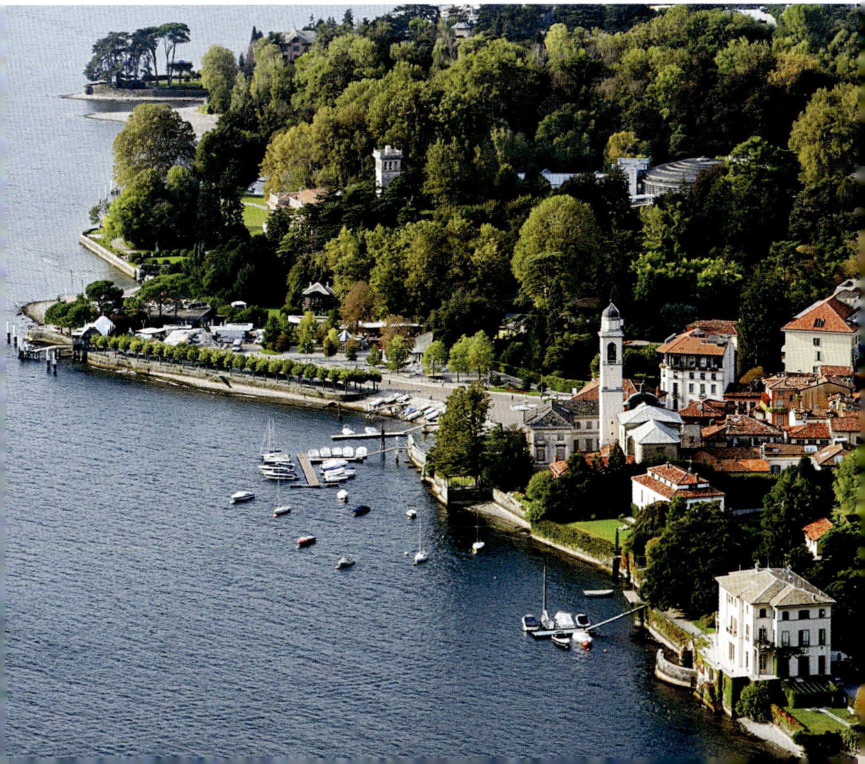

42 Monte Grona, 1736 m

Über das Rifugio Menaggio

TOP | 3.15 Std. | 5,7 km | ↗ 610 m | ↘ 610 m

Kurze Bergtour hoch über dem Comer See

Auf halber Höhe des Comer Sees treten die Berge am Westufer zurück und erlauben den Übergang zum Luganer See. Nördlich dieser Verbindung von Menaggio nach Gandria erhebt sich der Monte Grona. Mit seinen gut 1700 Metern ragt er weit über dem See auf und ist damit eine wunderbare Aussichtskanzel. Dass wir ihn dennoch als kurze Tour besteigen können, liegt an den Bergdörfern zu seinen Füßen, die uns eine Zufahrt bis auf 600 Meter unter den Gipfel erlauben. Eine gemütliche Hütte mit einer wunderbaren Wiese zum Rasten, der prächtige Panoramablick auf den See und eine urtümliche Felslandschaft am Gipfelaufbau zeichnen den Monte Grona aus. Von den drei Anstiegen verbindet diese Empfehlung zwei zu einer Runde: die Via diretta und die Via normale, den Normalweg. Die dritte Route verläuft über den steilen Klettersteig »Via ferrata Centenario«, er wird als sehr schwierig eingestuft und ist daher nur Klettersteiggehern mit entsprechender Ausrüstung zu empfehlen.

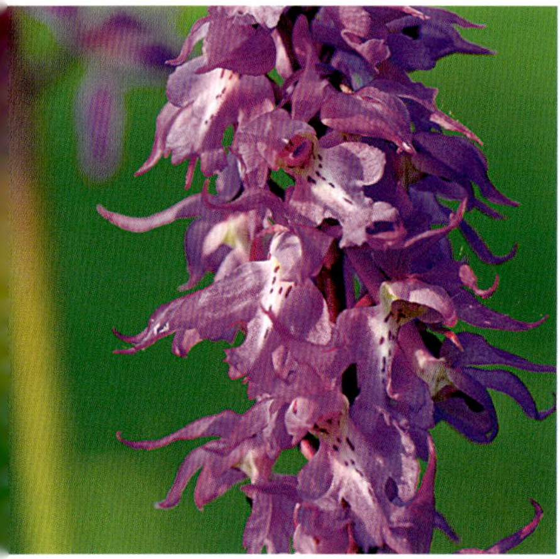

Knabenkraut am Monte Grona.

Talort: Menaggio, 203 m, am Westufer des Comer Sees, Busverbindung von Como.

Ausgangspunkt: Großer Parkplatz, 1130 m, für Hüttenbesucher am Ende der Straße ein gutes Stück oberhalb der Monti di Breglia, 996 m. Dazu vom Zentrum in Menaggio der Beschilderung Plesio folgen und in Ligomena links der direkten Route nach Breglia. Hierher auch mit dem Bus ab Menaggio. In Breglia unmittelbar vor der Kirche nach links auf eine steile Bergstraße abzweigen. Am Sackgassenschild kurz danach ist das Rifugio angeschrieben. In vielen engen Kehren steil hinauf, abschnittsweise ungeteert, bis zum Parkplatz links von einer Kehre nach einem steilen Schotterabschnitt (50 Hm).

Anforderungen: Bis zur Hütte einfacher Wanderweg. Zum Gipfel schmaler, deutlicher Pfad durchs Steilgelände. Wenige felsige Stellen, an denen man die Hände zu Hilfe nehmen wird. Der eigentliche Gipfelaufbau ist auf einer Länge von ca. 20 Hm seilversichert. Der Abstieg ist weniger steil. Trittsicherheit erforderlich, insgesamt noch mittelschwer.

Einkehr und Unterkunft: Rifugio Menaggio (geöffnet von Ende Mai bis Ende September an Wochenenden, 20 Plätze, Tel. +39/0344/37282, www.rifugio-menaggio.eu).

Karten: Kompass Nr. 91 »Lago di Como – Lago di Lugano« und swisstopo Blatt 287 »Menaggio« (beide Maßstab 1:50.000).

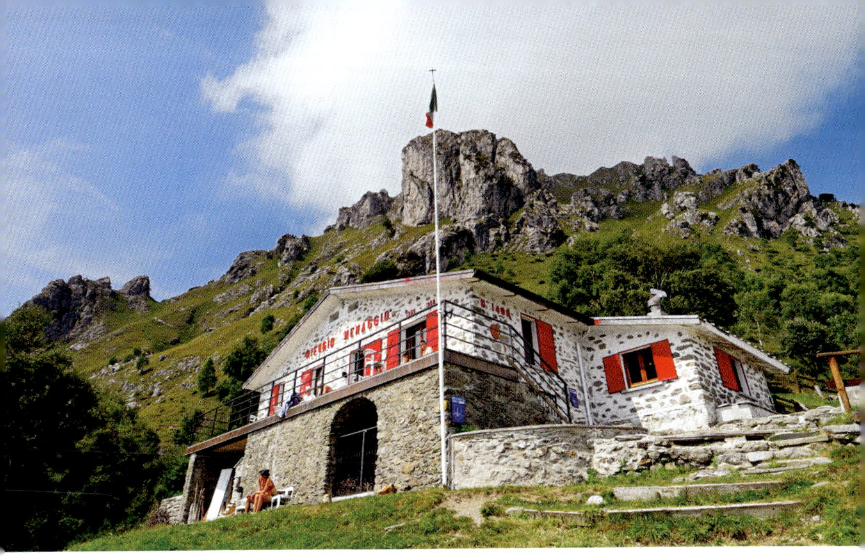

In jeder Beziehung einladend: das Rifugio Menaggio.

Vom **Parkplatz ❶**, 1130 m, wandern wir auf der kaum mehr befahrbaren Straße noch wenige Meter weiter und biegen dann links auf den Wanderweg ein, der, verwaschen rot-weiß markiert, eine große Serpentine der Straße abschneidet und ein Stück oberhalb wieder auf diese trifft. Hier weist schon nach ein paar Metern ein Schild rechts hinauf auf die Fortsetzung des Fußweges. Wir steigen in einer Reihe kurzer Serpentinen durch jungen Birken- und Espenwald auf, bis ein längerer Schräganstieg nach links in freies Gelände führt und damit der Blick auf den Comer See frei wird. Auch die Hütte ist schon zu sehen. Unmittelbar nach der nächsten Kehre verzweigt sich der Weg, 1345 m. Wir folgen der Beschilderung zur Hütte nach links. Nur mehr mäßig steigend zieht sich der Weg nun weit nach links das Kar ausgehend hinüber zum aussichtsreich über einem Wiesenfleck gelegenen **Rifugio Menaggio ❷**, 1383 m. Auf diesem Abschnitt befindet sich eine unschwierige, felsige Passage mit Kettensicherung.

An der Hütte folgen wir dem zunächst nur mit La Forcoletta beschilderten Wanderweg den Rücken hinauf. Kurz darauf kommt aber schon die Verzweigung der beiden Wege zum Monte Grona. Wir wählen den linken Aufstieg über die Via diretta, während von rechts unser späterer Abstiegsweg über die Via normale einmündet. Der Weg führt beständig steigend schräg durch die Südflanke, bis wir eine kleine Scharte überschreiten. Jenseits davon mündet ein Weg von unten her ein. Hier halten wir uns auf dem oberen Weg und steigen weiter schräg an bis zur nächsten Rippe, an der wir den nun höhenparallel verlaufenden Weg nach rechts verlassen und kurz in Falllinie (auf Markierungspfeile achten!) aufsteigen. Bald schon wird der

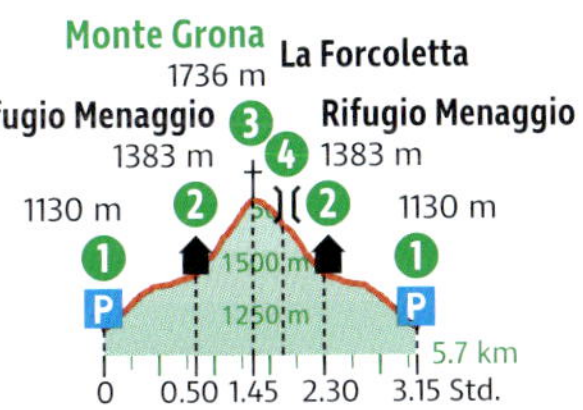

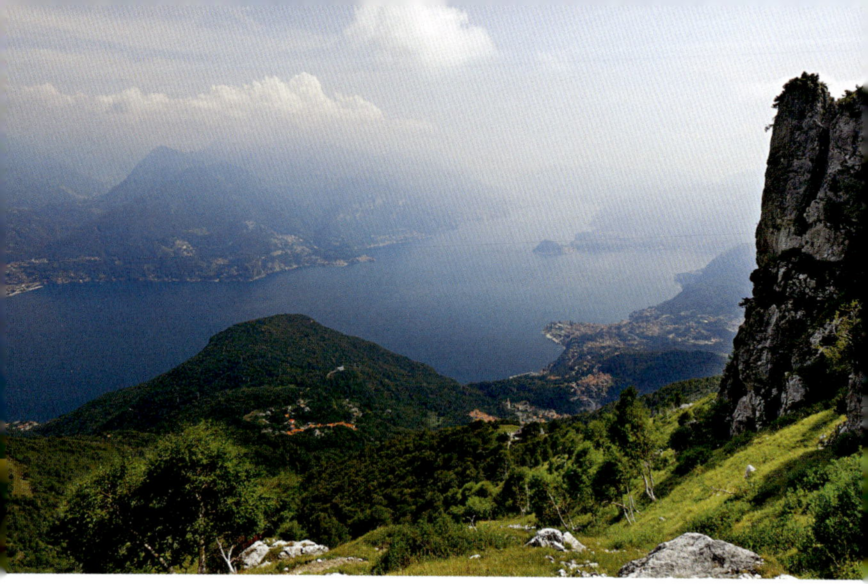

Steil ragen die Felszacken des Monte Grona über die Wiesenflächen empor.

Weg etwas flacher. Wieder schräg ansteigend geht es weiter durch eine beeindruckende Felsszenerie mit Blick auf den Comer See. Nach einer kurzen Kettenversicherung ist der breite, grasige Sattel, 1715 m, zwischen dem Felsgipfel links und dem Vorgipfel rechts erreicht. Wir folgen dem Weg nach links an die Felsen heran, wo uns eine Drahtseilversicherung über die etwas glattpolierten Tritte zum Gipfel des **Monte Grona ❸**, 1736 m, hinaufleitet. Am höchsten Punkt können wir nicht nur den Blick auf den Comer, sondern auch auf den Luganer See genießen. Über den drahtseilversicherten Abschnitt steigen wir zurück in den grasigen Sattel und in gerader Richtung weiter. Dann folgen wir entweder dem deutlichen Pfad links in der Flanke oder, etwas schwieriger, aber viel aussichtsreicher, den Steigspuren am kurzen Grat zum Vorgipfel hinauf. Jenseits geht es am Grat auf deutlichem Steig hinab. Am nahen Rücken unterhalb treffen sich die beiden Wege. Nun wandern wir am Rücken hinab in die Scharte **La Forcoletta ❹**, 1615 m.

An der Scharte folgen wir den Schildern zum **Rifugio Menaggio ❷** nach rechts und steigen zügig hinab zur Hütte. Von dort wandern auf dem Aufstiegsweg zurück zum **Parkplatz ❶**.

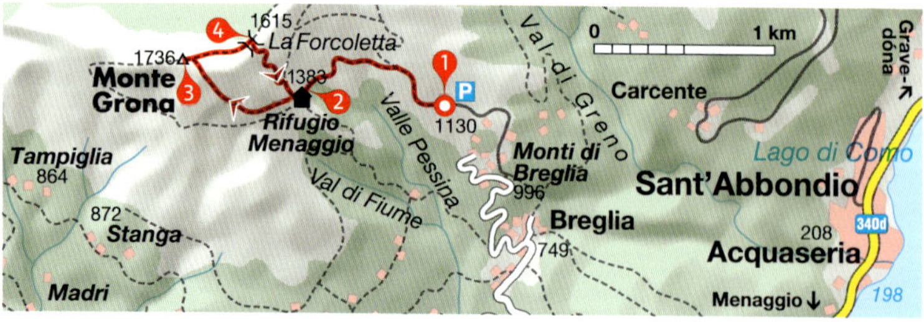

Monte Generoso, 1701 m

Von Muggio

7.00 Std. | 16,4 km | ↗1180 m | ↘1180 m

Auf den prominentesten Aussichtsberg des Mendrisiotto

Das Mendrisiotto ist auf den ersten Blick schwer verdauliche Kost. Den ersten Eindruck bestimmt meist die Autobahn Lugano – Chiasso oder die parallel verlaufende Staustraße. Doch die Region ist geschichtsträchtig und reich an Kunstschätzen. Über Jahrhunderte zogen die Künstler aus dem Mendrisiotto in die ganze Welt, etwa um das barocke Rom zu gestalten oder die Fassade des Petersdoms zu planen. Auch ein Besuch des prominentesten Gipfels des Mendrisiotto lohnt sich. Auf den Monte Generoso führt schon seit dem 19. Jahrhundert eine Zahnradbahn, das Panorama ist einfach zu schön. Es reicht vom Monviso über den Gran Paradiso und den Monte Rosa bis ins Wallis und zum Tödi. Die hier vorgeschlagene Runde hat den Vorzug, dass man den Trubel am Generoso weitgehend vermeidet – abgesehen von der Gipfelplattform und dem neuen, von Mario Botta entworfenen Restaurant – und an den Almsiedlungen Pianspessa und Génor die alten Nevere sehen kann. Die oft runden, bis zu fünf Meter tiefen Kellergewölbe mit den meist kuppelförmigen Dächern wurden früher im Winter mit Schnee gefüllt, um im Sommer als Kühlschrank für Milch und Käse zu dienen. Über 70 derartige Gebäude sind auf den Almen am Generoso bekannt. Etwas Besonderes sind auch die 85 Höhlensysteme, von denen das größte 4 Kilometer lang und knapp 400 Meter tief ist, die Felder voller Graslilien und der Wald aus Riesenkastanien im Abstieg.

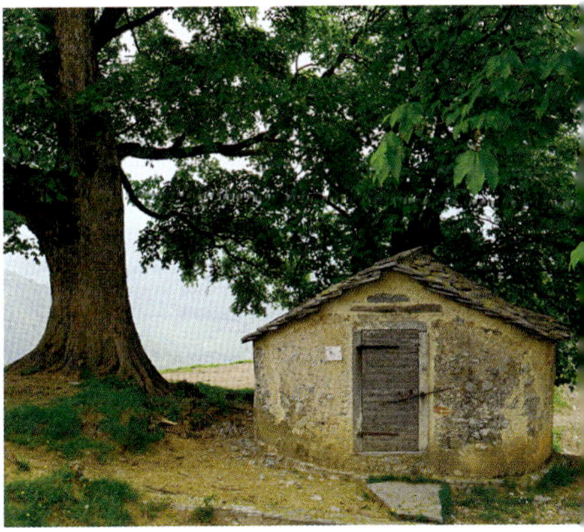

Nevera auf der Alm Pianspessa.

Talort: Chiasso, 238 m. Zugverbindung von Como und Lugano.
Ausgangspunkt: Muggio, 661 m, von Chiasso über Morbio und durchs Valle di Muggio erreichbar. Busverbindung von Chiasso. Parkplatz am oberen Ortsrand bei zwei alten Brunnenhäusern.
Anforderungen: Einfache Wanderungen auf Almstraßen, Wiesenwegen und alten Hohlwegen.
Einkehr und Unterkunft: Osteria Peonia auf Höhe der Mittelstation Bellavista (Tel. +41/(0)91/6469888, www.peonia.ch); Restaurant Fiori de Pietra an der Bergstation (Tel. +41/(0)91/6467722, www.montegeneroso.ch).
Karten: Kompass Nr. 91 »Lago di Como – Lago di Lugano« sowie swisstopo Blätter 286 »Malcantone« und 296 »Chiasso« (alle Maßstab 1:50.000).
Tipp: Von der Mittelstation mit der Zahnradbahn hinauf, April bis Oktober, 9.50–17 Uhr, Tel. +41/(0)91/6305111, www.montegeneroso.ch. Oder die Runde in Gegenrichtung gehen und mit der Bahn hinab.

Vom Parkplatz aus auf der Dorfstraße von **Muggio ❶**, 661 m, zurück, bis man vor der Kirche und vor einem Parkdeck, das die Hauptstraße überragt, nach links auf eine kleine Straße abbiegen kann, die unbeschildert (Hinweis: gesperrt in 200 m) unter der Hauptstraße hindurch zum Bach Breggia hinableitet. Hier über die Brücke, 570 m, jenseits hinauf zur Kirche San Giovanni und auf dem Asphaltsträßchen weiter zu einer Verzweigung, 685 m. Hier wenden wir uns nach rechts Richtung Pianspessa. In einigen Serpentinen durch den Kastanienwald auf einen Gratrücken und dort an einer Weggabelung links hinauf. Bald geht es über schöne Almwiesen zur verlassenen Alm **Pianspessa ❷**, 990 m, zu. Unter schönen großen Ahornbäumen kann man auf der Nordseite der Gebäude eine alte Nevera, einen rund gemauerten »Almkühlschrank«, besichtigen.

Weiter schräg links über die Almwiesen zu einem gut erhaltenen Vogelfangturm, einem Roccolo, wo wir auf eine Almstraße kommen. Diese verzweigt sich sogleich. Entweder den rechten Weg steil oder den linken mit einer Serpentine hinauf zu einem schon sichtbaren gelben Wegweiser. Hier den Hohlweg links nur wenig steigend hinauf zu einem Sattel bei einer Alm, 1100 m. Direkt über den Kamm verläuft die Asphaltstraße in Richtung der Mittelstation der Zahnradbahn Bellavista, der wir nach rechts folgen. Sehr flach geht es nun gut einen Kilometer bis zu einer **Kirche ❸**, ca. 1120 m. Die Straße biegt in die linke Flanke ab, wir wählen den Fußweg geradeaus und bleiben immer ein gutes Stück über der Straße. Bei einem großen Picknickplatz kommen wir ihr ganz nahe, gehen aber in Sichtweite der Straße auf einem Hohlweg den Hang hinauf. (Der

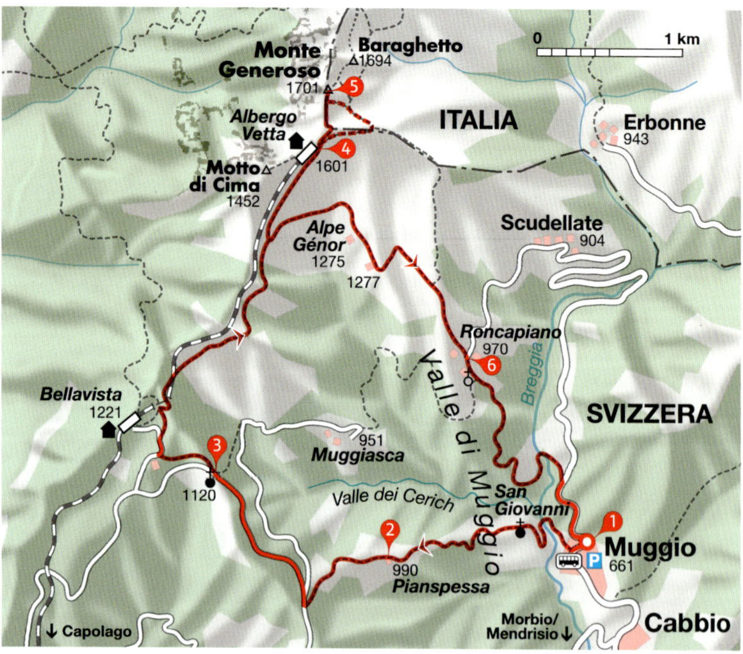

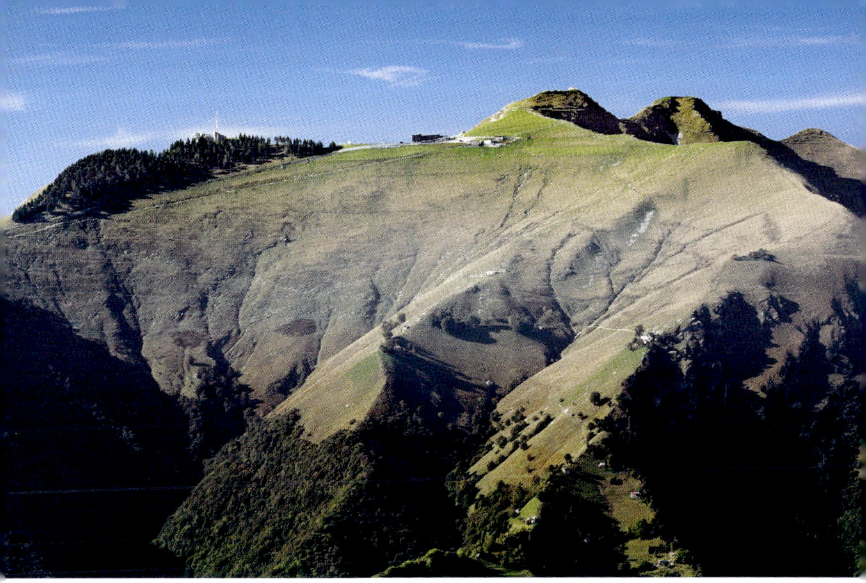

Blick auf den Monte Generoso mit seiner großen Südflanke.

weiß-rot-weiß markierte Pfad weiter rechts verliert sich im Wald.) Nach einer Kehre direkt am Bahngleis geht es hinauf auf einen Rücken und auf der Südostseite erst direkt oberhalb, dann immer etwas unter der Trasse der Zahnradbahn zur **Bergstation ❹**, 1601 m. Die letzten Höhenmeter steigen wir entweder rechts ausholend auf einem Wiesenweg oder oberhalb der Bahn auf einem Plattenweg hinauf zur Gipfelplattform des **Monte Generoso ❺**, 1701 m.

Auf dem Aufstiegsweg geht es zurück, bis wir kurz vor dem ersten Bahntunnel links auf einen beschilderten Fußweg durch die Südflanke in Richtung Muggio und Roncapiano abzweigen können. Über Wiesen wandern wir hinunter zur Alpe Génor, 1275 m. Weiter geht es über Wiesen und schließlich auf einer aussichtsreichen Rippe. Beim Dorf **Roncapiano ❻**, 970 m, treffen wir auf eine Straße und folgen ihr rechts hinab zur Dorfkirche.

Danach geht es bei den letzten Häusern auf einem beschilderten Hohlweg hinab. Durch märchenhaft alten Kastanienwald schlängelt sich der Weg hinunter bis zur Ponte Lentano, 610 m, über die Breggia. Jenseits bringt uns ein kurzer Gegenanstieg hinauf zum Parkplatz in **Muggio ❶**.

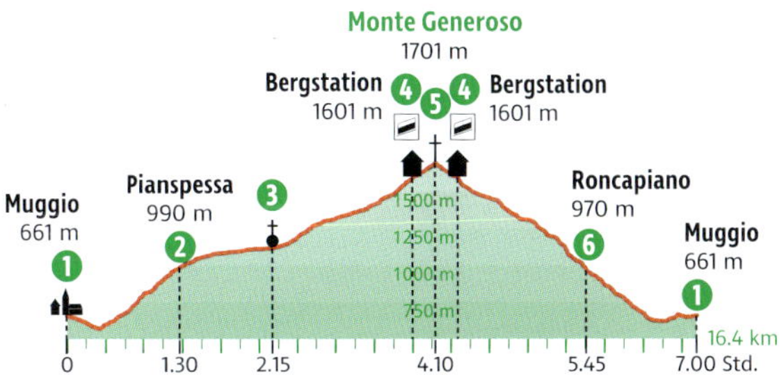

44 Monte San Primo, 1686 m

Über die Cima del Costone

3.40 Std. | 7,4 km | ↗ 620 m | ↘ 620 m

Höhenwanderung hoch über Bellagio am Comer See

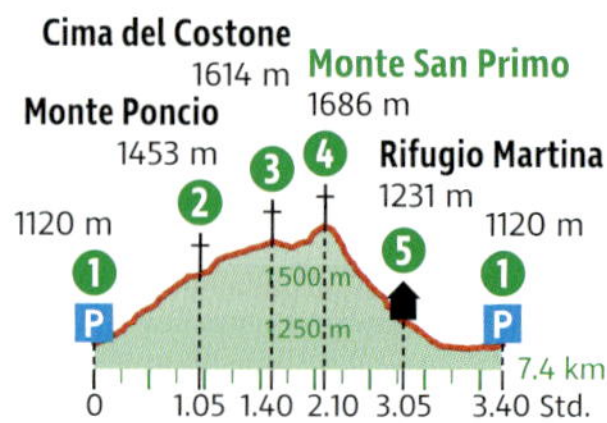

Der Monte San Primo liegt in einem Dreieck, das aus der alten Seidenstadt Como im Südwesten, aus Lecco mit seiner erzverarbeitenden Industrie im Südosten und aus dem Ferienort Bellagio im Norden gebildet wird. Der Comer See, der sich bei Bellagio in seine zwei südlichen Arme teilt, umschließt mit diesen das Gebiet auf zwei Seiten und bestimmt damit den Ausblick. Der San Primo ist eine breite Pyramide im gleichnamigen Naturpark und der höchste Berg des oben beschriebenen Dreiecks. Er lässt sich auf einer Rundtour besteigen, die zwar auch über Vorgipfel mit wenig schönen Sendeanlagen führt, aber in der Hauptsache durch unberührte Natur und auf schmalen Steigen durchs Gelände verläuft. Da man am Ausgangspunkt für die Wanderung schon inmitten der Landzunge ist, sollte man nach dem Besuch des Monte San Primo auch der Stadt Bellagio ein wenig Zeit widmen und den schönen mittelalterlichen Stadtkern und die eindrucksvollen Gartenanlagen besichtigen. Schon die Römer wussten diese Lage zu schätzen und gaben Bellagio den Namen: Aus bi (= zwei) und lacus (= See) leitet sich Bellagio ab.

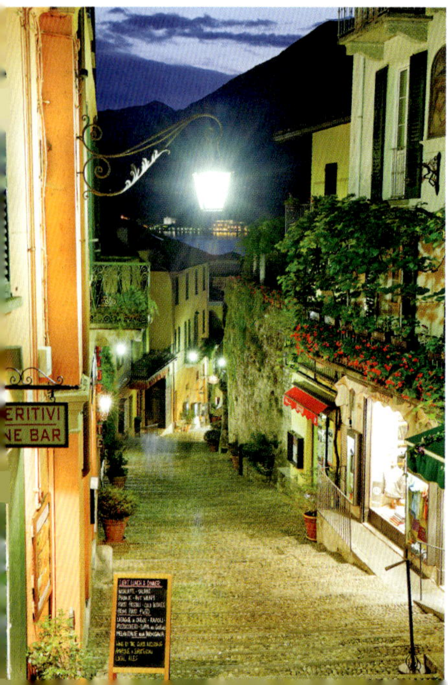

Talort: Magreglio, 744 m, zwischen den beiden südlichen Armen des Comer Sees. Busverbindung von Asso und Bellagio.

Ausgangspunkt: Wanderparkplatz, 1120 m, oberhalb der Bar La Baita, am Ende der Straße. Anfahrt von Magreglio in westlicher Richtung bis Piano Rancio, hier links der Beschilderung Parco San Primo folgen.

Anforderungen: Leichte Höhenwanderung bis zum Gipfel, dann steiler, rutschiger Abstieg zum Rifugio Martina.

Einkehr: Rifugio Martina (von Juni bis September geöffnet, Tel. +39/031/964695).

Karten: Kompass Nr. 91 »Lago di Como – Lago di Lugano« und swisstopo Blatt 287 »Menaggio« (beide Maßstab 1:50.000).

Bummeln in Bellagio.

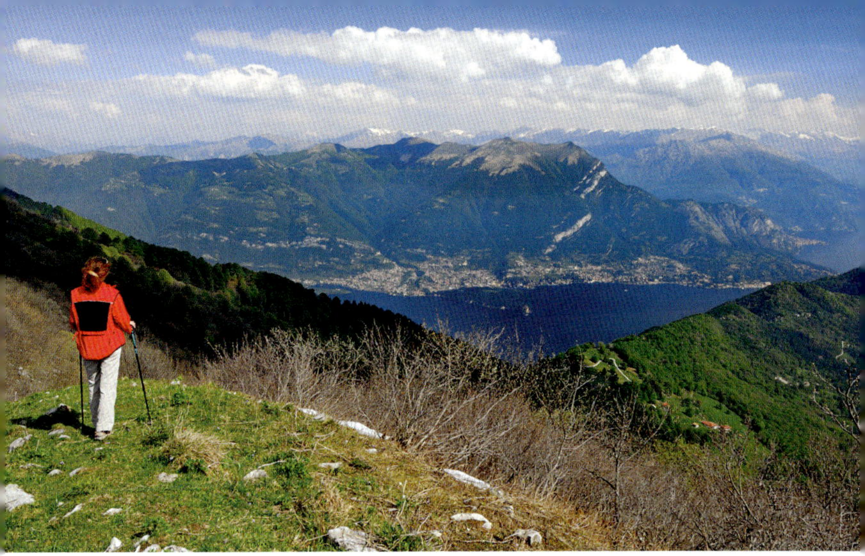

Vom Gipfel steigt man mit Seeblick ab.

Vom **Parkplatz ❶**, 1120 m, folgen wir der geteerten Almstraße (Schranke, Beschilderung Weg Nr. 1) zur Alpe del Borgo. Hier halten wir uns rechts und gehen auf dem unbeschilderten Weg den Wiesenhang hinauf in einen Sattel. Von dort überblickt man den weiteren Wegverlauf: Der Höhenzug beschreibt einen weiten Rechtsbogen, an dessen hinterem Ende der Monte San Primo steht. Wir folgen vom Sattel dem Weg am Waldrand entlang hinauf bis kurz unter den Gipfel des **Monte Poncio ❷**, 1453 m (mit Sendeanlage und Haus). Hier biegt der Weg nach rechts ab und führt in der Nordflanke zum Sattel vor dem nächsten Gipfel. Der offizielle Weg leitet links um den Rücken in der Südflanke bis direkt zum Monte San Primo, viel schöner ist jedoch die Gratüberschreitung: Zunächst geht es auf undeutlichen Steigspuren steil zu einer ersten Graterhebung mit Sendeanlagen hinauf, dann auf einem deutlichen Steig flach am Grat entlang bis zur **Cima del Costone ❸**, 1614 m. Nach einem kurzen Zwischenabstieg etwas links des Rückens gehen wir die letzten Höhenmeter hinauf zum Gipfel des **Monte San Primo ❹**, 1686 m.

Nur kurz am Grat entlang weiter, dann zweigt rechts der beschilderte Abstieg zum Rifugio Martina ab. Steil und auf rutschigem Untergrund geht es zunächst den Nordhang hinab, bis eine Rippe mit Buchenwald wieder besser gangbar zum **Rifugio Martina ❺**, 1231 m, hinunterführt. Auf der Almstraße und einmal auf einem Abkürzer wandern wir abwärts bis zum Hüttenparkplatz und schließlich kurz auf der Forststraße bis zur Zufahrtsstraße zum **Parkplatz ❶**, den wir nur wenig unterhalb von La Baita erreichen.

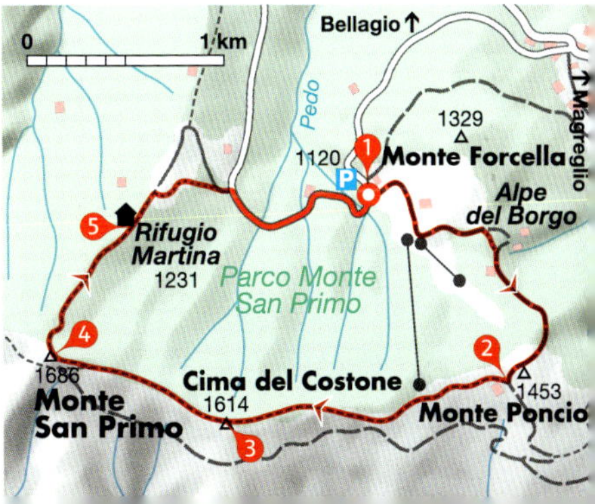

45 Resegone di Lecco, 1875 m

Von der Forcella Alta

7.20 Std. | 19,5 km | ↗ 1180 m | ↘ 1180 m

Zum einem mächtigen Felsklotz östlich von Lecco

Als riesiger Wächter steht der Resegone auf der Ostseite von Lecco, von der Grigne durch das Val del Gerenzone abgeteilt. Mit seinen 1875 Metern ist er nochmals eine erstaunlich mächtige Erhebung, bevor das Gebirge mit seinem langen Südgrat jäh endet. Bergamo ist nicht mehr weit. Der Resegone ist durch eine Reihe von Hütten und Biwaks erschlossen. Diverse Wanderwege liegen als dichtes Netz über ihm und auch an Klettersteigen gibt es keinen Mangel. Die Großstadt Lecco am Comer See ist zum Greifen nah und der Resegone gilt daher als ihr Hausberg. Die Wahl fällt schwer, ob man nun den Lift zu den Piani d'Erna nutzen will, über den langen Südgrat aufsteigt oder von der stillen Ostseite auf den Resegone wandert. Interessant ist jedenfalls der Blick auf die Stadt und auf den Lago di Lecco, wie der südliche Arm des Comer Sees heißt. Durch eine schmale Wasserstraße ist er noch mit dem Lago di Garlate und dem Lago di Olginate im Süden verbunden. Beeindruckend ist auch das Gegenüber vom Resegone, da stehen nämlich die Felstürme der Grignetta. Wir wählen den Weg über den Südgrat, einst Grenze zwischen Mailand und Venedig, auf dem anfangs eine Reihe von Informationstafeln über die Bedeutung des Vogelfangs erzählen, und auf dem man durch ausgesprochen interessante Flora wandert, durch Hyazinthen und Narzissen, Aurikeln, Pfingstrosen, Enziane und vieles mehr. Seine Vorzüge spielt dieser Weg daher vor allem Im Frühjahr aus. Der Name Resegone soll damit zusammenhängen, dass der Grat den Zähnen einer Säge (ital. sega) ähnelt.

Talort: Bergamo, 249 m, Bahnhof.
Ausgangspunkt: Forcella Alta, 1300 m. Anfahrt aus dem Valle Brembana ins Valle Imagna und bei Costa nach Pertüs zur Forcella.
Anforderungen: Überwiegend schmale Wanderwege, im Aufstieg zur Cima Quarenghi steil, weiter zum Gipfel teilweise schrofig. Der Abstieg über Cascine Zucchero ist einfacher.
Einkehr und Unterkunft: Rifugio Azzoni (ganzjährig am Wochenende, im Juli und August jeden Tag, 12 Plätze, Tel. +39/(0)366/2587009); Rifugio Resegone (ab Ende Juni an Wochenenden, im August jeden Tag, Tel. +39/035/0667666).
Karten: Kompass Nr. 105 »Lecco – Valle Brembana« und swisstopo Blatt 297 »Como« (beide Maßstab 1:50.000).

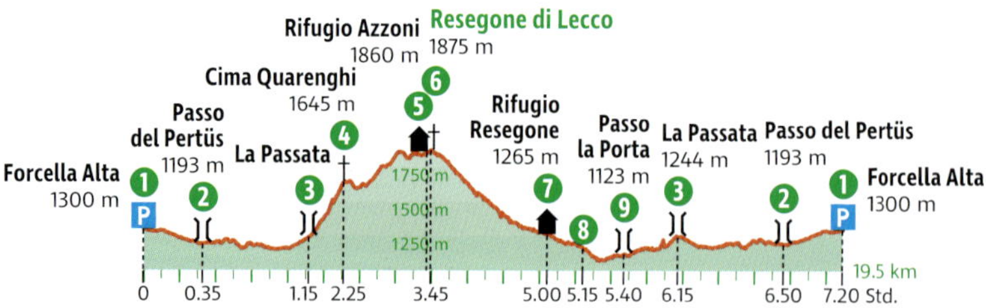

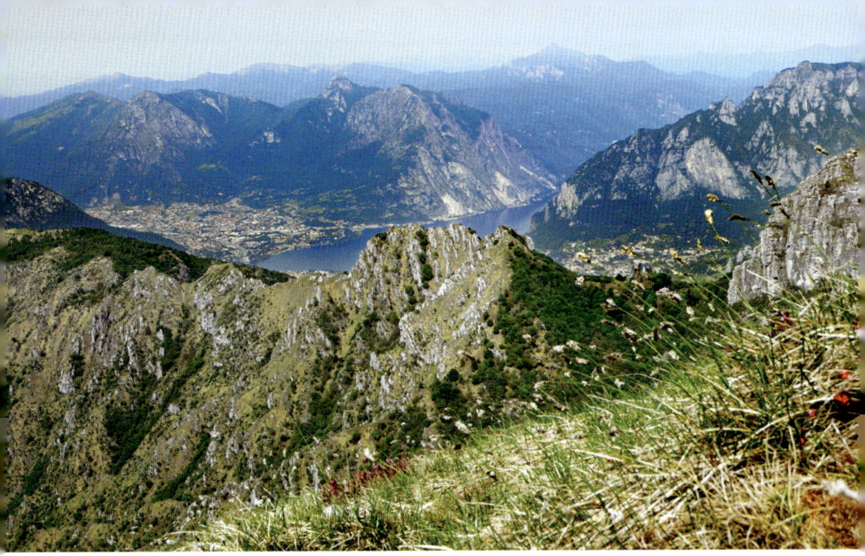

Lang zieht sich der Grat auf den Resegone hinauf.

Vom Parkplatz an der **Forcella Alta** ❶, 1300 m, ist der lange Südgrat des Resegone mit den vorgelagerten Erhebungen bereits bestens zu sehen. Auf dem beschilderten Wanderweg Nr. 571 geht es an einigen Häusern vorbei und im leichten Auf und Ab meist direkt am Rücken entlang (hier einige Steige) hinab zum verfallenen Convento, 1183 m. Ein paar Hundert Meter danach treffen wir bei einem großen Wohnhaus auf ein Sträßchen. Der Weg geht direkt links an der Garteneinfassung des Hauses vorbei, führt zu einigen Roccoli (Vogelfangtürmen) mit den dazugehörigen Gassen aus großen Buchen und erreicht schon bald den **Passo del Pertüs** ❷, 1193 m, dessen Felsschlucht wir auf einer kleinen Brücke überqueren.

An der Verzweigung direkt darüber halten wir uns rechts auf dem Weg Nr. 571. Ein schmaler Pfad leitet im beständigen Auf und Ab auf der steilen Ostseite des Höhenzuges entlang zur Alm Pra Marti. Von dort ist es nicht mehr weit bis zur Hütte **La Passata** ❸ und dem gleichnamigen Passübergang, 1244 m, der mit seinem ursprünglichen Namen Passo degli uccelli heißt, also Vogelpass.

Weiter geht es am Kamm entlang, der nun steil aufwärts führt (Weg Nr. 571), erst noch durch Laubwald, dann bald durch steiles Wiesengelände, durchsetzt mit Felstürmen. So geht es über die **Cima Quarenghi** ❹, 1645 m, und eine weitere Erhebung hinauf. Der Weg bleibt am Kamm, die Abzweigungen nach Brumano (rechts) und zum Rifugio Monzesi (links) bleiben unbeachtet. Schließlich erreichen wir den Vorgipfel, ca. 1840 m. Nach einer weiteren Scharte, ca. 1785 m, folgt der letzte Aufschwung zum **Rifugio Azzoni** ❺, 1860 m. Über einige Stufen gelangen wir zum großen Gipfelkreuz auf dem **Resegone di Lecco** ❻, 1875 m.

Vom Gipfel gehen wir zurück zum **Rifugio Azzoni** ❺ und weiter zur ersten Scharte, wo links der beschilderte Weg nach Brumano abzweigt. Auf diesem hinunter und bei insgesamt drei Verzweigungen jeweils rechts (»Brumano«, eine unbeschilderte Abzweigung, »La Passata, 1.15 Std.« auf ca. 1300 m). Auf der Lichtung mit dem **Rifugio Resegone** ❼, 1265 m, teilt sich der Weg, wir bleiben auf dem linken (Nr. 589) hinab Richtung Brumano. Bei einer Wasserfassung verlassen wir den Weg Nr. 589 und gehen weiter hinab zur Alm **Cascine Zucchero** ❽, 1163 m. Weiter geht es durch Laubwald hinunter Richtung La Passata, an einer weiteren Verzweigung halten wir uns rechts. Der Weg steigt wieder leicht zum **Passo la Porta** ❾, 1123 m, und jenseits weiter hinauf zu **La Passata** ❸, wo wir in Sichtweite des Hauses schließlich auf den Aufstiegsweg links queren können. Auf diesem gehen wir, mit Gegenanstiegen, zurück zur **Forcella Alta** ❶.

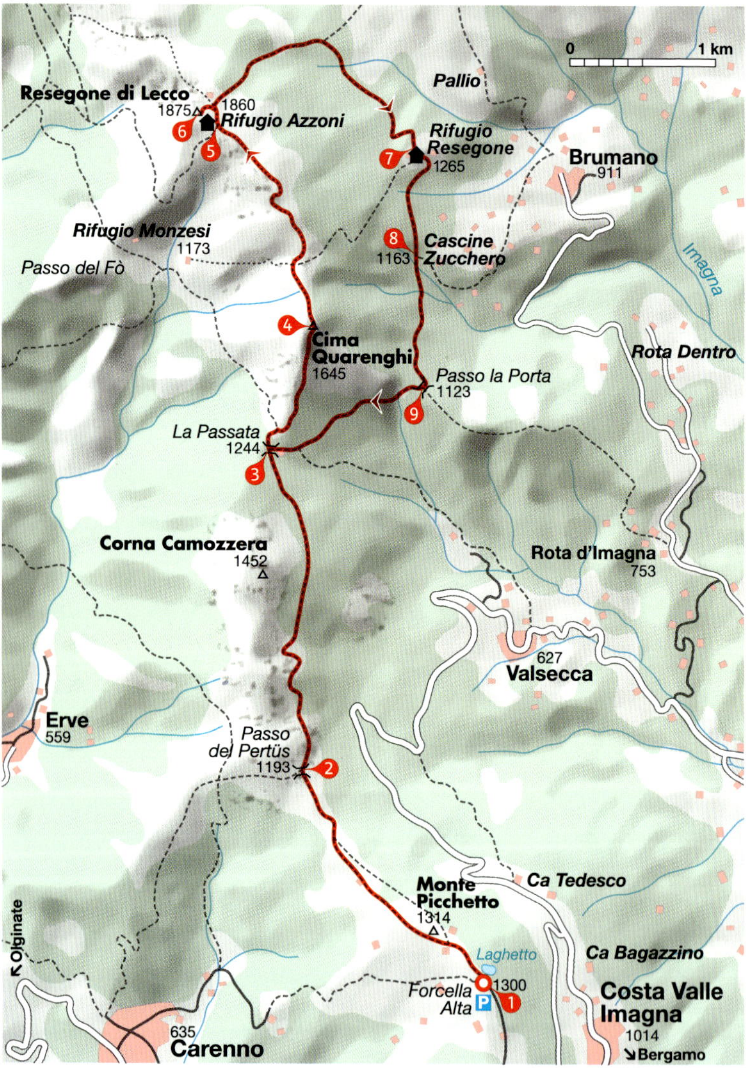

Grigna Meridionale / Grignetta, 2184 m

Von Piani Resinelli

46

4.30 Std. | 8,4 km | ↗1010 m | ↘1010 m

TOP

Auf versicherten Steigen durch wilde Felstürme

Die Besteigung der Grignetta ist gewiss eine der außergewöhnlichen Touren im Gebiet zwischen Gotthard und Mailand. Ein Meer an Felstürmen erhebt sich in den steilen Wiesenflanken der Grignetta und das Gipfelpanorama spannt sich von der Prominenz der Westalpen bis zu den ersten Ostalpengipfeln. Bergsteigern und Kletterern geht gleichermaßen das Herz auf und auch die Wanderer sind auf dem Südrücken, der Cresta Cermenati, noch gut aufgehoben und können am ansonsten anspruchsvollen Gebiet teilhaben. Der Weg über die Direttissima, der hier empfohlen wird, ist kein Klettersteig der schärferen Art, sondern vielmehr ein versicherter Steig mit vielen Gehpassagen. Aber auch ein paar ungesicherte Stellen warten auf die Bergsteiger, und wenn ein schönes Wochenende ansteht, muss man auch die Gefahren durch Steinschlag beachten. Weniger begangen als der Südrücken ist die Direttissima trotzdem nicht, denn die Szenerie durch die Felstürme hindurch ist einfach einmalig. Zudem leuchtet der Monte Rosa am Horizont auf und gibt schon im Aufstieg einen Vorgeschmack auf das große Panorama vom Gipfel. Der Gipfel selbst ist ein geräumiges Plateau, auf dessen nördlichem Ende eine Biwakschachtel steht. Da es jedoch weder Wasser noch Matratzen gibt und der Abstieg nach Piani Resinelli im Vergleich deutlich einfacher ist als der Aufstieg, wird sie praktisch nicht benutzt. Anders sieht es mit dem Rifugio Rosalba aus, das im Westen des Gipfels eine schöne Möglichkeit bietet, die Erkundung der Grignetta auf zwei Tage auszudehnen. Manch Wanderer wird beim Blick nach Norden auch zu einer weiteren Tour inspiriert, hier steht nämlich der wuchtige Grignone und wartet auf Besuch.

Talort: Ballabio, 720 m, nordöstlich von Lecco. Auf der Straße ins Valsassina erreichbar, Busverbindung von Lecco.
Ausgangspunkt: Piani Resinelli, ca. 1280 m, auf einer Stichstraße von Ballabio erreichbar. Großparkplatz zu Beginn der Höhensiedlung, Busverbindung von Lecco.
Anforderungen: Im Aufstieg fast durchweg Steilgelände mit vielen Versicherungen, anfangs zwei kurzen, aber steilen Leitern und immer wieder unversicherten leichten Kletterstellen (I). Im Abstieg eine kurze Kettensicherung gleich unter dem Gipfel, sonst Wanderweg durch Schrofengelände.

Einkehr und Unterkunft: Rifugio Carlo Porta (ganzjährig geöffnet, Tel. +39/0341/590105, www.rifugiocporta.com).
Karten: Kompass Nr. 105 »Lecco – Valle Brembana« sowie swisstopo Blätter 287 »Menaggio« und 297 »Como« (alle Maßstab 1:50.000).

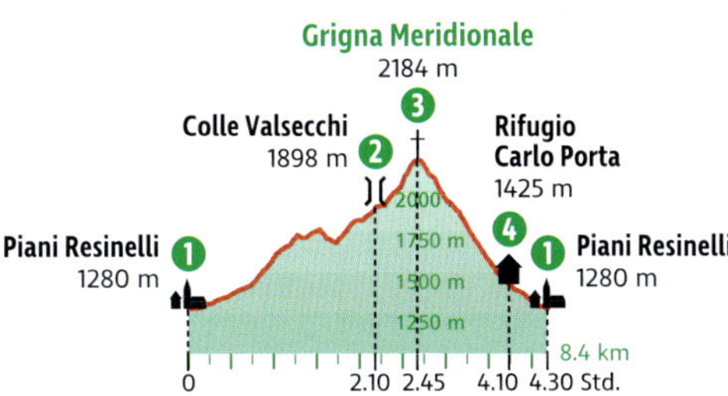

Vom großen Parkplatz in **Piani Resinelli** ❶, 1280 m, gehen wir in Anfahrtsrichtung weiter auf der Straße, bis unmittelbar vor der Kirche rechts die Via Locatelli bergwärts führt (Beschilderung »Alta via delle Grigne«). Durch ein Villenviertel windet sich die Straße noch ein paar Serpentinen hinauf zu einem kleinen Parkplatz, ca. 1420 m. Wer früh genug startet, der hat hier einen etwas höher gelegenen Ausgangspunkt. Der Weg Nr. 8, die Direttissima, führt in gerader Richtung zunächst durch steiles Wiesengelände weiter. Am Felsansatz der Grignetta, dem sogenannten Canalone Caimi, 1560 m, treffen wir auf einen Querweg, der von rechts vom Rifugio Carlo Porta herüberkommt.

Hier gehen wir nach links hinüber und in einigen Serpentinen hinauf zum Beginn der ersten Versicherungen. Schon kurz darauf warten zwei steile Leitern. In der Folge quert der Weg mit wenig Höhengewinn die Südflanke der Grignetta. Eine ganze Reihe von Scharten zwischen den wilden Felstürmen hindurch gilt es zu überwinden, dabei wechseln versicherte Abschnitte und Gehgelände. Schließlich kommen wir zu einer Verzweigung. Hier halten wir uns rechts Richtung Rifugio Rosalba (links geht es hinab nach Torre Maria und Fungo). Weiter geht es durch die wilde Felslandschaft zum Canale Angelina, 1730 m, wo eine Abkürzung Richtung Guglia Angelina hinaufführt. Wir bleiben auf dem linken Weg zum Rifugio Rosalba und dem Colle Valsecchi und gelangen nach der nächsten Geländekante zu einer weiteren Verzweigung. Nun halten wir uns rechts hinauf Richtung Cresta Segantini und erreichen schließlich den **Colle Valsecchi** ❷, 1898 m.

Hier verzweigt sich der Weg innerhalb weniger Meter zweimal: Wir halten uns beide Male rechts auf dem Sentiero Cecilia (Beschilderung »La Vetta«). Dieser leitet ein gutes Stück unter dem Gipfelgrat durch die Südflanke in östlicher Richtung wieder zurück zum Normalweg, der Cresta Cermenati. Dabei ist Vorsicht

Bizarre Felstürme machen die Grignetta zu einem besonderen Erlebnis.

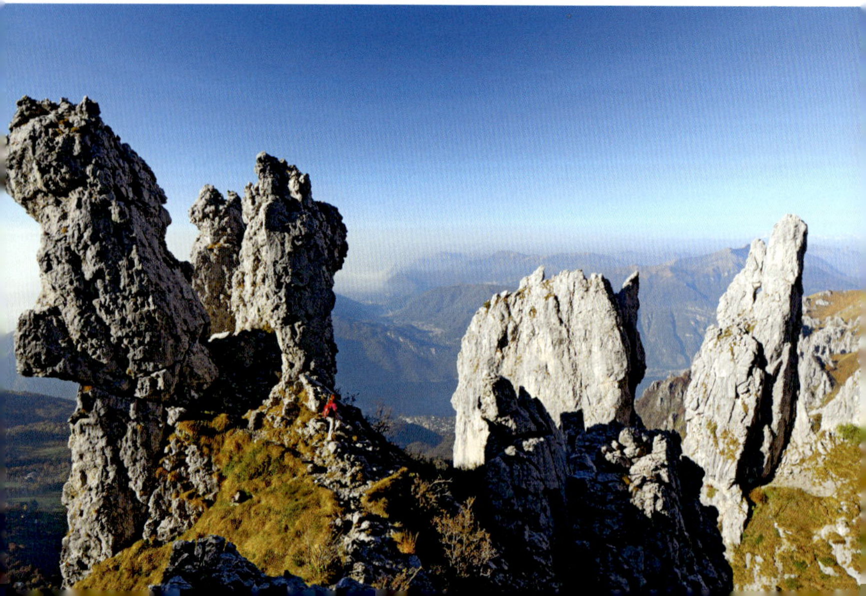

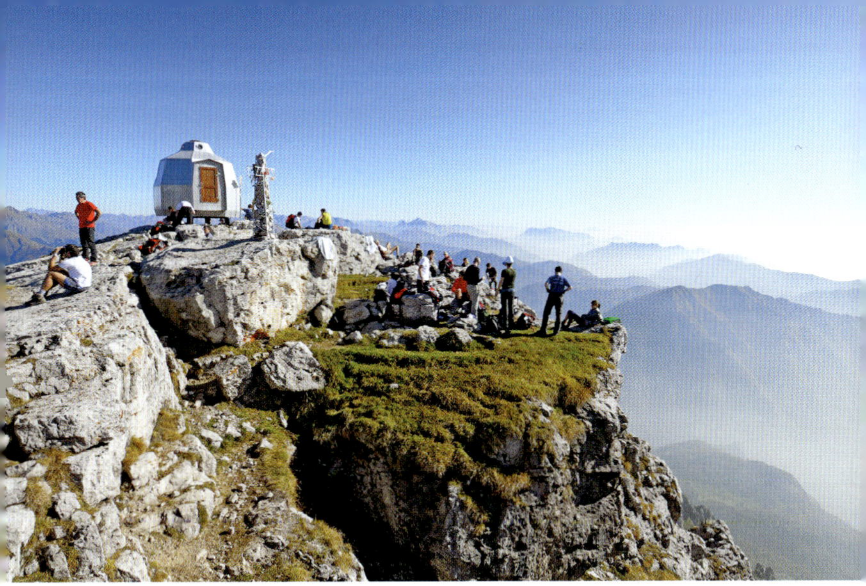

Das Gipfelplateau mit der runden Biwakschachtel.

geboten, wenn oben am Grat und in den Wänden Kletterer unterwegs sind. Insgesamt ist dieser Abschnitt deutlich kürzer als der Aufstieg zum Colle Valsecchi, aber spärlicher gesichert, Stellen I. Nach der Querung, dem Einmünden des genannten Abkürzers und einem kurzen Abstieg durch einen Kamin geht es über einen steilen Schrofenhang in Serpentinen hinauf zum Normalweg am Südgrat. Auf diesem überwinden wir ein letztes Steilstück und zuletzt nochmals eine kurze Versicherung, bis wir das Gipfelplateau der **Grigna Meridionale** ❸ (Grignetta), 2184 m, mit dem Kreuz und dem Bivacco Ferrario erreichen.

Auf dem Aufstiegsweg gehen wir zurück bis zur Einmündung des Sentiero Cecilia. Nun aber auf dem Gratrücken weiter über den Normalweg (Nr. 7) hinab, der über viele Felsstufen unschwierig ins Wiesengelände führt. Kurz vor dem Erreichen der ersten Häuser gelangen wir zu einer beschilderten Verzweigung. Hier kann man rechts zur Direttissima hinüberqueren und auf dem Aufstiegsweg zum Parkplatz am Ende der Via Locatelli absteigen. Wer zurück zum großen Parkplatz will, geht geradeaus hinab, hält sich an einer unbezeichneten Verzweigung rechts und erreicht so die Straße, die zum **Rifugio Carlo Porta** ❹, 1425 m, führt. Auf ihr gelangen wir zurück zu unserem Ausgangspunkt in **Piani Resinelli** ❶.

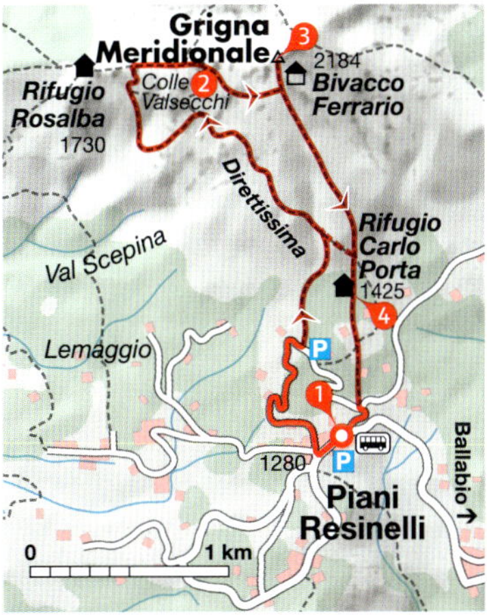

47 Alpe Era, 832 m

Durch das Valle di Era

2.50 Std. | 8,1 km | ↗ 470 m | ↘ 470 m

Wildromantische Klammwanderung zu Füßen der Grigna

In gewisser Weise prägt der Torrente Meria die komplette Wanderung. Während man durch die wilde Klamm steigt, den Bach unten gluckern hört und auf die Kaskaden und kleinen und größeren Wasserfälle schaut, ist das natürlich offensichtlich. Aber auch die Zufahrt ist schon von diesem bestimmt. Der Talort Mandello del Lario steht nämlich auf einem Schwemmkegel, der letztlich ebenfalls dem Torrente Meria zu verdanken ist. In den Sommermonaten ist dem Bach eine solch gewaltige Erosionskraft und eine solche Frachtleistung nicht zuzutrauen. Aber wenn starke Regenfälle ihn anschwellen lassen, bekommt man ein eindrucksvolles Bild von der Kraft des Wassers. Interessant ist die ruhige Tour auch wegen der abwechslungsreichen Botanik. Unten in Somana säumen Eiben und Stechpalmen den Weg. Im Frühjahr leuchten die Schneerosen und der Seidelbast duftet, im Frühsommer findet man Orchideen wie Waldvögelein und Fliegenragwurz, aber auch Enzian und Ginster. Im Abstieg beschert der breite Hüttenweg zum Rifugio Bietti durch einige Lücken in der Vegetation auch freie Sicht auf die Grigna und den Lago di Lecco. Und schließlich lädt die Kirche Santa Maria zu einer letzten Rast ein, bevor der Kreuzweg zum geschäftigen Ufer des Lago di Lecco hinabführt.

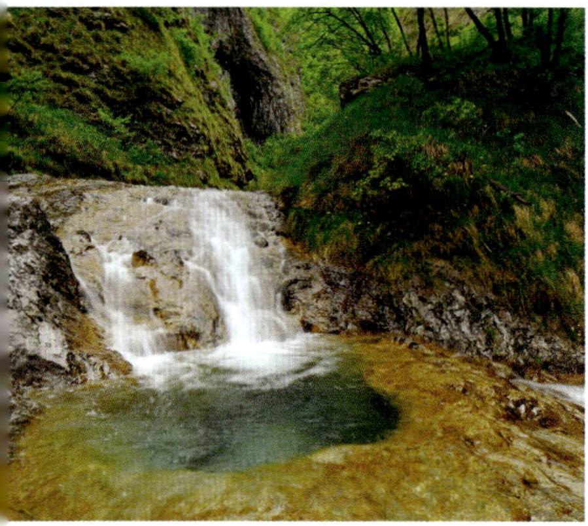

Schöne Gumpen warten im Aufstieg.

Talort: Mandello del Lario, 214 m, am Ostufer des Comer Sees. Bahnverbindung von Lecco und Sondrio.
Ausgangspunkt: Somana, 386 m, erreichbar von Mandello auf steiler Straße. An der Verzweigung bei der Kirche rechts (Wanderwegweiser Valle di Era) zum Parkplatz. Busverbindung von Mandello.
Anforderungen: Im zentralen Teil der Klamm schmaler Steig, teilweise in ausgesetztem Steilgelände. Vereinzelte felsige Stellen sind mit Ketten versichert. Viele Bachüberquerungen auf Steinen und Baumstämmen. Bei Nässe und nach starken Regenfällen wird abgeraten. Der Klammsteig ist nur für den Aufstieg zu empfehlen. Der Abstieg über Santa Maria ist einfach.
Karten: Kompass Nr. 105 »Lecco – Valle Brembana« und swisstopo Blatt 287 »Menaggio« (beide Maßstab 1:50.000).

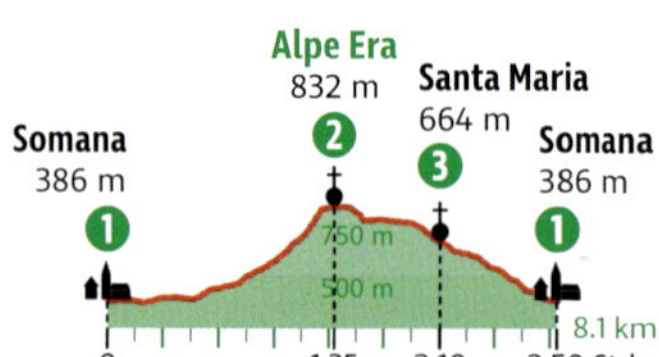

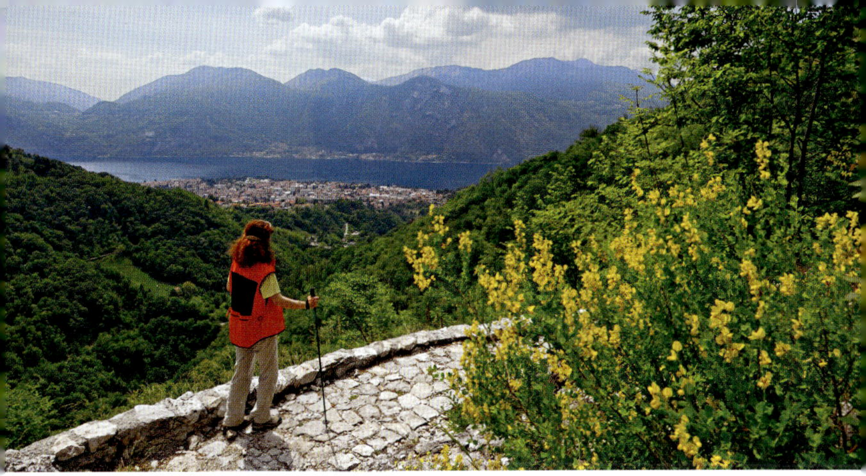

Mandelloblick auf dem Abstieg durch das Valle Meria.

Vom Parkplatz in **Somana ❶**, 386 m, folgen wir der Straße wenige Minuten weiter, bis in einer Kurve der Wanderweg Nr. 15 geradeaus ausgeschildert ist. Auf immer schmalerem Weg geht es taleinwärts an den letzten Anwesen vorbei durch Eibenwald, bis wir schließlich eine beschilderte Verzweigung erreichen. Der Sentiero del Fiume führt links hinauf. Nach einem Flachstück zweigen wir erneut links ab und gelangen schließlich zum Bach. Den Bachlauf mehrfach überquerend geht es aufwärts zur Schlüsselstelle der Tour: Im felsigen Bachbett hangelt man sich an einer Kette über rutschige und abschüssige Felsplatten ein paar Meter vorwärts. Nun leichter an einigen schönen Kaskaden vorbei weiter aufwärts zu einer Gabelung der Schlucht, wo wir den linken Ast wählen (beschildert). Der Weg verläuft hier abschnittsweise ausgesetzt hoch über dem Bach in der steilen Flanke, kurze Passagen sind versichert. Weiter durch den licht bewaldeten Südhang steil hinauf zum breiten Wanderweg, der von Somana zur Alpe Era und weiter zum Rifugio Brioschi führt. Hier halten wir uns rechts und gelangen in wenigen Minunten zur Kirche auf der **Alpe Era ❷**, 832 m.

Für den Rückweg wählen wir anfangs denselben Weg, steigen dann aber nicht in die Klamm ab, sondern folgen dem breiten Saumweg zur Kirche **Santa Maria ❸**, 664 m, wobei es einen kleinen Gegenanstieg zu bewältigen gilt. Anschließend wandern wir entlang der Kreuzwegstationen Richtung Somana und durch die Gassen hinab zum Parkplatz in **Somana ❶**.

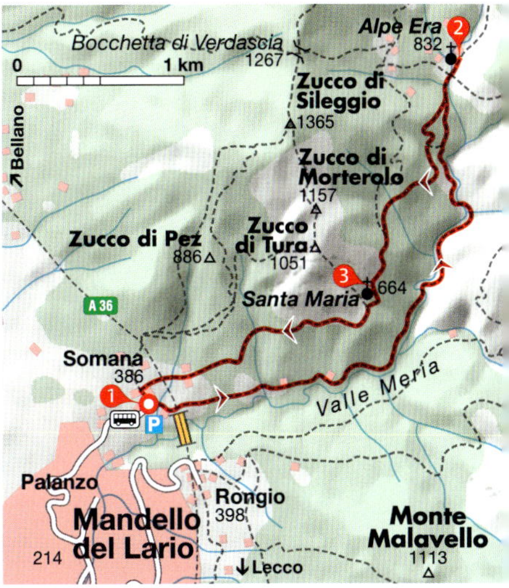

48 Grignone, 2409 m
Auf der Via ferrata

6.30 Std. | 12,7 km | ↗ 1170 m | ↘ 1170 m

Hinauf zum höchsten Gipfel der Grigne

Die »nördliche Grigna«, auch Grignone genannt, ist der höchste Gipfel des Gebirgsstocks, allerdings werden ihm durch die Grignetta im Süden viele Besucher »entzogen«. Wo diese als Ansammlung graziler Felstürme abwechslungsreich und fantastisch erscheint, wirkt der Grignone wie ein wuchtiger Klotz. Behäbig und eindrucksvoll. So gutmütig, wie er auf den ersten Blick scheint, ist der höchste Gipfel der Grigne aber nicht. Auch wer sich für den Normalweg vom Rifugio Bogani entscheidet, hat ein paar versicherte Plattenschüsse zu überwinden. Noch anspruchsvoller ist die Via ferrata über den nach Südwesten geschwungenen Grat. Allein mit Klettersteigausrüstung ist es hier nicht getan, die Sicherungen sind nicht überall auf einen Sturz ausgerichtet und auch einige ungesicherte Stellen warten. Es ist also eher der beherzte Bergsteiger gefragt als der Klettersteigliebhaber. Insgesamt ist der Grignone dennoch ein schöner Berg, die Hütte am Gipfel ist eine beliebte Anlaufstation und das große Karstgelände zwischen Rifugio Bogani und Gipfel kann man als eindrucksvoll bezeichnen. Der Ausblick schließlich ist wunderbar und vielleicht sogar noch schöner als von der Grignetta. Am besten eigentlich, man besucht beide Gipfel!

Einmalig ist der Felsenbogen am Aufstieg zum Grignone.

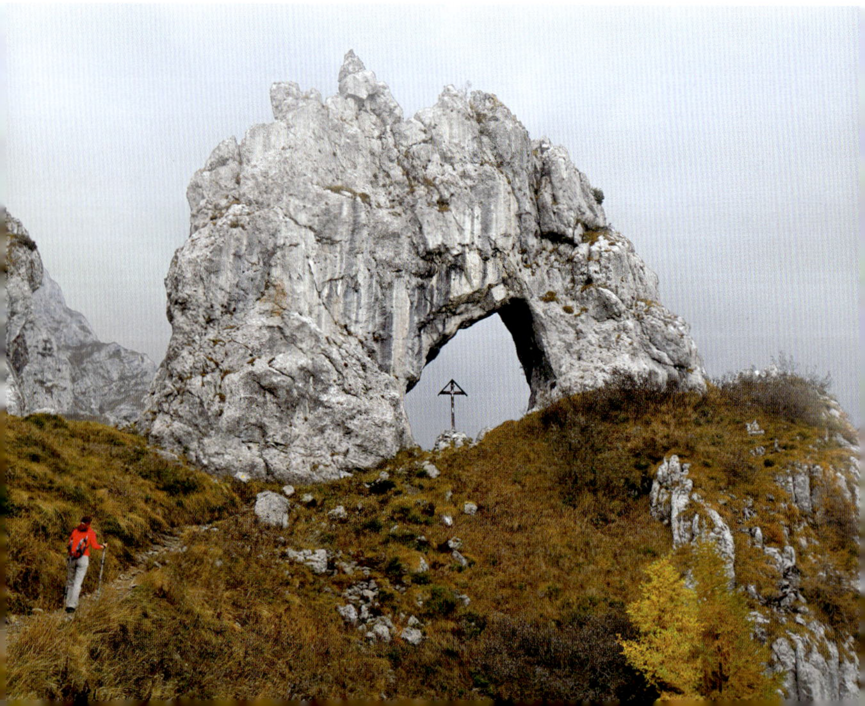

Talort: Esino Lario, 910 m, über Varenna am Ostufer des Comer Sees. Busverbindung von Varenna.
Ausgangspunkt: Großer Parkplatz am Vo di Moncodeno, 1436 m. Anfahrt von Esino Lario weiter die Passstraße hinauf, an der Abzweigung nach Cainallo rechts und am Rifugio Cainallo vorbei weiter bergwärts bis zum Ende der Straße weit oberhalb des kleinen Skigebietes.
Anforderungen: Der Aufstieg über die Via ferrata ist schwierig und verlangt an kurzen Passagen kräftiges Zupacken (mehrere kurze Stellen Klettersteigkategorie C/D). Versichert mit lockeren Ketten, weite Abstände zwischen den Befestigungspunkten, Selbstsicherung häufig uneffektiv. Außerdem kurze ungesicherte Passagen im Schwierigkeitsgrad I. Auf dem Normalweg im Abstieg zwei versicherte Felsplatten.
Einkehr und Unterkunft: Rifugio Bietti-Buzzi (von Mai bis November geöffnet, 50 Plätze, Tel. +39/0341/735741); Rifugio Brioschi (34 Plätze, Tel. +39/0341/910498); Rifugio Arnaldo Bogani (von Mitte Juni bis Mitte September geöffnet, 55 Plätze, Tel. +39/0368/3527021, www.rifugiobogani.com).

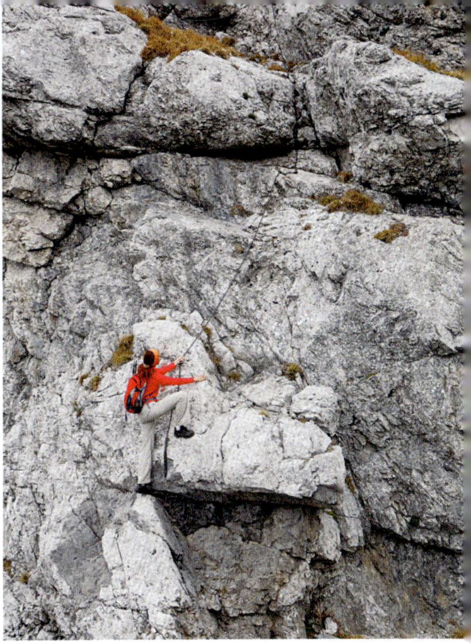

Kurze, steile Passagen würzen den Klettersteig vom Rifugio Bietti-Buzzi zum Gipfel.

Karten: Kompass Nr. 105 »Lecco – Valle Brembana« und swisstopo Blatt 287 »Menaggio« (beide Maßstab 1:50.000).
Hinweis: Ausreichend zu trinken mitnehmen, Karstgebiet!

Vom Parkplatz am **Vo di Moncodeno** ❶, 1436 m, gehen wir die Schneise hinauf bis kurz vor den abschließenden Sattel. Hier zweigt rechts der beschilderte Wanderweg Nr. 24 zum Rifugio Bietti in den Wald hinein ab. Auf ca. 1480 m wechselt der Weg auf die Ostseite des Rückens und quert hoch über dem Valle dei Molini Richtung Süden, bis wir auf ca. 1595 m nach rechts abzweigen (Beschilderung Bietti, Weg Nr. 24; der Normalweg, auf dem wir absteigen werden, führt hier geradeaus weiter über das Rifugio Bogani zum Gipfel). Schon bald ist an der Bocchetta di Prada, 1626 m, der Grat erreicht.
Wir halten uns links und sind kurz darauf an der Kapelle mit dem Unterstandsraum **Bivacco Poletti** ❷,

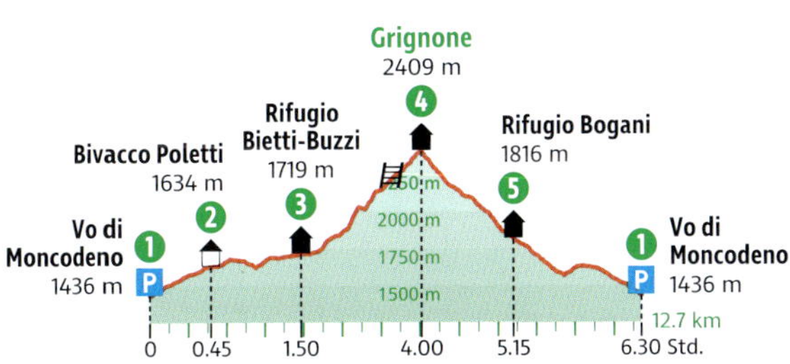

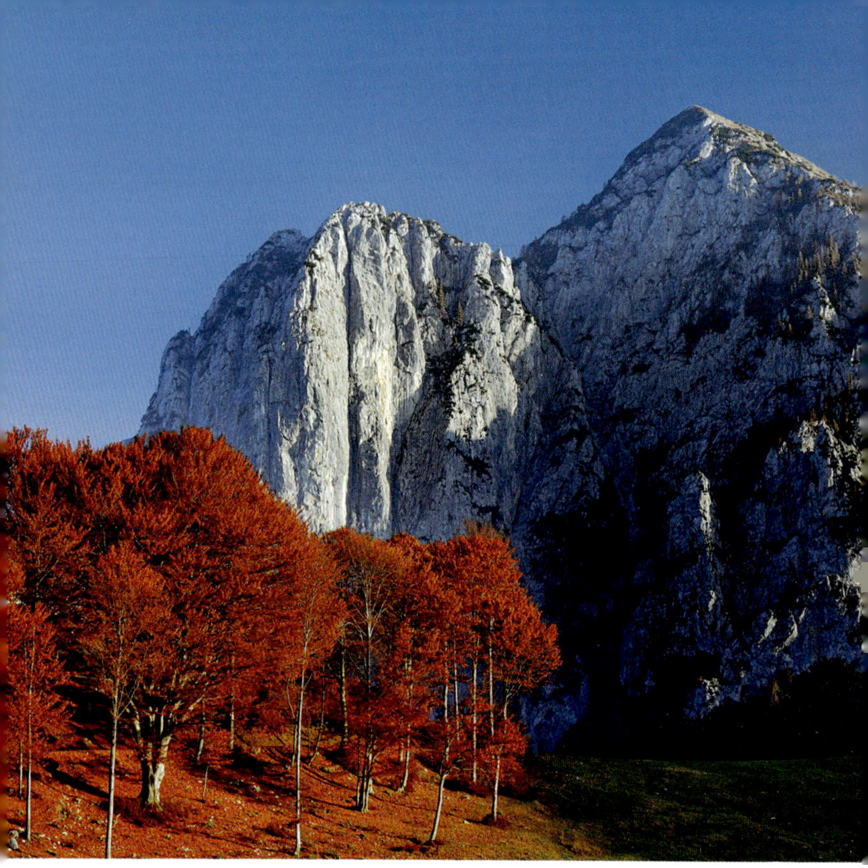

Herbststimmung am Vo di Moncodeno.

1634 m. Der Weg Nr. 24 führt nun durch die Westflanke der Tre Sassi, wobei eine Reihe von Karen und Gräben im Auf und Ab ausgequert wird. Die Szenerie ist pittoresk, am eindrucksvollsten ist gewiss der schon bald folgende natürliche Steinbogen mit Wegkreuz. Bald ist das **Rifugio Bietti-Buzzi** **3**, 1719 m, erreicht.

Vom Rifugio leitet der Weg Nr. 26 »Via ferrata« höhengleich in die Karschüssel des obersten Val di Sasso Cavallo, quert diese ansteigend (an zwei Abzweigungen rechtshaltend) bis ins Schrofengelände und erreicht nach kurzem Aufstieg durch latschendurchsetztes Gelände die Grathöhe. Hier gehen wir links über den Grat mit kurzem kettenversichertem Abstieg in eine Scharte, ca. 1880 m, wo die eigentlichen Schwierigkeiten beginnen. Über eine steile Leiter und Versicherungen geht es kurz hinauf ins Gehgelände oberhalb. Dem Weg durch steile Edelweißwiesen folgend gelangen wir hinauf zu einer weiteren Steilwand mit Kettensicherung. In der Folge im steten Wechsel zwischen kurzen kettengesicherten Felsaufschwüngen und Gehgelände über eine Reihe von schrofigen Gratköpfen hinweg. Dabei müssen auch einige ungesicherte Passagen im Schwierigkeitsgrad I überwunden werden. Schließlich ist bei einem Fels mit der Aufschrift »FINE« auf ca. 2250 m das

Ende der Schwierigkeiten erreicht. Wir folgen dem Gratverlauf weiter zum nahen, von der Grignetta kommenden Wanderweg und gelangen auf diesem in der rechten Gratflanke unschwierig zum Rifugio Brioschi am Gipfel des **Grignone ❹**, 2409 m, hinauf.

Von der Hütte geht es an der Kapelle vorbei auf dem Weg Nr. 25 den Versicherungen folgend über Felsplatten hinab ins Kar und über weitere kurze Felsstufen (teils versichert) abwärts. An eindrucksvollen Karstschächten vorbei queren wir immer knapp unter dem Felsansatz nach links in welliges Gelände hinab. Zum Schluss wandern wir durch Lärchenwald zum **Rifugio Bogani ❺**, 1816 m.

Vom Rifugio folgen wir dem Weg Nr. 25 weiter abwärts und gehen an der Alpe Moncodeno, 1670 m, vorbei. Unterhalb davon zweigt der Rückweg zum Parkplatz nach links ab. Die Querung hinüber führt bis auf ca. 1520 m hinab und trifft nach einem kurzen Gegenanstieg auf unseren Aufstiegsweg, ca. 1595 m. Auf diesem zurück zum Parkplatz am **Vo di Moncodeno ❶**.

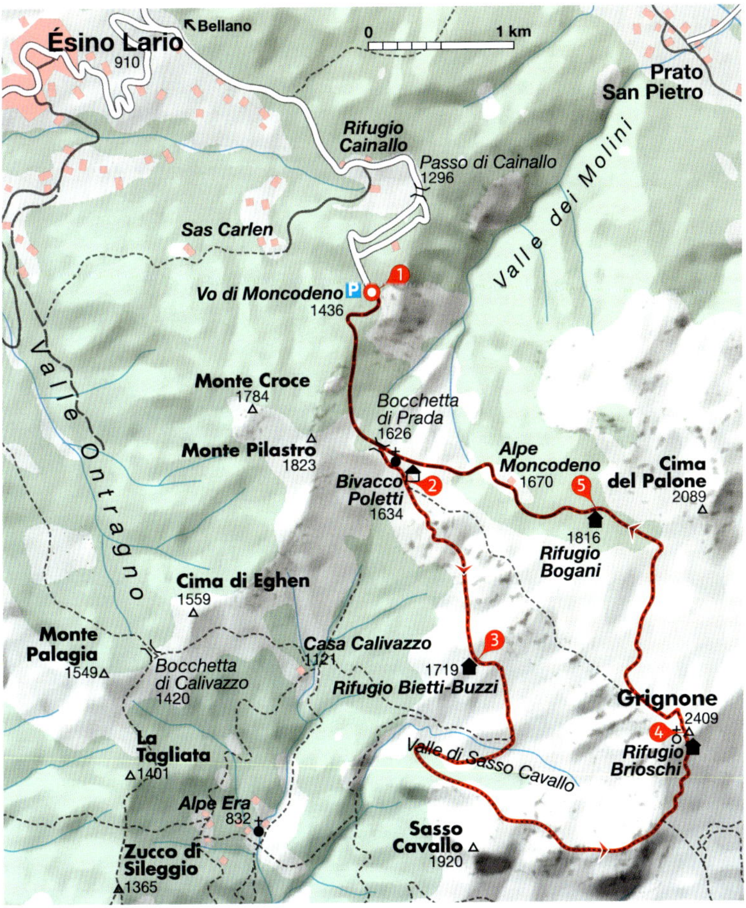

49 Monte Legnone, 2609 m
Vom Rifugio Roccoli dei Lorla

6.30 Std. | 11,5 km | ↗ 1270 m | ↘ 1270 m

Paradegipfel über dem Comer See

Auf der Ostseite des Comer Sees ist der Monte Legnone eine der beeindruckendsten Berggestalten. Zwar zieren ihn nicht die bizarren Felstürme der Grigne, aber aufgrund seiner Höhe wirkt er aus der Ferne wuchtig und imposant. Kommt man ihm näher, so zeigt er vor allem seinen langen Westgrat, über den auch unser Anstieg verläuft. Anfangs wandert man dabei noch im Wald, bald schon ist man aber über der Baumgrenze und der Steig zieht sich über etliche Aufschwünge bergwärts. Der Comer See liegt tief unten in seiner engen Furche, bei guter Fernsicht geht der Blick aber viel weiter: ins Bergell, auf die Grigne, in die Bergamasker Alpen und sogar zu manch Gletscherriesen der Westalpen. Den Ausblick genießt man am besten am Gipfel oder bei einer Pause zwischendurch, denn einfach ist der Weg nicht, man sollte ihm die entsprechende Aufmerksamkeit widmen. Eine Übernachtung im Rifugio Roccoli dei Lorla kann nur empfohlen werden, denn die Zufahrt zum Ausgangspunkt ist lang und verläuft auf schmalen Straßen, und das Wiesengelände rund um das Haus am Start ist für einen entspannten Abendspaziergang genau richtig.

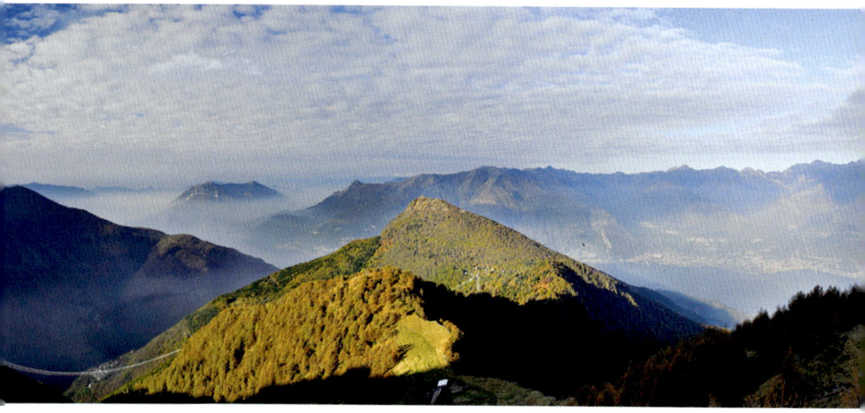

Weit schiebt sich der Legnonerücken Richtung Comer See vor.

Talort: Dervio, 204 m, am Ostufer des Comer Sees. Zugverbindung von Como.
Ausgangspunkt: Parkplatz, 1450 m, in einem Sattel kurz vor dem Rifugio Roccoli dei Lorla, erreichbar auf einer sehr schmalen Bergstraße von Tremenico im Valle Varrone, östlich von Dervio.
Anforderungen: Ab Porta dei Merli einzelne, teils versicherte Felsstufen am Westgrat des Monte Legnone.
Einkehr und Unterkunft: Rifugio Roccoli dei Lorla (von Mitte Juni bis Ende September geöffnet, vorher und nachher am Wochenende, 60 Plätze, Tel. +39/0341/875014).
Karten: Kompass Nr. 105 »Lecco – Valle Brembana« und swisstopo Blatt 287 »Menaggio« (beide Maßstab 1:50.000).

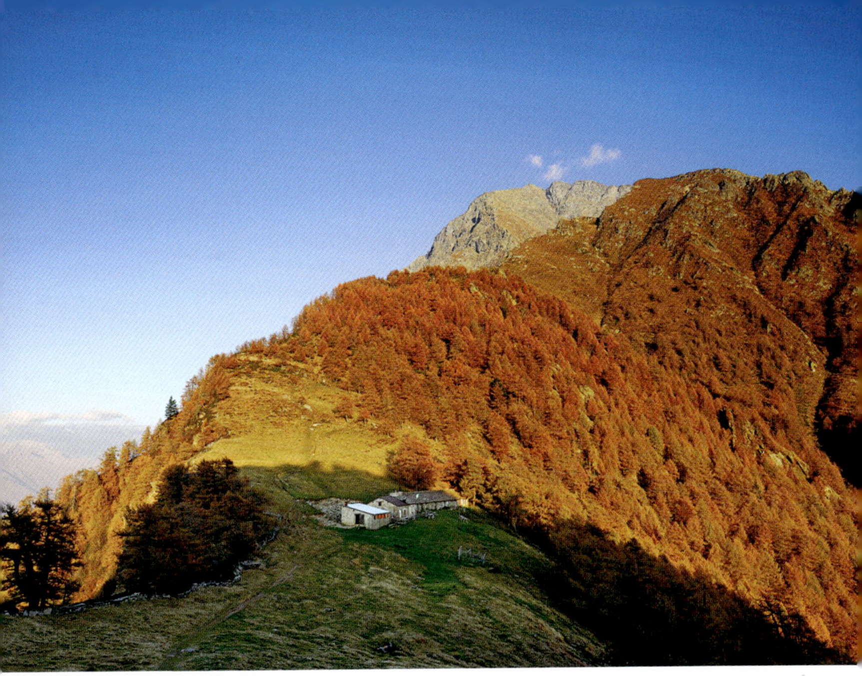

Besonders farbenprächtig ist die Tour im Herbst.

Vom **Parkplatz ❶** folgen wir den Schildern wenige Meter auf einer Straße hinauf bis kurz vor das **Rifugio Roccoli dei Lorla ❷**, 1463 m. Wir gehen links an diesem vorbei und zwanzig Höhenmeter hinab zum dahinter liegenden Sattel. Auf dem beschilderten Weg auf die rechte Seite des Rückens und oberhalb an der Alm Meresc de Scim, 1506 m, vorbei. Der Weg verläuft weiter in der rechten Flanke und leitet in wechselnder Steilheit hinauf bis kurz vor die Almfläche von **Agrogno ❸**, 1644 m.

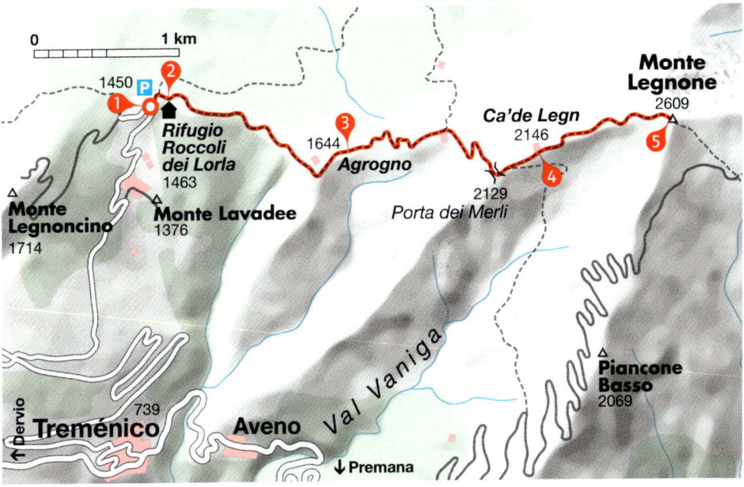

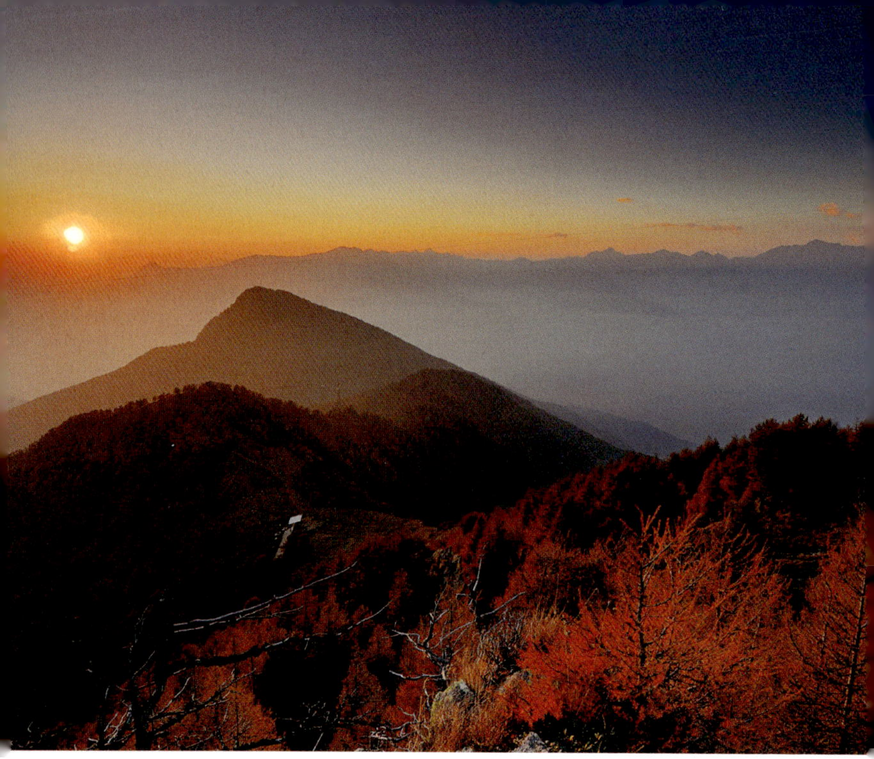

Die letzten Sonnenstrahlen erreichen den Westrücken des Legnone.

Hier verliert der Weg etwa 30 Meter Höhe, führt am lang gestreckten Almgebäude vorbei und folgt jenseits auf dem linken, oberen Weg dem Rücken entlang weiter (beschildert Legnone). Noch im Laufe des folgenden Aufschwungs verzweigt sich der Weg erneut (beschildert) und wir folgen dem rechten Weg hinauf zu einem weiteren Almgebäude. Den nächsten Aufschwung erreichen wir über einen Serpentinenweg, der von unten bereits einsehbar ist, und gelangen so auf die Schulter Porta dei Merli, 2129 m. Nun quert der Pfad in der Südflanke hinüber zur Ca'de Legn, teils ausgesetzt und über Felsen (versichert). Schöne Ausblicke zum See hinab und auf die Westalpengipfel warten am offen zugänglichen Hüttchen **Ca'de Legn ④**, 2146 m, auch Bivacco Silvestri genannt.

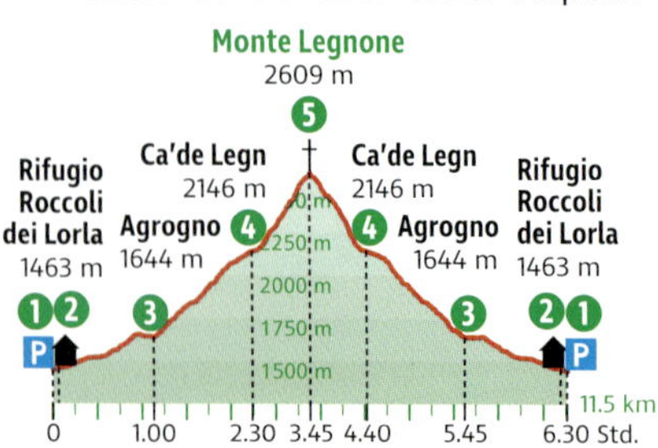

Kurz nach einem großen Sendereflektor wird der Grat steiler und der Weg führt felsdurchsetzt und teils versichert in der rechten Flanke hinauf zum Vorgipfel, 2529 m. Hier mündet von Norden der Weg von der Alpe Scoggione ein. Über den Blockgrat geht es noch kurz hinauf zum Hauptgipfel des **Monte Legnone ⑤**, 2609 m.
Der Abstieg folgt dem Aufstiegsweg.

Sentiero Roma

Auf der Südseite der Bergeller Berge

6 Tage | 53,9 km | ↗ 4210 m | ↘ 3750 m

TOP

Klassischer Höhenweg unter Piz Badile und Monte Disgrazia

Sechs Tage Höhenluft, fünf Hüttenübernachtungen, fünfmal die freundliche Frage »Vino rosso?«, acht Pässe, 4000 Höhenmeter im Aufstieg, 30 Kilometer Luftlinie. Das sind die nüchternen Fakten für diesen abwechslungsreichen Höhenweg auf der Südseite des Bergells. Über Stock und Stein geht es und auch mal am Drahtseil entlang, durch urtümliche Täler und über wilde Bäche. Am Piz Badile und dem Monte Disgrazia vorbei, bis man letztlich im charmanten Sondrio eintrifft und durch die Veltliner Weinhänge zurückfährt, deren edle Tropfen man eine Woche lang gekostet hat. Der Sentiero Roma ist ein Höhenweg, der bereits in den 1930er-Jahren entstand. Er führt überwiegend durch karge Hochgebirgslandschaft in einer Höhe von 2000 bis 2500 m. Einmal erreicht er fast die 3000-Meter-Marke. Lediglich der erste und der letzte Tag verlaufen im Almgelände und beschenken die Wanderer mit üppigem Grün. In dem schmalen Zeitfenster zwischen der Öffnung der Hütten und dem oft zeitigen Wintereinbruch wird der Sentiero Roma nicht nur von Wanderern besucht, sondern ist im zentralen Abschnitt auch die Strecke für die Bergläufer des Kima-Laufes. Sechs Stunden benötigen die Spitzenläufer für eine Distanz, die der normale Sentiero-Begeher in drei Tagen zurücklegt, und für die Gesamtstrecke von Novate Mezzola bis Torre di Santa Maria liegt die Zeitmarke unter zehn Stunden …

Der Sentiero Roma verläuft unter dem mächtigen Monte Disgrazia.

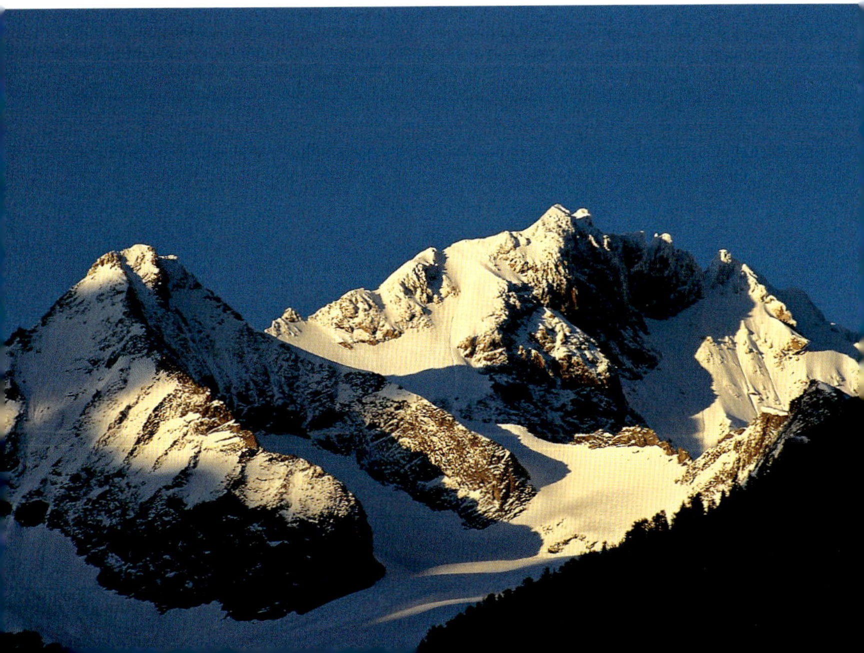

Talort: Chiavenna, 333 m.
Ausgangspunkt: Novate Mezzola, Ortsteil Mezzolpiano, 316 m. Parkplatz am Beginn des Val Codera. Vom Bahnhof Novate Mezzola, 212 m, kurz auf der Staatsstraße Richtung Chiavenna, beim Supermarkt rechts in die Via Ligoncio und über diese und später die Via del Castello immer geradeaus, ca. 30 Min.
Endpunkt: Torre di Santa Maria, 772 m. Rückfahrt nach Novate Mezzola mit Bus und Bahn über Sondrio durch das Veltlin und das Valchiavenna.
Höhenunterschied: 1. Etappe 1020 m im Aufstieg, 30 m im Abstieg; 2. Etappe 1410 m im Aufstieg, 180 m im Abstieg; 3. Etappe 480 m im Aufstieg, 630 m im Abstieg; 4. Etappe 960 m im Aufstieg, 780 m im Abstieg; 5. Etappe 300 m im Aufstieg, 780 m im Abstieg; 6. Etappe 40 m im Aufstieg, 1350 m im Abstieg; insgesamt 4210 m im Aufstieg, 3750 m im Abstieg.
Anforderungen: Anspruchsvoller Höhenweg in hochalpinem Gelände, der über einige versicherte Passübergänge führt. Am schwierigsten ist dabei die Ostseite des Passo del Camerozzo. Im Frühsommer unter Umständen heikle Querungen von Altschneefeldern. Trittsicherheit und Schwindelfreiheit unbedingt nötig. Durchgehend markiert, im Blockgelände ist aber dennoch eine gute Sicht notwendig. Die Notabstiege ins Val Masino (Hüttenwege ausgenommen) sind meist steil, wenig markiert und teilweise schwer zu finden.
Einkehr und Unterkunft: Osteria Alpina (in Codera, ganzjährig geöffnet, Tel. +39/0343/62037); Rifugio Bresciadega (von Mai bis Oktober geöffnet, 40 Plätze, Tel. +39/0331/5676939); Rifugio Brasca (von Juni bis September geöffnet, 48 Plätze, Tel. +39/0343/62075); Capanna Gianetti (von Ende Juni bis Mitte September geöffnet, 90 Plätze, Tel. +39/0342/645161); Bivacco Molteni-Valsecchi (9 Plätze); Rifugio Allievi (geöffnet von Juli bis September, 140 Plätze, Tel. +39/0342/614200); Bivacco Manzi (9 Plätze); Bivacco Kima (9 Plätze); Rifugio Ponti (von Juli bis September geöffnet, 88 Plätze, Tel. +39/0342/611455); Rifugio Bosio (60 Plätze, von Mitte Juni bis Ende September geöffnet, Tel. +39/0342/451655); Rifugio Cometti (von Mitte Juni bis Mitte September geöffnet, 30 Plätze, Tel. +39/0342/452810).
Karten: Swisstopo Blätter 277 »Roveredo« und 278 »Monte Disgrazia« (Maßstab 1:50.000).
Hinweis: Die beste Zeit ist aufgrund der Öffnungszeiten der Hütten und wegen der Schneelage an den Passübergängen von Juli bis September.

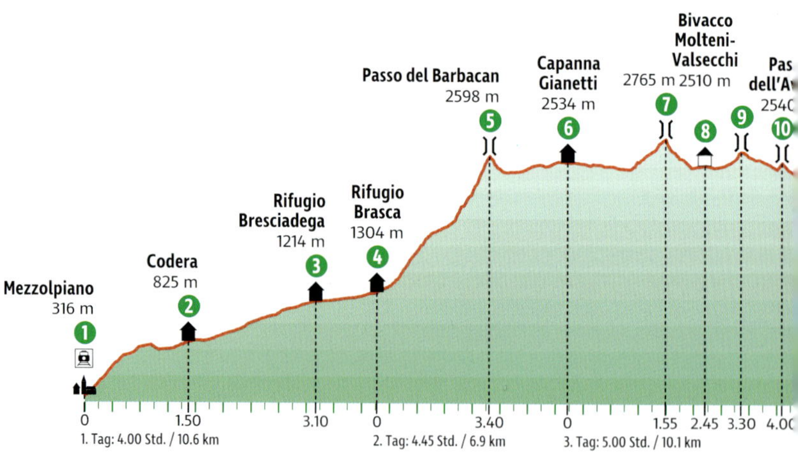

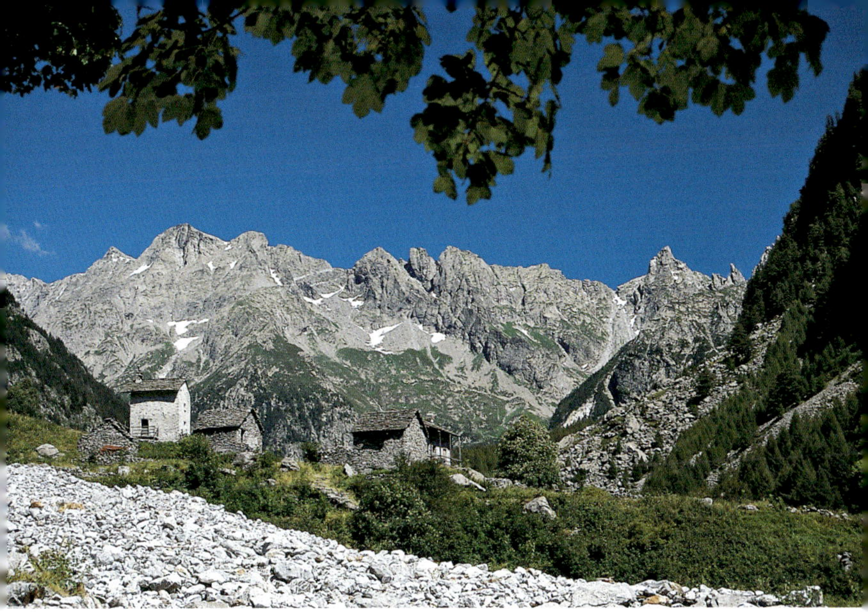

Eindrucksvoller Auftakt im Val Codera.

1. Etappe: Von Mezzolpiano zum Rifugio Brasca

Am Parkplatz in **Mezzolpiano** ❶, 316 m, am Beginn des Val Codera beginnt linker Hand der beschilderte Wanderweg zur Ortschaft Codera. Der steile Plattenweg windet sich, vorbei an Kreuzwegstationen, in etlichen Serpentinen durch den Kastanienwald und erreicht so, teilweise mit Blick auf die gegenüberliegende Talseite, nach einem etwas flacheren Abschnitt die Häuser von Avede, 790 m. Der Weg bleibt hoch über dem Talgrund und führt, zunächst leicht abwärts und Bachgräben ausgehend, taleinwärts. Vor Erreichen der Ortschaft **Codera** ❷, 825 m, passieren wir deren Friedhof und steigen hinauf zu den Häusern.

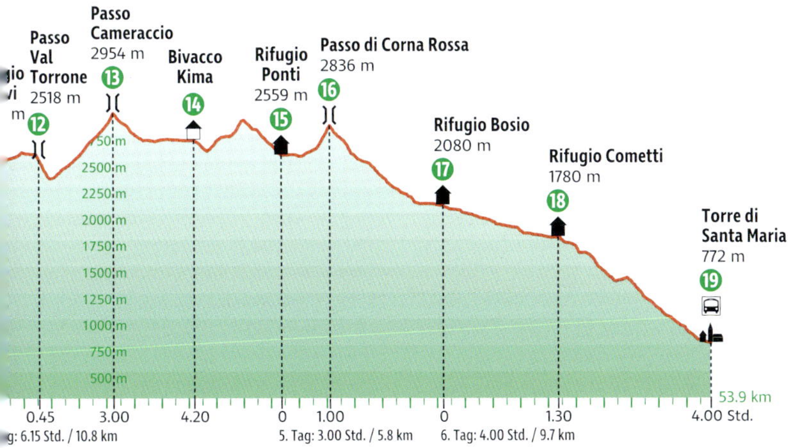

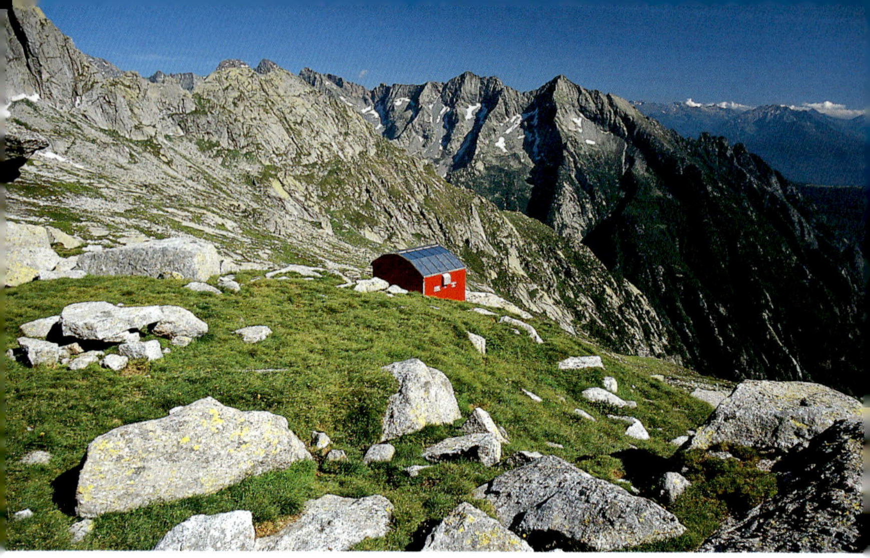

Einige Biwakschachteln säumen den Weg, hier das Bivacco Molteni-Valsecchi.

Angeblich sollen es bis hierher 2500 Steinstufen sein.

Das Gelände wird nun allmählich freier und der Weg steigt nur noch mäßig an. Über die kleinen Weiler Corte, 839 m, und Tiune, ca. 960 m, gelangen wir nach Saline, 1045 m. Ein kurzes Stück wandern wir noch auf der linken Talseite, dann überqueren wir beim Punkt 1145 m den Bach und steigen nun auf einem kleinen Almsträßchen über die Häuser von Stoppadura nach Bresciadega mit dem **Rifugio Bresciadega ❸**, 1214 m. Das Tal wird hier weiter und flach. Bis zum **Rifugio Brasca ❹**, 1304 m, auf der Alp Coeder gewinnen wir kaum noch an Höhe.

2. Etappe: Vom Rifugio Brasca zur Capanna Gianetti

Die zweite Tagesetappe führt uns aus dem Val Codera hinauf in die Höhenlage des zentralen Abschnitts des Sentiero Roma auf über 2000 Meter und hinüber ins obere Val Masino. Von insgesamt fünf möglichen Pässen (Passo Ligoncio, Passo dell'Oro, Passo del Barbacan, Bocchetta Sceroia, Passo Porcellizzo) folgt der Sentiero Roma dem Übergang über den Passo del Barbacan.

Vom Rifugio Brasca gehen wir dazu auf markiertem Weg noch kurz weiter taleinwärts, dann zweigen wir bei Coeder, 1330 m, nach Osten in das Valle dell'Averta, ein Seitental des Val Codera, ab. Der Weg zieht in der linken Seite des Valle dell'Averta an der Alpe Pisci, 1638 m, vorbei steil durch den Wald hinauf. An der Almsiedlung Averta haben wir etwa die Hälfte des heutigen Anstiegs hinter uns. Zu deren Rand gelangen wir, indem wir etwas weniger steil links hinüberwandern und dabei einige Bachläufe überschreiten.

Von der Alp Averta, 1957 m, steigt der Pfad in östlicher Richtung das Kar auf. Zu großen Felsblöcken, ca. 2100 m, hinauf gewinnen wir an Höhe. Hier verzweigen sich die Pfade zum Passo del Barbacan (links) und zum Passo dell'Oro (rechts). Wir halten uns links und steigen über Felsschutt weiter unter die Einschartung und zuletzt nördlich des Couloirs über grasige Bänder und leicht über Fels hinauf zum **Passo del Barbacan** ❺, 2598 m. Er stellt den Übergang ins riesige Kar des Valle Porcellizzo dar. Vom Pass steigen wir knapp 200 Höhenmeter steil hinab ins Valle Porcellizzo. In leichtem Auf und Ab wandern wir immer in nordöstlicher Richtung weiter zur **Capanna Gianetti** ❻, 2534 m, der großen Hütte im Süden von Piz Badile und Pizzo Cengalo.

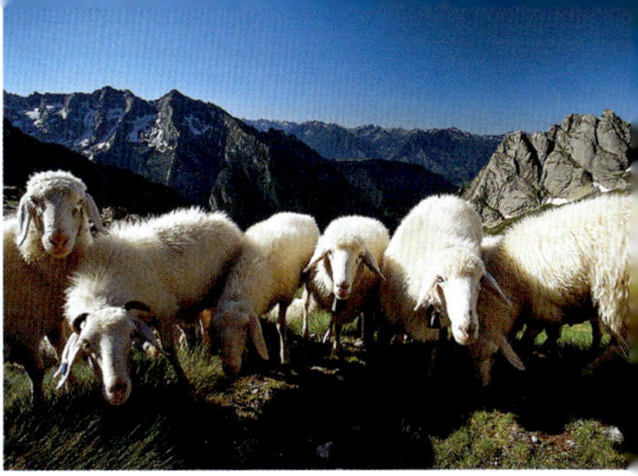

Im Val del Ferro.

3. Etappe: Von der Capanna Gianetti zur Rifugio Allievi

Die nun folgende dritte und vierte Etappe gelten als Herzstück des Sentiero Roma. Von der Capanna Gianetti queren wir den hochalpinen Talkessel des Valle Porcellizzo aus, bis wir über Geröll zu einer Felsrippe kommen, P. 2469 m. Über Felsstufen (Versicherungen) und eine Schneerinne (bis in den Sommer hinein) geht es zügig zum **Passo del Camerozzo** ❼, 2765 m, hinauf. Jenseitig führt der Steig über Bänder erst in südöstlicher, dann in nordöstlicher Richtung steil hinab ins Valle del Ferro. Ketten und einzelne Eisenbügel helfen durch das Felsgelände. Hier ist unbedingt Trittsicherheit nötig. Wenn noch Schnee liegt, ist von der Begehung abzuraten. So überwinden wir ca. 200 Höhenmeter Abstieg, anschließend geht es über viele Gletscherschliffplatten höhengleich zum **Bivacco Molteni-Valsecchi** ❽, 2510 m. Der Pfad führt wenig oberhalb der leuchtend roten Biwakschachtel vorbei und weiter, bald leicht steigend, über Schrofen

Markante Granitgipfel bestimmen den Eindruck während der zentralen Etappen.

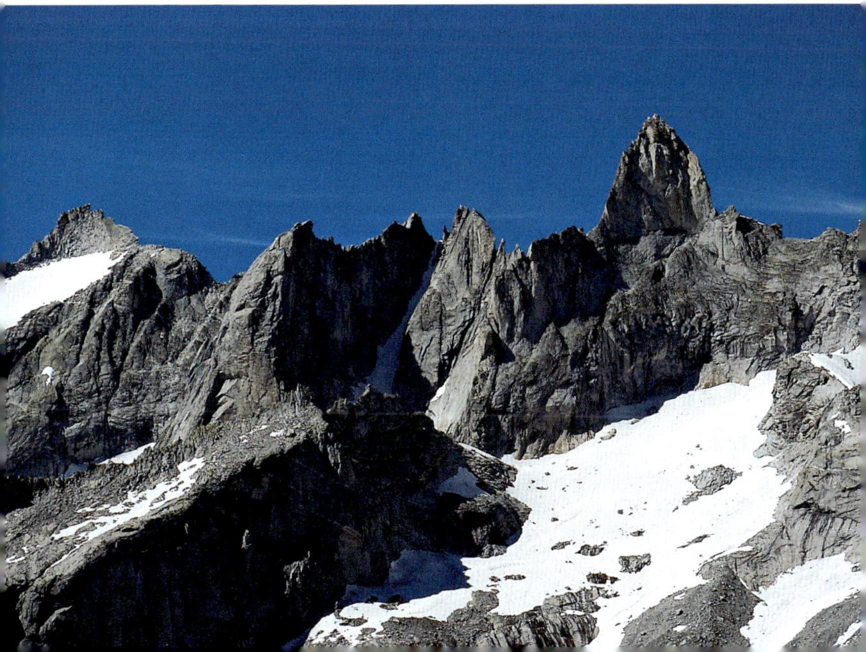

zum **Passo Qualido ❾**, 2647 m. Vom sehr schmalen Passübergang steigen wir auf Bändern ab ins Valle Qualido. Eine kürzere versicherte Passage im Schrofengelände gilt es dabei zu überwinden. Das vergleichsweise kleine Kar wird gequert und es geht jenseits erneut leicht bergauf (kurze versicherte Stellen) zum **Passo dell'Averta ❿**, 2540 m. Auch im Abstieg ins Valle Zocca warten wiederum kurze Versicherungen. Das Valle Zocca beherbergt das Ziel der heutigen Tagesetappe. Bevor wir die Hütte erreichen, umgehen wir den Felssporn, der von der Punta di Zocca herabkommt, 2339 m. Anschließend steigen wir nochmals kurz auf zum **Rifugio Allievi ⓫**, 2385 m.

4. Etappe: Vom Rifugio Allievi zum Rifugio Ponti

Vom Rifugio Allievi steigt der Pfad über Matten und Moränen hinauf, schließlich führt er lange höhengleich um die Felsrippe des Picco Luigi Amedeo herum zum **Passo Val Torrone ⓬**, 2518 m. Jenseits steigen wir in der südlichen der beiden Geröllrinnen hinunter ins Valle Torrone (versichert). Hier hält sich der Weg nordwestlich zum Bivacco Manzi-Pirotta, 2560 m, das aber vom Sentiero nicht unmittelbar berührt wird. Über einen Moränenrücken geht es links des Biwaks hinauf in den Talkessel unter dem Torrone Centrale. Dann steigen wir über einen Gletscherrest, der von Felsschutt bedeckt ist, zu den Felsen unterhalb des Passo Cameraccio und queren diese nordnordöstlich. An Drahtseilen überwinden wir das letzte Stück (50 Hm) hinauf zum **Passo Cameraccio ⓭**, 2954 m. Der höchste Punkt des Sentiero Roma ist hier erreicht, der Blick auf den markanten Monte Disgrazia wunderbar.

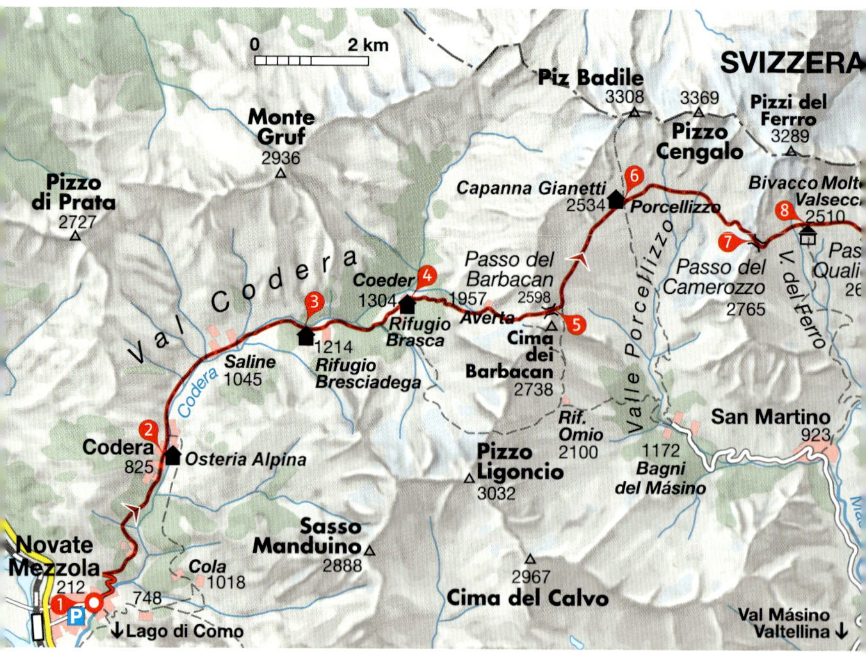

Je nach Jahreszeit und entsprechender Schneelage geht es in südöstlicher Richtung entweder einen zunächst steilen Schneehang oder mühsam über Felsplatten und Felsschutt hinab ins hinterste Val di Mello. Nun gilt es den riesigen Talkessel auszuqueren. Über Felsplatten und Schutt geht es bald höhengleich dahin, an der Abzweigung hinab in den Talgrund und am neuen Steingebäude des **Bivacco Kima** ⑭, 2700 m, vorüber. Im Auf und Ab geht es über Schneefelder (bis in den Herbst) und auf einem kurzen Klettersteig über Felsplatten hinauf zur Bocchetta Roma, 2880 m. Von hier steigen wir über Felsbänder direkt nach Süden hinab zum **Rifugio Ponti** ⑮, 2559 m.

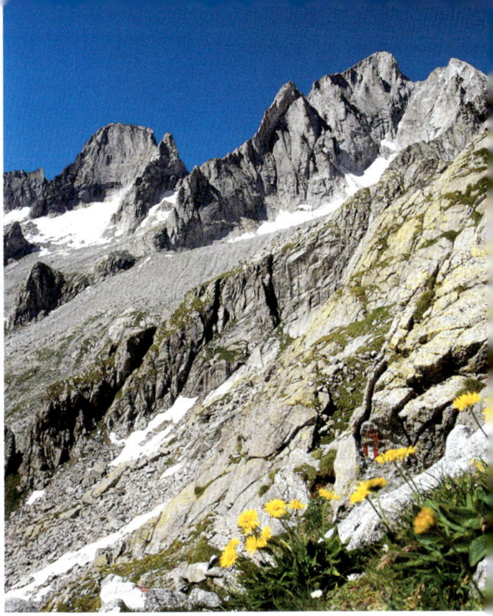

Blick zurück zum Piz Badile.

5. Etappe: Vom Rifugio Ponti zum Rifugio Bosio

Vom Rifugio Ponti queren wir zunächst zur Seitenmoräne des Preda-Rossa-Gletschers hinüber, übersteigen diese und gehen über den Felsschutt am Grund des Gletscherbeckens und meist über Altschneefelder. Blockwerk und Felsschutt bil-

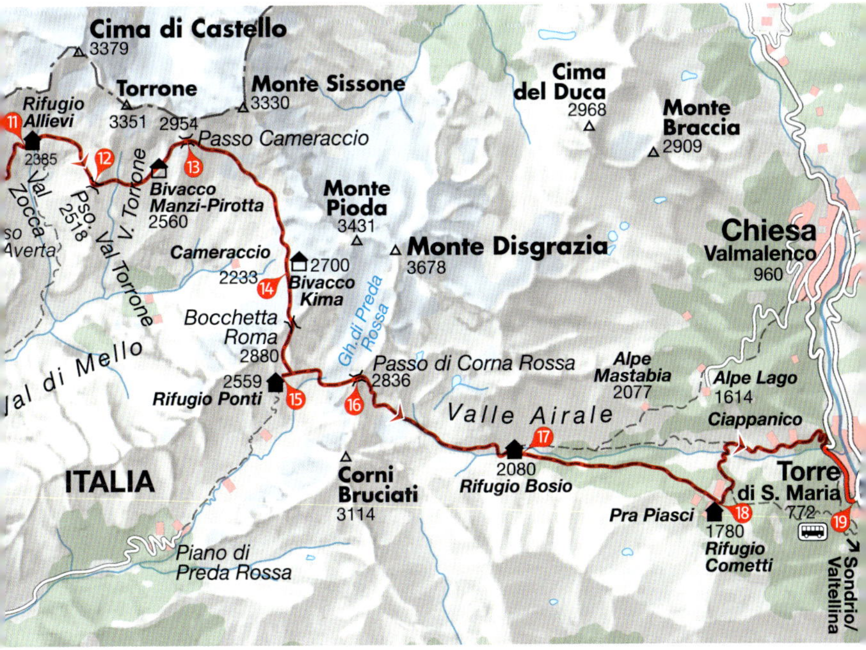

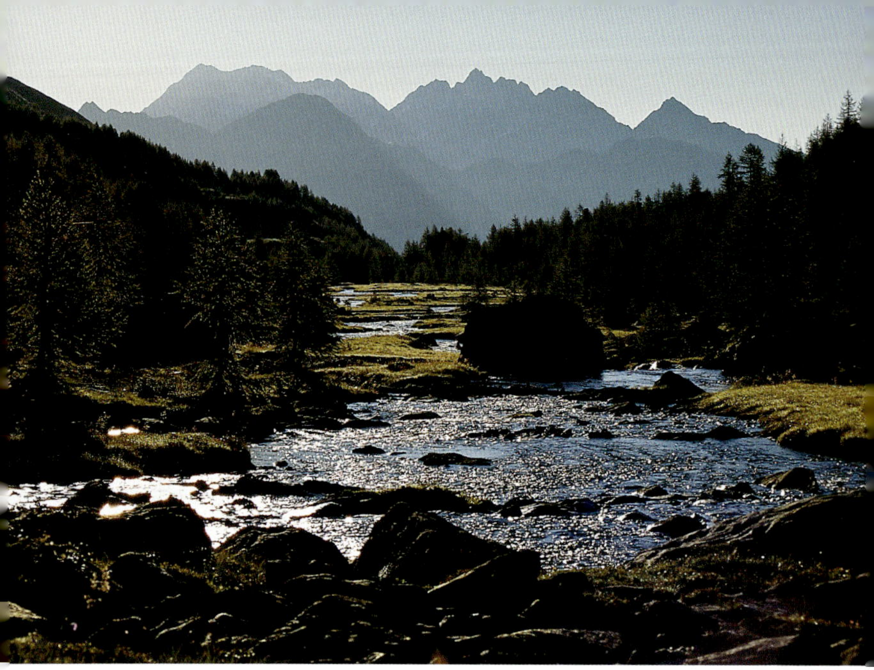

Im Valle Airale nahe des Rifugio Bosio.

den die Flanke, über die wir teilweise versichert zum **Passo di Corna Rossa ⑯**, 2836 m, hinaufsteigen. Unweit des niedrigsten Punktes steht das Rifugio Desio, es ist aber nicht mehr bewartet und wegen Baufälligkeit auch nicht mehr als Unterstand zu nutzen. Über Blockwerk und an einer Felsrippe entlang führt der Weg nach Süden, dann nach Südosten. Wir verlieren rasch an Höhe und steuern den Talgrund des Valle Airale an. Dieses wird immer flacher und wir wandert auf der linken Bachseite bis auf Höhe des **Rifugio Bosio ⑰**, 2080 m. Auf einer Brücke geht es über den schönen, mäandrierenden Bach Torreggio zum Etappenziel.

6. Etappe: Vom Rifugio Bosio nach Torre di Santa Maria

Die Abschlussetappe führt auf bequemen Wanderwegen hinab ins Valmalenco. Sowohl links als auch rechts des Baches verlaufen Wege, beide sind sie sehr schön und so fällt die Wahl schwer. Wegen des Blicks auf die Südseite der Berninakette entscheiden wir uns aber doch für den Weg auf der Südseite des Torreggio. Vom Rifugio Bosio bleiben wir also auf der südlichen Talseite und steigen auf einem Wanderweg über die Alp Palu, 1971 m, teils durch Wald, teils über Wiesen ab nach Pra Piasci mit dem etwas oberhalb liegenden **Rifugio Cometti ⑱**, 1780 m. In etlichen Serpentinen windet sich der Weg hinunter zum Bach, überquert diesen (ca. 1340 m) und steigt jenseits ein letztes Mal an zu den ersten Häusern der weit verstreut liegenden Siedlung von Ciappanico, 1284 m. Letzte Serpentinen bringen uns auf einem Almsträßchen nach **Torre di Santa Maria ⑲**, 772 m, im Valmalenco.

Von hier besteht eine Busverbindung nach Sondrio, mit der Bahn geht es zurück zum Ausgangspunkt.

Forcola, 2226 m

Von Voga

6.00 Std. | 11,9 km | ↗ 1130 m | ↘ 1130 m

Zwischen Misox und Valchiavenna

Die Forcola verbindet das italienische Valchiavenna mit dem Bündner Valle Mesolcina. Die Scharte selbst kann man allerdings nur auf einem schmalen Wanderweg überqueren, auch die Zufahrt zum Ausgangspunkt verläuft auf kleinen Bergstraßen. Eine ruhige Wanderung führt durch Mischwald und über Almsiedlungen hinauf über die Waldgrenze. Nun spielt die Tour ihre Trümpfe aus: Der Blick geht hinab ins breite Tal südlich von Chiavenna und auf die jenseitigen Berge. Dort reihen sich die Granitgipfel des Bergell auf. Dass man dennoch meist ganz allein in der Scharte ist, mag daran liegen, dass es keine Einkehr gibt und auch die Gipfelziele in der Nähe für Wanderer nicht zu empfehlen sind. Piz Campanin, Pizasc und Piz della Forcola sind schroffe, abweisende Gestalten. Selbst das Biwak, das teilweise auf der Südseite des Tales angeschildert ist, lädt nicht zu einem Besuch ein. Dann schon lieber eine Rast in der Forcola mit Blick auf Misox und Val Chiavenna. Und anschließend ein Bummel durch die Gassen von Chiavenna.

Talort: Chiavenna, 333 m. Bahnverbindung von Sondrio.
Ausgangspunkt: Parkplatz, ungefähr 1100 m, oberhalb von Voga. Erreichbar von Coloredo auf steiler Bergstraße. Von der letzten Serpentine zweigt man unmittelbar vor dem Sperrschild links zum Parkplatz ab.
Anforderungen: Schmale, aber einfache Bergwege, die recht selten begangen werden.
Karten: Kompass Nr. 92 »Chiavenna« und swisstopo Blatt 277 »Roveredo« (beide Maßstab 1:50.000).

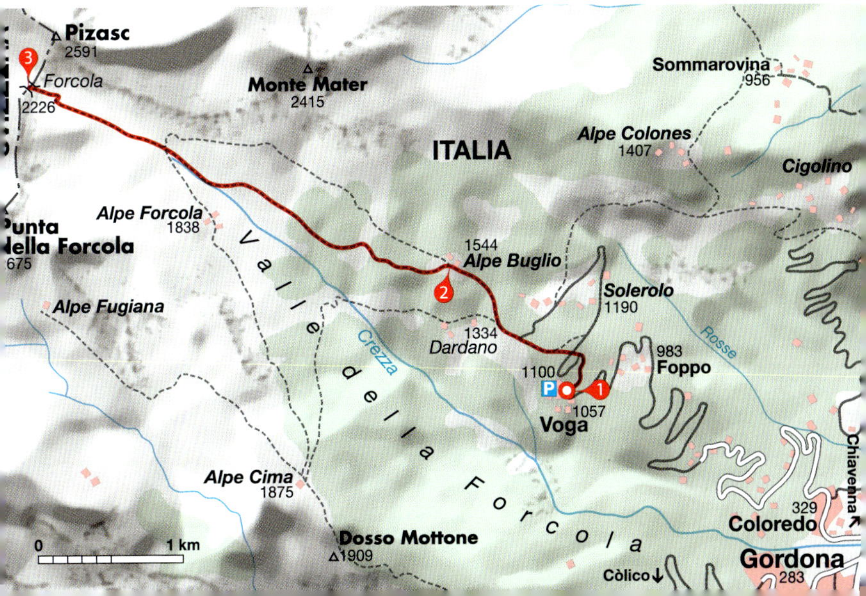

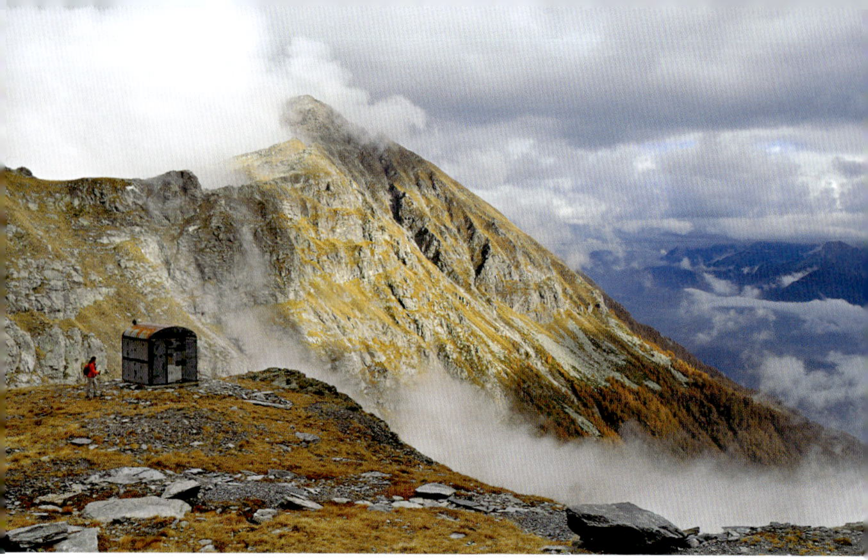

Nur noch als Blechskelett steht das Bivacco Forcola über der Waldgrenze.

Vom Parkplatz oberhalb von **Voga** ❶, 1100 m, gehen wir zurück auf die Straße und folgen ihr bis zur ersten Serpentine. Ein weiß-rot markierter, aber unbeschilderter Wanderweg zweigt hier von der Straße bergwärts ab. Auf diesem steigen wir steil durch den Wald hinauf, halten uns an einer unbeschilderten Verzweigung links und kommen schon bald wieder zur Straße. Wir überqueren sie lediglich und gehen auf dem hier beschilderten Wanderweg hinauf. Die Abzweigung nach rechts Richtung Olmo lassen wir unberücksichtigt. Wir steigen auf zu einer Lichtung mit Rustico jenseits einer Geländekante. Ein Hohlweg führt oberhalb der Lichtung durch, eine Abzweigung nach rechts bleibt unberücksichtigt. So gelangen wir auf eine breite Almstraße. Dieser folgen wir kurz nach links, dann ist bei der Località Dardano, 1334 m, ihr Ende erreicht. Der beschilderte Wanderweg führt rechts an den Almgebäuden entlang und steigt in Serpentinen auf bis zur **Alpe Buglio** ❷, 1544 m.

Hier treffen wir beim Brunnen auf eine beschilderte Verzweigung, an der wir uns links Richtung Passo Forcola wenden. Mit schönem Blick ins Valchiavenna und ins Bergell führt der Weg von der Alm nun lange schräg ansteigend in einen Bachgraben. Hier geht es kurz auf der rechten Bachseite hinauf, bis wir zu einer beschilderten Verzweigung an einer Wasserfassung kommen. Wir gehen rechts Richtung Forcola hinauf (links führt der Weg zur Alpe Cima und zum Bivacco Forcola). Immer im Bachgraben leitet der Weg hinauf zur bereits sichtbaren Scharte **Forcola** ❸, 2226 m.

Auf dem Aufstiegsweg steigen wir wieder ab.

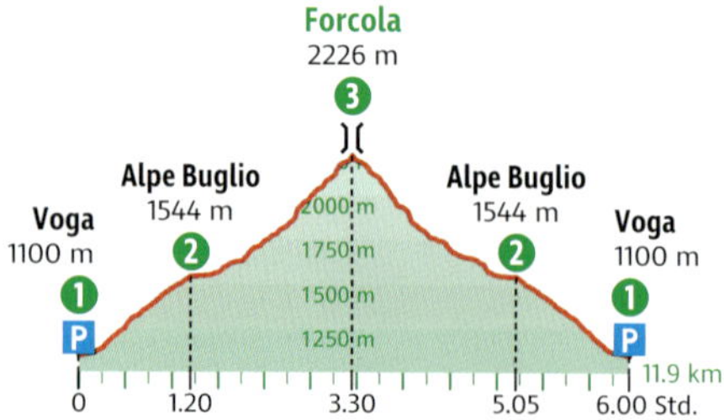

Rifugio Carlo Emilio, 2153 m

Von San Bernardo

6.30 Std. | 14,8 km | ↗ 1130 m | ↘ 1130 m

Rundtour zum Stausee Bacino del Truzzo

An der Südrampe des Splügenpasses gibt es eine Reihe von ruhigen Wanderzielen. Auf beiden Seiten gesäumt von Dreitausendern zieht sich hier das Valle San Giacomo hinauf auf 2113 Meter. Zur unbewirtschafteten Capanna Carlo Emilio zweigt man aber bereits sehr viel weiter unten ab, nämlich in San Giacomo Filippo, dem ersten Ort nördlich von Chiavenna. Das wilde Valle del Drogo, durch das die Zufahrt erfolgt, wurde einst erschlossen, um die Wasserkraft zu nutzen, und so fährt man auch an der Kraftwerkszentrale vorbei und kreuzt im Abstieg die Werksseilbahn. Oben am See Bacino del Truzzo und am Rifugio Carlo Emilio merkt man kaum, dass man einen Stausee vor sich hat. Das tiefblaue Wasser liegt eingeschlossen von Granitrücken und der Blick geht über den Seespiegel hinweg ins Bergell. Schön ist auch, dass man über die Alpe Prosto und die Alpe Cornera eine Rundtour unternehmen kann mit einem mittelschweren Steiglein im Aufstieg und einem einfacheren Saumweg für den Abstieg.

Talort: San Giacomo Filippo, 522 m, an der Passstraße Chiavenna – Splügen, Busverbindung von Chiavenna.
Ausgangspunkt: San Bernardo, 1099 m. Zufahrt auf schmaler Bergstraße von San Giacomo Filippo über Olmo, Parken an der Kirche. Nach Olmo mit dem Postbus von Chiavenna. In diesem Fall auf der Straße bis zum Kraftwerk vor San Bernardo und auf beschildertem Wanderweg direkt nach San Antonio.
Anforderungen: Steile, schmale Pfade im Aufstieg, teilweise Orientierungssinn nötig, stellenweise schwach markiert. Im Abstieg breiter, flach angelegter Saumweg, einfach.
Einkehr: Keine, das Rifugio Carlo Emilio ist eine Selbstversorgerhütte (Schlüssel in Piuro, Tel. +39/0343/33069).
Karten: Kompass Nr. 92 »Chiavenna – Val Bregáglia« und swisstopo Blatt 267 »San Bernardino« (Maßstab 1:50.000).
Tipp: Brioche und Panini von der Bäckerei Maroschi am Ortsausgang von Chiavenna Richtung San Giacomo.

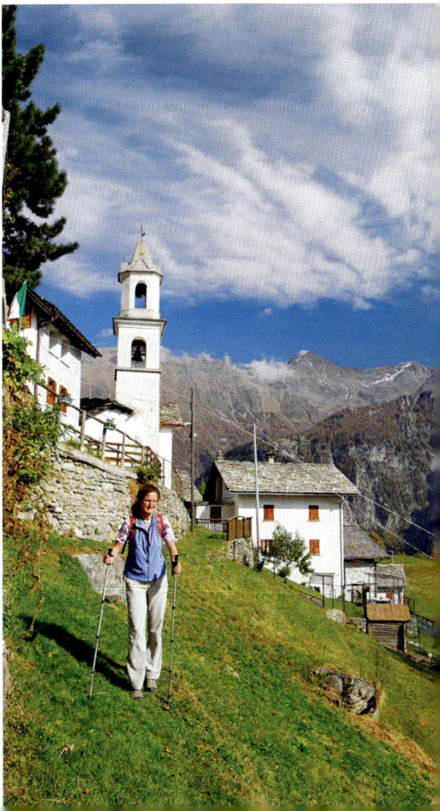

Scanabecco liegt am Anfang der Wanderung.

Direkt an der Mauer der Kirche von **San Bernardo ❶**, 1099 m, beginnt der Weg. Wir gehen auf einem Steinplattenweg hinauf durch die Streusiedlung und gelangen, mehrmals die Straße überquerend, zur Kirche von Scanabecco, 1242 m. Hier halten wir uns links und gehen höhengleich auf einem markierten Wanderweg ins Valle del Drogo. Schon bald treffen wir auf eine Fahrstraße, der wir kurz bis zu ihrem Ende folgen. Nun links auf dem alten Saumweg absteigen und durch die Almsiedlung zur Kirche San Antonio, 1213 m.

Weiter wandern wir auf dem Plattenweg taleinwärts, bis nach ca. 600 Metern bei Caurga eine beschilderte **Verzweigung ❷** kommt, an der das Rifugio nach rechts angeschildert ist (unser späterer Rückweg). Wir bleiben auf dem Weg, der geradeaus taleinwärts zum Ende der Almsiedlung führt. Hier gelangen wir in den Wald und sogleich über eine Brücke. An der nahen Verzweigung ist an einem Felsen die Alpe Prosto rechts hinauf angeschrieben. Auf einem sehr steilen Waldsteig geht es auf einer Art Rampe durch die Steilflanke gerade hinauf zur Verflachung mit den Wiesen der **Alpe Prosto ❸**, 1690 m.

Am Beginn der oberen Wiesenfläche kommen wir zu einer bezeichneten Verzweigung und gehen geradeausüber die Wiese hinauf zum obersten Gebäude. Hier knickt vor dem Beginn eines Felssporns unser Weg Richtung Rifugio Carlo Emilio rechts ab. Durch Lärchenwald wandern wir auf einem schmalen Steig durch die teilweise steilen Flanken hinüber zu den Gletscherschliffplatten unter dem Stausee Bacino del Truzzo. Auf einer weiten Verflachung mit einer sumpfigen Wiese knickt der Weg scharf nach links ab und führt über einige Steilstufen hinauf auf die Höhe des Stausees. Ein wenig oberhalb des südwestlichen Ecks

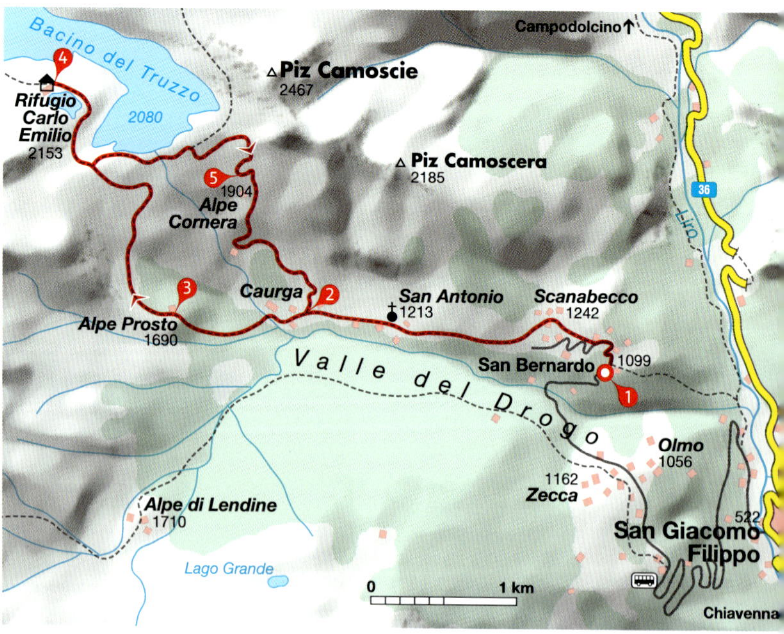

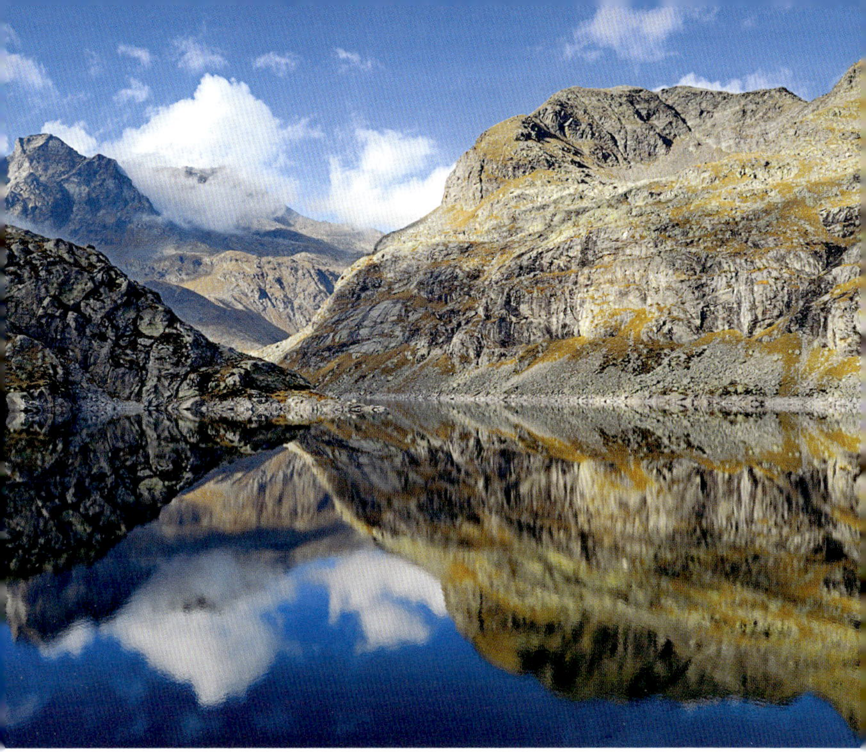

Perfekte Spiegelung im Lago Nero.

des Stausees treffen wir schließlich auf den Hüttenweg und gehen auf diesem noch über eine Kuppe zum Lago Nero. Rechts um den See herum gelangen wir zum **Rifugio Carlo Emilio ❹**, 2153 m.

Auf dem Aufstiegsweg gehen wir zurück bis zur Verzweigung am südwestlichen Eck des Sees. Hier halten wir uns links und wandern weiter über die Staumauer und an den Kraftwerksgebäuden vorbei, bis wir rechts auf Treppenstufen hinabsteigen können zu einem weiteren großen Gebäude mit Hubschrauberlandeplatz. Der markierte Weg führt links hinüber und nach dem alten Materiallift rechts auf einem Saumpfad hinab zur **Alpe Cornera ❺**, 1904 m. In vielen Serpentinen wandern wir hinunter zur **Verzweigung ❷** bei Caurga. Auf dem Aufstiegsweg gelangen wir zurück nach **San Bernardo ❶**.

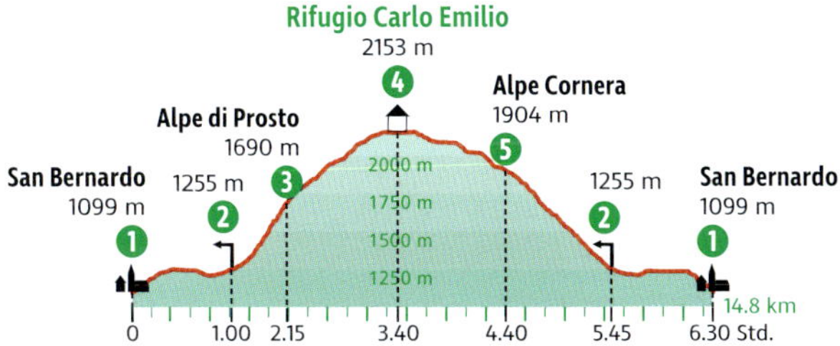

Stichwortverzeichnis

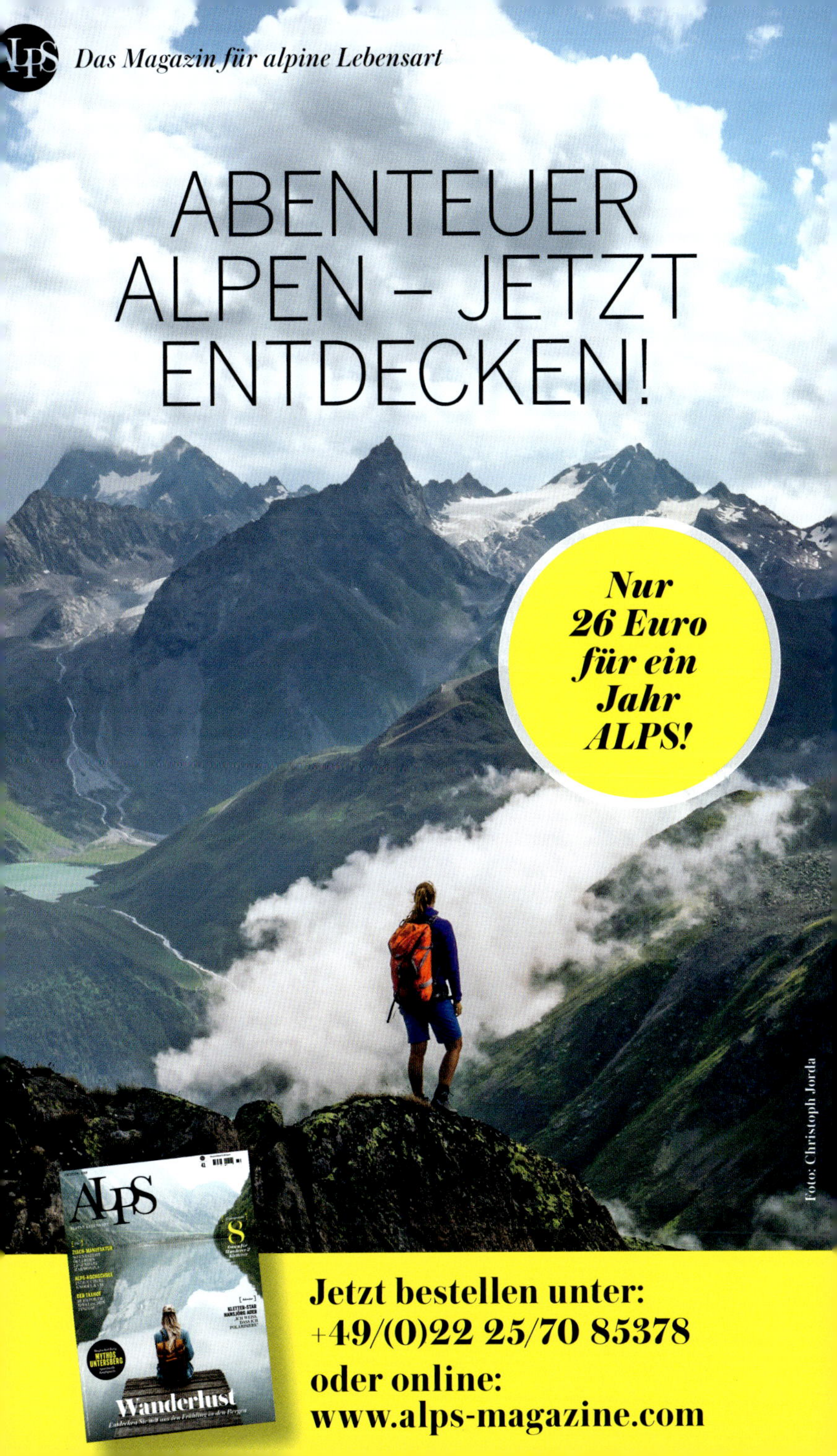
Das Magazin für alpine Lebensart
ABENTEUER ALPEN – JETZT ENTDECKEN!
Nur 26 Euro für ein Jahr ALPS!
ALPS
Wanderlust
Jetzt bestellen unter:
+49/(0)22 25/70 85378
oder online:
www.alps-magazine.com
Foto: Christoph Jorda

Impressum

Umschlagbild: Die Wallfahrtskirche Madonna del Sasso über Locarno mit Blick hinab auf den Lago Maggiore.

Bild im Innentitel: Unterwegs im Valle Santa Maria, einem Seitental des Bleniotals.

Alle Fotos von Andreas Strauß.

Die Autoren:
Andrea Strauß, Jahrgang 1968, studierte nach einer Ausbildung im Verlag Germanistik, Geschichte und Geografie. Nach 13 Jahren als Lehrerin in Bad Aibling arbeitet sie inzwischen hauptberuflich als Journalistin im Buch- und Zeitschriftenbereich. In den Bergen ist sie zu allen Jahreszeiten auf Skiern, am Seil oder beim Wandern unterwegs.
Andreas Strauß, Jahrgang 1965, ist freiberuflicher Foto-Journalist. Immer auf der Suche nach dem besten Licht versucht er, mit seinen Bildern besondere Stimmungen zu vermitteln. Die Aufnahmen werden regelmäßig in Zeitschriften, Büchern und Kalendern publiziert.

Website der Autoren: www.alpin-journalismus.de

Kartografie: Wanderkarten im Maßstab 1:50.000 bis 1:125.000, www.rolle-kartografie.de
Übersichtskarten © Freytag & Berndt, Wien

3., vollständig überarbeitete Auflage 2021

ISBN 978-3-7633-3052-2

MIX
Papier aus verantwortungsvollen Quellen
FSC www.fsc.org FSC® C021956

Wir freuen uns über jeden Korrekturhinweis zu diesem Wanderbuch!
Bitte per E-Mail an: **leserzuschrift@rother.de**

ROTHER BERGVERLAG · Keltenring 17 · D-82041 Oberhaching
Tel. +49 89 608669-0 · www.rother.de